Sven R. Kantelhardt

Der Bote des Königs

acabus

Sven R. Kantelhardt

Der Bote des Königs

Die Britannien-Saga I

acabus

Historischer Roman

Kantelhardt, Sven R.: Der Bote des Königs. Die Britannien-Saga I. Hamburg, acabus Verlag 2024

Nachdruck der 1. überarbeiteten Auflage von 2023.
Das Buch ist bereits unter dem Titel »Hengist und Horsa« erschienen.
ISBN: 978-3-86282-836-4

Dieses Buch ist auch als eBook erhältlich und kann über den Handel oder den Verlag bezogen werden.
ePub-eBook: ISBN 978-3-86282-838-8

Lektorat: Alena Behrens, acabus Verlag
Umschlaggestaltung: © Christl Glatz | Guter Punkt, München unter Verwendung von Motiven von Adobe Stock und iStock/Getty Images Plus
Umschlagmotiv: © CarryOnDroning/iStock/Getty Images Plus
© Eerik/iStock/Getty Images Plus | © Fotokvadrat/Adobe Stock
© MR1805/iStock/Getty Images Plus
© subjob/iStock/Getty Images Plus

Bibliografische Information der Deutschen Nationalbibliothek:
Die Deutsche Nationalbibliothek verzeichnet diese Publikation in der Deutschen Nationalbibliografie; detaillierte bibliografische Daten sind im Internet über https://www.dnb.de abrufbar.

Der acabus Verlag ist ein Imprint der Bedey & Thoms Media GmbH, Hermannstal 119k, 22119 Hamburg

---

Nachdruck der 1. überarbeiteten Auflage von 2023, acabus Verlag Hamburg

http://www.acabus-verlag.de
Gedruckt in Europa

Inhalt

I. An den Ufern des Oceanus Germanicus 9
II. Neue und alte Bekanntschaften 25
III. Gewitterwolken am Horizont 44
IV. Ein Sturm braut sich zusammen 66
V. Der Zorn der Götter 85
VI. Abrechnung und Aufbruch 106
VII. Eine neue Welt 129
VIII. Den blauen Dämonen entgegen 150
IX. Die Herren des Nordens 178
X. Wenn die Waffen schweigen, bleiben die Scherben 212
XI. Viele Dinge haben zwei Seiten, aber jedes seine Zeit 232
XII. Ein Ausweg? 251
XIII. Alte Bekannte wieder vereint 269
XIV. Jenseits des Todes … 290
XV. … wartet wiederum der Tod 321
XVI. Ungeahnte Herausforderungen 337
XVII. Auf hoher See und in Gottes Hand 360
XVIII. Eine Landpartie 387
XIX. Heimkehr 416
XX. Wiedersehen 445
XXI. Gefährlicher Zeitvertreib 460
XXII. Einen kühlen Kopf bewahren reicht nicht 484
XXIII. Zu guter Letzt 495
Historische Anmerkungen 501
Personenverzeichnis 508
Wörterbuch 512
Ortsverzeichnis 516
Der Autor 521

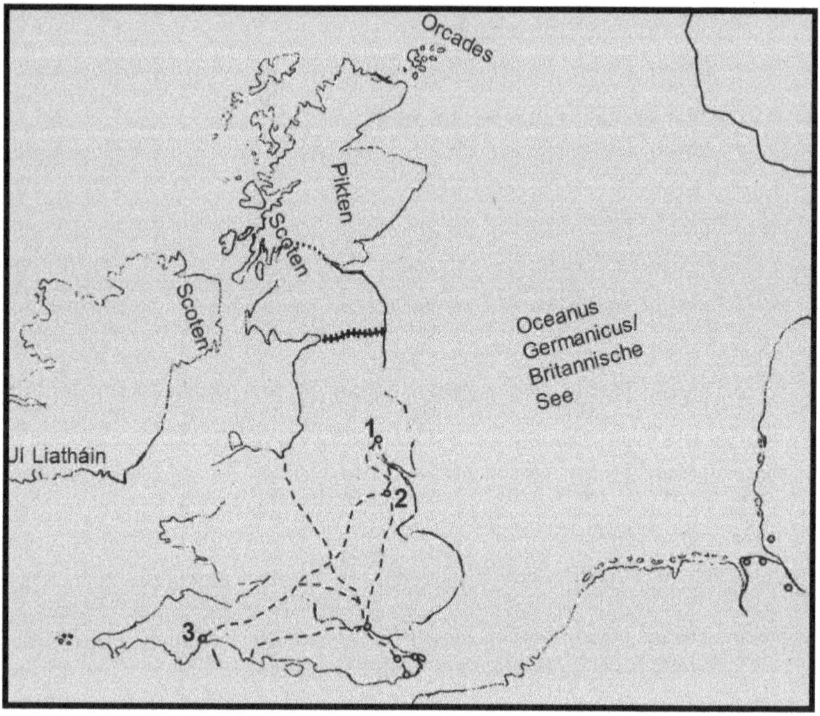

- - - - Römerstraßen

Hoher Steinwall – Hadrianswall

……… Antoniuswall

(in der Mitte des 5. Jahrhunderts bereits eine Ruine)

1 Cair Ebrauc/Eboracum – York

2 Lindum – Lincoln

3 Isca Dumnoniorum – Exeter

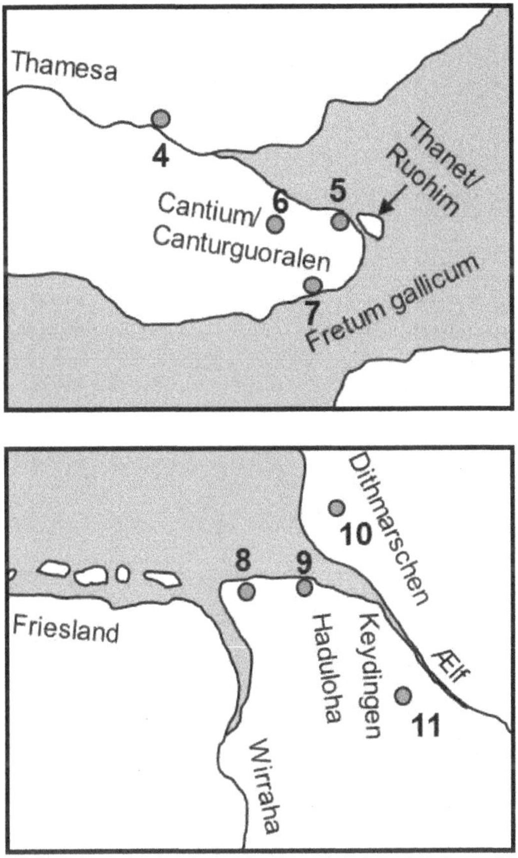

4 Londinium - London

5 Regulbium - Reculver

6 Durovernum caniacorum - Canterbury

7 Portus Dubris - Dover

8 Feddersen - Feddersen Wierde (hier wurde eine Wurtsiedlung aus dem 1. bis 5. Jahrhundert ausgegraben)

9 Beufleet - Beufleth (im 5. Jahrhundert nicht belegt)

10 Fahrstedt - Diekhusen-Fahrstedt (möglicherweise älteste Siedlung der Dithmarscher Südermarsch)

11 Stood - Stade (erst für das 7. Jahrhundert gesichert)

I. An den Ufern des Oceanus Germanicus

Litus saxonicum, Britannien, April 441
Ceretic

»Der Herr lasse dir die Sonne stets ins Gesicht scheinen und den Wind immer von deinem Rücken her wehen.« Mit diesem Reisesegen hatte der kleine Gottesmann seinen Freund verabschiedet. Ceretic konnte ihn gut leiden, da Tallanus, so hieß der junge Diakon, sich im Gegensatz zu den meisten seiner Amtsbrüder weder aufblies, was ihm als secretarius des mächtigsten Bischofs des Landes wahrhaft nicht schwer gefallen wäre, noch ständig über die zweifellos verwerflichen Irrlehren der Agricolaner lamentierte.

Nun verschwamm die kleine Gestalt ebenso rasch im Dunst der See, wie sie für Ceretic und seine zwei Gefährten an Bedeutung verlor. Ein frischer Westwind wehte und über ihnen kreischten erwartungsvoll die Möwen. Aber dieses Mal würden sie enttäuscht werden, denn das kleine Boot fuhr nicht zum Fischen aus.

Zwei junge Männer, Tavish und Malo, begleiteten Ceretic auf einer wagemutigen Fahrt über die noch eiskalte graue See. Direkt zu dem gefürchtetsten aller Heidenvölker würde ihre Reise führen.

»Der Auftrag ist ein verdammter Sch...«, entfuhr es Ceretic. Erschrocken stellte er fest, dass er laut vor sich hin gemurmelt hatte. Es fehlte gerade noch, dass die zwei jungen Fischer aufgaben und umkehrten.

Tavish hatte ihn offensichtlich gehört. Was Wunder auch, er saß direkt vor ihm auf der Ruderbank. Mit großen Augen starrte er den Krieger an. »Aber der Hochkönig selbst hat es doch befohlen? Ein geheimer Auftrag von größter Wichtigkeit ...«, protestierte er, doch das leichte Beben in seiner Stimme verriet Ceretic, dass er sich mit der Beteuerung vor allem selbst überzeugen wollte.

»Und so viel Silber verdienen wir sonst im ganzen Jahr nicht«, pflichtete ihm sein Gefährte Malo vom Bug her bei.

»Da habt ihr recht«, bestätigte Ceretic mit saurem Grinsen. Eigentlich hätte er es dabei belassen sollen, doch zwei gegensätzliche Gefühle drängten ihn nach einem Augenblick weiter zu sprechen: Zum einen seine schlechte Laune wegen des Auftrages selbst, zum anderen das ebenso schlechte Gewissen den beiden Fischern gegenüber. Und jetzt, wo sie auf See waren, konnten sie ohnehin nichts mehr verraten, da konnte er die beiden genauso gut in seine Sorgen einweihen.

»Vor drei Tagen erst hat der secretarius mir die vertrauliche Order des Comhairles überbracht und wir sind zusammen ohne Umwege an die Küste geeilt. Aber was meint ihr, warum der Hochkönig uns in aller Heimlichkeit losschickt? Warum sendet er nicht eine seiner schnellen Lusorien?«

Tavish schaute ihn mit blanken Augen an. Ceretic hatte die beiden nicht wegen ihrer Klugheit oder ihres Wagemuts ausgesucht, sondern weil sie als die besten Ruderer an Ruohims Küste galten.

»Vortigern ist ein schlauer Fuchs«, fuhr er nach einer kurzen Pause fort. »Er kann es sich nicht leisten, eines der wenigen Schiffe oder gar eine erfahrene Mannschaft zu opfern, falls die Barbaren nicht mit sich handeln lassen. Und es kommt noch besser: Wenn die Sachsen uns abmurksen, erfährt in Britannien niemand auch nur ein Sterbenswörtchen davon und Vortigern blamiert sich nicht einmal!«

Das Entsetzen in den Augen der beiden Männer ließ das schlechte Gewissen die Oberhand über Ceretics Verstimmung gewinnen. Als sie sich am Vortag handelseinig geworden waren, hatte er den Fischern nicht die ganze Wahrheit gesagt. Freilich konnte sich ein kluger Mann den Rest zusammenreimen, aber ein einfacher Fischer? Ceretic bemühte sich daher nun um einen beruhigenden Ton.

»Ihr habt ja mich«, behauptete er und ein etwas selbstgefälliges Grinsen schlich sich in seine Züge. »Und der König hat gute Gründe, warum er gerade mich, Ceretic ap Ruohim, für diese Fahrt ausgewählt hat.«

Das stimmte tatsächlich. Gemessen an seiner niederen Herkunft als verwaister Sohn einer Ruohimer Fischerfamilie hatte er es weit gebracht. Ganz allein hatte er sich am Hofe des Hochkönigs bewährt und den Respekt der anderen Krieger erworben. Dazu kannte er das Mündungsgebiet der Thamesa von klein auf, was für den heiklen Auftrag von großer Bedeutung war. Was ihn aber vor allem auszeichnete, waren seine Kenntnisse der barbarischen Sprache. Es war also nur folgerichtig, dass Vortigern gerade ihm diese heikle Mission anvertraute, die das Schicksal Britanniens für immer wenden sollte.

»Doch jetzt ist vor allem eins geboten«, fuhr er belehrend fort. »Eile. Denn genauso sicher, wie die ersten Schwalben zuhause bereits das Kommen des Sommers ankündigen, zeigen sie auch, dass die piktischen Horden in Kürze wieder über unser armes Britannien herfallen werden.«

Damit beendete Ceretic seine kleine Ansprache und die beiden Männer nickten wissend. Die Piktenüberfälle bedrohten auch ihre eigenen Familien und Dörfer. Ceretic atmete tief die schneidend kalte Seeluft ein und konzentrierte sich wieder ganz auf das Steuern des Bootes. Es handelte sich um eine Curach, wie sie auch von Pikten und scotischen Piraten genutzt wurde. Ein leichtes, aus Eschenleisten gezimmertes Gerippe, überspannt von einer harzgetränkten Ochsenhaut. Damit war die Curach nicht so fest und stabil, aber auch nicht so schwer wie ein Holzboot. Sie bog sich in den Wellen und wich den Kräften des Meeres aus, anstatt zu zerbersten. Das kleine quadratische Ledersegel stand voll im Westwind und trieb das leichte Fahrzeug rasch über die See. Gischt wehte Ceretic ins Gesicht und langsam ließ er die schweren Gedanken an die Heimat und die unsichere Zukunft hinter sich. Wenn der Wind durchhielt, würden sie den fretum gallicum bald überquert haben und die belgische Küste erreichen.

Und tatsächlich, als die Sonne im Westen den Horizont berührte, machte Ceretic einen breiten grünen Streifen aus. Davor mischte sich das Weiß von Dünensand und Gischt.

»Die morinische Küste«, stellte er zufrieden fest.

Seine Begleiter, die auf den Ruderbänken nach achtern schauten, drehten sich neugierig um. Für sie war es das erste Mal, dass sie die fremde Küste zu Gesicht bekamen. Doch außer dem Strand gab es nichts zu sehen. Portus Itius hatte Ceretic im Westen gelassen und den günstigen Wind genutzt, um möglichst weit Richtung Germania inferior und der friesischen Küste zu gelangen. Mit dem letzten Licht der Dämmerung setzte Ceretic die Curach auf den fremden Strand.

»Los, an die Arbeit! Oder habt ihr geglaubt, ihr könntet die ganze Zeit faul im Boot hocken bleiben?«, trieb er seine dösenden Gefährten an.

Beide kletterten steif und ausgekühlt ins flache Wasser. Im Boot konnte man sich nicht gut aufrichten und durch die dünne Außenhaut drang die Kälte des Meeres in alle Glieder. Umständlich wuchtete sich Ceretic aus seinem Sitz im Heck und packte mit an. Nachdem sie das kleine Segel und den Mast im Boot verstaut hatten, mussten sie das Fahrzeug aus der Brandungszone schleppen. Ceretic packte das Heck, während seine beiden Begleiter den Bug trugen. Er musste gut aufpassen, damit ihm die Curach nicht entglitt, denn das Meerwasser hatte die Oberfläche der geharzten Lederhaut aufgeweicht und sie glitschig und schmierig gemacht.

»Nur noch ein kleines Stück«, grunzte er, dann ließen sie das Boot in den trockenen Dünensand fallen. Treibholz und verrottender Tang kennzeichneten die Flutwasserlinie ein ganzes Stück hinter der Curach.

»Mal sehen, was sich uns hier für ein Empfang bietet.«

Ceretic schnaufte noch von der Anstrengung, stapfte aber gleich weiter durch den losen Sand, in dem sich nur vereinzelt dürre Halme des Strandhafers festkrallten. Oben auf der Düne ließ er seinen Blick schweifen. Etwa zwei Meilen im Süden sah er eine dünne Rauchsäule in den purpurnen Abendhimmel steigen. Im Westen, wo die Sonne vor ein paar Augenblicken im Meer versunken war, blitzte der Abendstern. Gedankenverloren strich Ceretic sich mit Daumen und Zeigefinger über den mächtigen roten Schnurrbart, der ihm beidseits fast bis zum Kinn herabhing. Sicherlich war die Siedlung aus Furcht vor friesischen und sächsischen Piraten so weit im Landesinneren errichtet worden. Die Menschen, die dort lebten, waren vermutlich Belgier. Bauern jedenfalls, keine Piraten. An der Küste konnte Ceretic niemanden entdecken. Das kam ihm gelegen, in der nun hereinbrechenden Dämmerung würde sie kein Mensch mehr stören. Zufrieden stapfte Ceretic zu seinen Gefährten zurück, die bereits das wenige Treibholz sammelten, das die letzte Flut an Land gespült hatte. Malo blickte fragend zu ihm auf.

Ceretic nickte. »Ich denke, wir können heute Nacht Feuer machen. Ich habe nichts Beunruhigendes entdeckt und hier in der Provinz Belgica sollten wir noch sicher vor den Barbaren sein.«

Malo und Tavish machten sich zufrieden an ihre Aufgabe. Bald zischte das feuchte Treibholz und das Salz knackte in einer gespenstisch flackernden bläulichen Flamme.

»Ob wir morgen schon auf Barbaren treffen?«, fragte Tavish neugierig.

»Bete zu Gott, dass nicht«, antwortete Ceretic ohne die Augen von den Flammen abzuwenden. »Die großen Ströme der Sachsen erreichen wir erst in zwei oder drei Tagen und wenn wir vorher auf Schiffe treffen, dann sind das wahrscheinlich Friesen.« Eine Weile saßen sie schweigend. »Aber dafür ist es eigentlich noch zu früh im Jahr«, fügte er hinzu, als hätte er dieses Wissen gerade erst in den Flammen gelesen.

Am nächsten Morgen war der Wind aufgefrischt und der Himmel hing voll grauer Wolken. Ceretic stieg erneut auf die Düne, doch diesmal richtete er seinen Blick prüfend aufs Meer. Dann nickte er langsam. Sie könnten es wagen in See zu stechen.

»Mit diesem Wind erreichen wir die Mündung der Wirraha in zwei Tagen«, wandte er sich an seine Gefährten. Von dort aus richteten die Sachsen ihre gefürchteten Steven Richtung Meer und Britannien, dachte er schaudernd. Und ausgerechnet dorthin führt unsere Reise.

Doch vorerst lief alles nach Plan und Ceretics Vorhersage schien sich zu bestätigen. Den Tag über sichteten die drei Britannier lediglich zwei kleine Fischerboote, aber beide hielten einen gebührenden Abstand zu ihrem Fahrzeug. Warum sollte auch ein einzelner Fischer eine Begegnung mit drei Fremden riskieren?

»Wie willst du es eigentlich anstellen, den besten Heerführer unter den Sachsen ausfindig zu machen?«, riss Tavish seinen Steuermann am Abend aus den Gedanken. Sie saßen auf einer der zahllosen, lediglich von Seehunden und Vögeln bevölkerten Sandbänke und Inseln, aus denen ganz Friesland zu bestehen schien. Vor ihnen lag das Meer schwarz und schweigend bis an den fernen Horizont, während einige wenige Sterne das flackernde Licht des schwelenden Treibholzes am trüben Himmel spiegelten. Ceretic hoffte inständig, dass die Dünen in ihrem Rücken sie vor den Bewohnern dieser ungastlichen Küste verbargen. Er roch verrottenden Tang und das nasse Leder der Curach hinter ihnen.

»Erst einmal müssen wir bis dorthin gelangen«, erwiderte er eindringlich und sah seinen beiden Begleitern nacheinander einen

Moment lang in die Augen. »Wir sind hier vor der friesischen Küste. Betet darum, dass wir keinem größeren Schiff begegnen. Als Piraten sind die Friesen nicht besser als die Sachsen. Wenn sie uns erwischen, murksen sie uns ab oder verkaufen uns als Sklaven in die Barbarei.«

»Wirklich gute Aussichten«, brummte Malo und legte einen weiteren Zweig aufs Feuer. Es zischte und dampfte, aber dann brannte er an.

Doch die Friesen waren nicht alles, was Ceretics Gedanken beschwerte. Er ließ sich in den Sand zurückfallen und das raue Dünengras kitzelte seinen Nacken. Was war, wenn sie nicht rechtzeitig heimkehrten? Wenn die Anwerbung der Sachsen nicht gelang? Wer schützte dann seine Heimat vor den verfluchten Pikten? Die gesamte Küste wurde von den Heiden, der Herr möge ihre Eingeweide verrotten lassen, heimgesucht. Ihre gefürchteten Boote tauchten bald hier und bald dort auf und spien ihre faulige Fracht an Land.

Am nächsten Morgen ließ ein dichter grauer Dunst die ersten Lichtstrahlen nur widerwillig zur ebenso grauen See dringen. Der Wind hatte etwas nachgelassen und das Meer schwappte träge an den Strand. Schließlich erhob sich die Sonne im Osten als roter Ball und verlieh wenigstens den grauen Dünen einen leichten rötlichen Schimmer. Ceretic und seine Begleiter schluckten hastig ihren Haferbrei herunter. Ein Schluck beigemengtes Meerwasser ersetzte das Salz. Es schmeckte grässlich, aber Salz zog auf See Wasser und nach wenigen Tagen würde auch das kostbarste, reinste Salz nicht besser als Meerwasser schmecken.

Gestärkt zogen die drei Britannier ihr leichtes Boot ins Wasser und setzten das Segel. Zunächst schien ihnen das Glück in Form des Westwindes weiter hold, doch gegen Mittag flaute er ab. Ceretic überlegte, ob er seine Gefährten würde weiter rudern lassen oder ob sie an Land günstigere Winde abwarten sollten.

Die Tide war gerade gekentert und die nun einsetzende Ebbe würde ihre Fahrt bald zusätzlich hemmen.

»Seht nur dort hinten«, rief Malo plötzlich aufgeregt. Er starrte mit weit aufgerissenen Augen nach achtern.

Ceretic wandte sich um und was er sah, bestätigte seine schlimmsten Befürchtungen: Zwischen zwei der Inseln, die in Steuerbord als lange Kette vor der fernen Küste lagen, schoss ein Schiff hervor.

»An die Riemen«, brüllte er vor Aufregung lauter als notwendig. »Das Wasser steht noch ziemlich hoch, die sind schneller hier, als ihr um Hilfe schreien könnt!«

»Vielleicht haben sie uns gar nicht bemerkt?«, hoffte Tavish. »Sie werden doch nicht unseretwegen so ein großes Schiff losschicken?«

Doch da schwenkte der runde Bug der Fremden bereits in ihre Richtung. Ceretic sah die Riemen in der Sonne blitzen, als sie sich im raschen Rhythmus aus der See hoben.

»Pullt was ihr könnt, vielleicht gelingt es uns, im flachen Wasser hinter den Inseln zu entkommen«, rief er und lenkte das Boot durch einen sanften Druck mit dem Ruderblatt auf den Sund zwischen zwei der Eilande in Richtung Steuerbord zu.

Die Curach war leicht und noch waren Malo und Tavish ausgeruht. Dadurch schafften sie es, die gesamte nächste Stunde ihren Vorsprung vor den Verfolgern zu halten. Doch inzwischen klebte Malo, der vor Ceretic saß, das verschwitzte Haar im Gesicht und auch Tavishs Atem ging pfeifend. Ceretic spürte, wie seine Gefährten ermatteten. Endlich passierten sie den engen Sund zwischen den Inseln und ruderten nun gegen den kräftigen Ebbstrom. Dieser hielt ihre Verfolger allerdings genauso auf wie sie.

»Haltet durch, sie kommen immer näher«, feuerte Ceretic seine Gefährten an. Er warf in regelmäßigen Abständen Blicke nach achtern und konnte bereits erkennen, wie die See unter den feindlichen Rudern schäumte. Zu ihrer Linken lag das graue Watt bereits hoch und trocken über der See.

»Verdammt«, knurrte Ceretic, weil sich keine rettende Durchfahrt hinter der Insel zeigte. Er musste noch eine ganze Weile den Kurs halten, bevor er endlich in einen Sund an Backbord einbiegen konnte. Hoffentlich kamen sie überhaupt noch hinter der Insel vorbei. Du Esel, schalt er sich in Gedanken selbst. Er hatte nicht damit gerechnet, dass der Ebbstrom sie so lange aufhalten würde. Nun stand das Wasser deutlich tiefer als zu Beginn der Verfolgungsjagd – vielleicht war es nun sogar für seine Curach zu flach. Wie hatte er sich nur mit den Friesen auf eine Wettfahrt in ihrem eigenen Wattenmeer einlassen können? Er griff mit der Linken nach dem kleinen Bronzekreuz, welches er um den Hals trug, und schickte ein Stoßgebet zum Himmel. Doch der Himmel blieb stumm und der Sund vor ihm verschmälerte sich zu einem breiten Priel.

»Die Friesen werden langsamer«, keuchte Tavish von vorne.

»Ja, sie wissen, dass wir in der Falle sitzen«, entgegnete Ceretic verbittert. Im Gegensatz zu Malo und Tavish, die auf den Ruderbänken nach achtern blickten, schaute er geradeaus und dort zeigte sich nur noch trockenes Watt. »Gleich setzen wir auf und dann müssen diese friesischen Hunde nur noch warten, bis sie auf dem Trocknen zu uns herüber spazieren können.«

Erschrocken starrten ihn seine Gefährten an. »Gott stehe uns bei«, rief Tavish erbleichend.

»Und errette uns aus der Hand dieser Heiden!«, vervollständigte Malo das Gebet.

Da lief ein leichter Ruck durch das Boot. Sie saßen auf dem Schlick.

»Der Herr sei uns gnädig«, murmelte Malo und bekreuzigte sich hektisch.

Ceretic stieg aus und richtete sich auf. Vor ihnen erhob sich auf fünfhundert Schritte trockenes Watt, dahinter glänzte die rettende See in der Sonne. Unerreichbar.

Wobei, schoss es Ceretic durch den Kopf, unerreichbar für die meisten Boote, aber was war schon unerreichbar für eine Curach?

»Schnell, raus aus dem Boot. Wir tragen es über die trockene Stelle!«, rief er mit neu erwachtem Mut. Auch die Augen seiner beiden Männer blitzten hoffnungsvoll auf.

Sofort sprangen sie in den Schlick, in dem sie knöcheltief einsanken. Dann packten sie das Boot und zogen es noch etwa hundert Schritte durch das immer flacher werdende Wasser.

»So, nun müssen wir sie tragen«, befahl Ceretic. Er packte wieder allein das Heck, aber das geschah ihm ganz recht. Zum einen hatte er heute noch nicht gerudert, zum anderen war er es gewesen, der sich von den Friesen hatte in die Falle treiben lassen. Nun, das wollen wir erst einmal sehen, dachte er. Der Schweiß rann ihm in Strömen von der Stirn und er trat im Watt mit seinen blanken Füßen auf eine scharfkantige Muschel. Aber das alles nahm er kaum wahr.

»Weiter, weiter!«, keuchte er. Ceretic traute sich nicht, sich nach den Friesen umzuschauen. Inzwischen hatten die drei Britannier die höchste Stelle des Wattes überquert. »Wir schaffen es«, schrie Ceretic außer Atem. Endlich spritzte um Malos Füße wieder Wasser auf. Wunderbar kühl umschloss es einen Augenblick später auch Ceretics Knöchel. Noch ein paar Schritte und sie konnten die Curach wieder zu Wasser lassen. Sie hatten es geschafft! Nun wendete sich Ceretic den Verfolgern zu.

Die Friesen hatten inzwischen erkannt, was vor ihnen geschah und die Verfolgung der sicher geglaubten Beute zu Fuß aufgenommen. Aber um ihr tiefer gehendes Schiff herum stand das Wasser noch immer mehr als knietief und sie kamen nur langsam voran. Ceretic nahm sich sogar die Zeit, den Feinden den blanken Hintern zu zeigen. Eine Geste, die er den wilden Pikten abgeschaut hatte. Eigentlich nicht seine Art, aber die gerade durchlittene Anstrengung und Anspannung versetzten ihn in eine Art Rauschzustand. Auch seine Gefährten lachten erleichtert, als sie wieder in die Curach stiegen und losruderten. Diesmal half ihnen der Ebbstrom, der sie rasch dem offenen Meer entgegen zog. Als die Friesen schließlich die Kante des trocken gefallenen Watts erreichten, stimmten sie ein wütendes Geheul an. Aber Ceretic und seine Gefährten waren unerreichbar und in Sicherheit.

»Wir haben den Friesen in ihrem eigenen Wattenmeer eine Nase gedreht«, lachte Malo begeistert.

Auch Ceretic grinste breit. »Das muss die Nachwelt erfahren. Ich werde ein Lied darüber dichten!«

Dithmarschen, April 441
Ordulf

Ordulf kniff die Augen zusammen und sah voller Sorge in den grauen Himmel. Dann wandte er seinen Blick wieder hinab auf die ebenso graue See, die sich in endlosen Wellenkämmen auf das Land zuschob. Das Watt war bereits vollständig überflutet und die See leckte an den vorgelagerten Sanddünen, welche die Sommerfluten gewöhnlich bis in den Oktober hinein von den Weiden fernhielten. Nun waren es noch über drei Stunden bis zum Hochwasser und die Flut stieg mit beängstigender Geschwindigkeit. Es würde nicht helfen nur zu bangen und zu warten, er musste das Vieh in Sicherheit bringen. Zuerst die Rinder, sie bildeten die eigentliche wirtschaftliche Grundlage des Hofes, auch wenn die Pferde ungleich wertvoller waren.

Ordulf rief die zwei Knechte heran, die mit ihm auf der Wurt geblieben waren. Gemeinsam machten sie sich daran, die Rinder, die weit verstreut auf dem Marschland grasten, erst zusammen und dann zur Wurt zu treiben. Es ging langsamer als gedacht und Ordulf war bald in Schweiß gebadet, trotz des scharfen Westwindes.

Sein Vater und die beiden älteren Brüder waren bereits früh am Morgen zur Außenweide aufgebrochen, um die Pferde hereinzubringen. Er als jüngster Sohn musste sich um die weniger wertvollen Tiere kümmern und so oblag ihm nun die gesamte Verantwortung. Er fluchte leise. Warum hatten sie so lange gewartet? Der neue Mond war gerade erst einen Tag alt und seit Sonnenaufgang blies ein Westwind, der langsam aber in immer wiederkehrenden Böen zum Sturm anschwoll. Und das so spät im Jahr! Was hatte Uuodens Zorn nur zu dieser Unzeit erregt?

Inzwischen schlugen die Wellen immer wieder über die seewärts gelegenen Sanddünen und bedeckten bereits weite Teile der Marschwiesen. Die Entwässerungsgräben waren zum Überlaufen gefüllt. Nun ging es schneller, denn auch die widerspenstigen Bullen schienen zu merken, was dort von See her auf sie zukam. Instinktiv strebten sie dem hohen Land zu. Nervös schoben und stießen sie sich gegenseitig durch das Tor der Palisade, welche die kleine Wurt umschloss. Ordulf und die Knechte mussten aufpassen, nicht dazwischen zu geraten. Schließlich waren alle Tiere im Pferch. Erschöpft lehnte sich Hinnerk, der jüngste der Knechte, gegen das Gatter, aber Ordulf, der selbst gern verschnauft hätte, konnte ihm keine Ruhe gönnen.

»Los, weiter, wir müssen die Schafe holen«, rief er und verfiel in den Laufschritt. Sie mussten sie zur Wurt herüber treiben, bevor die Gräben unpassierbar würden. Im Laufen griff er nach einem Stecken, der an der Stallwand lehnte. Wenn er noch rechtzeitig bei den Schafen ankommen wollte, würde er den brauchen, um die schon gefüllten Gräben zu überspringen. Hinter sich hörte er die müden Tritte der Knechte durch die bereits matschig aufgeweichten Weiden am Fuße der Wurt patschen. Mechanisch setzte er den Stecken in die Mitte des ersten Grabens und sprang, auf den Stab, gestützt zur anderen Seite.

»Dort sind die ersten Schafe«, rief Hinnerk und zeigte nach vorn. Ordulf sah in die angegebene Richtung und kniff die Augen zusammen. Der junge Knecht hatte schärfere Augen als er. Doch auch er sah, dass das Wasser die blöden Schafe bereits einzukreisen begann. Anders als die Rinder trieb sie ihr Instinkt aber nicht dazu, höheres Land aufzusuchen. Sie verharrten an Ort und Stelle und betrachteten mit ängstlichem Blöken das Wasser, welches sich ihnen näherte. Ordulf fluchte leise und glitt fast in einer Pfütze aus, deren Wasser tiefer war als gedacht. Er würde nie verstehen, wieso Thunær seinen Wagen ausgerechnet von Böcken ziehen ließ. Die Tiere waren derartig dämlich, dass sie bei jeder Flut ersöffen, wenn man sie nicht rettete. Und damit gab sich ein so mächtiger Gott ab!

»Lass nach, das bringt nichts«, schnauzte er Hinnerk an, der versuchte, das erstbeste Mutterschaf in Richtung Wurt zu zerren. »Wir müssen den Leithammel suchen!«

Aber wo steckte das blöde Vieh? Ordulf sah zwischen den verstreuten, ängstlich blökenden Tieren umher, konnte den Hammel aber nirgends entdecken.

»Achtung!«, riss ihn Hinnerks Schrei aus seiner Suche. Er schaute sich fragend um, da traf ihn mit unglaublicher Wucht ein Schlag in den verlängerten Rücken. Er verlor das Gleichgewicht und die Welt um ihn verwandelte sich in eisige, stechende Kälte.

Erst als Ordulf versuchte, nach Luft zu schnappen, erkannte er, dass er sich unter Wasser befand. Über sich sah er Tageslicht und den Wasserspiegel des Grabens, den er gerade noch übersprungen hatte. Benommen von dem Schlag und der Kälte richtete sich Ordulf auf und kam an die Oberfläche. Am Ufer, an dem er sich gerade selbst noch befunden hatte, stand nun der Leitwidder Hinnerk. Der gleichnamige Knecht hatte sich mit einem Sprung über den Graben in Sicherheit gebracht. Schnaubend sah der Widder ihn aus blutunterlaufenen Augen an. Ordulf entschied, dass der junge Knecht derzeit die geringere Bedrohung darstellte und ließ sich von ihm an das gegenseitige Ufer helfen. Er biss sich auf die Lippen. Darum also liebte Thunær diese Mistviecher. Er meinte, ein dröhnendes Lachen über den Wolken zu hören, aber vielleicht rauschte ihm auch nur das Blut in den

Ohren oder es war ein heranziehendes Gewitter. Auch seine Brüder würden grölen vor Lachen. Langsam wich die eisige Kälte in seinen Gliedern einer kochenden Wut. Wenn er Hinnerk – und zwar allen beiden – nun nicht zeigte, wer der Herr auf der Weide war, könnte er es nie wieder wagen, sie zu betreten. Und dasselbe galt für den alten Thankmar, dem zweiten der Knechte, denn auch seine Lippen zuckten verräterisch.

Ordulf griff den Stab und sprang entschlossen über den Graben. Hinnerk, der Widder, wich erstaunt einen Schritt zurück, aber da packte Ordulf ihn schon bei den gewundenen Hörnern. Der Zorn verlieh seinen kalten Muskeln die nötige Kraft. Er riss den Widder in die Höhe und schmetterte ihn mit aller Wucht auf den Boden. Dann trat er dem Tier wütend in die Flanke, nochmal und noch einmal. Der Widder schrie erschrocken auf und wand sich, aber Ordulf ließ nicht locker, auch als sein Zorn schließlich verraucht war.

»Jetzt kommt schon her und helft mir!«, schrie er die Knechte an.

Endlich war Thankmar heran und schlang einen Strick um den Hals des Widders.

»Gib her«, raunzte Ordulf und riss ihm das Ende des Seils aus der Hand. Er zerrte den Widder an der kurzen Leine auf die kleine Landbrücke zu, die noch zwischen ihnen und der Wurt aus dem Wasser ragte. Glücklicherweise war Hinnerk nicht so widerspenstig wie sonst. Mit etwas Glück würde die gerade erfahrene Lektion sogar noch anhalten bis sie die Wurt erreichten.

Nun wieder hoffnungsvoll blökend, folgte die Schafherde ihrem Leitwidder. Die beiden Knechte machten sich derweil daran, verstreute Schafe, die schon durch Wasserlachen abgeschnitten waren und sich alleine nicht trauten durch die Pfützen zu laufen, zur Herde zu treiben.

Als Ordulf und die beiden Knechte schließlich mit einem Großteil der Schafe die Wurt erreichten, waren der Vater und die Brüder mit den Pferden bereits zurückgekehrt. Die Flut stieg weiter. Beängstigend schnell, aber um die Wurt selbst fürchtete Ordulf so lange nach der Tag- und Nachtgleiche nun doch nicht mehr. Trotzdem war es für alle Wurtmannen – so nannten sich die Bewohner der Marsch, die auf ihren hoch aufgeworfenen Hügeln dem Ansturm der See trotzten – ein besorgniserregender Anblick zu dieser Jahreszeit, die gesamte Marsch von Wasser bedeckt zu sehen.

Ordulfs Blick suchte im Süden die große Wurt von Fahrstedt. Mit zusammengekniffenen Augen konnte er sie gerade noch erkennen. Sie ragte hoch wie ein stolzes Schiff aus der Wasserwüste. Dort saßen Wolderich und seine Sippe. Ihre eigene Wurt, welche Swæn, Ordulfs Großvater, mit eigenen Händen aufgerichtet hatte, war deutlich kleiner und trug nur einen einzigen Hof. Aber Ordulf vermutete, dass sie es mit dem ihrer Familie eigenen Jähzorn ohnehin nicht lange mit Nachbarn auf so engem Raum aushalten würden.

Pert Acaiseid, Orcaden, November 441
Álainn

Der Wind wirbelte in ihrem Haar und genauso wirbelte und peitschte er die grauen Wogen auf den Fels am Fuße der Festung. Die See gischtete über die Klippen bis zu ihr hinauf. Sie schmeckte Salz auf den Lippen. Ebenso salzig brannten die Tränen in ihren Augen, doch sie riss sich zusammen und klammerte sich am Rand der felsigen Klippe fest, damit die wilde Kraft des Windes sie nicht hinab warf. Und doch war solche ungezügelte Stärke das Einzige, was Halt bot. Das war die wichtigste Lektion, die Álainn in ihrem jungen Leben gelernt hatte. In den letzten sechs Monaten war sie eine Piktin geworden, zumindest dem äußeren Anschein nach. Eine Sklavin jener Barbaren, die den blutigen Kopf ihrer Mutter auf einen Haufen geworfen hatten. Sie konnte es selber kaum glauben, dass vor nicht einmal einem Jahr ihre größten Sorgen die zunehmende Vergesslichkeit der Mutter und die Arroganz des Großbauern Caellach gewesen waren. Was hätte sie nun nicht alles gegeben, diesen selbstgerechten Comarchus, wie er sich stolz nannte, wiederzusehen. Widerwillig riss sich Álainn von ihren Gedanken und dem Anblick der grauen See los, die so verlockend die Freiheit versprach. Sie erreichte den niedrigen Eingang der runden Steinhütte gerade, als im Dorf die ersten Hähne krähten.

II. Neue und alte Bekanntschaften

Mündungsgebiet der Wirraha, April 441
Ceretic

»Sieht doch ganz einladend aus, das Sachsenland«, behauptete Tavish hoffnungsvoll.

Sie saßen etwa eine Meile vom Ufer entfernt auf dem Schlick. Das saftige Grün des Landes vor ihnen ließ an Britannien denken. Nur die geradezu ewige Weite des grauen Watts passte nicht ins gewohnte Bild. Die Curach war bei ablaufendem Wasser auf einer der zahlreichen Sandbänke im Mündungsgebiet eines großen Stromes aufgelaufen.

»Ja, das muss die Wirraha-Mündung sein«, bestätigte Ceretic.

»Merkwürdige Erhebung da drüben«, warf Malo ein und zeigte auf einen Hügel im sonst absolut flachen Marschland. »Es steigt Rauch von dort auf. Ob in dem Hügel das verborgene Volk lebt?«

»Ich dachte, das gäbe es nur bei uns in Britannien?«, fragte Tavish erstaunt.

»Niemand lebt in dem Hügel. Auf dem Hügel leben Sachsen und den Hügel haben sie selbst gegraben, damit sie nicht ersaufen wenn das Wasser mal höher steigt als üblich«, korrigierte Ceretic schmunzelnd.

Ein Priester in Ruohim erklärte einmal, Gott strafe die Heiden mit hohen Fluten für ihre grausamen Raubzüge. Ceretic hatte sich schon als Kind darüber gewundert, dass sie sich trotz dieser deutlichen Warnung nicht von ihren heidnischen Wegen bekehrten, sondern lieber versuchten, Gottes Züchtigungen auf von Menschenhand errichteten Hügeln zu trotzen. Aber nun, wo er solch einen Hügel erstmals mit eigenen Augen sah, musste er über die schiere Größe des Erdwerkes staunen.

»Woher weißt du das eigentlich alles?«, unterbrach Malo seine Gedanken.

»Eine lange Geschichte«, antwortete Ceretic.

»Aber bis zur Flut haben wir doch noch jede Menge Zeit«, drängte nun auch Tavish.

»Also gut«, fügte sich Ceretic scheinbar widerstrebend, doch eigentlich redete er gern von sich. »Kennt ihr noch den alten Wulf?«, fragte er.

»Den alten Heiden?«, wollte Tavish wissen und bekreuzigte sich.

»Der Priester hat von ihm erzählt«, bestätigte auch Malo.

»Ja, ein Heide war er wohl, der gute Wulf«, gab Ceretic zu. »Aber er war auch ein Krieger Roms. Ein Sachse, der bei den Auxiliares gedient hat und nach seiner Dienstzeit und dem Abzug der Römer auf Ruohim blieb.« Einen Augenblick schwieg Ceretic versonnen. Der einsame Veteran hatte ihn damals, als sein Vater auf der See geblieben war, unter seine Fittiche genommen. Aber das brauchten die beiden Jungspunde nicht zu wissen. »Jedenfalls hat er mich seine Muttersprache, das Sächsische, gelehrt«, erklärte er. »Und noch einiges mehr.«

Stunden später kehrte das Wasser zurück. Zuerst füllten sich die Priele und in den Senken begann der Schlick zu glänzen. Dann, in immer wiederkehrenden Wellen, überspülte das Meer den geriffelten Sand und hob schließlich die gestrandete Curach sanft vom Boden. Der Flutstrom trug sie rasch auf die mächtige Wurt zu.

»Seht nur, sie warten in Waffen!«, rief Tavish angstvoll.

Auch Ceretic hatte es gesehen. Inmitten der dunklen Menschenmenge am Strand blitzte es auf. Die tief stehende Abendsonne spiegelte sich in Helmen oder Speerspitzen.

»Natürlich tragen sie Waffen«, antwortete Ceretic harscher als er beabsichtigt hatte. Aber die Jungen sollten nichts von seinen eigenen Bedenken merken. »Was würdet ihr denn tun, wenn sich plötzlich ein fremdes Boot näherte?« Sorgenvoll zupfte er an seinem Schnurrbart.

»Da sind auch Frauen und Kinder dabei!«, rief Malo plötzlich erleichtert.

Ceretic atmete auf. »Na, was habe ich euch gesagt?«, fragte er und versuchte so gleichgültig wie möglich zu klingen.

Bald waren sie auf Rufweite heran, doch die Sachsen blieben stumm. Ceretic setzte das Boot vor ihnen auf den Strand und sprang ins Wasser.

»Seid gegrüßt, edle Männer«, rief er laut und streckte die Arme mit den Handflächen nach oben aus, um zu zeigen, dass er unbewaffnet war.

»Seid gegrüßt, Fremde«, antwortete ein leicht gebeugter, aber noch immer großer Mann mit grauem Haar. »Ich bin Wago, der Häuptling unseres Geschlechts«, fügte er hinzu und machte eine einladende Geste in Richtung der Höfe auf dem grünen Hügel hinter sich.

Tavish und Malo blickten Ceretic fragend an. Sie hatten nichts verstanden und auch Ceretic selbst war verwirrt. Wieso luden ihn diese fremden Piraten so freundlich ein, obwohl er doch noch gar kein Geschenk überreicht hatte?

»Mein Sohn Eppo wird sich um euer Boot kümmern. Folgt mir«, drängte der Alte, als er das Zögern der Britannier bemerkte.

Gehorsam setzte sich Ceretic in Bewegung. »Der Alte lädt uns in seine Halle ein. Wenn er Böses im Schilde führt, sind wir ihm ohnehin ausgeliefert, also folgen wir am besten seiner Einladung«, erklärte er seinen Begleitern.

Sie folgten dem grauhaarigen Sippenoberhaupt einen schmalen Pfad den Hügel hinauf. Von Nahem sah Ceretic, dass das, was er zuvor für Palisaden gehalten hatte, eigentlich Pfahlreihen waren, die mit Weide umflochten wurden und das Erdreich der Wurt gegen das Meer sicherten. Erst ganz oben wurden die Höfe von einer schwachen Palisade, eher einem hohen Zaun, umgeben. Ihr alter Führer durchquerte eine Pforte und ging zielstrebig an mehreren kleineren Katen vorüber zu einem lang gestreckten Gebäude im Zentrum der Siedlung. Ceretic und seine Gefährten folgten ihm gebückt unter einem niedrigen Türsturz hindurch in die große Halle. Es war warm und die Luft abgestanden. Der Qualm eines offenen Feuers brannte Ceretic in den Augen, bevor er sich unter dem Dach sammelte und schließlich durch ein Windauge am Giebel abzog.

»Willkommen in meiner Halle!« Der Gruß des Alten lenkte Ceretic von der Betrachtung seiner Umgebung ab. Schon winkte der Häuptling eine junge Frau heran, die ihm ein riesiges Trinkhorn reichte. Er nahm einen tiefen Zug und gab das Horn an Ceretic weiter. Eine klebrige Masse schwappte auf Ceretics Finger und der süßliche Geruch von Met mischte sich mit dem üblen Atem des alten Mannes. Ceretic ließ sich nichts anmerken und tat wie ihm geheißen. Immer mehr Männer strömten in die Halle.

Ob sie uns betrunken machen wollen, um uns auszurauben?, ging es Ceretic durch den Kopf. Doch da nahm ihm Wago das Horn wieder ab.

»So«, begann er zufrieden, »nun verratet uns eure Namen und das Ziel eurer Reise!« Zu Ceretics Beruhigung sah ihn der alte Wago gespannt, aber durchaus freundlich an.

»Hochkönig Vortigern von Britannien entsendet euch seinen Gruß. Ich bin Ceretic, sein Bote.«

Ein erstauntes Raunen ging durch die Reihen der mittlerweile versammelten Sachsen.

»Die Tapferkeit der Sachsen hat sich bis nach Britannien herumgesprochen.« Hier unterbrachen eine generelle Unruhe und gedämpftes Gelächter seinen Vortrag. Hochmütige Barbaren, dachte Ceretic, fuhr aber mit erhobener Stimme fort. »Zum Zeichen seiner Freundschaft sendet Vortigern euch dieses Silber!« Dabei zog er mit einer stolzen Geste einen kleinen

Lederbeutel aus dem Gürtel und ließ die Münzen effektvoll zu Boden fallen. Nun war es plötzlich so still, dass das helle Klirren des letzten Sesterz bis in den hintersten Winkel der Halle drang.

»Solche Gäste sind uns immer willkommen«, beeilte sich Wago zu erwidern. Diesmal antwortete rundherum aufgeregtes, aber durchaus anerkennendes Gemurmel.

Ceretic atmete auf. Das Eis war gebrochen, mit einer einzigen Handvoll Silber! Nun musste Ceretic in aller Ausführlichkeit von seinem Auftrag berichten. Wago ließ sich derweilen als Gastgeber nicht lumpen. Der Abend wurde zu einem Gelage. Während er hochkonzentriert versuchte, die Fragen seines Gastgebers zu beantworten, dröhnte die Halle vor Betriebsamkeit. Laute Rufe in der barbarischen Zunge und Lachen vermischten sich mit dem Duft von heißer Brühe und gesottenem Salzfleisch. Bald schon schwirrte Ceretic von all den neuen und fremden Eindrücken der Kopf. Zu seiner Erleichterung trat schließlich ein Mann vor, der die Aufmerksamkeit des alten Wago von ihm ablenkte.

»Scht, der Scop wird uns nun ein Lied singen«, zischte der Gastgeber.

Bei dem Scop genannten Mann schien es sich um jemanden zu handeln, der eine ähnlich geachtete Stellung wie ein britannischer Barde einnahm. Ceretic, der sich selbst ebenfalls für einen begabten Dichter und Sänger hielt und ein beachtliches Repertoire von Liedern kannte, kam diese Abwechslung umso mehr gelegen. Nie hatte ihm Wulf von den sächsischen Sängern berichtet. Der Mann begann sein Lied. Die alte schleppende Weise erzählte von einem gewissen Hengist und seinen Abenteuern bei den benachbarten Friesen. Ceretic mühte sich redlich seine Enttäuschung zu verbergen. Das sollte Gesang sein? Ihm kam es eher ermüdend vor. In Britannien würde es dieser Barde jedenfalls nicht weit bringen. Als der Beifall für den Scop abebbte – die Sachsen schienen mit der gebotenen Kost zufrieden – erhob sich Ceretic beschwingt. Er hatte bereits einige Hörner Met mit den neuen Verbündeten König Vortigerns geleert und befand sich gerade in der rechten Stimmung. Jetzt würde er den Barbaren einmal zeigen, wie man in Britannien sang!

Der Scop reichte ihm gespannt die Harfe. Ceretic strich über die Saiten. Ja, das könnte gehen. Die Kelten hatten einfach mehr Rhythmus im Blut als diese Barbaren. Er griff in die Saiten und begann das Lied zu singen, welches er in seinem Geiste über ihr gerade bestandenes Abenteuer im friesischen Wattenmeer gedichtet hatte. Die Melodie war ein altes britannisches Tanzlied mit einem Refrain, der immer auf »Fol-de-diddle-da und Fol-de-diddle-daira oh« endete. Das würden sogar die sächsischen Barbaren verstehen. Malo und Tavish erkannten die Weise und klopften und pfiffen den Takt dazu.

Als er geendet hatte, herrschte einen Moment Schweigen. Ceretic schaute in ausdruckslose bärtige Gesichter. Kurz fragte er sich, ob die Barbaren ihm überhaupt zugehört hatten. Doch dann brach mit einem Male stürmischer Beifall aus. Na also, dachte Ceretic zufrieden und verbeugte sich tief vor seinen Zuhörern. Wenigstens erkannten die Barbaren ein gutes Lied, wenn sie es hörten.

»Worum ging es?«, wollte Wago schließlich wissen. Auch er hatte als Zeichen seiner Anerkennung sein Methorn begeistert auf die Tischplatte geschlagen und mit beiden Füßen gestampft, aber verstanden hatten die Sachsen sein britannisches Lied natürlich nicht.

»Auch wir haben gerade bei den Friesen ein Abenteuer erlebt«, begann Ceretic und erzählte in allen Einzelheiten, wie sie den drei – oder waren es sogar vier? – friesischen Langschiffen entkommen waren, die sie bei Nebel vor der Küste eingekreist hatten. Als er an die Stelle kam, an der sie den Friesen schließlich im Wattenmeer entkamen, hielt sich Wago den Bauch vor Lachen. Dann musste Ceretic das Lied noch einmal auf Britannisch vorsingen und die Sachsen grölten das »Fol-de-diddle-da und Fol-de-diddle-daira oh« aus voller Kehle mit. Dazu klopfte, klatschte und stampfte die halbe Halle den Takt mit – die andere Hälfte klopfte, klatschte und stampfte ohne den Takt zu treffen, aber das tat der Stimmung keinen Abbruch.

Regulbium, Mai 441
Tallanus

Das denkwürdige Zusammentreffen von Vortigerns Rat lag nun bereits zwei Monate zurück. Nachdem Tallanus seinen Freund Ceretic bis Ruohim geleitet hatte, war er auf direktem Wege zu Bischof Albanus zurückgekehrt. Albanus bezeichnete ihn zwar als secretarius, aber in Wirklichkeit kam er sich eher wie ein Botenläufer oder sogar ein Leibeigener vor. Die vergangenen Wochen jedenfalls war er für seinen Herrn nicht weniger als drei Mal zwischen Cantiums Königsstadt Durovernum und Londinium hin und her gereist, während der Bischof niemals die Nähe des Hochkönigs und die Annehmlichkeiten des Hofes verließ. Wenn man ihm einmal selbst solch ein Amt wie das von Albanus anvertrauen würde, gäbe er sich sicherlich nicht solcher Bequemlichkeiten hin. Betroffen biss er sich auf die Unterlippe. Lag da nicht der wahre Grund für seine mangelnde Achtung vor Albanus?

»Quid autem vides festucam in oculo fratris tui et trabem in oculo tuo non vides?«, murmelte er.

»Was schimpfst du da?«, riss ihn eine junge Stimme aus seinen Gedanken. Tallanus fuhr herum und vor ihm stand Álainn, ein Bauernmädchen aus Regulbium. Nein, inzwischen eine junge Frau, korrigierte er sich, als sein Blick über ihre Gestalt schweifte. Er fühlte, wie ihm das Blut heiß ins Gesicht stieg, was keinerlei Sinn ergab, denn seine Freundschaft zu dem Mädchen war ebenso rein wie sein Gewissen. Zumindest in dieser Beziehung.

Seine Versuchungen lagen andernorts. Eine junge Priesterweihe und vielleicht einmal der Hirtenstab eines Bischofs.

»Na, was ist?«, hakte Álainn nach und traf damit genau den wunden Punkt.

»Das war Latein und bedeutet: Was siehst du den Splitter im Auge deines Nächsten und den Balken in deinem eigenen Auge siehst du nicht?«, antwortete er, immer noch verstimmt über sich selbst.

»So, so«, lachte sie. »Du bist mal wieder streng mit dir? Spazierst du deshalb hier am Meer herum?« Lächelnd trat sie zu ihm und hakte sich unter.

Tallanus errötete schon wieder. »Nicht doch, was sollen die Leute denken?«, fragte er.

»Was sollen sie schon denken?«, antwortete Álainn unbekümmert. »Du kennst mich doch schon von Kindesbeinen an. Also, was hast du dir vorzuwerfen?«

Tallanus seufzte resigniert. »Der Satz, den ich dir gerade übersetzt habe, steht im Evangelium des heiligen Matthäus«, erklärte er.

»Aha. Klingt auch sehr weise«, unterbrach sie.

»Mein alter Tutor Dagomar hat ihn mich gelehrt. Du weißt schon, der im wüsten Norden Londiniums in seiner Einsiedelei als Eremit lebt«, fuhr Tallanus ungeachtet der Unterbrechung fort.

»Der Mann, von dem du immer behauptest, er sei ein richtiger Heiliger?«, fragte Álainn neugierig.

»Ja, genau der. Jedenfalls bleibt an mir nicht viel Heiliges, wenn ich mich mit ihm vergleiche. Du weißt ja, wie oft ich über meinen Herrn, Bischof Albanus, klage. Aber gerade ist mir aufgegangen, dass ich ihm nur seinen Platz neide. Dagomar dagegen hat den Bischofsstab abgelehnt. Stell dir vor, Vortigern trug ihm das Amt schon vor Albanus an. Stattdessen unterrichtet er lieber junge Waisen und Männer aus ärmlichen Verhältnissen wie mich in seinem claustrum in Rhetorik und Grammatik und den Lehren unseres Heilands.«

»Und aus lauter Gram über deinen frevelhaften Ehrgeiz hast du dich nun in dein Heimatdorf Regulbium verkrochen und starrst den ganzen Tag auf den Horizont?«

»Nein, nein, das ist mir nur gerade durch den Sinn gegangen. Ich bin wieder in Albanus Auftrag hier.«

»Na, kein Wunder, dass du nicht gut auf den hohen Herren zu sprechen bist, wenn er dich ständig in ganz Britannien herum jagt. Was kann ein so hoher Herr wie dein Bischof denn von so einem gottvergessenen Nest wie Regulbium wollen?«

Kopfschüttelnd schaute sie zu den windgeschliffenen Ruinen des alten Römerforts hinüber. Tallanus folgte ihrem Blick, wandte sich dann aber wieder dem Meer zu. Niemals zuvor hatte er sich danach gesehnt, einen der gefürchteten sächsischen Steven aus dem Meer tauchen zu sehen. Doch nun wartete er im Auftrag des Bischofs genau darauf. Obwohl Vortigerns Plan ihm mehr als wagemutig erschien. Hieß es nicht zu recht: Lupus pilum mutat non mentem – Der Wolf ändert das Haar, nicht den Sinn? Er zog seinen Mantel enger um die Schultern, trotz anbrechenden Frühlings fröstelte ihn.

»Ich soll auf einen Freund warten, der hoffentlich bald heimkehrt«, antwortete er ausweichend. Auch wenn er Álainn von klein auf kannte, gab es keinen Grund, ihr seinen Auftrag zu verraten. »Albanus will sofort von seiner Ankunft unterrichtet werden. Eigentlich kommt mein Freund aus Ruohim dort drüben.« Dabei deutete er über den schmalen Wantsum-Fluss, der Ruohim von Regulbium und dem Rest Cantiums schied. »Aber ich denke, ich bekomme auch hier mit, wenn er zurückkommt.«

»Und wer ist dieser Freund?«, bohrte sie nach.

»Er heißt Ceretic«, antwortete Tallanus. Damit verriet er wohl noch kein Geheimnis.

»Wer?«

»Ein Mann den ich vor … wie lang ist das her?« Er legte kurz die Stirn in Falten. »Ja, ich glaube vor fünf Jahren habe ich ihn in

Durovernum am Hof kennengelernt. Er ist Waise, wie ich, und außerdem kommt er ganz aus der Nähe, eben von Ruohim dort drüben. Das hat uns einander näher gebracht.« Tallanus musste schmunzeln. »Das und noch eine kleine Begebenheit.«

»Was denn?«, wollte Álainn wissen.

»Ceretic, der sich einiges auf seine Dichtkunst einbildet, hatte ein paar ganz gute Spottverse gedichtet. Über seine catuvellaunischen Kameraden. Sie waren so gut, dass sich die Männer, die ihm, dem Emporkömmling aus der Provinz, ohnehin die gute Aufnahme am Hof neideten, zusammen rotteten, um ihm eine gehörige Abreibung zu verpassen.«

»Und was hast du gemacht?«

»Ich habe mich vor den Kerlen aufgebaut. Du musst wissen, dass es mindestens fünf waren, sehr groß und breit.« Zur Verdeutlichung winkelte er die Oberarme seitlich ab und blies sich auf.

Álainn musste lachen. »Du hast dich mit einer ganzen Handvoll Krieger angelegt?«, fragte sie ungläubig.

»Ja, ich«, behauptete Tallanus eifrig, musste dann aber ebenfalls lachen. »Damals war ich noch Subdiakon und sehr stolz auf meine neue Stellung beim Bischof. Jedenfalls habe ich sie angebrüllt: ‚Ich komme auch aus diesem Winkel Cantiums und ich kann euch versichern, dass man dort des Herrn Gebote mit größerer Ernsthaftigkeit beachtet als hier!'«

»Und?«, fragte Álainn gespannt. »Was haben sie mit dir gemacht?«

»‚Krieger des Hochkönigs sollten sich nicht wie Wirtshausschläger aufführen. Seid euch gewiss, dass Bischof Albanus davon erfahren wird', habe ich ihnen noch entgegengeschleudert. Und ob du es glaubst oder nicht, die Kerle haben den Schwanz eingekniffen und sind vor mir«, dabei reckte sich der kleine Mann zur vollen Größe auf, was Álainn wieder zum Lachen brachte, »jawohl, vor mir geflohen. Ceretic kam ungeschoren davon und seit damals sind wir Freunde«, schloss er seine Heldengeschichte.

Plötzlich erstarrten die eben noch lachenden Züge seiner hübschen Begleiterin. »Sieh nur dort!«, rief Álainn und zeigte hinter ihn. »Oh Gott, nein!« Ihr zitternder Zeigefinger wies hinaus auf die See.

Beufleet, April 441
Ceretic

»Vor vielen Wintern zog über salzige Hügel
Hnæf der Dänen König, hochherziger Krieger,
zu Finn, seinem Schwager, seiner Schwester Hildeburhs Mann.
Mit ihm zogen tapfre Recken, die Krieger aus Sachsen,
für rote Ringe und güldenes Kleinod.
Die tapfersten Krieger, sie kamen aus Sachsen.«

Hier unterbrach lautes Grölen der Anwesenden den Vortrag.

»Hengist, der Edle, Hadulohas streitbarer Held,
mit ihm fuhren die Männer hin zu Finns Burg.
Der Friesen König, der finstere Finn,
verriet Hnæf, seinen Schwager, und seiner Krieger Schar.
Im silbernen Mondlicht, nach Singen und Trunk,
gewappnet zur Gräueltat, Frieslands Getreue er rief.
Doch Hnæfs Mannen bemerkten den Anschlag.
Hengist der Held hütete die Halle.
Sie hielten fünf Tage gegen Feinde den Ort.
Der grimme Torwächter erschlug jeden Gegner.
Als die Friesen sahen den bitteren Streiter
drangen sie in die Halle von hinten durchs Dach.
Hnæf ward erschlagen und der Helden gar viele,
da ließ Finn ab vom Töten und sprach freundlich mit Hengist.
Die Sachsen zu bleiben in seinem Saale er lud,

bis die Stürme sich legten und die Schwalbe erschien.
Dann richteten die Sachsen die Steven zur Heimkehr.
Die Nacht vor der Seefahrt Finn zum Gelage sie bat
doch Hengist sann finster über die Schmach, die ihm Finn tat,
als er erschlug König Hnæf, des Hadulohers Herr.
Voll Rache im Herzen erhob sich der Krieger
und erschlug in der Halle, die Hnæfs Blut getrunken,
König Finn und seine Getreuen in unbändigem Grimm!«

Das Gedicht hatte ihn hergeführt. Der Gesang des Scop war zwar langsam und unbeholfen, aber die Worte hatten eine Saite in Ceretic zum Schwingen gebracht und ein Gedanke hatte sich in ihm festgesetzt: Dieser Hengist schien ihm der richtige Mann für König Vortigerns Plan. Ein Haudegen, der für eine Handvoll Silber bereit war, einem fremden König zu dienen.

So war es ihm zumindest damals vorgekommen. Missmutig stocherte er mit einem Stecken in der letzten Glut des Feuers, während über ihm ein unangenehm kalter Westwind einen Schauer gegen das Reeddach trieb. Wie sollte aus so einem schlechten Gedicht auch etwas Gutes werden? Drei Tage saß er nun in Beufleet, der Heimat dieses berühmten Hengist. Nach der Fürsprache des Jungen, der sie von Wagos Hof in Feddersen hierher geführt hatte, waren sie von Hengists jüngerem Bruder Horsa freundlich aufgenommen worden. Dessen Frau Erkenhilde kümmerte sich persönlich um das Wohlergehen der britannischen Gäste. Der Held selbst war allerdings nicht zu Hause. Dabei brannte Ceretic darauf zu erfahren, ob sich seine Hoffnungen erfüllten.

Ungeduldig schaute er sich um. Malo und Tavish waren nirgends zu sehen. Vermutlich halfen sie ihren sächsischen Gastgebern bei irgendwelchen landwirtschaftlichen Arbeiten. Immerhin lernten sie so etwas von der Sprache der Barbaren. Ceretic selbst verstand inzwischen fast jedes Wort. Einmal mehr erinnerte er sich voll Dankbarkeit an den väterlichen Freund Wulf, der ihn neben der sächsischen Sprache auch gelehrt hatte, sein Schwert wie ein römischer Legionär zu führen. Das machte es Ceretic einfach, nach Wulfs Tod Aufnahme in Vortigerns Diensten zu finden, denn der Hochkönig versuchte seine catuvellaunischen Krieger nach Art der römischen Legionen zu drillen.

»Herr Ceretic«, riss ihn eine Stimme aus seinen Gedanken. Es klang eher wie eine Feststellung denn wie eine Frage. Ceretic fuhr erstaunt herum. Was er sah, verschlug ihm die Sprache. Er starrte mit offenem Mund auf die Person, die ihn so unvermittelt angesprochen hatte. Es war eine Frau, die er noch nie in seinem Leben gesehen hatte.

»Ich hoffe, Ihr denkt nichts Schlechtes von mir, weil ich Euch einfach so anspreche?«, fragte sie schüchtern.

»Ganz und gar nicht. Ich habe nur keine … Ich weiß gerade gar nicht mehr, wo wir uns zuletzt, äh, begegnet sind«, stammelte er.

Die junge Frau lachte leise. Sie war schön, eine wahre Schönheit sogar. Hochgewachsen und schlank mit strahlend blauen Augen und goldenem Haar.

»Entschuldigt. Eigentlich kennt Ihr mich auch noch gar nicht. Ich bin Rowena, Hengists Tochter«, fuhr die Sächsin fort.

Irrte Ceretic oder flog eine zarte Röte über ihr Gesicht? Nein, er musste sich in der dunklen Halle geirrt haben.

»Wir haben uns in Feddersen getroffen, aber da wart Ihr viel zu beschäftigt, um mich zu bemerken. Ihr habt ein Lied aus Eurer Heimat vorgetragen – so eine klare Stimme wie Eure und solche Musik habe ich noch nie gehört. Auch etliche noble Männer, die etwas von diesen Dingen verstehen, bestätigten später öffentlich, sie hätten nie ein besseres Lied vernommen.«

Ceretic bemühte sich um eine passende Erwiderung, damit er nicht wie ein ungalanter Trottel dastand. »Verdammt«, murmelte er.

Das Mädchen schien nicht sicher, ob es ihn richtig verstanden hatte und hob erstaunt die Augenbrauen. Ceretic schluckte hart. Er hätte sich ohrfeigen können.

»Ich bin Euch schon begegnet und habe Euch nicht bemerkt?«, fragte er schließlich. »Wenn meine Aufgaben mich so in Beschlag nehmen, dass mir solche Anmut wie die Eure nicht auffällt, dann bin ich pflichtbewusster als ich mir je vorstellen konnte.« Und definitiv pflichtbewusster als ich dachte, fügte er in Gedanken hinzu. Ziemlich plump, aber die junge Sächsin errötete schon wieder, demnach war sein Gestammel wohl doch nicht so übel gewesen.

Dann legte sie die Stirn in Falten und richtete sich kerzengerade auf. »Ihr seid ein Dichter, der sich auf Worte versteht«, bemerkte sie kühl, drehte sie sich um und stolzierte aus der Halle. Ceretic blickte ihr noch eine ganze Weile verwirrt hinterher.

Dithmarschen, Mai 441
Ordulf

»Kommst du mit? Wolderich hat einen Gast, der allen freien Sachsen etwas mitzuteilen hat. Heute Nachmittag wird er in Fahrstedt sprechen.« Aufgeregt lief Ordulf über den Hof. Nach der schlimmen Flut vor einer Woche, bei der sie drei volle Tage vom Meer eingeschlossen auf ihrer Wurt hatten ausharren müssen, war er nun voller Tatendrang.

»Kümmere dich erst um die Schafe«, rief sein ältester Bruder, der wie sein Vater und Großvater Swæn hieß, missbilligend. »Oder hilf mir.« Er mühte sich gerade mit einem großen Ast ab, den die Sturmflut auf ihrer Weide zurückgelassen hatte. Aus dem Treibholz sollte ein neuer Türpfosten entstehen. Aber Ordulf war schon fort, um nach Agill, seinem nächst älteren Bruder, zu suchen.

Am Nachmittag schlossen sich ihm dann aber doch beide Brüder an. Ordulf hatte seine besten Kleider angelegt und schritt eilig voraus. Es war kein weiter Weg und in der flachen Marsch konnten sie die hoch aufragende Wurt der Wolderichsmannen nicht verfehlen. Auf dem großen Hof angekommen, schaute Ordulf sich gespannt um. Zwischen dem Langhaus mit den Stallungen und den dicht gedrängten Katen der Knechte und entfernteren Verwandten Wolderichs, blieb ein runder Platz frei, der zum Zusammentreiben des Viehs oder für Versammlungen genutzt wurde. Darauf befand sich bereits eine ansehnliche Schar meist junger Männer.

»Seht nur«, raunte Ordulf seinen Brüdern zu. »Der dort drüben mit der Lederkappe kommt doch aus der Nordermarsch. Und sogar Leute von der Geest sind da!«

Swæn stieß ihn als Antwort nur stumm in die Seite und winkte mit dem Kopf noch weiter nach rechts hinüber. Ordulf blickte in die angedeutete Richtung und kniff die Augen zusammen, um schärfer zu sehen. Dann erkannte er ihn auch: Hoger, einer der Führer des Ebbingemannengeschlechts.

Unwillkürlich tastete Ordulf nach seinem Sax. Zwischen den Geschlechtern der Swænen und Ebbingemannen schwelte eine Blutfehde. Erst auf dem letzten Thing hatte Vater Swæn einen Ebbingemannen wegen Viehdiebstahls und dem Mord an einem seiner Kleinknechte angeklagt. Aus der Klage war nichts geworden, die Sippe der Ebbingemannen stellte mehr Eideshelfer als die Swænen und wurde zudem noch von den Rodbellingern unterstützt. Der alte Swæn hatte getobt und an eine Versöhnung war nicht zu denken.

Ordulf schaute mit zusammengekniffenen Augen zu Hoger hinüber, aber da trat der alte Wolderich in die Tür seines Hauses.

Das Gemurmel erstarb und alle Augen richteten sich gespannt auf den Greis. Er war immer noch eine imposante Erscheinung, doch der Mann, der ihm folgte, überragte ihn fast um Haupteslänge.

»Gut, dass die Dithmarscher aus dem ganzen Gau zusammen gekommen sind«, begann Wolderich. »Ich will euch jemanden vorstellen, von dem ihr sicher schon viel gehört habt. Das hier ist Hengist Witgissunu. Von seinen Abenteuern im Dienste des Dänenkönig Hnæf brauche ich nicht zu berichten. Aber ich lasse ihn für sich selbst reden, denn ich bin kein Mann großer Worte.«

Nach dieser für ihn ungewöhnlich langen Rede trat Wolderich einen Schritt zurück und ließ den angekündigten Recken in der Mitte des Kreises. Neugierig drängten sich die Männer heran.

Hengist prangte in voller Rüstung. Er trug einen Eisenhelm mit breitem Kamm und Nasenschutz. Stilisierte buschige Brauen aus vergoldeter Bronze beschatteten die zusätzlich durch Eisenringe geschützten Augen und verliehen dem Helden ein wildes und verwegenes Aussehen. Über einem schweren Lederwams und hochgeschnürten Bundschuhen trug er eine Brünne, die ebenfalls aus Eisenringen bestand. Da die meisten Sachsen ihre heimischen Händel mit dem Sax austrugen und nur im Krieg zu dem langen Schwert und runden Schilden griffen, beeindruckte diese komplette Rüstung Ordulf tief.

Unwillkürlich hielt er die Luft an. Das also war der berühmte See-Sachse, von dessen Abenteuern man sich im Winter am prasselnden Herdfeuer erzählte!

Hengists Blick glitt kalt und hart über die Versammlung hinweg. Dann rief er laut: »Ihr Männer von Dithmarschen, sächsische Stammesbrüder und Schwertgenossen! Ich habe euch etwas zu sagen. Von Abenteuern, roten Ringen und gutem britannischen Silber. Ihr alle könnt Heldentaten vollbringen, von denen man noch länger berichten wird, als von meiner Fahrt nach Finnsburg. Und reich beladen mit Schätzen sollt ihr heimkehren.« Er blickte wieder mit seinen kalten Augen in die Runde. Dann, als die ersten Männer unruhig wurden, fuhr er fort: »Ja, es gibt güldene Kleinode zu gewinnen. Für jeden, der sein Schwert tapfer zu führen weiß, wird es wahrlich nicht schwer Reichtümer zu bergen. Genau wie ich mit Hnæf dem Dänen zog, so ruft nun ein anderer König unsere Dienste. Brave Kriegsmannen sucht er, denn in seinem eigenen Land findet er keine und die Feinde bedrängen ihn hart. Gutes Silber verspricht er denen, die ihm zu Hilfe eilen.«

Vereinzelte Rufe wie »Wenn der König richtige Männer sucht, dann soll er die Willichsmannen fragen!«, »Ich bin der Stärkste, nimm mich mit!« oder »Halts Maul, du Angeber, lass ihn ausreden« wurden laut. Hengist hielt noch ein paar Atemzüge inne und Ordulf fühlte ein Prickeln in seinem Nacken. Was der Haduloher da versprach, entsprach seinen innersten Wünschen. Vielleicht könnte er von dieser einen Fahrt genug Silber heimbringen um ein Mädchen zu heiraten! Er errötete bei dem Gedanken, aber zum Glück achtete niemand auf ihn.

»Wo finden wir diesen edlen König, der tapfere Recken sucht?«, rief ein Mann in der ersten Reihe. Ordulf glaubte, einen der Vogdemannen zu erkennen, der auch auf dem letzten Thing viele Worte gemacht hatte.

Hengist sah ihn fest an. »Wenn ihr tapfer und zu allem entschlossen seid, aber auch nur dann, kann ich euch zu ihm führen. Euch alle!«, rief er dann mit lauter Stimme und blickte wieder in die Runde. »Vortigern heißt der Mann. Er ist der Hochkönig Britanniens. Um dorthin zu gelangen, müssen wir uns einschiffen und über die Täler des Meeres ziehen. In Haduloha habe ich zwei feste Kiele liegen und ein weiteres Schiff wird aus Keydingen zu uns stoßen. Wir fahren einen Mond vor dem Sonnenwendfest. Wenn es in Dithmarschen tapfere Männer gibt, schließt euch mir und meinem Bruder Horsa an! Ich nehme Krieger auf, solange es noch Platz im Bauche meiner Schiffe gibt. Aber kommt nicht zu spät, denn auch die tapfersten unter den Hadulohern und Keydingern drängen darauf, nach Britannien zu ziehen.«

Nachdem Hengist seine Rede beendet hatte, zogen die Männer angeregt debattierend ab. Ordulf war wie benommen von den Möglichkeiten, die der Held gerade heraufbeschworen hatte. Da sein Vater kein eigenes Seeschiff besaß und es auf dem Hof immer genug zu tun gab, war er noch nie übers Meer gefahren, aber wie alle jungen Sachsen träumte er von solchen Abenteuern. Doch er hätte wohl besser nicht träumen sollen, denn plötzlich stolperte er und bekam noch einen Stoß in die Rippen, sodass er vornüber in den Dreck fiel.

»Seht nur, dort suhlt sich ein Swæn im Mist!«, hörte er eine höhnende Stimme. Er lag tatsächlich im Mist – mit der neuen Hose! Aus einem Loch am rechten Knie rann ein dünner Faden dunklen Blutes in den zerrissenen Stoff. Ordulf blickte auf. Hinter ihm standen zwei junge Männer, von denen ihn einer angerempelt, während der andere ihm ein Bein gestellt hatte. Wutentbrannt griff er eine Handvoll Mist und warf sie in Richtung seiner Gegner. Aber der junge Mann wich dem Geschoß aus.

»Seht nur, das Swæn suhlt sich, dass der Dreck nur so spritzt!«, wiederholte er nun so laut, dass es alle hören konnten. Dabei betonte er Ordulfs Geschlechternamen so, dass er wie »Swien« oder »Schwein« klang. Ordulf wollte sich auf die Fremden stürzen, aber sein Bruder Swæn ahnte wohl, was sich da anbahnte und packte ihn an der Schulter. Unter dem harten Griff wurde Ordulfs Blick wieder klar. Hinter den beiden grinsenden Kerlen standen noch drei Männer. Hoger war unter ihnen und so fiel es Ordulf nicht schwer zu erraten, dass es sich bei allen Fünfen um Ebbingemannen handelte. Er zerrte mit neuer Wut am Griff seines Bruders, aber inzwischen war auch Agill heran und hielt seinen anderen Arm.

»Sie wollen doch nur, dass du auf Wolderichs Hof den Frieden brichst«, zischte ihm Swæn ins Ohr.

Nur widerwillig ließ sich Ordulf von seinen Brüdern wegziehen. Weit im Westen über der See rollte ferner Donner heran. Es würde bald ein Gewitter geben.

»Wenn wir im Trocknen unseren Hof erreichen wollen, sollten wir uns sputen«, bedeutete Agill. Ordulf schaute noch einmal finster zu den Ebbingemannen hinüber und ballte die Fäuste.

»Bei Thunær, der dort im Westen seinen Wagen über den Himmel rumpeln lässt, das werdet ihr büßen!«, schwor er. Mit dem Gedanken an zukünftige Rache wendete er sich abrupt ab und ließ sich von Agill und Swæn von der Wurt hinabführen.

III. Gewitterwolken am Horizont

Regulbium, Mai 441
Tallanus

Tallanus fuhr herum. Waren es die gerufenen Sachsen? Tatsächlich zeigten sich draußen auf dem Meer mehrere graue Schatten. Wie hungrige Wölfe, dachte er schaudernd. Er konnte aber noch nicht klar erkennen, wen er da vor sich hatte. Waren es Sachsen oder Pikten? Er beschattete seine Augen mit der flachen Hand und blickte angestrengt auf die sich langsam nähernden Boote.

»Wir müssen die Leute im Dorf warnen«, drängte Álainn.

Tallanus starrte weiter auf die See, er konnte sich zu keiner Entscheidung durchringen. Waren es die frisch geworbenen Auxiliares oder doch Piraten? Álainn fasste seine Hand und zog heftig daran. Das tat sie sonst nie, die ungewohnte Berührung riss ihn aus seinen Gedanken.

»Ja, wir sollten sie warnen«, stimmte er ihr zu.

Besser die Menschen brachten sich einmal zu oft in Sicherheit, als einmal zu wenig. Wieso hatte er nur so lange gezögert? Bei einem Überfall entschied die Schnelligkeit über Leben und Tod, jeder Augenblick war kostbar. Sie hasteten den Hügel hinunter zum Dorf.

»Schiffe am Horizont! Bringt euch in Sicherheit!«, rief er schon von weitem. Einige Menschen blieben wie betäubt stehen, zu erschrocken zum Handeln. Andere griffen den Ruf auf und trugen ihn weiter. Schließlich fanden sie Caellach, den Comarchus.

»Wie viele Schiffe? Von wo kommen sie? Wann werden sie da sein? Sachsen? Pikten? W…«

»Noch zu weit weg, habe sie nicht erkennen können«, unterbrach Tallanus atemlos den Schwall von Fragen.

»Morgan, Ninian!«, rief Caellach zwei Halbwüchsigen zu, die mit offenen Mündern dabei standen. »Ihr lauft auf die Höhe und beobachtet die Fremden. Wenn ihr erkennen könnt, wie viele es sind und wohin sie sich wenden, dann kommt einer von euch unverzüglich zurück und berichtet mir!«

Tallanus stürzte weiter, um seine wenigen Habseligkeiten zu retten.

»Packt alle Wertsachen zusammen – wir müssen in den Wald!«, rief er, als er die niedrige Kate seines Onkels, des letzten in Regulbium lebenden Verwandten, betrat.

Da gellte der Ruf »Pikten« von draußen herein. Tallanus bekreuzigte sich. Warum hatte er nur gezögert? Wenn Álainn nicht gewesen wäre ... Bald lief er mit seinem alten Onkel und dessen einziger Milchkuh im Schlepptau auf den nahen Waldrand zu. Die vorsichtigsten und schnellsten Dorfbewohner verschwanden gerade vor ihnen zwischen den Bäumen. Tallanus blickte zurück. Die Boote konnte man nun bereits klar erkennen, aber noch immer waren nicht alle Menschen aus dem Dorf geflohen. Einige waren zu alt und krank, andere zu geizig und konnten sich nicht von ihrem Besitz trennen. Wo war nur Álainn? Hoffentlich hatte sie bereits die Sicherheit des Waldes erreicht.

Regulbium, Mai 441
Álainn

Wo blieb nur ihre Mutter? Sie selbst hatte hastig einen Beutel mit Essen und einige Decken zusammengerafft, aber die alte Frau tauchte einfach nicht auf. Verzweifelt lief Álainn zurück in ihre

Hütte. Dort stand ihre Mutter vor der offenen Truhe und blickte scheinbar orientierungslos auf ihre Sachen.

»Mutter komm! Die Pikten sind da!«

Ihre Mutter sah sie verständnislos an. »Welche Pikten? Ich weiß noch gar nicht, was ich zur Hochzeit anziehen soll.«

Schon seit einigen Jahren vergaß ihre Mutter immer wieder Dinge und in den letzten Monaten war es immer schlimmer geworden, aber sie konnte doch unmöglich die Pikten vergessen haben.

»Welche Hochzeit denn?«, fragte Álainn verwirrt.

»Na die von Coira und Gail natürlich.«

Die war nun schon vier Jahre her. Oder waren es fünf? Verzweifelt griff Álainn nach der Hand ihrer Mutter und zerrte sie unter lautem Protest aus der Hütte. Im Dorf waren noch einige Leute und weitere rannten vor ihnen in Richtung Wald. Sie waren nicht die Letzten. Doch irgendetwas stimmte nicht in dem Bild. Sie blickte noch einmal zurück und der Schreck schnürte ihr die Kehle zu.

Am Strand unter dem alten Kastell lag eine Reihe von Booten, die dort nicht hingehörten. Lederbespannte Curachs! Und da erhob sich auch schon Kampfgeschrei und das Klirren von Waffen und zerbrechendem Geschirr mischte sich mit den Hilferufen derer, die zu spät geflohen waren.

Wie sie selbst.

Plötzlich tauchten zwei Fremde hinter der nächsten Hütte auf. Sie waren fast nackt und mit wilden blauen Mustern bemalt. Álainn schrie auf, drückte ihre Mutter an die Hauswand und stellte sich schützend vor sie. Der Schnurrbart des ersten Angreifers bog sich zu einem Grinsen. Er hob seine Axt. Instinktiv streckte sie die Hände zur Abwehr hoch, doch der Schlag traf sie unerwartet fest. Sie spürte noch, wie sich einer ihrer Finger schmerzhaft überdehnte, dann wurde es um Álainn herum dunkel.

Beufleet, April 441
Ceretic

»Silber? Wie viel Silber?«, fragte Hengist.

Ceretic seufzte innerlich. Das war das Einzige, was den Sachsen zu interessieren schien. Er hielt dem bohrenden Blick seines Gegenübers stand. Hengists eisgraue Augen starrten ihn unter buschigen rotblonden Brauen unverwandt an. Ceretic fröstelte. Zwinkerte Hengist niemals?

Es würde schwer werden, ein stabiles Bündnis zwischen Britanniern und Sachsen zu schmieden. Eine Treue, die allein auf Silber beruhte, konnte jederzeit überboten werden. Vielleicht würden im Laufe der Zeit Familienbande hinzukommen und den Mammon ersetzen? Bei diesem Gedanken erschien seltsamerweise das Bild von Hengists schöner Tochter vor seinem geistigen Auge.

»Ich habe natürlich nur eine Anzahlung dabei, aber Vortigern hat viel Silber in seinem Hort, viel mehr Silber. Er ist der Hochkönig Britanniens!«, antwortete er diplomatisch und griff mit weit ausholendem Gebaren in den Beutel an seinem Gürtel. Es klirrte hell und als Ceretic die Hand herauszog, war sie mit Silbermünzen gefüllt. Hengist pfiff erstaunt durch die Zähne und Ceretic atmete auf. Wenn sich auch dieser Wilde von einer einzigen Handvoll Silber blenden ließ, würde es vielleicht doch gelingen, die Sachsen als Auxiliares zu werben.

»Bringt Met, wir wollen den Boten des britannischen Hochkönigs gebührend empfangen!«, rief Hengist laut und schon eilte Rowena mit einem großen Büffelhorn herbei. Hinter ihr brachten weitere Frauen mehr Trinkhörner herein.

»Rowena, meine Tochter«, bemerkte Hengist.

»Wir haben uns schon getroffen«, stieß Ceretic so unbeteiligt wie möglich hervor und hoffte inständig, dass die brennende

Röte, die ihm in die Wangen stieg, niemandem auffiel. Rowena schenkte ihm ein kurzes Lächeln, als sie ihrem Vater das Horn reichte, dann machte sie einen Knicks und verschwand wieder.

Hengist nahm einen tiefen Zug und reichte das Horn mit dem süßen Gebräu an Ceretic weiter. »Ein prächtiges Mädchen, nicht wahr?« Für einen Augenblick glättete ein seltenes Lächeln seine harten Züge. Ceretic wollte gerade zustimmen, da kehrten die scharfen Falten zurück. »Wehe, wenn sich irgendein Kerl an sie heranmacht. Die Schicksalsfrauen haben Rowena bestimmt, einmal Königin zu werden.«

Ceretic spürte fast körperlich einen Stich in seiner Brust. Wie sollten seine Bündnispläne bei diesem finsteren und herrischen Mann eine Chance haben?

Hengist fuhr ungerührt mit seiner Vorstellung fort. »Und das hier ist mein Sohn Oisc.« Dabei zog er einen aufgeweckten Blondschopf von vielleicht zwölf Jahren an der Schulter von seinem etwa ebenso alten Spielkameraden weg.

»Hallo«, bemerkte Oisc kurz und war schon wieder verschwunden.

Hengist schmunzelte ihm hinterher. »Eigentlich heißt er Octha, aber alle nennen ihn Oisc, ich weiß selbst nicht warum, hat sich einfach so eingeschlichen. Der andere Junge war übrigens Ebissa, der Sohn meines Bruders Horsa.«

Dithmarschen, Mai 441
Ordulf

Am Abend im Familienrat war die Stimmung noch düsterer als das heraufziehende Gewitter. Die Stube wurde spärlich durch die Glut des langsam verlöschenden Herdfeuers erleuchtet, das dann und wann noch einmal von einem kräftigen Luftzug angefacht wurde, wenn die ersten Gewitterböen durch das Windauge im Giebel pfiffen. Das rote Licht der Glut und tiefe Schatten zeichneten die Züge des Vaters noch schärfer nach, als sie bei Tageslicht schon waren.

»Du willst das Land unserer Väter verlassen, die Wurt, die dein Großvater mit eigenen Händen gebaut hat?«, grollte der alte Swæn seinen Sohn und Stammhalter an. »Und deine beiden Brüder willst du gleich noch mitnehmen?« Dabei schaute er mit grimmig zusammengezogenen Brauen zwischen Agill und Ordulf hin und her, die sich auf der langen Wandbank so schmal wie möglich machten. »Und mich wollt ihr mit eurer alten Mutter und ein paar Knechten allein zurücklassen? Schöne Söhne habe ich da herangezogen!«

»Das Meer steigt jedes Jahr höher«, warf der jüngere Swæn ein.

»Dann nimm dir ein Beispiel an deinem Großvater und mach auch die Wurt höher!«, schimpfte sein Vater.

»Aber Swæn«, unterbrach ihn seine Frau Wiebke. »Du weißt selbst, dass ein Mann bei Zeiten losziehen und Silber und Ruhm erwerben muss. Das ist seit jeher so gewesen und du selbst hättest mich wohl kaum auf diesen matschigen Hügel bekommen, wenn du nicht vorher deine Tapferkeit und Tüchtigkeit mit dem Schwert bewiesen hättest. Swæn und Agill sind nun alt genug. Lass sie ziehen. Im Herbst werden sie mit Ruhm und vielen guten Silberstücken heimkehren. Nur Ordulf ist noch zu jung.«

»Aber ich bin doch gar nicht zu jung und ich will …«, begann Ordulf.

»Ruhe! Du bleibst hier auf dem Hof. Jetzt erst recht, wo du dich vor den verdammten Ebbingemannen so blamiert hast«, donnerte sein Vater. Wie immer gefiel es ihm gar nicht, wenn sich seine Frau einmischte. Insbesondere da er, wie ebenfalls üblich, nicht gegen Wiebkes Argumente ankam. »Wir reden morgen noch einmal über die Sache«, knurrte er, um sein Gesicht zu wahren, auch wenn jedem klar war, dass es niemals dazu kommen würde. »Es ist schon spät. Dann wollen wir mal nach dem Bette hingehen, gute Nacht euch allen«, grollte er und verschwand in die Kammer hinter dem Herd, die er mit seiner Frau teilte.

Beufleet, Mai 441
Ceretic

Eigentlich konnte Ceretic zufrieden sein. Er hatte mit Hengist den richtigen Mann für Vortigerns Plan gewonnen. Der finstere Held ließ sich täglich vom unerschöpflichen Silberhort des Hochkönigs erzählen und auch sein Bruder Horsa lauschte gebannt, wenn Ceretic von den grünen Weiden seiner Heimat schwärmte.

»Aus Silber mache ich mir nicht viel, das ist eher etwas für meinen Bruder. Aber wenn Vortigern uns auf gutes Land setzt und mit Nahrung und Kleidung versorgt, ist das einen rechten Kampf wert«, bemerkte er einmal.

Dennoch waren die Tage an Hengists Hof für Ceretic eine ständige Qual. Er sah Rowena dauernd, aber immer nur von weitem im Kreis der Frauen und Mägde. Es erschien ihm unmöglich, sich ihr unter den Augen des grimmigen Vaters zu nähern. Der stolze Blick, den sie ihm am Ende ihrer ersten Begegnung, also der ersten Ceretic bewussten Begegnung, zugeworfen hatte, ließ darauf schließen, dass auch sie die von Hengist erwähnte Prophezeiung kannte. Außerdem hatte er einen Auftrag und durfte diesen nicht um seiner eigenen romantischen Gefühle willen gefährden. Der Hochkönig und das arme britannische Volk harrten bang auf den Ausgang seiner Unternehmung. Und überhaupt, diese Rowena war eine Barbarin.

Doch alle Argumente vermochten sein aufgewühltes Gemüt nicht zu beruhigen. Jeden Tag empfing er zusammen mit Hengist die Krieger, die sich der geplanten Fahrt anschließen wollten, auf dem Hof. Zwischendurch begleitete er oft einen der beiden Brüder, die abwechselnd mit den bereits versammelten Recken auf den Salzwiesen zu Füßen der Wurt Zweikämpfe oder den Angriff im Keil übten. Tavish und Malo nahmen inzwischen an den Waffenübungen teil, als gehörten sie selbst zu den Sachsen. Hengist verteilte großzügig Ceretics, oder eigentlich richtiger: Vortigerns, Silber, aber zu diesem Zweck hatte Ceretic es schließlich hergebracht. Und die versammelten Krieger mussten ernährt und bei Laune gehalten werden. Nach zwei Wochen bahnten sich auch für Ceretic persönlich bessere Zeiten an.

»Ich will auch über die Ælf zu den Dithmarschen fahren und dort Männer werben. Das sind zwar eigensinnige Dickköpfe, aber wenn es hart auf hart kommt, halten ihre Schädel einiges aus«, verkündete Hengist eines Morgens. »Ich denke, du, Ceretic, solltest mit meinem Bruder hier bleiben, falls zwischendurch weitere Krieger aus Keydingen oder dem Bardengau eintreffen. Passt mir gut auf Oisc und Rowena auf.«

Ceretics Herz tat einen Luftsprung. Horsa war ein umgänglicher Mann und Ceretic mochte ihn gut leiden, aber vor allem würde es ihm nun vielleicht gelingen, Rowena wieder unter vier Augen zu sprechen. Um den jungen Oisc mochte sich dann Horsa kümmern.

Am Abend nach Hengists Abreise, kurz bevor die Frauen loszogen, um Wasser aus dem nahen Fleet zu schöpfen, schlich sich Ceretic aus der Halle. Mit klopfendem Herzen lenkte er seine Schritte in Richtung des Tores in der kräftigen Palisade, die Hengists Hof und Wurt umgab. Kurz vor dem Tor bog er links ab und blieb hinter der alten Scheune unschlüssig stehen. Wie sollte er es anstellen, Rowena auf sich aufmerksam zu machen? Da hörte er bereits das Geplauder der Frauen vom Torweg herüberklingen. Ceretic zog sich in den Schatten des tief gezogenen Reetdachs der Scheune zurück. Die Frauen bemerkten ihn nicht und zogen an ihm vorbei zum nahegelegenen Fleet. Rowena war unter ihnen. Ceretic sah hilflos zu, wie sie mit ihren Kameradinnen durch das Tor verschwand. Etwas später tauchten alle wieder auf, weiterhin eifrig tratschend, schwere Wassereimer in den Händen. Ceretic hatte nur Augen für Rowena, aber allein mit seinen Blicken konnte er sie nicht von den übrigen Weibern trennen. Wütend und enttäuscht stampfte er auf. Er würde noch einige Augenblicke im Schatten verharren und dann unverrichteter Dinge wieder in die Halle zurückkehren.

Plötzlich knarrte es hinter ihm. Ceretic fuhr herum und es verschlug ihm den Atem, als er eine weibliche Gestalt in einer Tür der Scheune stehen sah. Doch dann traf ihn die Enttäuschung wie ein Schlag. Vor ihm stand nicht Rowena, sondern eine kleine rothaarige Magd.

»Wie kann ich Euch behilflich sein? Ich komme gerade von …«, begann er steif, aber das freche Ding unterbrach ihn einfach.

»Ja, ja, kann ich mir denken. Meine Herrin schickt mich. Morgen Nachmittag gehen wir zum Waschen an den Fleet. Am anderen Ufer gibt es eine gute, tiefe Stelle und eine Wiese, die wir zum Bleichen der Wäsche nutzen. Wir werden bei Ebbe hinüber gehen und du sollst dort im Gebüsch auf sie warten.« Damit war sie wieder verschwunden.

Ceretic schaute benommen auf die knorrige Eichentür in der alten Scheunenwand. Doch die alten Bohlen verrieten durch nichts, ob er tatsächlich gerade eine Botschaft von Rowena erhalten oder alles nur geträumt hatte. Er zog seinen Mantel dichter um die Schultern und ging gemessenen Schrittes zur Halle zurück.

»Was ist dir denn widerfahren?«, begrüßte ihn Tavish erstaunt. »Du grinst ja, als habe dich der Hochkönig gerade in den Ritterstand erhoben.«

Am nächsten Morgen bat Ceretic Horsa um ein Pferd. »Ich will den Nachmittag für einen Ausritt nutzen, mich etwas bewegen und die Gegend in Augenschein nehmen.«

»Kannst du gern. Ich selbst habe noch auf dem Hof zu tun, aber ich gebe dir einen meiner Männer mit, damit sie dir das Land zeigen und dich beschützen«, schlug Horsa vor.

»Das wird nicht nötig sein«, beeilte sich Ceretic zu widersprechen. »Ich beherrsche die sächsische Sprache schon ganz gut und wenn mich jemand fragt, sage ich ihm einfach, ich gehöre zu Hengist und dir. Dann wird es niemand wagen, sich an mir zu vergreifen.«

Die Antwort brachte Horsa zum Schmunzeln. »Aber du kennst die Gegend doch gar nicht, also nimm mein Angebot schon an«, insistierte er dennoch.

»Weißt du, Horsa, nach der langen Zeit auf See und dann dem untätigen Leben auf dem Hof … Ich fürchte, dass ich ein wenig eingerostet bin und nicht mehr ganz sicher im Sattel sitze. Ich würde lieber allein ein paar Stunden losziehen. Niemand soll später sagen, wir Britannier könnten nicht reiten.«

Dagegen wusste auch der gutmütige Horsa nichts einzuwenden. So ließ er für Ceretic eine ziemlich gemütlich aussehende Mähre satteln. Ceretic verzog beim Anblick des Pferdes säuerlich den Mund. Eigentlich war er ein sicherer Reiter und liebend gern hätte er einen der feurigen Hengste gewählt. Die sächsischen Pferde waren allesamt viel größer und vermutlich auch schneller, als die britannischen Ponys. Doch er fügte sich schweigend und stieg in den Sattel. Das war angesichts der Größe des Rosses gar nicht so einfach. Ceretic musste sich ein zweites Mal mit viel Schwung hochstemmen, um es bis in den Sattel zu schaffen. Horsa sah ihm belustigt zu.

»Wie macht ihr das denn sonst?«, fragte Ceretic mit unterdrücktem Ärger.

»Dafür gibt es diese Schlaufen hier«, entgegnete Horsa gut gelaunt und hob eine der Lederschlaufen an, die in Höhe des Sattelgurtes neben dem Bauch des Tieres hingen und als Aufsteighilfe dienten. »Habt ihr die in Britannien etwa nicht?«

»Brauch ich nicht«, erklärte Ceretic peinlich berührt. Rasch drückte er dem Pferd die Waden in die Flanken, woraufhin es sich gemächlich in Bewegung setzte. Ceretic lenkte das Tier dem Lauf des Beufleetes folgend nach Süden. Bald zweigte rechter Hand ein Pfad ab, der nach wenigen hundert Schritten in einem Bruchwald verschwand. Ceretic schauderte. Hengist hatte erwähnt, dass hinter dem Gehölz das Opfermoor lag. Die warme Sonne in seinem Gesicht vertrieb die düsteren Gedanken rasch und Ceretic folgte weiter dem festen Uferweg.

Als er sich nach etwa einer halben Stunde ausreichend weit vom Hof entfernt wähnte, trieb er sein Reittier in einen langsamen Trab. Nachdem noch einmal dieselbe Zeitspanne verstrichen war, überquerte er den hier nur noch wenige Schritte breiten Fleet und kehrte in einem weiten Bogen nach Norden um. Dichtes Gebüsch bedeckte das unbebaute Land. Glücklicherweise durchschnitten kleinere Wildwechsel und Bachläufe das Dickicht, sodass Ceretic weiterhin gut vorankam. Doch mit zunehmender Entfernung von dem Wasser ziehenden Fleet, wurde auch auf dieser Seite der Boden immer morastiger. Schilf säumte besonders feuchte Stellen.

Plötzlich brach sein Pferd mit der Vorderhand ein. Ceretic klammerte sich erschrocken an der Mähne fest. Beinahe wäre er in den Sumpf gestürzt. Dieses Moor war wirklich heimtückisch. Er konnte sich wahrhaftig gut vorstellen, dass die heidnischen Unholde sich solch einen Ort aussuchten, um armen Seelen aufzulauern und ihre schaurigen Opfer zu empfangen. Ceretic schickte ein leises Stoßgebet zum Himmel hinauf. Immerhin war sein Pferd nicht in Panik verfallen. Das ließ doch eigentlich darauf schließen, dass ihm solche Situationen nicht völlig fremd waren, überlegte er. Beklommen versuchte er, die in ihm selbst aufkeimende Panik zu unterdrücken und lehnte sich im Sattel nach hinten, um die Vorderhand der Stute zu entlasten. Tatsächlich zog das treue Pferd, begleitet vom kräftigen Schmatzen des Schlamms, erst den rechten, dann den linken Huf aus dem Morast. Ceretic verharrte reglos im Sattel und blickte prüfend in alle Himmelsrichtungen, doch es zeigte sich keine Menschenseele, die sein Ungeschick beobachtet hätte. Er beschloss, blind auf die Instinkte seines Reittiers zu vertrauen. Langsam, aber doch zielstrebig, setzte die Stute nun einen Huf vor den anderen, bis sie wieder den höher gelegenen Marschboden unter sich hatten.

In einem kleinen Wäldchen ließ sich Ceretic erschöpft aus dem Sattel gleiten. Tief atmete er durch. Vielleicht war Horsas Rat, einen Führer mitzunehmen, doch nicht so überflüssig gewesen. Er nahm seiner Stute Sattel und Zaumzeug ab und band sie mit einer langen Schnur an einem der niedrigen Bäume in Schulterhöhe fest. So könnte sie zwar mit dem Maul den Boden erreichen, aber nicht mit den Beinen über die Leine steigen und sich darin verheddern. Zufrieden betrachtete Ceretic, wie das Pferd zu grasen begann. Dann blickte er sich nochmals prüfend um. Niemand störte die Ruhe des Nachmittags.

Eilig wandte er sich zu Fuß zurück in Richtung des Beufleets. Anhand des Sonnenstandes schätzte er, dass ihm noch etwa zwei Stunden bis zu dem geplanten Treffen blieben, aber er wollte die besagte Stelle am Ufer des Fleets lieber noch in aller Ruhe in Augenschein nehmen, bevor Rowena mit ihren Gefährtinnen dort auftauchte.

Bald ging der niedrige Bruchwald, in dem Ceretic sein Pferd versteckt hatte, in das dichte Buschwerk über, welches binnenwärts an die salzigen Marschen anschloss. Nun, bei Ebbe, waren die meisten der kleinen Wasserläufe hier trockengefallen. Ceretic versuchte sich anhand der Sonne zu orientieren und hoffte, dass ihn der gewundene Wildwechsel, dem er folgte, irgendwann zum Fleet führen würde. Tatsächlich erblickte er nach einer Weile vor sich die Dächer der Beufleeter Wurtsiedlung über dem Geäst.

Bald darauf erreichte er eine größere, mit saftigem Gras bewachsene Lichtung. Das gesuchte Ufer des Fleets befand sich direkt dahinter, nur durch einen letzten dichten Streifen Buschwerk verdeckt. Noch befand sich keine Menschenseele an diesem Ufer des Fleets. Ceretic vermutete, dass es sich bei der freien Grasfläche vor ihm um die von der Magd erwähnte Wiese handelte. Daher verbarg er sich tief in dem Streifen Buschwerk zwischen Wiese und Fleet, aber so, dass er beide Seiten durch das Blattwerk im Auge behalten konnte. Aufgeregt versuchte er, sowohl die Zeit als auch die Mücken, die ihn stürmisch begrüßten, totzuschlagen.

Es dauerte eine scheinbare Ewigkeit, bis endlich eine Reihe Frauen im Hoftor von Beufleet erschien. Schwer beladen mit Waschbrettern und Körben strebten sie dem Fleet zu. Ceretic hielt den Atem an, als sie durch das niedrige Wasser des Fleets wateten. Als er Rowena erkannte, tat sein Herz einen Luftsprung, während nur wenige Schritte von ihm entfernt die Frauen mit dem Waschen begannen.

Seine Geduld wurde auf eine neue harte Probe gestellt. Die Frauen waren nicht in Eile und auch Rowena tratschte eifrig mit ihren Kameradinnen und sah sich nicht einmal nach ihm um. Ceretics Gefühle schwankten zwischen wilder Freude und tiefer Niedergeschlagenheit, aber ihm blieb nichts anderes übrig, als reglos und still in seinem Versteck auszuharren. Nach einer Weile kamen die ersten Wäscherinnen durch einen schmalen Hohlweg auf die Lichtung in Ceretics Rücken. Wie erwartet breiteten sie die fertige Wäsche auf dem saftigen Grün zum Bleichen aus. Wieder und wieder frage er sich, wie Rowena es nur anstellen wollte, hier unbemerkt mit ihm Kontakt aufzunehmen. Doch ihm fiel keine Lösung ein und so gewann die Niedergeschlagenheit in seinen Gedanken an Raum. Er wagte es kaum, die Äste weit genug auseinander zu biegen, um sie zu betrachten, geschweige denn ihr ein Zeichen zu geben.

Als die Sonne bereits tief im Westen stand und den Himmel in leuchtendes Orange tauchte, begannen die Frauen ihre Sachen einzusammeln. Schließlich zogen sie allesamt, weiterhin munter plaudernd, mit Körben voll frisch gewaschener Wäsche über die Furt. Rowena ging mit ihnen. Ceretic wurde schmerzhaft bewusst, dass die fremde Magd, oder gar Rowena selbst, ihn zum Narren gehalten hatte! Er schalt sich einen Dummkopf. Wie hatte er glauben können, dass sich die hochmütige Tochter Hengists dazu herabließ, ihn zu treffen? In aller Heimlichkeit, ohne dass der Vater etwas merkte! Pah, was für ein Narr er war.

Gerade wollte er seinen Platz räumen, um zu seinem Pferd zu schleichen, da sah er aus dem Augenwinkel, dass die Mädchen auf der anderen Seite des Fleetes angehalten hatten. Rowena setzte plötzlich ihren Korb ab und wühlte in der frischen Wäsche. Aufgeregt redete sie auf ihre Gefährtinnen ein. Ceretic beschloss, dass es wohl sicherer wäre noch abzuwarten, bis sie gänzlich verschwunden wären. Sonst würde man ihn entdecken und dann würde er endgültig zum Gespött der Sachsen!

Rowena drehte um und trat entschlossen in die Furt, zurück auf seine Seite. Und diesmal begleitete sie nur die kleine rothaarige Magd! Ceretic konnte sein Glück kaum fassen. Hastig trat er aus dem Gebüsch auf die Lichtung und strich Kleider und Haar glatt. Da kam Rowena auch schon durch den Hohlweg gelaufen. Ein wenig außer Atem und eine sanfte Röte auf den Wangen. Wahrscheinlich vom Laufen, überlegte Ceretic. Mit klopfendem Herzen schritt er auf sie zu und streckte ihr beide Hände entgegen. Zu seiner Enttäuschung warf sie sich aber nicht in seine Arme, sondern ergriff die dargebotenen Hände.

»Rowena«, flüsterte er und blickte in die blauen Augen, die ihm in den letzten Wochen den Schlaf geraubt hatten. »Ich ergebe mich dir, du hältst mich in deiner Hand. Ich habe mich in den letzten Wochen nach dir verzehrt!«

Ihr standen Tränen in den Augen. »Einen Mann wie dich habe ich noch nie getroffen. So …« Ihr schienen die rechten Worte zu fehlen. »So ganz anders als die lärmenden Krieger in der Halle meines Vaters und doch bringt deine Stimme sie alle zum

Schweigen. Ach Ceretic, wenn diese Prophezeiung nicht wäre, könnte ich denken …« Schon wieder brach sie ab. Und viel sprachen sie nicht mehr, zu stark waren ihrer beider Gefühle.

Nach einem Augenblick, so schien es Ceretic, wandte sich das Mädchen wieder zum Gehen. Er bewunderte ihren schlanken Körper, wie sie sich in das Gebüsch duckte, um ein scheinbar vergessenes Kleidungsstück hervorzuziehen, dann drehte sie sich ihm noch einmal zu ihm um und drückte einen leichten Kuss auf seine Wange.

»Bis bald«, hauchte sie und war schon verschwunden. Er hörte, wie die rothaarige Magd sie mit einem verdrießlichen »endlich« auf der anderen Seite des Gebüsches empfing. Dann herrschte wieder Stille. Erst jetzt bemerkte Ceretic, dass sich der Himmel bereits tiefrot verfärbt hatte. Während sie Hand in Hand gestanden hatten, musste die Zeit nur so geflogen sein. Ceretic löste sich aus seiner Erstarrung und machte sich beschwingt auf, um sein wartendes Pferd zu suchen. Die einsetzende Dämmerung und das nun wieder steigende Wasser bereiteten ihm einige Schwierigkeiten, doch das tat seiner Hochstimmung keinen Abbruch. Schließlich fand er die Baumgruppe mit dem ihm erleichtert zuwiehernden Ross.

Dithmarschen, Mai 441
Ordulf

Swæn und Agill übten sich nun täglich im Umgang mit den Waffen. Ständig schleuderten sie Speere und Äxte oder liefen mit Schild, Schwert und Sax über den Hof und das Vorland. Ordulf musste einen umso größeren Teil der Hofarbeit verrichten. Nur wenn sie den Kampf Mann gegen Mann übten, mit Schilden, Holzknüppeln und Stangen, durfte er als Gegner herhalten.

Abends blieb ihm zu alledem noch der Spott der aufgeregten Brüder. Innerlich kochte Ordulf über diese Ungerechtigkeit. Eine Woche vor dem geplanten Aufbruch rief Agill ihn wieder zu solch einem Übungsgefecht.

»Du hast genug mit den Lämmern gespielt, Kleiner. Komm und spiel einmal einen Britannier!«

»Einen Pikten«, verbesserte ihn Swæn grinsend.

Ordulf kam wütend aus dem Schafspferch geschossen. Agill stand breitbeinig auf dem Hof, Schild und Knüppel drohend erhoben. Als sich Ordulf bückte, um seine Waffen vom Boden aufzuheben, schlug ihm sein Bruder zum Spaß auf den Kopf, aber der Hieb traf fester, als Agill geplant hatte, denn Ordulf richtete sich gerade im selben Moment auf. Der Knüppel traf Ordulf an der Augenbraue. Erstaunt und etwas benommen sah der sein eigenes Blut auf den eisernen Beschlag des Schildes tropfen. Plötzlich sah er auch mit dem anderen Auge rot. Er stieß den Rand seines Schilds dem überraschten Bruder unter dessen Schildrand hindurch in den Unterleib. Als Agill sich vor Schmerz zusammenkrümmte, sprang Ordulf auf und holte mit aller Kraft zum Schlag aus. Eigentlich wollte er in blinder Wut den Kopf des Bruders zerschmettern, aber der wandte sich noch in letzter Sekunde zur Seite und so traf Ordulf seine rechte Schulter. Man hörte ein trockenes Knacken und Agill sprang mit einem Schmerzensschrei zurück.

Ordulfs Blick wurde wieder klar.

»Bist du verrückt?«, schrie Swæn und lief zu dem verletzten Agill. Der blickte mit hängender rechter Schulter erschrocken auf Ordulf. Im Verlauf des Schlüsselbeins zeichnete sich eine scharfe Kante ab, die vorher nicht dort gewesen war. Swæn betastete den verletzten Bereich und es gab ein hässliches reibendes Geräusch.

»Aua, verdammt«, stöhnte Agill.

»Was sollte das?«, rief Swæn mit einem finsteren Blick auf seinen jüngsten Bruder.

Da trat Vater Swæn aus dem Schatten des Langhauses. Langsam schritt er zu seinem Sohn herüber und besah sich die Verletzung.

»Tja, das Schlüsselbein ist gebrochen«, stellte er trocken fest. »Du hättest deinen Bruder nicht so sehr reizen dürfen, du weißt doch, wie heiß das swænsche Blut ist! Mit einem Kriegszug wird es dieses Jahr jedenfalls nichts mehr.«

Agill ließ erschrocken und enttäuscht auch die andere Schulter hängen. Ordulf überkam eine Welle der Reue und des Mitleids. Was hatte er nur getan? Seinen eigenen Bruder kampfunfähig schlagen! Da richtete Vater Swæn seinen Blick streng und fest auf ihn. Ordulf schluckte. Er hatte keine Ahnung, wie ihn der Vater strafen würde, aber es war alles selbst eingebrockt. Seinem ältesten Bruder Swæn hatte er schon einmal einen Zahn ausgeschlagen, aber damals war er noch sehr klein gewesen und es hatte sich auch nur um einen Milchzahn gehandelt.

»Du kommst auf deinen Großvater«, stellte der Vater düster fest. »Vielleicht ist das ein Wink der Schicksalsfrauen, dass nicht Agill, sondern du mit nach Britannien ziehen sollst.«

Hatte Ordulf richtig gehört? Keine Strafe, sondern im Gegenteil, er durfte mit Hengist ziehen?

»Aber jetzt musst du erst einmal die Arbeit deines Bruder und die Waffenübungen gleichzeitig hinbekommen. Bevor wir nicht alle Gräben neu ausgehoben haben, geht mir keiner von euch nach Haduloha, ganz egal was eure Mutter sagt.«

Ordulf hätte seinen Bruder Agill am liebsten umarmt, aber der war natürlich wenig begeistert und außerdem verbot die verletzte Schulter solche Annäherungen.

Eine alte Magd, die sich auf Kräuter und Heilkunde verstand, half Swæn schließlich, seinem Sohn einen Verband anzulegen, der, um beide Arme geschlungen, am Rücken verknotet wurde. Ganz so, dass er die hängende Schulter an ihrem eigentlichen Platz hielt.

Für Ordulf wurden es zwei harte Wochen. Vater Swæns Drohungen bezüglich der Gräben waren weniger besorgniserregend, denn sie hatten bereits im Frühjahr die meisten Gräben kontrolliert und Pflanzenreste und Schlick daraus entfernt. Aber es gab auch so noch genug zu tun. Pferdebohnen, Gerste, Hafer, Lein und Leindotter mussten gesät werden. Dazu kam, dass Agill ihn mit Verachtung strafte. Und auch sein ältester Bruder Swæn maulte über Ordulf.

»Deinetwegen kommen wir noch zu spät und die Keydinger und Haduloher nehmen uns die Plätze weg!«

Aber das alles machte Ordulf nichts aus. Er durfte mit Hengist nach Britannien!

Nach der Arbeit übte er verbissen mit den Waffen. Er kämpfte gegen seinen Bruder Swæn, den Vater oder einen der Knechte sooft sie Zeit für ihn erübrigen konnten, auch wenn gerade der älteste Bruder nun keinerlei Nachsicht mehr mit ihm übte und Ordulf manche Beule davon trug. Dann warf er Speere nach immer neuen Zielen. Meist waren es Grasbüschel im Umland und er lief hinter seinen Geschossen her und suchte ein neues Ziel, bis es zu dunkel wurde, um weiter zu machen. Anschließend stand Ordulf oft auf dem Hof und hielt Schild und Speer mit den Armen weit von sich gestreckt, bis sie zu zittern begannen und er erschöpft aufgeben musste.

Beufleet, Mai 441
Ceretic

Schon wieder ging ein Tag zu Ende. Inzwischen bedauerte Ceretic es zutiefst. Die Tage, die ihm zuvor endlos erschienen waren, verstrichen seit seinem ersten Treffen mit Rowena wie im Fluge. Seither war es immer schwieriger geworden, unbemerkt zu bleiben, denn das Lager am Fuße von Hengists Wurt wuchs mit jeder Woche, wenn Krieger aus dem gesamten nördlichen Sachsen herzuströmten. Kein Ort auf dem Hof versprach Ceretic und Rowena völlige Sicherheit vor Entdeckung. So blieben die Begegnungen mit ihr meist auf einen kurzen Händedruck und ein paar innige Worte beschränkt.

Nach zehn Tagen kehrte dann auch Hengist aus Dithmarschen zurück. Während die bereits versammelten Haduloher täglich in Keilen gegeneinander anstürmten und mit Holzschwertern um sich hieben, hatte er jenseits der Ælf zahlreiches junges Volk für seine Fahrt begeistern können.

»Sie folgen mir alle«, prahlte Hengist und Ceretic war sich nicht sicher, ob er sich dabei auf den johlenden Haufen der Haduloher oder die jungen Dithmarscher bezog, von denen er gerade berichtet hatte. »Wenn dein König nur genügend Silber hat, werde ich ihm das ganze Land der Pikten unterwerfen!«

Ceretic war unschlüssig, ob er sich über den raschen Fortgang der Dinge freuen sollte. Einerseits brachte ihn die erfolgreiche Anwerbung der Erfüllung seines Auftrages und der Rettung Britanniens näher. Andererseits raubte ihm der Gedanke an eine Trennung von Rowena fast den Atem. Er hatte seit Hengists Rückkehr keine einzige Gelegenheit mehr gefunden, ein intimes Wort mit ihr zu wechseln.

Zu Ceretics großer Erleichterung meldete sich Hengist bereits drei Wochen später erneut ab.

»Ich muss dringend nach Keydingen, um die Ausrüstung des dritten Schiffes zu überprüfen und die Männer dort auf Vordermann zu bringen«, eröffnete er eines Abends. »Wir haben inzwischen viele gute Recken versammelt. Wenn die Werbung weiter so voranschreitet, können wir wie geplant Ende des Monats in See stechen. Immerhin stoßen jetzt noch die ganzen Dithmarschen zu uns. Ihr, Horsa und Ceretic, werdet sie hier in meinem Namen empfangen.« Bei diesen Worten schnaufte Horsa vernehmlich, aber Hengist sprach ungerührt weiter. »Ich reite Morgen bei Sonnenaufgang nach Keydingen und in drei Wochen rudern wir über die See gen Britannien!«

Ceretic schluckte. Drei Wochen nur noch! Die nahende Abreise legte sich wie ein düsterer Schatten auf sein Gemüt. Er musste Rowena unbedingt vorher unter vier Augen sprechen, koste es, was es wolle.

Die ganze folgende Nacht lag er wach auf seinem Lager und wälzte sich von einer auf die andere Seite. Er sann darüber nach, wie er sie nur einige Stunden für sich allein haben könnte. Doch schließlich war es Gutha, die kleine rothaarige Magd, die sich einmal mehr als treue und listige Botin erwies.

»Heute Abend wird Rowena zum Waschplatz kommen«, raunte sie ihm am Morgen nach Hengists Abreise zu, während sie seine Morgensuppe schöpfte.

Vor Aufregung schlug Ceretics Herz ganz wild. Vielleicht war das die letzte Gelegenheit, sich Rowena zu erklären.

Gegen Mittag erbat er von Horsa wieder ein Pferd für einen Ausritt. Inzwischen vertraute ihm Horsa ein ganz ordentliches Tier an. Einen braunen Wallach von vierzehn Jahren, ein wenig träge, aber ausgezeichnet zugeritten. Horsa suchte ihn selbst heraus und sah gemeinsam mit Ceretic zu, wie ein Knecht das Fell bürstete, die Hufe auskratzte und schließlich Sattel und Zaumzeug anlegte.

»Mir scheint, du hast große Fortschritte im Reiten gemacht und das ganz ohne Lehrer«, bemerkte Horsa schmunzelnd.

Ceretic lief rot an. Hatte Horsa ihn durchschaut oder plauderte er nur höflich? »Ich bin früher mehr geritten und komme langsam wieder rein«, antwortete er knapp.

Horsa ließ es dabei bewenden und hielt die Steigschlaufe auf der Gegenseite fest, als Ceretic diesmal nach sächsischer Art aufstieg.

»Fall nicht runter – du musst uns noch nach Britannien führen«, gab Horsa dem Britannier augenzwinkernd mit auf den Weg.

Ceretic schluckte seinen Stolz herunter und antwortete nicht. Das bevorstehende Treffen mit Rowena hatte ihm ohnehin den Mund ausgetrocknet.

Er lenkte sein Ross im Schritt von der Wurt. Wie beim vorigen Mal folgte er dem Beufleet nach Süden, aber diesmal überquerte er das Fleet bereits vor dem Moor. Die Erfahrung vom vorherigen Mal wollte er nicht wiederholen. Besorgt blickte er sich in alle Richtungen um. Zu leicht konnte einem der müßigen Krieger sein merkwürdiges Verhalten auffallen. Doch als er schließlich nach gut zwei Stunden die Baumgruppe, an der er sein Pferd schon während des ersten Stelldicheins angebunden hatte, erreichte, war er sich ziemlich sicher, dass ihm niemand gefolgt war. Er wartete dennoch eine Weile in Ruhe ab. Es war ohnehin noch viel zu früh, um sich zu seinem Versteck am Fleet zu begeben. Er versuchte, ein Gedicht für Rowena zu ersinnen, aber die sächsische Sprache war einfach zu ungelenk und seine keltische Muttersprache würde sie nicht verstehen. Schließlich gab er es auf und machte sich an den letzen Abschnitt seines Weges.

Diesmal folgte er gleich einem schmalen Wasserlauf, von dem er sich zu erinnern meinte, dass er zum Beufleet hinabführte. Die Ufer waren dicht mit Schilf und Rohr gesäumt, sodass er sich nicht um eine Entdeckung sorgen musste. Die letzen Schritte bis zum Fleet legte er dennoch in dem fast ausgetrockneten Graben kriechend zurück. Gierig stürzten sich die Mücken auf ihn, aber das wollte er für ein paar ungestörte Augenblicke mit Rowena gern auf sich nehmen. In seinem Versteck im Gebüsch hinter dem Waschplatz wurde es nur unwesentlich besser. Ceretic fragte sich, ob ihm die Mücken vom Graben her gefolgt waren, oder ob in jedem Gebüsch neue Blutsauger warteten.

Die Sonne stand noch immer hoch am Himmel und während er vergeblich versuchte, die Insekten von seiner verschwitzten Haut fernzuhalten, merkte er, wie durstig er war. Schließlich döste er erschöpft ein. Als er aufwachte, dämmerte es bereits.

Sein gesamter Körper juckte und er fragte sich erschrocken, ob Rowena ihn mit seinem zerstochenen und geschwollenen Gesicht noch erkennen würde. Wo war sie überhaupt? Vorsichtig schob er die Zweige auseinander und blickte zur Wurt hinüber.

Das Lager lag friedlich und nun gegen Abend ruhig am Fuße der Wurt. Die Ebbe hatte inzwischen voll eingesetzt und im Fleet schwappte nur wenig Wasser träge der Ælf entgegen. Die tief stehende Sonne spiegelte sich rot darin. Einzelne Rauchfahnen stiegen vom Lager senkrecht in den fast wolkenlosen Himmel. Endlich entdeckte er zwei Mädchen auf der anderen Seite des Fleets. Ceretics Herz machte einen Luftsprung. Das konnten nur Rowena und Gutha sein.

IV. Ein Sturm braut sich zusammen

Dithmarschen, Juni 441
Ordulf

Weniger als zwei Monde trennten sie noch von der Sonnenwendfeier. Es wurde höchste Zeit aufzubrechen. Sicher strömte das Volk von allen Seiten in Hengists Lager. Und Ordulf beschäftigte sich mit Schafen. Nur der neu erworbene Respekt vor dem Widder Hinnerk verhinderte, dass er seine Wut an den blöden Viechern ausließ. Er wollte endlich nach Haduloha und nach Britannien. Die notwendige Ausrüstung hatten Swæn und er bereits zusammengetragen. Der alte Swæn wollte sie gut bewaffnet auf den Kriegszug senden.

»Niemand soll sagen, die Swænen wären nicht vermögend genug, ihre junge Mannschaft auszurüsten. Und schon gar keiner dieser verdammten Ebbingemannen!«, verkündete er stolz. Vier Schilde und ebenso viele Wurflanzen hatte er persönlich ausgesucht. Weiterhin ein gutes Langschwert für Swæn und natürlich für jeden einen Sax.

Ordulf betrachtete seine Waffen mit unverhohlenem Stolz. Die Schilde waren aus gutem Lindenholz. Einer war mit Leder bespannt und reichlich mit Eisen beschlagen, auf dem Schildbuckel war ein stilisierter Schlangenwirbel aus Bronze aufgelötet. Der andere Schild war leichter und schmucklos. Die Latten wurden lediglich von dem schlichten Schildbuckel und einigen Querleisten auf der Rückseite zusammen gehalten – ein reines Arbeitsgerät. Auch sein Sax war einfach und mit einem simplen Holzgriff und etlichen ausgewetzten Scharten nicht so prächtig wie das Langschwert seines älteren Bruders, welches am Griff aufwendig mit Granat eingelegt war. Es passte perfekt zu der Fibel, die Swæns dunkelblauen Wollmantel über der Schulter zusammen hielt. Auch dort hatte der Schmied kleine Granatstückchen sorgsam in Gold gefasst. Ein dünnes, speziell gefaltetes Blattgoldscheibchen unter den Steinen ließ diese im Sonnenlicht feurig funkeln.

»Freu dich an deinem Eisen. Ein Schwert muss vor allem hart, scharf und gut ausbalanciert sein. Der Schmuck ist Weibersache«, riss ihn sein Vater aus der Betrachtung, aber Ordulf hätte trotzdem lieber so eine prächtige Waffe wie sein Bruder besessen. Noch mehr erregte es aber seinen Neid, dass Swæn ein Pferd bekam, wohingegen er selbst zu Fuß gehen würde.

»Als Stammhalter des Swænengeschlechtes wird er einmal dein Häuptling sein«, betonte der Vater ernst. »Und als solcher ziemt es sich, zu Pferde in die Schlacht zu reiten. Du wirst deinem Bruder den nötigen Respekt zollen und dafür sorgen, dass er auch als das anerkannt wird, was er ist. Der zukünftige Führer des Swænengeschlechtes.«

Ein ziemlich kleines Geschlecht, dachte Ordulf bitter, aber immerhin würde das Pferd den Großteil ihrer Ausrüstung tragen, was dann auch ihm zugutekam.

Endlich kam die letzte Nacht vor ihrer Abreise. Ordulf konnte vor Aufregung kein Auge zutun. Schließlich, als er am frühen Morgen gerade übermüdet in einen erschöpften Schlaf gesunken war, weckte ihn der alte Hinnerk. Er machte sich schon vor Sonnenaufgang auf, um Hilda, eine achtjährige Stute, eines der besten Pferde des Hofes, von der Außenweide zu holen.

Bei der Verabschiedung trug Ordulfs Bruder Agill immer noch demonstrativ den rechten Arm in der Schlinge. Beim Anblick seiner säuerlichen Miene überkam Ordulf wieder ein Anflug von Reue. Eigentlich hätte Agill an seiner Stelle stehen sollen, aber die Gewissensbisse hielten nicht lange vor. Er war schließlich selbst schuld. Die Mutter dagegen sah aus, als hätte sie die Nacht über geweint, doch zum Abschied blickte sie ihre zwei Söhne fest und voller Stolz an, bevor sie beide ein letztes Mal umarmte. Dann zogen sie endlich los.

Bald schon erreichten sie die Wolderichswurt. Dort verabschiedete sich Vater Swæn von ihnen, der behauptet hatte, irgendein Geschäft mit dem Nachbarn verhandeln zu müssen, auch wenn Ordulf insgeheim annahm, dass er das lediglich vorgeschoben hatte.

»Seid immer wachsam. Streitet nicht untereinander und auch nicht mit anderen Sachsen. Besonders du, Ordulf, musst deinen Hitzkopf im Zaum halten. Höre auf deinen Bruder. Einig könnt ihr gegen alle Feinde bestehen. Was Hengist euch sagt, das tut, als ob ich es euch befohlen hätte. Egal was er will, er ist auf dieser Fahrt euer Herr. Saxnot stehe euch in allen Kämpfen bei.«

Mit diesen Ermahnungen und dem Segen entließ der bereits graubärtige Swæn seine beiden Söhne. Abrupt wandte er sich der Wurt der Wolderichsmannen zu. Ordulfs Blick folgte ihm noch kurz, wie er allein den Hügel hinaufstapfte. Schweigend setzten die Brüder ihre Reise fort. Für beide war es das erste Mal, dass sie auf eine ungewisse Wiederkehr hin ihrem Vaterhof den Rücken zukehrten.

Zunächst folgten sie einem Graben, der in Richtung Geest führte. Bald wichen die salzigen, beweideten Marschen dichtem, von zahlreichen Wasserläufen durchzogenem Buschwerk, welches seinerseits von Mooren, Schilfsümpfen und kleineren Bruchwäldern unterbrochen wurde. Immer wieder mussten Swæn und Ordulf die Richtung ändern, um Hindernisse zu umgehen, und so erreichten sie die höhere Geest erst gegen Mittag. Von nun an kamen sie schneller voran und als sie schließlich wieder in die Elbmarschen hinabstiegen, hatte die einsetzende Ebbe das Wasser aus den Gräben gezogen. So erreichten sie ihr Ziel, den Weulesfleet, mit Einbruch der Dämmerung. Hier lagerten bereits einige Bauern aus der Nordermarsch, die ihre Bullen auf einem Markt in Keydingen feilbieten wollten.

»Wir haben bereits mit einem Fischer gesprochen, der sich auch als Fährmann verdingt«, begrüßte ihr Anführer die jungen Swænen. »Morgen früh wird er uns übersetzten, ihr könnt mitfahren, wenn euch unsere Bullen nicht zu doll stinken.«

»Wir Wurtmannen müssen schließlich zusammenhalten«, pflichtete ihm ein älterer Bauer zu und lud die beiden Jungen ein, sich zu ihnen ans Feuer zu setzen.

»Habt Dank für die Gastfreundschaft«, antwortete Swæn hocherfreut und ließ sich gleich am Rande des Feuers nieder. »Mein Bruder wird noch rasch das Pferd versorgen«, bemerkte er, scheinbar an die Bauern gewandt, aber sein vorwurfsvoller Blick traf Ordulf, der sich gerade neben ihn setzen wollte. Ordulf schnaufte verärgert, nahm dann aber Hilda den Sattel ab und führte sie zur Tränke an das Fleet. Durch einen Gürtel aus Schilf und Rohr konnte er bereits den großen Ælfstrom erkennen. Das schlammige Wasser wälzte sich träge Richtung Meer. Dorthin würde auch ihre Reise führen, in die unbekannte Weite des Ozeans bis nach Britannien.

Am nächsten Morgen weckte sie das Brüllen der Rinder. Ordulf stand auf und reckte die steifen Glieder. Dann ging er, um nach Hilda zu sehen.

Der große, flachbodige Kahn, der als Fähre diente, lag zwischen mehreren Fischerbooten. Anders als bei ihnen, oder den großen Seeschiffen der Sachsen, wurde der Boden aus einer Reihe platt nebeneinanderliegender Planken gebildet, an die die Bordwand kastenförmig ansetzte. Viel Raum bei wenig Tiefgang, aber sicher nicht geeignet für eine Wettfahrt oder schweres Wetter.

Ordulf half dem Fährmann und seinen zwei Jungen, die Fähre in die Strömung zu rudern. Da das Wasser gerade stieg, trieb sie nur sehr langsam mit dem Strom, und der Fährmann nutzte sein Ruder geschickt, um die Fähre in Richtung des Keydinger Ufers zu lenken. Die Sonne brannte vom Himmel und die Ælf strömte ruhig dahin.

»Jetzt müsst ihr noch einmal an die Ruder und pullen«, rief der Fährmann plötzlich. »Wir treiben gefährlich nahe an den Krudt Sand heran. Bei unserer schweren Ladung setzen wir gleich auf, auch wenn der größte Teil schon überschwemmt ist.«

Ordulf und einer der Bauern griffen zusammen mit den Söhnen des Fährmanns gehorsam nach den Riemen.

»Das wird dir auch nicht mehr lange erspart bleiben, wenn wir erst bei Hengist und den Schiffen sind«, rief Ordulf seinem Bruder zu, der Hilda am Zügel hielt und keinerlei Anstalten machte, mit anzupacken. Doch Swæn zuckte nur gelangweilt die Schultern und strich gedankenverloren über das Fell seines Rosses.

Als die Sonne bereits im Zenit stand, erreichten sie das Keydinger Ufer. Beim Entladen schienen zwei der Nordermarscher ebenso erleichtert wie Hilda und die Bullen, wieder festen Boden unter den Füßen zu haben.

»Thunær sei Dank!«, rief der eine und zog einen Eisendolch aus seinem Gürtel. Den warf er im hohen Bogen als Dankesopfer in die langsam strömende Ælf.

»Hab Dank für die gute Überfahrt, Wogenglätter!«, pflichtete ein weiterer Nordermarscher bei und schleuderte eine Silbermünze hinterher.

Swæn, Ordulf und die übrigen Bauern standen andächtig still, als die Fluten die Dankesopfer gierig verschlangen.

Plötzlich raschelte es hinter ihnen im Gebüsch. Ordulf fuhr herum. Eine Schar von fünf oder sechs Bewaffneten brach mit drohend gesenkten Lanzen aus dem Dickicht. Die Dithmarschen zogen ihre Saxe und bildeten sofort einen Halbkreis vor der Fähre.

Der größte der Fremden, vermutlich ihr Anführer, musterte die Dithmarschen misstrauisch.

»Was wollt ihr hier in Keydingen?«, fragte er schroff.

»Wir treiben unsere Bullen zum Markt«, erwiderte der Anführer der Nordermarscher erstaunt und verärgert zugleich. »Empfängt man in Keydingen neuerdings so seine Gäste?«

»Von euch Bauern will ich nichts. Aber was ist mit den zweien dort?«, wandte sich der große Keydinger unwirsch an Swæn und Ordulf. »Handelsgut habt ihr keines dabei, oder wollt ihr zum Pferdemarkt?«

»Wir wollen zum Lager Hengists in Haduloha«, beeilte sich Swæn zu erklären.

Der Keydinger sah ihn scharf an. »Wie ist dein Name?«, fragte er.

»Swæn vom Geschlecht der Swænen aus Dithmarschen«, erwiderte Swæn stolz.

»Das dachte ich mir«, knurrte der Keydinger. »Ihr seid landesflüchtige Räuber und Verräter. Man hat uns vor euch gewarnt.« Bei diesen Worten winkte er seinen Männern, die grimmig die Lanzen auf die Brüder richteten.

Swæn und Ordulf waren wie vom Donner gerührt. Als freier Sachse konnte man die Gaugrenzen nach Gutdünken passieren. Aber noch bevor Swæn etwas erwidern konnte, stellte sich einer der Bauern mit gezogenem Sax schützend vor ihn.

»Überleg dir gut, mit wem du Hader anfängst. Wir Dithmarschen halten zusammen«, sagte er ruhig. Seine Begleiter nickten grimmig und auch der Fährmann nahm zwei Speere aus dem Boot und reichte sie schweigend seinen Söhnen.

»Wir haben nichts gegen euch Dithmarschen«, beeilte sich der Anführer der Keydinger zu erklären. »Aber diese zwei sind Verbrecher, die bei euch gesucht werden. Swæn, so war doch der Name? Und die Beschreibung passt haargenau.« Er schaute Bestätigung heischend zu seinen Männern.

Ordulf erholte sich vor seinem Bruder von dem Schreck. »Was sagt ihr da über uns?«, fragte er und seine Hand schloss sich so fest um den Griff des Saxes, dass die Knöchel weiß hervortraten.

Sein Bruder hatte wohl das unterschwellige Brodeln in Ordulfs Stimme bemerkt. »Wir sind freie Männer und haben uns nichts zuschulden kommen lassen«, erklärte er rasch und griff nach Ordulfs Arm. »Wer hat etwas anderes behauptet?«

»Die Swænen sind in Dithmarschen als gute, freie Männer bekannt, wenn auch etwas jähzornig vielleicht«, pflichtete ihm einer der nordermarscher Bauern bei. Sein besorgter Seitenblick streifte Ordulf.

Der Keydinger wurde unsicher. »Vor einer Woche kam eine Gruppe Krieger aus Dithmarschen vorbei, die uns von ein paar landesflüchtigen Räubern berichteten, auf die man in Dithmarschen ein Kopfgeld ausgesetzt hätte. Swænen, würden sie heißen, wie Sch…« Er hatte offensichtlich »Schwein« sagen wollen, hielt das Wort aber gerade noch rechtzeitig zurück. »Wir sollten uns in Acht nehmen, möglicherweise hätten sie das Land Dithmarschen auch noch gar nicht verlassen.«

»Was waren das für Männer?«, fragte Ordulf und überhörte die nicht ganz ausgesprochene Beleidigung.

»Ebbingemannen nannten sie sich und auch sie wollten sich Hengist anschließen«, antwortete einer der bisher schweigsamen Keydinger Krieger. »Wenn ihr wirklich auch dorthin wollt, könnt ihr das ja untereinander regeln.«

»Ja, am besten ihr geht direkt dorthin«, pflichtete ihm sein Anführer bei, froh eine Lösung gefunden zu haben, ohne sich mit den Dithmarschen schlagen zu müssen. »Nehmt den alten Weg am Moor entlang. Dort hinauf über Wörden und am Dösemoor entlang bis zur Oste.« Dabei wies er mit der Hand den Weg. »Aber seht zu, dass ihr Keydingen noch heute verlasst, wir wollen hier keinen Ärger«, fügte er nach einer kurzen Pause drohend hinzu, eher um sein Gesicht zu wahren, als dass es ihm etwas bedeutete.

Swæn und Ordulf warfen den Bauern, deren Landmannstreue sie gerade gerettet hatte, noch einen dankbaren Blick zu und zogen schleunigst ihres Weges. Die finsteren Blicke der Keydinger brannten ihnen im Nacken.

»Was für eine Gemeinheit von diesen hinterhältigen Kerlen!«, schimpfte Ordulf.

»Ja, ein ziemlich übler Streich«, pflichtete ihm sein Bruder bei. »Wenn nicht die Bauern bei uns gewesen wären, hätte es schlimm ausgehen können.«

»Wenn ich die erwische, kommen sie nicht so einfach davon«, schimpfte Ordulf weiter.

Trotz Mittagshitze und dem Heer von Fliegen, welches aus den nahen Mooren aufstieg, um sie zu peinigen, marschierten die Brüder ohne Pause. Schließlich, als der Mond schon hoch am Firmament stand, erreichten sie endlich die Oste. Hier mussten sie die Ebbe erwarten. Sobald das Wasser sank, wateten sie eilig über die durch eingeschlagene Pfähle bezeichnete Furt ans andere Ufer. Damit überschritten sie endlich auch die Gaugrenze nach Haduloha, und da Mitternacht bereits verstrichen war, getrauten sie sich nun die Augen für einige Stunden zu schließen.

Am folgenden Morgen führte der Weg auf die Geest hinauf. Kiefern und Birken standen auf dem sandigen Boden und bald verschluckte ein lichter Wald die beiden Wanderer. Nach einer weiteren Gehstunde lichteten sich die Bäume und sie traten auf freies Feld hinaus. An einer kleinen Geestsiedlung wies ein junger Mann den Brüdern den Weg nach Beufleet und bald ließen Swæn und Ordulf die sandige Geest hinter sich und stiegen in die fruchtbare Marsch hinab. Schon von weitem kündigten mehrere Rauchfahnen, die vor ihnen in den tiefblauen Himmel stiegen, ihr Ziel an. Swæn und Ordulf folgten einem festen Weg am Wasserlauf entlang, den der junge Geestler als Beufleet bezeichnet hatte.

»Sieh mal, ob der Weg hier abgeht?«, fragte Ordulf seinen Bruder, als er ein paar frische Hufspuren entdeckte, die den schmalen Fleet kreuzten.

»Nur ein einzelner Reiter«, urteilte Swæn mit gefurchten Brauen. »Der Junge hat doch gesagt, wir sollten dem Fleet bis an die Ælf folgen.«

Und tatsächlich wich das dichte Buschwerk wenige hundert Schritte weiter einer saftigen Salzmarsch. Direkt vor den beiden Jungen lag die gesuchte Wurt, zu deren Füßen sich bereits ein beachtliches Heerlager ausdehnte.

»Schau nur«, meinte Swæn und zeigte auf die weite Wasserfläche der Ælfmündung hinaus. »Dort liegt die Südermarsch.«

Ordulf blickte in die angegebene Richtung und kniff die Augen zusammen. »Hmpf«, antwortete er zustimmend. In Wahrheit konnte er außer Wasser nicht das Geringste erkennen, aber es war ihm peinlich, dass seine Augen so viel stumpfer waren als die seines Bruders. Sein Interesse wurde ohnehin von anderem gefesselt: Ein gutes Stück von der Mündung des Fleets entfernt erkannte er die hochgezogenen Steven von Hengists Seeschiffen. Bald würden sie damit ihrem ersten Abenteuer entgegenrudern! Daneben lagen mehrere kleine Boote, darunter ein kleines Schwarzes ungewöhnlicher Bauart. Wahrscheinlich ein einfacher Einbaum, vermutete Ordulf und ließ seinen Blick weiter über das Lager schweifen.

Es machte einen ungeordneten Eindruck. Zelte und Feuerstellen standen überall durcheinander und zwischendrin grasten Pferde. Immerhin hielt sie bei Erreichen des Lagers ein Wachtposten an und fragte nach ihrem Begehr.

»Wir sind Dithmarscher Sachsen vom Swænengeschlecht und wollen uns dem Heer Hengists anschließen«, antwortete Swæn stellvertretend für sie beide.

»Hengist ist derzeit nicht hier, aber vielleicht trefft ihr seinen Bruder Horsa dort hinten an dem großen Feuer«, erwiderte der Wachtposten und wies ihnen mit einem Kopfnicken die Richtung.

Swæn und Ordulf bedankten sich. Beklommen schritten sie zwischen den versammelten Recken einher, doch niemand beachtete sie. Unter den Männern entdeckte Ordulf viele junge

Burschen wie sie selbst, aber auch ältere Krieger mit wertvollen Rüstungen und vernarbten Gesichtern und Armen. Das mussten erfahrene Schiffsführer und Seeleute sein, die jeden Sand der Ælf und des Britannischen Ozeans kannten. Sein Blick glitt an sich selbst hinab und zu seinem Bruder hinüber. Swæn zog Hilda hinter sich am Zügel. Mit ihren hohen schlanken Fesseln über den harten Hufen und mit dem edel gebogenen Hals konnte wenigstens sie sich durchaus sehen lassen.

Schließlich erreichten sie das vom Wachtposten bezeichnete Feuer. Ordulf suchte nach jemandem mit demselben harten Blick wie Hengist, konnte sich aber zwischen den düster dreinblickenden Gestalten nicht recht entscheiden.

»Ein prächtiges Tier habt ihr da«, sprach sie von hinten auf einmal eine sanfte Stimme an. Er fuhr herum und sah einen großen schlanken Mann neben Hilda stehen und ihre Mähne streicheln. Hilda schnaubte zufrieden und drückte den Kopf freundlich an die Brust des Fremden.

»Sonst ist sie nie so zutraulich«, wunderte sich Ordulf.

Der Fremde schaute ihn aus hellen blauen Augen leicht spöttisch, aber durchaus freundlich an. »Nun, es sollte dich nicht wundern, dass Pferde mich mögen, schließlich ist mein Name Horsa.«

»Verdammt noch eins«, entfuhr es Ordulf. Dann verneigte er sich erschrocken. »Herr! Ich ahnte nicht …«

»Du brauchst nicht zu erröten, ich hatte mich ja noch gar nicht vorgestellt«, erwiderte Horsa lachend. »Ihr wollt euch uns anschließen?«

»Wir haben Hengist gehört, als er drüben bei uns in Dithmarschen war, um Krieger zu werben, und sind seinem Ruf gefolgt«, antwortete Swæn rasch. Es gefiel ihm offenbar nicht, dass sein jüngerer Bruder die Unterhaltung mit dem neuen Häuptling führte. »Wir hoffen, dass ihr uns noch in eure Schar aufnehmen werdet.«

»Nun, wenn wir schon genug Leute beisammen hätten, wären wir nicht mehr hier, oder?«, frage Horsa zurück. »Wenn ihr genauso gut kämpft, wie ihr Pferde züchtet, seid mir willkommen! Das sind zwei neue Mitstreiter aus Dithmarschen«, wandte er sich dann an die Männer am Feuer. »Und zwar …?« Nun blickte er wieder Swæn auffordernd an.

»Ich bin Swæn und das ist mein Bruder Ordulf, auch ein Swæn«, brachte Swæn hervor.

Ihr Name sorgte für allgemeine Erheiterung.

»So, also Swæn Swænsunu und Ordulf Swænsunu?«, vergewisserte sich Horsa. »Wenn ihr erlaubt, wollen wir euch lieber nur Ordulf und Swæn nennen, der Einfachheit halber. Ihr seid nun Hengists und Horsas Mannen und euer Geschlecht und auch alle eure Zwistigkeiten und Fehden sind, solange ihr mit uns zieht, ohne Bedeutung. Verstanden?« Horsa blickte ihnen nacheinander fest in die Augen. Swæn und Ordulf nickten zustimmend. »Na dann wollen wir unseren neuen Gefährten mal was zu trinken besorgen. Gero, kümmerst du dich darum?« Horsa sah einen der finster blickenden Hünen fragend an. Swæn ließ sich nieder. Als Ordulf seinem Beispiel folgen wollte, blickte er auf und fragte beiläufig: »Du bringst Hilda gerade noch auf die Weide, ja?«

Ordulf schnaufte verärgert. Hilda war nicht sein Pferd, aber dauernd musste er sich um sie kümmern. Er nahm sie am Zügel und zerrte sie unsanft vom Feuer weg. Doch sein Zorn verrauchte rasch. Was konnte die arme Stute schon dafür? Außerhalb des Lagers sah er mehrere andere Rösser auf einem besonders saftigen Stück Weide stehen. Ihre Vorderläufe waren zusammengekoppelt, damit sie sich beim Grasen nicht zu weit entfernen konnten. Das wäre ein guter Platz für Hilda. Entschlossen steuerte er auf die anderen Pferde zu.

Ein hübsches junges Mädchen, welches neben den Pferden auf der Wiese saß und auf einem Halm kaute, blickte ihm interessiert entgegen. Sie hatte einen blauen Blumenkranz in ihr rotes Haar geflochten. Waren das Sandglöckchen vom Strand? Ordulf schämte sich, genauer hinzusehen. Nicht, dass sie ihn für einen gaffenden Jungen hielt.

Aber da rief sie ihn schon an: »Du bist ganz schön jung für so ein prächtiges Pferd.«

Ordulf lief rot an. So ein freches Ding – aber leider hatte sie recht und Hilda gehörte seinem Bruder. »Wir Dithmarschen züchten eben die besten Pferde«, antwortete er hochnäsig, um seine Verlegenheit zu überspielen.

Das Mädchen verzog den Mund. »Pah, Angeber«, rief sie und lief rasch davon. Ordulf blickte ihr einen Augenblick hinterher.

Später, gegen Abend, suchte Swæn am Rande des Lagers einen Platz für ihr Zelt. Ordulf holte derweil Hilda, um sie zum Fleet hinunter zur Tränke zu führen. Da gerade Ebbe war, mussten sie durch einen breiten Saum Uferschlamm zu dem schmalen Wasserlauf in der Mitte waten, dafür war das Wasser aber klar und nicht mit Meersalz vermengt. Das treue Tier senkte den Kopf und trank gierig. Plötzlich spürte Ordulf einen Schlag im Genick. Er wusste zunächst gar nicht, wie ihm geschah. Immerhin stürzte er nicht in den Wasserlauf wie damals, als ihn der Widder Hinnerk überraschend angegriffen hatte. Er drehte sich gerade rechtzeitig um, um den nächsten Batzen Schlick genau ins Gesicht zu bekommen. Am Ufer standen zwei grinsende junge Kerle; dieselben, die ihn damals auf Wolderichs Hof in den Dreck gestoßen hatten. Einer hielt bereits die nächste Handvoll Matsch hoch.

»Das ist aber wieder ein besonders dreckiges Schwein. Das wollen wir lehren mit Mist nach uns zu werfen!«, rief der erste der beiden.

Ordulf lief rot an. Seinen Sax hatte er bei seinem Bruder und der übrigen Ausrüstung gelassen. Darum ballte er die Fäuste und stürzte sich unbewaffnet mit einem Wutschrei auf den näherstehenden der beiden jungen Kerls. Der versuchte seinerseits den Sax zu ziehen, aber Ordulf sprang ihm das letzte Stück entgegen und versetzte ihm einen Faustschlag auf die Kinnspitze, sodass sein Gegner hinterrücks umfiel und liegen blieb.

»To jodute«, schrie der andere aus vollem Hals.

Mit diesem Ruf forderte in ganz Sachsen das Opfer eines Gewaltverbrechens alle Männer in Hörweite, seien es Freie oder Knechte, zur Hilfeleistung auf. Wer dem nicht nachkam, machte sich selbst schuldig.

»Dieser Verräter hat einen Wehrlosen erschlagen!«

Bevor Ordulf sich versah, tauchten drei weitere Ebbingemannen wie aus dem Nichts heraus auf und stürzten sich auf ihn. Ob er sie aufgrund seiner Kurzsichtigkeit nicht gesehen hatte oder ob die rasende Wut schuld war, wusste Ordulf nicht und es blieb ihm auch keine Zeit, darüber nachzudenken. Er wurde von der Wucht der drei Angreifer umgerissen und während zwei nach ihm traten, drückte der dritte seinen Kopf in den weichen Schlick. Ordulf versuchte nach Luft zu schnappen, bekam aber Schlick und Wasser in den Mund und musste husten. Ihm kam der Gedanke, dass sein Abenteuer möglicherweise bereits hier im Schlamm des Beufleets enden würde. Verzweifelt versuchte er, seinen Angreifer zu packen und von sich weg zu drücken. Mit der rechten Hand fand er den Bart des Gegners.

Die Augen, schoss es ihm durch den Kopf. Steck ihm die Finger in die Augen! Er tastete nach dem Gesicht, aber offenbar erkannten seine Gegner die Absicht und ohne dass der Mann auf ihm locker gelassen hätte, riss ein anderer seinen Arm weg und drehte ihn schmerzhaft nach außen. Ordulf trat und schlug mit der freien Linken und den Beinen wild um sich, traf aber niemanden. Unten im Schlamm hörte er nur leises Gemurmel und spürte weitere Tritte, doch dann verblassten alle anderen Gefühle gegenüber dem zunehmenden Drang, Luft zu holen.

Regulbium, Mai 441
Álainn

Álainn stöhnte. Wild pochte das Blut in ihren Schläfen. Sie hatte stechende Kopfschmerzen und ihr war zum Speien übel. Vorsichtig blinzelte sie; sie ahnte, dass das Tageslicht schmerzen würde. Als sie endlich die Augen offen hatte, brauchte sie einen Augenblick, um sich zurechtzufinden. Direkt vor sich erkannte sie ihre Mutter, doch etwas stimmte nicht. Dann plötzlich verstand sie das Bild, das sich ihr bot. Dort lag nur der abgeschlagene Kopf, zusammen mit den Häuptern weiterer Dorfbewohner auf einem blutigen Haufen. Sie wollte schreien, erbrach sich aber gleichzeitig und rang röchelnd nach Luft. Sie konnte die Augen nicht von den schaurigen Trophäen abwenden. Es waren insgesamt zehn oder zwölf Köpfe und sie kannte jeden einzelnen. Pádruig, der alte Schmied, der blonde Boyd … Ihr wurde schon wieder übel und sie würgte gelbe Galle hervor. Von hinten legte jemand die Hand um sie und drehte ihren Kopf sanft aber bestimmt von dem Anblick fort. Es war Akira, die Frau des Comarchus. Langsam kehrte Álainns Erinnerung zurück.

Die Pikten am Strand, das schreckliche Grinsen der blau bemalten Fratze und die erhobene Axt, der Schmerz in ihrer Hand. Ängstlich blickte sie hinunter auf ihre rechte Hand. Zeige- und Mittelfinger waren im Grundgelenk überdehnt worden. Um das Gelenk herum war die Haut bläulich verfärbt und stark angeschwollen und jetzt bemerkte sie auch die Schmerzen.

»Was wird mit uns geschehen?«, fragte sie nach einer Weile mit zitternder Stimme. Von weiter hinter ihnen drang gedämpftes Weinen an ihr Ohr.

»Sie werden uns fortschaffen auf ihren Schiffen, schätze ich«, antwortete Akira und wandte sich ab.

Álainn versuchte, nach den Schiffen zu schauen, was von ihrer Position aus nicht einfach war, da sie sich ängstlich bemühte, keinen weiteren Blick auf den Haufen der abgeschlagenen Köpfe zu erhaschen.

Wieso nur Regulbium?, dachte sie voll Schmerz. Herr, wie konntest du nur so etwas zulassen!, richtete sie ihre Klage gegen den Himmel, da ihr sonst niemand Antwort geben konnte. Die aufkeimende Bitterkeit wurde von einer neuen Welle der Übelkeit weggeschwemmt. Álainn übergab sich krampfartig.

Sie hatte erwartet, die Pikten würden ihren leichten Sieg bis in die Nacht hinein feiern, wie man es von solchen Barbaren erwartete, doch weit gefehlt.

Nur etwa eine Stunde später begannen die blauen Dämonen Tiere – teils blutig vom Schlachten, teils lebendig –, Säcke mit den wenigen Habseligkeiten der britannischen Bauern und die letzten Nahrungsmittelvorräte Regulbiums zu ihren Booten zu schleppen. Alles ging erstaunlich schnell und geordnet vonstatten.

Bald schritt ein nicht allzu großer, aber kräftiger Mann in Richtung des armseligen Grüppchens der Gefangenen. Die breite Brust war mit dem inzwischen zerlaufenen blauen Abbild eines Wolfes beschmiert. Zu Álainns Entsetzen steuerte er geradewegs auf sie zu. Sie versuchte, sich hinter Akira zu verstecken, aber schon hatte der Pikte sie an der Schulter gepackt. Er sagte etwas in seinem dunklen Dialekt, das sie nicht verstand. Aus vor Entsetzen geweiteten Augen starrte sie ihn an, unfähig zu antworten.

»Du kommen mit!«, schrie er sie an, offensichtlich im Unklaren darüber, ob sie seines Dialektes nicht mächtig war oder etwas an den Ohren hatte. »Ich bin Eòghann, dein neuer Herr.«

Das war alles, was er sagte und Álainn ließ sich zitternd zum Strand hinunterziehen. Eine irrsinnige Wut auf Akira stieg in ihr auf. Wieso unternahm sie nichts? Dann sackte sie hoffnungslos in sich zusammen. Akira konnte ja auch nichts tun.

Wenn Álainn schon gedacht hatte, es könnte nicht mehr schlimmer kommen, so wurde sie ein weiteres Mal enttäuscht: Das Boot war eine Nussschale. Die Bordwände waren nicht einmal aus Holz, sondern nur eine dünne Lederhaut, die sich über ein Leistengerippe spannte. Eine Curach, wie sie allerhöchstens die Fischer auf den vorgelagerten Inseln noch benutzten. Wenigstens konnten die Pikten sie in so einem unsicheren Fahrzeug nicht allzu weit von ihrer Heimat entführen, tröstete sie sich.

Beufleet, Juni 441
Rowena

Endlich war ihr Vater wieder aus dem Hause. Warum konnte er nicht viel länger fort bleiben oder am besten allein nach Britannien fahren und Ceretic einfach bei ihr zurücklassen?

Gutha hatte dem Britannier morgens ausgerichtet, dass sie am Abend versuchen würde, zu dem Gebüsch am Waschplatz zu kommen. Ob er sie richtig verstanden hatte? Sie wagte viel mit diesem Gang. Wenn sie erwischt wurden, könnte man sie am Ende wie eine Ehebrecherin bestrafen. Sie hatte gehört, dass ein entfernter Nachbar auf der Geest seine eigene Tochter mit einem Strick um den Hals im Opfermoor versenkte, weil sie sich mit einem jungen Mann eingelassen hatte. So weit würde Hengist doch wohl nicht gehen, oder? Doch wer konnte schon sagen, zu was ihr verschlossener Vater fähig war, wenn er wirklich wütend wurde?

Horsa hatte ihr einstmals eine Geschichte erzählt, die sie noch immer schaudern ließ. Irgendwie hatte der damals wohl an die zwölf Winter zählende Hengist seinen Vater Witgis, der in seiner Jugend zu Wutausbrüchen neigte, stark verärgert. Eine

Entschuldigung verweigerte der Junge stur. Witigis hatte seinen eigenen Sohn bei Ebbe im Schlick der Ælf eingraben lassen.

»Bis zur nächsten Flut gebe ich dir Zeit, nach mir zu rufen, sonst stopft dir das Wasser dein freches Mundwerk.«

Am Ende schlugen die Wellen bereits über Hengists Haupt zusammen, als Witgis ihn doch noch ausgraben ließ. Ein Wort der Entschuldigung war dem Jungen nicht über seine Lippen gekommen. Auch später niemals.

Und Ceretic? Wie würde es ihm ergehen? Er war doch ein Sänger und kein Kriegsmann! Die rauen Sitten ihrer Heimat waren ihm völlig fremd. Doch sehen musste sie ihn, wenigstens noch ein einziges Mal, bevor er über des Meeres Tiefen wieder nach Britannien entschwand. Am Hofe des Hochkönigs gab es bestimmt musikalischere Mädchen, die über sie lachen würden. Die unbeholfene Barbarin …

Sie gab sich einen Ruck und schritt von der Wurt hinab ins Lager. Ihre treue Magd Gutha folgte ihr tapfer. Horsa war mit seinen Thanen drüben am Feuer und die Lautstärke ließ vermuten, dass das Methorn schon mehrfach die Runde gemacht hatte. Gut so, dann würde er ihr Fehlen nicht bemerken.

Mit hoch aufgerichtetem Haupt schritt Rowena auf das Fleet zu. Lass dir nur nichts anmerken, du bist Hengists Tochter und hier die Herrin, sagte sie sich, doch ihr Herz strafte sie Lügen und schlug bis zum Halse. Plötzlich tauchte ein torkelnder Mann vor ihr auf, aber Rowena erwiderte seinen schon leicht unfokussierten Blick kalt.

»Hast du ein Anliegen an meinen Vater Hengist? Wenn nicht, dann verzieh dich«, fuhr sie ihn schroff an und reckte energisch ihr zartes Kinn.

Die Erwähnung ihres Vaters ließ den Kerl schlagartig nüchtern werden. Das süffisante Lächeln verschwand aus seinen Zügen. »Ich hab jawohl gar nichts gesagt«, grummelte er und verschwand rasch hinter einem der Zelte.

Nun waren Gutha und Rowena am Rand des Lagers. Alles blieb ruhig. Außer dem angetrunkenen Krieger schien sich niemand für den abendlichen Spaziergang der beiden Mädchen zu interessieren.

Sie erreichten das Fleet. Das Wasser stand so flach, dass sie lediglich den Rock schürzen mussten, um mit trockener Kleidung ans andere Ufer zu gelangen. Glühwürmchen spielten über dem Wasser und Gutha blieb kurz stehen und sah fasziniert zu, wie die Tierchen in der Dämmerung aufleuchteten.

»Komm schon weiter«, trieb Rowena sie an, die Aufregung schnürte ihr die Kehle zu.

Bald erreichten sie den Durchgang im Ufergebüsch. Hier blieb Gutha wie besprochen als Wache zurück. Rowena schlich vorsichtig weiter.

»Ceretic«, rief sie leise.

»Rowena! Hier bin ich, Liebste.«

Vor ihr tauchte die hochgewachsene Gestalt des Britanniers auf. Er nahm ihre zitternden Hände fest in die Seinen. Hinter ihm, über dem Moor, war eine schmale silbrige Mondsichel aufgegangen und sie blickte in Ceretics weite Pupillen. Dann lag sie in seinen Armen und er hielt sie eng umschlungen.

»Was sollen wir nur tun? Du musst bald übers Meer und mir wird es das Herz aus dem Leibe reißen, dich ziehen zu lassen. Wenn nur mein gestrenger Vater und diese Prophezeiung nicht wären, wie glücklich könnten wir werden.«

»Er wird sich fügen, ja sogar fröhlich zustimmen«, entgegnete Ceretic und klang optimistisch. »In Britannien gilt ein tapferer Mann nicht wenig und wenn ich diesen Auftrag recht ausrichte und deinen Vater und seine Krieger gegen die Pikten führe, wird mich der Hochkönig reich belohnen. Vielleicht erhebt er mich in den Ritterstand oder gibt mir sogar einen Platz an seiner Tafel und in seinem Rat. Dann kann ich getrost um dich werben.«

Er küsste sanft den Rücken ihrer Hand. Sie sank an seine Brust.

»Ach Ceretic, wenn doch dieser Abend niemals enden müsste.«

»Bleib nur standhaft und vertrau mir, bis ich wiederkomme – als Vortigerns Vertrauter und für Hengist ein genehmer Werber. Diesen Winter schon oder im nächsten Frühjahr«, beteuerte Ceretic abermals. Vorsichtig setzte er sich, Rowena noch immer fest in seinem Arm.

»Ich muss nun los, die Sonne ist untergegangen und die letzte Dämmerung flieht geschwind«, bemerkte er, nachdem sie eine Weile so gesessen hatten.

»Du kannst mich jetzt nicht verlassen«, jammerte sie.

»Aber ich muss. Für König und Vaterland und auch unsere Zukunft«, entgegnete er sanft und wand sich aus ihren Armen.

»Nicht!«, rief sie und zog ihn zu einem Kuss wieder herunter an ihren Mund.

V. Der Zorn der Götter

Beufleet, Juni 441
Ordulf

Ordulfs Gesichtsfeld verengte sich, ein dumpfer Schmerz hämmerte in seinen Schläfen und sein Körper verkrampfte sich. Da stieß er mit seiner Linken im Matsch an etwas Hartes und schürfte sich den Finger auf. Nur der brennende Schmerz ließ ihn überhaupt erkennen, dass er etwas scharfkantiges gefunden hatte, alle weniger intensiven Gefühle wurden von der Luftnot überdeckt, die drohte seinen Kopf zu zersprengen. Er bekam das scharfkantige Ding zu fassen und mit einem letzten Aufbieten aller Kräfte schlug er in die Richtung, wo er zuvor den Bart getastet hatte.

Der Aufschlag war hart und die Rückseite des Gegenstandes schnitt ihm in den Daumenballen, aber der Druck auf seinen Hals verschwand augenblicklich. Ordulf bäumte sich auf und atmete tief ein. Mit der Luft kehrte auch seine Wut zurück. Vor ihm beugte sich gerade einer seiner Angreifer über den blutigen Kopf desjenigen Peinigers, den er geradewegs ins Gesicht getroffen hatte. Er wandte Ordulf seinen ungeschützten Hinterkopf zu. Das war ein Fehler. Ein zweites Mal traf Ordulfs Waffe auf Knochen. Diesmal hörte er ein hässliches Knirschen und der Gegner fiel auf seinen verletzten Kameraden. Ihr Blut mischte sich im Schlick. Hoger, denn den erkannte Ordulf nun, riss erschrocken den Mund auf, doch seine Stimme versagte und kein neues »To jodute« erscholl. Aber da kamen bereits mehrere Männer die Uferböschung herab gestürzt. Sie waren durch Hogers ersten Ruf alarmiert worden.

In Ordulfs Ohren rauschte es. Die Wut war ebenso rasch verflogen, wie sie ihn überfallen hatte. Teilnahmslos sah er zu, wie unter dem Geschrei Hogers und der anderen Ebbingemannen, die offenbar ihre Sprache wieder gefunden hatten, mehrere Männer auf ihn zuliefen, ihn packten und unsanft in die Höhe rissen.

Dann zerrte man ihn durch das Gedränge der Krieger in Richtung des Lagers. Er berappelte sich so weit, dass er wieder selber laufen konnte. Der Mann hinter ihm stieß ihm unsanft einen Speerschaft in den Rücken.

Schließlich stand Ordulf zum zweiten Mal an diesem Tage vor Horsa. Inzwischen verstand er wieder, was um ihn herum vorging.

Hoger trat vor und verneigte sich. »Dieser hinterhältige Mörder hat sich unter deine Krieger geschlichen!«, schnaubte er mit mühsam unterdrücktem Zorn. »Er hat einen meiner Männer ermordet und einen weiteren geblendet. Ich verlange Gerechtigkeit.«

Ordulf setzte zu seiner Verteidigung an, aber einer der Ebbingemannen schlug ihm so hart ins Gesicht, dass seine Oberlippe aufplatzte. Der salzige Geschmack von Blut vermischte sich mit dem ebenfalls salzigen des Schlicks.

Horsa blickte diesmal gar nicht sanft und freundlich. »Zeigt mir die Opfer«, knurrte er.

Weitere Krieger legten einen leblosen Körper vor ihn auf den Boden. Eine hässliche Wunde klaffte im Schädel. Geronnenes Blut, Schlick und Hirnmasse klebten zwischen den Haaren. Ein weiterer Mann trat taumelnd vor. Einer der Männer riss ihm unsanft die blutige Hand herunter, die er auf sein Gesicht presste. Einige der umstehenden Krieger zogen scharf die Luft ein, als sie in die leere Augenhöhle des Mannes starrten. Der Verletzte stöhnte und wäre gestürzt, wenn ihn nicht einer seiner umstehenden Kameraden aufgefangen hätte.

»Dieser Mann ist hinterrücks mit einem Dolch über den unbewaffneten Rodewin hergefallen und hat ihn erschlagen. Und wenn Halvor hier sich nicht im letzten Moment zur Seite gedreht hätte, hätte er auch ihn erstochen. So blendete ihn der Dolch lediglich«, verklagte Hoger Ordulf erneut.

»Das ist nicht wahr! Mein Bruder war unterwegs, um unser Pferd zu tränken. All seine Waffen hat er bei unserem Zelt gelassen«, mischte sich nun Swæn ein.

Horsas Blick wanderte zu Ordulfs linker Hand. Vielsagend zog er die Brauen hoch. Ordulf folgte seinem Blick und erschrak, als er erkannte, was seine Linke noch immer umklammert hielt: einen rostigen Dolch!

»Wohl ist alles wahr, was ich sage. Ich und Kjeld hier haben es von weitem gesehen und haben sogleich das ‚To jodute' gerufen«, unterbrach ihn Hoger unwirsch.

»Ein Toter und drei Lebende, die deine Schuld beschwören, einer davon geblendet. Und du selbst hältst noch das Mordwerkzeug in der Hand! Was sagst du dazu?«, wandte sich Horsa nun voller Ernst an Ordulf.

»Sie haben mich mit Dreck beworfen und als Schwein beschimpft …«, begann Ordulf.

»Wir haben ihn einen Swæn genannt, so heißt sein Geschlecht ja wohl. Und wer würde so einen verrückten Hitzkopf auch noch reizen?«, rief Hoger dazwischen. »Im ganzen Gau sind die Swænen als Unruhestifter bekannt. Frag nur die anderen Dithmarschen«, fügte er triumphierend hinzu.

»Das ist eine Lüge«, rief Swæn dazwischen. Doch ein finsterer Blick von Horsa brachte ihn zum Schweigen.

»Das betrifft uns hier auch nicht. Aber«, fuhr er mit drohend zusammengezogenen Brauen an Ordulf gewandt fort, »ich habe euch erst heute Mittag ermahnt, dass alle Geschlechterfehden hier bei uns zu ruhen haben und du hast es akzeptiert.« Er holte tief Luft und schaute, als hätte er gerade auf eine verdorbene Frucht gebissen. »Du hast nun einen meiner Männer, denn ihr alle seid nun meine Männer, erschlagen und einen weiteren so verletzt, dass er ein Auge verloren hat. Du weißt, welche Strafe dich nach unserem Recht erwartet. Das dürfte auch euch streitlustigen Dithmarschen nicht unbekannt sein.«

Ordulf wusste es. Man würde ihn zuerst blenden, zumindest ein Auge, als Ausgleich für die Wunde, die er diesem ebbingemannischen Dreckskerl zugefügt hatte und dann im Moor versenken. Vielleicht war Horsa auch gnädig und würde ihn zuerst erdrosseln und erst dann blenden, das war alles, was er hoffen durfte.

Zum zweiten Mal an diesem Tag schaute Ordulf dem Tod ins Auge. Vermutlich würden sie zur Sühne an die Götter auch noch Hilda opfern, fuhr es ihm durch den Kopf. Und die konnte am allerwenigsten dafür. Düster lutschte er an seiner aufgesprungenen Lippe. Die Situation war aussichtslos. Diesmal war er mit seinem Hitzkopf an die Falschen geraten. Was würde nur sein Bruder Swæn denken? Er kannte Ordulfs Jähzorn und würde insgeheim alles glauben, was Hoger ihm vorwarf. Hatte er nicht damals auf Wolderichs Hof angekündigt, die Ebbingemannen zu erschlagen? Und nicht nur Horsa, auch sein eigener Vater hatte ihn ausdrücklich ermahnt, mit keinem der anderen Sachsen Streit anzufangen. Aber er war es ja auch gar nicht gewesen. Wollte das denn niemand erkennen?

»Wir haben uns dir anvertraut, nun schaffe uns Gerechtigkeit«, drängten sich Hogers Worte in Ordulfs Gedanken. »Halvor soll ihn blenden. Los, räche dich«, rief er.

Swæn sprang schützend vor seinen Bruder, aber da schnitt schon ein scharfes »Halt« Hogers Pläne ab.

»Was hier passiert, bestimme immer noch ich«, rief Horsa zornig. »Ich will dir Gerechtigkeit schaffen, auch wenn ich nicht glaube, dass ihr so unschuldig seid, wie ihr tut. Aber ein Mord bleibt ein Mord und er muss gesühnt werden. Wie würde Uuoden auf unsere Fahrt schauen, wenn ein ungesühnter Mord am Anfang steht?« Dann drehte er sich zu Ordulf um. »Du wirst aufgeknüpft und auf einem Auge geblendet«, verkündigte er sein grimmiges Urteil. »Lasst uns die Sache rasch hinter uns bringen.« An einen seiner Knechte gewandt fuhr er fort: »Schafft ihn zum Opfermoor und knüpft ihn auf. Wenn er tot ist, stecht ihm das rechte Auge aus und übergebt ihn den Göttern.«

Ein Knecht lief in Richtung des Hofes davon und kam gleich darauf atemlos, aber mit einer groben geflochtenen Hanfschnur zurück. Daraus formte er eine Schlinge, die er Ordulf über den Kopf warf. Dieser rührte sich nicht. Erst als der Knecht die Schlinge probehalber zuzog, griff er unwillkürlich an seinen Hals. Doch seine Bewacher rissen ihm unsanft die Arme herunter.

»Ihr sollt ihn nicht quälen, sondern einfach eure verdammte Aufgabe erledigen«, schimpfte Horsa verärgert, als sich Ordulf hustend zusammenkrümmte. »Und jetzt folgt mir.«

Beufleet, Juni 441
Ceretic

Viel stand auf dem Spiel und er durfte nicht weich werden. Ceretic wusste es nur zu gut. Er musste nun endlich zu seinem Pferd und ins Lager zurückkehren. Die Treue gegen König und Vaterland, aber vor allem auch die Sorge um Rowenas eigenes Schicksal verlangten es so. Aber wie sie im silbernen Licht des Mondes in ihrem weißen Kleide vor ihm lag und ihn zu sich hinunter zog, schaffte er es einfach nicht, sich abzuwenden. Stattdessen sank er auf die Knie und erwiderte ihren Kuss. Glühwürmchen schwirrten um sie herum und einen Augenblick war er nicht sicher, ob er träumte oder wachte.

Wie lange sie beieinander lagen, wusste Ceretic später nicht mehr zu sagen, doch plötzlich gellte ein Schrei vom Fleet herüber: »To jodute.«

Ceretic schreckte hoch. Man hatte sie erwischt. Ruckartig richtete er sich auf und riss den Dolch aus seinem Gürtel Rowena klammerte sich erschrocken an sein Bein. Doch niemand erschien. Es dauerte einen Moment bis Ceretic erfasste, dass der Ruf gar nicht ihnen gegolten hatte. Einen Augenblick überlegte er, ob er nicht einfach wieder in den Traum eintauchen könnte, aber der Zauber war gebrochen. Er half Rowena auf, die sich zitternd an ihn klammerte.

»Geh nicht, sie werden dich umbringen«, jammerte sie noch ganz benommen von dem jähen Ende ihres gemeinsamen Glücks.

Doch Ceretic gelang es schließlich sie zu beruhigen. »Lass uns zu Gutha schleichen und sehen was los ist«, entschied er.

»Da seid ihr ja endlich«, begrüßte sie die Magd aufgeregt. Vor ihr konnte Ceretic das Fleet erkennen. Am anderen Ufer hatte sich ein Menschenauflauf gebildet und ein junger Sachse wurde unsanft fortgezerrt. Dann entdeckte er noch einen, der offenbar verletzt war und schließlich wurde ein weiterer aufgehoben. An seinen seltsam steif herabhängenden Gliedern erkannte Ceretic, dass es sich um einen Toten handelte.

»Was ist denn dort geschehen?«, fragte er Gutha. Die schaute ihn mit schreckensbleichem Gesicht an und Ceretic wunderte sich, dass ein Mädchen, welches zwischen lauter Kriegern aufwuchs, so zart besaitet war.

»Sie haben den Falschen erwischt«, stammelte sie.

Ceretic verstand nicht. »Wieso den Falschen? Wäre dir etwa lieber, man hätte uns erwischt?«

»Nein, natürlich nicht«, schnaufte sie verärgert über so viel Unverstand. »Aber der Junge dort ist unschuldig. Die anderen haben ihm eine Falle gestellt und versucht, ihn zu ermorden und nun wird er als Verbrecher abgeführt!«

»Aber der Tote ist ja wohl nicht abgeführt worden«, entgegnete Ceretic, der langsam verstand worum es ging.

»Nein, du verstehst nicht. Es war so: Der junge Bursche, den sie jetzt abgeführt haben, hat sein Pferd zum Tränken an den Fleet geführt.« Das schien zu stimmen, das Tier stand noch immer am Ufer. Ein ausnehmend edles Tier, viel besser als sein Wallach hinten bei der Baumgruppe, schoss es Ceretic flüchtig durch den Kopf. »Ich habe gesehen, wie zwei Kerle anfingen den Jungen mit dem Pferd von hinten mit Dreck zu bewerfen«, setzte Gutha ihre Geschichte fort. »Dann schrien sie sich etwas zu und der junge Kerl ging auf die beiden los. Er war unbewaffnet, aber einer der beiden Störenfriede zog sogleich seinen Sax. Bevor er ihn gebrauchen konnte, schlug der Junge ihn mit der Faust nieder. Aber plötzlich schrie ein dritter, der sich hinter der Böschung versteckt hatte, ‚to jodute' und dann tauchte noch ein Kerl aus dem Hinterhalt auf. Sie versuchten den armen Jungen zu ersäufen! Ich habe es genau gesehen. Und dann hat sich der Junge irgendwie seiner Angreifer erwehrt. Ich weiß nicht, woher er auf einmal doch eine Waffe hatte, aber er hatte sie auf gar keinen Fall in der Hand, als er den ersten Gegner niederschlug. Er ist auf jeden Fall das Opfer eines Hinterhaltes«, sprudelte es aus Gutha heraus.

Ein feiger Mordversuch!, fuhr es Ceretic durch den Kopf. Kein Wunder, dass Gutha so außer sich war.

»Du musst bezeugen, dass er unschuldig ist«, flehte Gutha. »Mein Wort gilt nicht viel, ich bin ja nur eine Frau.«

»Aber wie soll ich denn erklären, dass ich mich hier am Ufer befand? Dann würde man doch entdecken, dass sich Rowena mit mir getroffen hat«, entgegnete Ceretic hilflos.

Die kleine Magd sah ihn erschrocken an, daran hatte sie gar nicht gedacht.

»Ihr nutzt jetzt die Verwirrung und schleicht zum Hof zurück, gerade ist niemand mehr am Fleet, alle sind ins Lager geeilt«, entschied Ceretic bestimmt. »Ich hole mein Pferd und vielleicht fällt mir noch etwas ein, um den armen Kerl zu retten, aber wir sind schließlich nicht Schuld an seinen Problemen. Die Wahrheit wird auch ohne unser Zutun herauskommen.«

Gutha senkte den Kopf, dann schluckte sie und nickte zweimal.

»Mische dich bloß nicht ein, du kennst unser Recht nicht, Liebster. Verstehst du? Außerdem hast du selbst gar nichts gesehen«, flehte ihn Rowena leise an. Dann ergriff sie Guthas Hand und zog sie aus dem Gebüsch auf den Fleet zu.

Ceretic blickte ihnen kurz nach, aber niemand schien die beiden Mädchen zu bemerken. Er drehte sich um und rannte in Richtung seines wartenden Pferdes. Als aufrechter britannischer Krieger und Anhänger der christlichen Lehre konnte er doch nicht mit ansehen, wie ein unschuldiger Junge ermordet wurde! Aber er konnte auch nichts dagegen unternehmen.

Sein Auftrag, Hengist, Rowena, Rowena!

»Oh Herr im Himmel«, flehte er im Laufen, »was soll ich tun? Willst du den Jungen für meine Lügen und Heimlichkeiten bestrafen?!«

Beufleet, Juni 441
Ordulf

So also endete sein erstes großes Abenteuer. Vor Enttäuschung, Wut und Angst konnte Ordulf kaum noch einen klaren Gedanken fassen. Unsanft rissen die Männer an seinen Armen. Das konnte doch nicht alles gewesen sein? Horsa musste doch erkennen, welche Bosheit die Ebbingemannen da ausgeheckt hatten. Aber die Männer zogen ihn unbarmherzig fort. Halvor spuckte in seine Richtung, traf aber nicht. Der verzweifelte Swæn lief hinter ihnen her und rang die Arme. Man zerrte ihn aus dem Lager.

Zuerst ging es am Fleet entlang nach Süden. Bald nahmen sie eine Abzweigung nach rechts und der Grund senkte sich, wurde weicher und sumpfiger. Feuchte Stellen tauchten auf. Dann erkannte Ordulf vor sich ein Erlenwäldchen. Beim Näherkommen sah er, dass der Weg in den Hain hineinführte. Die Dunkelheit war nun vollends hereingebrochen und langsam begannen Ordulfs Gedanken sich wieder zu ordnen. Vielleicht könnte er im Dunkel zwischen den Bäumen entfliehen? Das war seine letzte Chance. Als sie ein kleines Stück in den Wald eingedrungen waren, ließ er sich plötzlich nach rechts fallen. Seine Bewacher, gerade ganz auf den Weg konzentriert, wurden völlig überrascht. Wie erhofft ließ sich der linke der Wächter von dem plötzlichen Gewicht herüberziehen. Das brachte ihn so dicht an Ordulf, dass dieser aufspringend mit dem Kopf nach seinem Kinn stoßen konnte. Er spürte den Aufschlag und hörte das Knirschen der Zähne seines Gegners. Einen Augenblick später flutete der Schmerz wie eine Welle von seinem eigenen Scheitelbein herab. Der Stoß hatte gesessen. Der Mann rechts stöhnte und lockerte seinen Griff. Ordulf riss seinen Arm frei und schlug blind nach links, wo er das Gesicht des zweiten Gegners vermutete. Auch hier krachte es. Ein brennender Schmerz durchzuckte diesmal seine Faust. Der Mann hatte nach Ordulfs gezieltem Fall sein Gleichgewicht noch nicht wieder gefunden und stürzte nun vollends. Das ganze Manöver hatte nur einen Augenblick gedauert und Ordulf war frei.

Da bohrte sich eine scharfe Spitze zwischen seine Schulterblätter. »Bleib verdammt nochmal stehen!«, schrie eine unbekannte Stimme.

»Lauf!«, hörte er im gleichen Augenblick seinen Bruder rufen und die Lanzenspitze verschwand aus seinem Rücken.

Ordulf sprang vor. Nach drei, vier Schritten drehte er sich um und sah Swæn, der den Mann mit der Lanze von hinten umklammert hielt. Doch hinter ihm war Hoger aufgetaucht und erhob seinen Sax zum tödlichen Hieb. Ordulf reagierte instinktiv, wendete, stürzte sich auf Hoger und seine noch unverletzte Linke traf auf die Nase des Ebbingemannen. Aber da warfen sich schon mehrere Männer auf ihn. Der Fluchtversuch war misslungen. Schwer atmend ließ sich Ordulf wieder auf die Beine zerren.

»Verdammt zäher Bursche«, schimpfte Horsa, der den Zug anführte. Aber es schwang mehr als eine Spur Anerkennung in seiner Stimme mit. »Lasst uns die kleine Rauferei gerade vergessen«, sagte er mit einem Stirnrunzeln in Richtung des inzwischen ebenfalls überwältigten Swæn und seines Knechtes, der sich das Kinn rieb, welches vor wenigen Augenblicken mit Ordulfs Schädelknochen Bekanntschaft geschlossen hatte. »Komm mit, Junge. Du siehst, es hat keinen Zweck. Uuoden fordert Gerechtigkeit. Vielleicht schenkt er dir in der Unterwelt ein besseres Leben, immerhin hast du bis zum Ende gekämpft!«

Aber Ordulf wollte nicht in die Unterwelt, er wollte nach Britannien oder auch heim auf die Wurt. Er war noch niemals aus Dithmarschen fortgekommen, hatte noch nie bei einem Mädchen gelegen und schon sollte sein junges Leben enden? Er spürte, wie ihm die Tränen kamen, als er nun auf der anderen Seite des Waldes wieder ins blasse Mondlicht gezerrt wurde. Zwei grob behauene Holzfiguren flankierten einen Bohlenweg, der in ein besonders sumpfiges Stück Morast hinausführte. In der Runde am Waldrand hingen die Häute geopferter Tiere auf Holzgestellen. Ordulf blickte in die leeren Augenhöhlen eines fahlen Rosses. Da ergriff von hinten ein Mann die geflochtene Hanfschnur, die ihm um den Hals hing. Ordulf würgte, obwohl die Schlinge noch nicht zugezogen war. Der Gedanke, dass sein lebloser Körper für immer in dem kalten, zähen Morast verschwinden sollte, ließ ihn erschauern.

Plötzlich erklang Hufgetrappel auf dem Weg hinter ihnen.

»Horsa, halte ein«, gellte eine Stimme. Dann trabte ein Krieger aus dem Waldweg auf die Lichtung. »Haltet ein«, wiederholte er außer Atem.

»Was gibt es nun schon wieder?«, fragte Horsa streng. Die andauernden Unterbrechungen schienen seine Geduld zu strapazieren.

»Der Britannier ist gerade wieder ins Lager gestolpert. Du solltest dir anhören, was er zu berichten hat!«

»Das hat doch sicher Zeit, bis dieser verdammte Mörder hängt«, drängte Hoger sich mit etwas näselnder Stimme dazwischen.

Horsa sah ihn finster an und wandte sich dann wieder an den Boten. »Eins nach dem anderen. Lasst uns diese unerfreuliche Geschichte hier zuerst zu Ende bringen«, knurrte er.

»Nein, Herr, bei Uuodens Zorn, es muss sein!«, drängte der Bote.

Horsa sah ihn erstaunt an. Der Mann gehörte zu seinen eigenen Knechten und das gab wohl den Ausschlag. »Na gut, wenn du es sagst, Witiko. Warum reitest du überhaupt den Braunen des Britanniers? Und wo ist Ceretic selbst?«

Nun grinste Witiko breit. »Der Britannier wollte gerade zurück zum Hof reiten, da hat er am Fleet etwas beobachtet und ist vor Aufregung vom Gaul gefallen. Du wirst seine verbeulte Visage gleich selbst zu Gesicht bekommen, er folgt mir zu Fuß, damit er nicht noch einmal vom Pferd fällt. Da Eile geboten war, habe ich den Gaul genommen und bin ihm vorausgeritten.«

Und tatsächlich erschien bald darauf ein schmutziger Ceretic mit verschwollenem Gesicht.

»Du siehst ja bedauernswert aus, man könnte meinen, du hättest den ganzen Tag über mit einem Mückenschwarm gekämpft«, empfing ihn Horsa und grinste dünn.

Ceretic schnaufte verärgert. »Ich bin von dem wackligen Biest dort gefallen. Aber nur weil er nicht so schnell wollte wie ich.«

Dann trug Ceretic vor, was ihm Gutha berichtet hatte, so als habe er alles mit eigenen Augen gesehen. »Ich wollte sofort dazwischengehen und drückte dem Gaul dort«, er schaute den unschuldigen Wallach finster an, »die Schenkel in die Flanken. Und da hat er mich einfach abgeworfen, dieses Mistvieh. Ich muss wohl kurz bewusstlos gewesen sein, denn als ich wieder zu mir kam, war der Fleet verlassen und ich habe auf der anderen Seite nur einige Männer getroffen, die mir berichteten, ihr wäret hierher unterwegs. Der Mann dort«, dabei zeigte er grimmig auf Witiko,

»wollte mich auf keinen Fall selbst hierher reiten lassen, sondern hat mein Pferd genommen und ist vorausgaloppiert.«

Hoger hatte mehrfach angesetzt, um den Vortrag zu unterbrechen, aber ein Blick Horsas brachte ihn jeweils wieder zum Schweigen. Nun schaute der Häuptling mit finsterer Miene zwischen Ordulf und Hoger hin und her.

»Du wirst diesem dahergelaufenen Fremden doch wohl nicht glauben?«, prustete Hoger los. »Ich bin ein freier Sachse und zwei weitere können mein Wort bezeugen. Du weißt doch wohl, was das Wort eines Fremden in Sachsen gilt! Jedenfalls nicht so viel wie das dreier freier Männer.«

»Du musst mich nicht über unser Recht belehren!«, fauchte Horsa gereizt. »Der freie Sachse da«, dabei zeigte er auf Ordulf, »ist sicher anderer Meinung. Und der dahergelaufene Fremde ist der geachtete Botschafter König Vortigerns und ebenfalls ein freier Mann. Sag, ist alles so geschehen, wie der Britannier berichtet?«, wandte er sich nun an Ordulf.

Dieser wurde nur noch locker von seinen Wachen gehalten. Noch benommen hatte er die Geschichte des Britanniers mit angehört und nach und nach erstaunt festgestellt, dass der offenbar jedes Detail kannte. »Ja, Herr, genau so war es«, antwortete er verblüfft. Dann kam ihm ein Einfall. »Wenn ich nicht zu Unrecht angegriffen worden wäre, hätte mir Thunær dann den ihm geweihten Dolch zur Wehr gegeben?«

Horsa sah ihn nachdenklich an, während Hoger erbleichte. »Aber der Britannier ist und bleibt ein Fremder«, beharrte er. »Und außerdem habe ich einen Eideshelfer mehr. Recht muss Recht bleiben.«

»Ich schwöre für Ordulf«, rief Swæn düster dazwischen.

»Drei gegen drei«, stellte Horsa säuerlich fest. »Der Dolch spricht tatsächlich für den Jungen. Aber darin stimme ich mit Hoger überein, unserem alten Recht muss genüge getan werden und Ceretic ist kein Sachse.« Sein Blick richtete sich finster auf

Ceretic. »Wenn du bei deiner Aussage bleibst, steht dein Wort gegen Hogers. Dann musst du beweisen, dass du die Wahrheit sprichst. Ihr müsst einen Holmgang wagen! Übermorgen, wenn die Dämmerung anbricht, wirst du mit Halvor auf eine Insel gebracht, jeder nur mit Schwert und Schild bewaffnet. Wer den Sonnenaufgang erlebt, dem bestätigen die Götter sein Recht.«

Beufleet, Juni 441
Ceretic

Ceretic schalt sich einen Narren. Zu seinen übrigen Sorgen kam nun also auch noch ein Zweikampf auf Leben und Tod. Auch Malo und Tavish fielen eine große Zahl an Vorhaltungen ein, die sie ihrem Anführer sogleich zu Gehör brachten. Wo hatten die überhaupt die letzten Tage gesteckt? Egal. Ceretic überlegte hin und her, wie er wohl wieder aus der Sache herauskäme. Sein Tod würde den Erfolg seines Auftrages in Frage stellen und Vortigern hatte ihm doch das Schicksal Britanniens anvertraut. Nun mischte er sich in sächsische Händel, die ihn nicht betrafen! Aber es war ihm alles so klar erschienen, eine Eingebung Gottes, wie er Rowena schützen und gleichzeitig den unschuldigen Jungen retten könnte.

Das sächsische Recht sollte einer verstehen. Es kam offenbar gar nicht darauf an, was in Wahrheit vorgefallen war, wenn man nur genügend Eideshelfer stellen konnte. Männliche, einheimische und freie Eideshelfer ergänzte er in Gedanken. Kein Wunder, dass Rowena ihn gewarnt hatte.

Und da begann das nächste Problem: Rowena. Zunächst hatte sie getobt, wie wohl nur eine Hengisttochter toben konnte. Nun würdigte sie ihn bereits den ganzen Abend keines Blickes. Lediglich Gutha funkelte ihn, sozusagen stellvertretend, von Zeit zu

Zeit an. Aber Ceretic konnte sich nicht recht entscheiden, ob es Zorn oder andere Gefühle waren, die sie so erregten. Schließlich war sie es doch gewesen, die um die Rettung des jungen Kerls gefleht hatte.

Am nächsten Morgen wurde es noch schlimmer. Als Ceretic Rowena unter den anderen Frauen beim Brot backen sah, verrieten ihre rot verschwollenen Augen, dass sie die Nacht über geweint hatte und ihr Blick war nun die pure Verzweiflung. Wie gern hätte Ceretic sie tröstend in den Arm genommen. Aber hier in der stickigen Backstube? Ihr Onkel wunderte sich auch so schon über ihren Zustand.

Ärgerlich stampfend verließ er die dunkle Stube, die er doch gerade erst betreten hatte, um einen Blick auf seine Liebe zu erhaschen. Er knallte die Tür lauter zu als er geplant hatte. Verdammt, traute sie ihm denn gar nichts zu? Hielt sie ihn, Ceretic ap Ruohim, etwa für einen Weichling, der nur die Harfe, aber kein Schwert schwingen konnte? Langsam keimte Wut in Ceretic auf. Warum wohl hatte Vortigern aus seinem ganzen Gefolge gerade ihn ausgewählt? Er würde kämpfen und diesem mörderischen, verlogenen Hoger seine Untaten aufs Haupt vergelten.

Früh am Morgen kam der zweite Eideshelfer von der vorhergehenden Nacht aus dem Lager herauf.

»Ich bin Swæn, Ordulfs Bruder«, stellte er sich Ceretic respektvoll vor.

Wer ist denn Ordulf?, fragte sich Ceretic, aber die nächsten Worte des Sachsen erklärten es.

»Ich weiß nicht wie ich dir danken soll, dass du meinen Bruder gestern gerettet hast!«

Also war Ordulf der junge Bursche und sein Bruder hier, hieß der wirklich Schwein? Ceretic musste sich wohl verhört haben. Er nahm sich vor, den Sachsen lieber nicht mit Namen anzusprechen.

»Ordulf sendet auch seine Grüße, aber er wird noch bewacht. Weil er, falls, ja also falls morgen die Sache …« Nun war Swæn sichtlich verlegen.

»Falls ich verliere, wird er dennoch aufgehängt?«, half ihm Ceretic aus der Verlegenheit.

»Ja, genau«, stimmte Swæn zu. »Ich wollte dich fragen, ob ich nicht an deiner Stelle kämpfen kann. Du weißt nicht, wie wir Sachsen kämpfen. Horsa lässt sich sicherlich überzeugen.«

Ceretic furchte verärgert die Stirn. Wollte ihm dieser Sachse etwa Feigheit unterstellen? Rasch sah er sich um. Und richtig – das musste wohl so sein –, Rowena befand sich auch gerade dort. Sie stand im hinteren Teil der Halle und sah mit weit aufgerissenen Augen zu ihnen hinüber. Sie hielt eine Schale voll Milch in den Händen und hatte ganz offensichtlich gelauscht. Dachten etwa alle Sachsen, einschließlich Rowena, die Britannier könnten nicht kämpfen?

»Du bist für den geplanten Zug viel wichtiger als ich«, beeilte sich Swæn zu beteuern, als ihm klar wurde, wie seine Aussage gewirkt haben musste.

»Das kommt überhaupt nicht in Frage«, fauchte Ceretic verärgert. »Ich bin Manns genug zu beweisen, dass ein Britannier nicht lügt!«

Hinter ihm klirrte es. Ceretic fuhr herum und da stand Rowena, die Milch vor ihr auf dem Boden in einem Scherbenhaufen. Sie starrte ihn kurz aus schreckgeweiteten Augen an, dann presste sie die Hände auf den Mund und stürzte schluchzend aus der Halle.

Swæn schaute verdutzt. »Was ist denn mit der Frau los?«, fragte er, aber Ceretic wollte weitere Fragen vermeiden.

»Es bringt nichts, über verschüttete Milch zu weinen«, bemerkte er lakonisch. »Aber das ist jetzt ja auch egal. Wir schauen bei deinem Bruder vorbei und dann solltest du mir bis morgen noch so viel über eure Kampfesweise beibringen wie möglich.«

Dabei packte er Swæn am Arm und zog ihn mit hinaus. Sie marschierten zu Ordulfs Verschlag, der von zwei Knechten bewacht wurde, aber sie machten keine Anstalten, Ceretic und Swæn den Zugang zu verwehren.

»Du bist also der Mann, für den ich morgen kämpfen werde«, stellte Ceretic trocken fest.

Ordulf war aufgesprungen und griff nach seiner Hand. »Wie kann ich dir nur danken?«, stammelte er. »Warum hast du das für mich getan?«

»Da gibt es tatsächlich etwas, was ihr für mich tun könnt«, entgegnete Ceretic. »Aber ihr dürft es keiner Seele verraten. Und wenn ich morgen überlebe, ist es niemals geschehen.«

Ordulf und Swæn sahen ihn überrascht an.

»Was immer du bittest, werde ich tun«, antwortete Swæn und Ordulf versprach: »Bis zu meinem Tode werde ich schweigen.« Mit einem schiefen Grinsen fügte er hinzu: »Jetzt könnte das ja doch noch eine Weile dauern.«

Na, wenigstens einer, der nicht gleich den Kopf hängen lässt und mir etwas zutraut, dachte Ceretic. Der Gedanke versöhnte ihn mit seiner Situation. Der Junge war tatsächlich einen Kampf wert.

Ceretic nahm das kleine Bronzekreuz von seinem Hals und reichte es Ordulf. »Wenn ich morgen falle und du hingerichtet wirst, dann gib dieses Stück zuvor an Rowena weiter«, sagte er. Ordulf sah ihn erstaunt an. »Die Tochter von Hengist meine ich«, fügte Ceretic hinzu, um sicher zu stellen, dass er richtig verstanden wurde.

»Aber wieso …«, begann Ordulf.

»Kein weiteres Wort, das habt ihr versprochen«, unterbrach ihn Ceretic. »Los jetzt, wir haben noch Arbeit vor uns«, wandte er sich an Swæn. Sie ließen Ordulf zurück, der grübelnd auf das kleine Metallkreuz starrte.

Den ganzen letzten Tag hatte er mit seinem neuen Waffenbruder Swæn, sowie Tavish und Malo auf der anderen Seite des Fleetes hinter den Büschen verbracht. Jenseits der neugierigen Blicke der Mannschaft im Lager, insbesondere der der Ebbingemannen, versuchte er wieder in Form zu kommen. Malo hatte sein Schwert sorgfältig geschärft. Es war eine wertvolle Waffe, das Werk eines römischen Schmiedes. Ein Gladius hispanicus, wie es die römischen Legionäre seit uralten Zeiten trugen. Viel kürzer jedenfalls als die sächsischen Langschwerter, in erster Linie eine Stichwaffe. Ceretic hatte sie von Wulf geerbt. Einen eigenen Schild hatte Ceretic in der kleinen Curach nicht mitgebracht und da Horsa ihn als unparteiischer Richter nicht unterstützen durfte, brachte Swæn seine beiden Schilde zur Auswahl mit. Beide waren rund und kleiner als die rechteckigen oder ovalen Römerschilde, die Ceretic bevorzugte. Er entschied sich schließlich für den unbeschlagenen Schild aus Lindenholz. Der war immerhin leicht. So ausgerüstet fühlte er sich für den Kampf ausreichend gewappnet.

Ceretics Hoffnung, vor dem Kampf noch einmal mit Rowena zu sprechen, erfüllte sich nicht. Er bekam sie nicht mehr zu Gesicht. Auch Gutha mied ihn seit dem Abend im Moor. Ceretic seufzte. Er wollte Rowena kein Herzeleid zufügen, aber vor den Augen der Geliebten konnte er sich doch auch nicht wie ein Feigling von dem Sachsen mit dem seltsamen Namen auslöschen lassen!

Aus Sorge um Rowena schlief er in der folgenden Nacht lange nicht ein. Er wälzte sich auf seinem Lager hin und her, bevor er schließlich, erst nach Mitternacht, in einen unruhigen Schlummer verfiel. Tavish weckte ihn viel zu früh. Horsa wartete bereits in der Halle auf ihn.

»Ich hoffe, du weißt, was du tust«, sagte er düster, drückte dann aber Ceretics Unterarm einen Augenblick länger als notwendig und sah ihm ernst in die Augen. »Mögen die Götter mit dir sein.«

»Ich brauch nur einen«, brummte Ceretic peinlich berührt. Musste ihn ausgerechnet der Heide Horsa daran erinnern, vor dem Kampf sein Leben in Gottes Hand zu legen?

Dann brachten ihn Tavish und Malo zu der kleinen Curach. Malo blieb am Ufer und Tavish ruderte ihn schweigend in der gerade anbrechenden Dämmerung hinaus. Sie hielten sich in Richtung der von Horsa für den Kampf ausgewählten Sandbank, einer der zahlreichen Sanden in der Ælfmündung. Dicht über der Wasseroberfläche lag Nebel, sodass man die flache Insel nur verschwommen erkennen konnte. Während die Wellen leise an das Boot schwappten und Tavishs Riemen knarrten, konzentrierte sich Ceretic auf ein stummes Gebet.

Endlich langten sie an dem flachen Eiland an und Ceretic sprang aus dem Boot. Durch den Nebel konnte er auf der anderen Seite bereits eine Gestalt erkennen. Zweifellos Hoger. Dahinter lag ein weiteres Boot. Swæn hatte ihm erklärt, dass die Boote mit jeweils einem Ruderer an der Insel blieben. Die Ruderer durften das Eiland aber vor Sonnenaufgang nicht betreten.

Ceretic nahm Schild und Schwert, schluckte und schritt dann langsam auf die wartende Gestalt zu. Zunächst sank er tief in den feuchten Strand, doch bald schon knirschten seine Sohlen auf trockenem Kies. Hier wuchs allerhand Kraut, die Flut stieg offenbar nur selten und in unregelmäßigen Abständen darüber. Der Nebel legte sich feucht auf Ceretics Gesicht und die Kälte des Morgens begann in ihn zu dringen. Nun kam auch die fremde Gestalt näher.

War dieser Hoger gestern auch schon so groß?, wunderte sich Ceretic.

Dann standen sie sich gegenüber. Dünner Nebel wehte zwischen ihnen hin. Doch der zweite Mann war nicht Hoger! Er war tatsächlich größer und bedeutend jünger!

»Was soll denn das?«, fragte Ceretic verärgert. Vor Erstaunen vergaß er, dass vor Sonnenaufgang auf der Insel nicht gesprochen werden durfte.

Der andere holte stumm zum Schlag aus und Ceretic parierte mit seinem Schild. Sein Gegner sprang einen Schritt zurück.

Langsam umkreisten sich Ceretic und der Fremde. Unvermittelt sprang Ceretic vor und stieß mit dem Schwert nach dem unteren Schildrand seines Widersachers. Scheppernd prallte die Klinge an dem rasch gesenkten Holz ab. Im Gegenzug hieb der Fremde mit voller Wucht von oben auf Ceretic. Ein großes Stück Lindenholz splitterte von seinem Schild ab und traf Ceretic an der Schulter. Vielleicht hätte er doch den eisenbeschlagenen Schild wählen sollen. Aber es blieb ihm keine Zeit, darüber nachzudenken, denn sein Gegner schlug wieder zu und dann noch einmal. Ceretic merkte, dass er nicht den richtigen Rhythmus fand. Er wurde in die Defensive gedrängt und wehrte nur die Schläge seines Feindes ab. Und dieser schien sehr viel stärker als Hoger. Wieder flog eine Latte von Ceretics Schild auf den Kies.

Was würde nur Rowena sagen, wenn ich hier fiele?, schweiften seine Gedanken ab.

Der Gegner bemerkte es und schwang sein Schwert blitzschnell in einem Bogen nach unten. Ceretic reagierte einen Augenblick zu langsam. Die Schwertspitze beschrieb einen tiefen Kreis und traf Ceretic oberhalb des linken Knöchels. Der Schmerz riss ihn aus seinen Gedanken. Erschrocken schaute er auf seine karierte Hose, deren Saum sich dunkel färbte. Ein stechender Schmerz fuhr bis in seine Fußsohle. Der Knochen schien jedoch unverletzt, zumindest konnte er noch fest stehen.

Ceretic musste langsam etwas unternehmen. Im Geiste erinnerte er sich an seinen Lehrer Wulf. Er hatte ihn immer wieder aufs Kreuz gelegt, obwohl Ceretic damals schon viel größer und stärker war als der alternde Söldner. Nun war er es, der nicht mehr in Übung war und sein Gegner besaß sicherlich eine größere Ausdauer. Doch wie alle Barbaren hieb er mit seinem Langschwert wild um sich, statt einen einzigen gezielten Stoß zu führen.

»Eine Spanne Spitze ist mehr wert als zwei Ellen Schneide«, hatte Wulf behauptet, als er unter Ceretics wuchtigem Schlag abtauchte und ihm das Holzschwert schmerzhaft in die Rippen rammte. Dankbar erinnerte sich Ceretic nun an diese Lektion. Ja, Wulf hatte ihn Besseres gelehrt. Er trat einen Schritt rückwärts und täuschte vor, auf dem verletzten Bein einzuknicken.

»Jetzt nehme ich dich aus wie einen Fisch und werfe deine Eingeweide den Möwen zum Fraß vor«, höhnte der Fremde und hob sein Schwert zu einem letzten mächtigen Hieb.

Damit besiegelte er sein Schicksal. Ceretic drehte seinen Schild so, dass der ungefasste Holzrand mit der Maserung nach oben wies und das Schwert seines Gegners fraß sich tief hinein. Im gleichen Augenblick drehte er seinen Oberkörper mitsamt Schildarm und Schild nach links und riss die verkeilte Klinge des Ebbingemannen mit sich. Sein Gegner hielt den Griff der Waffe verzweifelt umklammert und stolperte einen Schritt nach vorn. Darauf hatte Ceretic gewartet. Er tauchte unter dem gegnerischen Schildrand durch und stieß sein Schwert in die Achselhöhle seines Widersachers. Heißes Blut wallte aus der Wunde und ein Schleier aus feinen Wassertröpfchen trübte schlagartig das kalte, blanke Eisen.

Schwer atmend richtete sich Ceretic auf, während der gefällte Hüne in einer rasch wachsenden Blutlache sein Leben aushauchte. Außer dem eigenen pfeifenden Atem hörte er nichts. Ceretic schwindelte. Er zwang sich, ruhiger zu atmen und bemerkte den metallischen Geruch des Bluts und was war da noch? Ach ja, der Geruch, wenn Staub nach langer Trockenzeit vom ersten Regen benetzt wird. Er schüttelte den Kopf. Dem Staub war es wohl gleich, ob er Menschenblut oder Regen trank.

Ceretic setzte sich in einigem Abstand zu dem Toten auf den Boden. Dann krempelte er vorsichtig seine blutgetränkte Hose hoch und untersuchte seine Beinwunde. Der Schnitt war ungemütlich tief, aber er konnte keine Knochensplitter in der Wunde erkennen. Er riss einen Streifen von seiner Hose und band ihn um die Wunde. Wenn er nicht den Brand bekam, sollte es in einigen Tagen wieder verheilt sein. Dann blickte er in Richtung Osten, wo die Sonne jeden Moment aufgehen würde.

Tavish kam – unter Missachtung des Verbotes, die Insel vor Sonnenaufgang zu betreten – auf ihn zugerannt. Ceretic winkte: er solle bleiben, wo er war; wegen des Schweigegebotes wollte er nicht laut rufen. Da blendeten ihn die ersten Strahlen der aufgehenden Sonne.

»Alles gut, du brauchst nicht zu eilen«, rief er auf Britannisch.

Doch da war Tavish schon heran und umarmte seinen Gefährten und Meister wild. Dann sah er das Blut an der Hose. »Du bist verletzt?«, fragte er besorgt.

Ceretic winkte ab. »Nicht so schlimm, ich brauche nur an Land einen sauberen Verband, damit ich mir nicht den Brand hole. Aber sieh dir mal den da an.« Dabei zeigte er auf den Toten. »Das ist nicht der alte Hoger.«

Tavish sah erstaunt zu dem Toten, der inzwischen reglos in seinem Blute lag. »Der war aber immer mit ihm zusammen. Hoger, dieser Feigling, hat einen seiner Männer geschickt. Was machen wir denn nun mit ihm?«

Ceretic zuckte die Achseln und ließ seinen Blick zur anderen Seite der Insel schweifen, wo das gegnerische Boot angelegt hatte. Doch da war kein Boot mehr.

VI. Abrechnung und Aufbruch

Beufleet, Juni 441
Swæn

Am Ufer warteten Witiko und Swæn angespannt auf den Ausgang des Kampfes. Endlich tauchte im Nebel die Silhouette eines Bootes auf.

»Das ist das Boot des Britanniers«, rief Swæn aufgeregt und dann sah er zwei lebende Gestalten. »Er hat es geschafft!« Damit war Ordulf gerettet. Begeistert umarmte er den verdutzten Witiko. Er rannte dem Sieger aufgeregt entgegen und half, das Boot an Land zu ziehen.

»Das ist doch Kjeld, der junge Ebbingemanne, der Hoger zum Holmgang rudern sollte!«, wunderte sich Swæn, als er die Leiche gewahrte.

»Wie kommt der denn hierher?«

»Hat er sich nach Hogers Tod etwa auf euch gestürzt?«, mutmaßte Witiko.

Ceretic unterrichtete sie in aller Kürze über das Vorgefallene und Hogers Flucht.

»Dieser Feigling hat seinen Knecht vorgeschickt und ist selbst getürmt! Ich muss sofort nach Dithmarschen zurückkehren, der Schuft sinnt sicher auf Rache und wird sich noch an unserem Hof vergreifen!«, rief Swæn erschrocken.

»Erst einmal muss er den Verlust von dreien seiner Krieger verschmerzen«, bemerkte Witiko beruhigend. »Da wird er nicht so schnell wieder zu einem Überfall bereit sein. Und jetzt lasst uns Horsa berichten.«

»Und Ordulf befreien!«, stimmte ihm Swæn zu.

»Lauft ihr schon vor, der Kerl hat mich am Knöchel erwischt und ich komme lieber etwas langsamer hinterher, damit die Wunde nicht wieder zu bluten beginnt«, wies Ceretic sie an.

Als die beiden Sachsen in Hengists Halle stürmten, warteten Horsa und weitere Krieger und Hofbewohner bereits voll Spannung auf den Ausgang des Kampfes. Schlagartig verstummte das aufgeregte Gemurmel. Alle Augen richteten sich gespannt auf die Neuankömmlinge.

»Hoger, der Schuft, hat überlebt und ist geflohen!«, rief Witiko atemlos in die Stille hinein.

Ein erstickter Schrei, gefolgt von einem dumpfen Poltern antwortete ihm aus dem hinteren Teil der Halle. In dem sich daraufhin ergebenden Durcheinander dauerte es einen Augenblick bis Swæn einen Überblick gewann. Eine der Frauen war ohnmächtig geworden.

»Was ist mit Rowena los?«, rief Horsa besorgt und drängte zu seiner am Boden liegenden Nichte. »Bringt sie sofort an die frische Luft. Gero und Worad, ihr fasst mit an.«

War das nicht dasselbe Mädchen, welches am Vortag die Schale mit der Milch hatte fallen lassen?, fragte sich Swæn.

Aber bevor er weiter darüber nachdenken konnte, trat Ceretic in die Halle und sorgte für neue Verwirrung.

»Hoger lebt, aber unser guter Ceretic steht dort ganz lebendig in der Tür«, rief Horsa erstaunt über den Tumult hinweg. »Was hat das alles zu bedeuten?«

Beufleet, Juni 441
Ordulf

Kurz nach Sonnenaufgang öffnete eine kleine rothaarige Magd die Tür zu Ordulfs Gefängnis.

»Weißt du, wie es ausgegangen ist?«, bestürmte er sie sogleich.

Das Mädchen grinste frech. Das Grinsen kannte er irgendwoher. Wo nur hatte er sie schon gesehen? Doch das war jetzt zweitrangig.

»Wie ist was ausgegangen?«, fragte sie zurück.

»Ach, komm schon, du dummes Ding. Der Holmgang natürlich! Wer hat überlebt? Hoger oder der Britannier?«

»Ich glaube beide«, antwortete sie nach kurzem Nachdenken und grinste schon wieder.

»Es geht um mein Leben du, du …« Ihm fehlten die Worte.

Sie setzte eine strenge Miene auf. »Komm jetzt mit zu Horsa, dann wirst du alles erfahren, du Raufbold.«

Damit machte sie auf dem Absatz kehrt und gab die Tür frei. Erstaunt, doch bereits ziemlich erleichtert, folgte Ordulf ihr. Wenn man nur eine Magd schickte, um ihn zu holen, dann gab es offenbar keinen Grund mehr seine Flucht zu befürchten, oder? Warme Dankbarkeit zu dem Mädchen wallte in ihm auf, obwohl sie ja gar nichts zu seiner Rettung beigetragen hatte.

Als sie kurz darauf in die Morgensonne hinaustraten, warteten Horsa und mehrere Krieger bereits unter der alten Linde im Zentrum der kleinen Siedlung. Beim Nähertreten entdeckte Ordulf den riesigen roten Schnurrbart des Britanniers. Uuoden hatte also seine Unschuld bestätigt!

Gleich daneben standen sein Bruder Swæn und Horsa. Vor Horsa auf dem Boden lag … Ordulf sah genauer hin. Es handelte sich zwar um einen Toten, aber etwas stimmte nicht. Das war gar nicht Hoger. Es war einer der jungen Ebbingemannen, die versucht hatten, ihn zu ersäufen. Der einzige außer Hoger, der das bisher nicht mit seinem Blut bezahlt hatte. In der Ecke stand der einäugige Halvor.

»Die Götter haben entschieden«, begann Horsa. »Ceretic, unser nun doppelt geachteter Freund aus Britannien, hat die Wahrheit bewiesen, während Hoger nicht nur ein Lügner, sondern auch ein Feigling ist.« Horsa blickte ernst zu der Leiche, die zu seinen Füßen lag. »Er hat einen Knecht an seiner statt in den Kampf geschickt und ist selbst geflohen, als der Britannier ihn erschlug. Damit hat er nicht nur unseren Frieden gebrochen, sondern auch den heiligen Holmgang entweiht und Uuoden beleidigt. Vorerst ist er seiner gerechten Strafe entkommen. Vorerst.« Dann wandte er sich an Ordulf. »Du bist frei, der Britannier hat deine Unschuld bewiesen.« Schließlich drehte er sich mit finsterer Miene in Halvors Richtung. Das Gesicht des verwundeten Ebbingemannen war bleich wie ein Laken. Ordulf fragte sich, ob aus Angst oder in Folge der Verletzung und des Blutverlustes.

»Was habt ihr getan?«, grollte Horsa. »Ihr habt vorsätzlich meinen Frieden gebrochen und mir eine Lügengeschichte aufgetischt!«

»Der Häuptling Hoger hat es so befohlen«, jammerte der Angesprochene und wand sich ängstlich unter Horsas vernichtendem Blick.

»Lass ihn leben, er hat seine Strafe schon erhalten«, riet da der Britannier.

Swæn stimmte ihm sofort zu: »Es ist heute genug Blut geflossen und wir wollen die Fehde mit den Ebbingemannen nicht unnötig anheizen.«

Horsa sah ihn erstaunt an, dann richtete sich sein Blick auf Ordulf. »Und was sagst du?«

Ordulf zuckte mit den Schultern. »Wenn er es schon mit zwei Gefährten nicht schafft mich zu ersäufen, dann wird er es alleine bestimmt nicht wieder wagen. Nun sieht er ja, wohin das führt«, bemerkte er spöttisch grinsend.

Horsa verzog den Mund zu etwas, von dem Ordulf sich nicht sicher war, ob es ein saures Grinsen oder eine missbilligende Grimasse darstellte. »Du hörst, dass deine Gegner dir das Leben schenken wollen. Dann will ich dir die Möglichkeit zur Bewährung geben – im Kampf gegen die Pikten. Aber ich warne dich. Ich werde ein Auge auf dich haben, also pass gut auf, dass du dich nicht noch einmal an deinen neuen Gefährten vergehst. Beim geringsten Anlass werde ich es mir anders überlegen.« Er blickte den Ebbingemannen noch einen Augenblick lang fest an. Dann nickte er. »Das Gericht ist beendet.«

Beufleet, Juni 441
Ceretic

Während Horsa sein Urteil fällte, suchten Ceretics Blicke nach Rowena. Strafte sie ihn nun mit aufgesetztem Desinteresse? Oder hatte er am Ende tatsächlich ihre Zuneigung verspielt? Aber nach dem Abend am Fleet – das konnte doch nicht sein! Der bloße Gedanke schmerzte ihn stärker als die Wunde am Fuß. Panik keimte in ihm auf.

Endlich, nach einer schieren Ewigkeit, beendete Horsa das Gericht. Ceretic ließ die dankbaren Brüder stehen und lief los, um Rowena zu suchen. Da tauchte Gutha zwischen den Gebäuden des Hofes auf. »Gutha«, rief er, der Verzweiflung nahe. Die rothaarige Magd drehte sich um und lief auf ihn zu.

»Komm sofort mit. Vielleicht lässt sich ja doch noch einrenken, was du kaputt gemacht hast!«, fauchte sie und zog ihn am Ärmel mit sich fort. Ceretic wusste nicht, wie ihm geschah, doch die resolute Magd zerrte ihn zielstrebig auf eine der einfachen Katen zu. »Da siehst du, dass ich recht habe«, rief sie triumphierend, als sie die Tür aufriss und Ceretic hineinschubste. Drinnen saß Rowena mit rot geweinten Augen auf einem Schemel. Als sie zu ihm aufblickte, zeichnete sich zuerst ungläubiges Staunen und dann das strahlendste Lächeln, welches Ceretic je erblickt hatte, auf ihren Zügen ab.

»Du lebst tatsächlich«, jauchzte sie und warf sich an seinen Hals.

Beufleet, Juni 441
Ordulf

Frei! Der Albtraum war vorüber. Ordulf fühlte sich wie neu geboren. Er fiel Swæn in die Arme. Jener berichtete all das, was sich in den letzten zwei Tagen zugetragen und was er selbst bisher über den Verlauf des Holmgangs in Erfahrung gebracht hatte. »Doch wo ist der Held, wo ist Ceretic?«, endete er.

Beide schauten sich suchend um. Ordulf griff nach dem kleinen Bronzekreuz, welches er nun selbst um den Hals trug. »Er lief hinter der kleinen rothaarigen Magd her, das habe ich noch gesehen«, bemerkte er. Beide Brüder machten sich auf die Suche und bald entdeckten sie die junge rothaarige Magd hinter einer Scheune.

»Hallo du«, sprach Ordulf sie an. »Weißt du, wo der Britannier, mein Retter, ist? Er ist dir doch gerade hinterhergelaufen?«

Das Mädchen wurde rot. »Dein Retter steht vor dir«, behauptete sie.

Ordulf verstand nicht richtig. »Ja, ja, du hast mich heute Morgen aus der Kammer gelassen, aber das hatte ja wohl keine Bedeutung. Wenn Ceretic nicht beobachtet hätte, wie die Ebbingemannen mir auflauerten, befände ich mich nun am Grunde des Moores! Also, wo ist er, du kleiner Naseweis?«

Das Mädchen schürzte beleidigt die Lippen und Ordulf fiel bei diesem Anblick wieder ein, wo er sie zuerst gesehen hatte. Sie war es gewesen, die ihn an ihrem Ankunftstage draußen auf der Weide geneckt hatte. Das Mädchen mit dem blauen Blumenkranz. Doch im selben Augenblick öffnete sich eine Tür der kleineren Hütten und Ceretic erschien. Beim Anblick der Brüder seufzte er enttäuscht, aber sogleich strafften sich seine Züge wieder.

»Ich gratuliere dir zu deiner Freiheit«, sprach er Ordulf freundlich an.

»Und ich danke dir von ganzem Herzen! Du allein hast mich gerettet!«

Hier schnaufte das Mädchen schon wieder verärgert, aber Ordulf beachtete sie nicht weiter. Wer konnte schon erraten, warum Mädchen sich manchmal so aufführten? Ceretic trat vollends vor die Hütte und verschloss sorgfältig die Türe hinter sich.

»Lass uns sehen, ob wir irgendwo etwas zu trinken finden«, schlug er vor. »Ich könnte nach der ganzen Aufregung eine Stärkung gebrauchen.« Dabei zog er den verdutzten Ordulf am Ellenbogen in Richtung des Langhauses. Swæn beeilte sich, auf die andere Seite des Helden zu kommen und so zogen die drei ab und ließen eine kleine rothaarige Magd schmollend zurück.

In der Halle gesellte sich Horsa zu ihnen. »Hat jemand von euch meine Nichte gesehen?«, fragte er besorgt. »Ihr hat die ganze Sache erstaunlich zugesetzt. Erkenhilde hat sie bei den Frauen gesucht, aber nirgends finden können.«

»Sie wird schon wieder auftauchen, trink doch einen mit uns. Auf die Gerechtigkeit, der du heute zum Siege verholfen hast«, entgegnete Ceretic hastig und Ordulf wunderte sich, wie der Britannier vor lauter Durst ganz rot anlief.

Als sie endlich ihren Durst gelöscht hatten, griff Ordulf nach dem kleinen Bronzekreuz an seinem Hals. Doch Ceretic hob abwehrend die Hände. »Denk an dein Versprechen«, ermahnte er Ordulf eindringlich. Horsa schaute erstaunt vom einen zum anderen, aber Ceretic begann unvermittelt, seinen Holmgang in aller Ausführlichkeit zu schildern.

»Ich bin froh, dass Uuoden so entschieden hat«, nickte Horsa als er endete. »Ordulf, nun erzähl uns auch von deinem Kampf!«

Der Angesprochene tat wie ihm geheißen, obwohl sich seine Erinnerungen im Wesentlichen auf das Stechen in seinen Lungen und das Hämmern in den Schläfen beschränkten.

»Und der Donnerer hat dir tatsächlich einen Dolch geschickt«, bestätige Horsa und zog das rostige Eisen, welches er zwei Tage zuvor an sich genommen hatte, aus seinem Gewand. Orduf nahm es entgegen und zeigte es in der Runde herum. Ceretic fuhr vor der Waffe zurück, als sei sie vergiftet, doch Swæn betastete sie ehrfürchtig.

Unvermittelt wandte er sich dann an Horsa: »Ich bin dir sehr dankbar für deinen weisen Richterspruch. Thunær, der Ordulf dies hier in der höchsten Not geschickt hat, blickt zweifellos wohlwollend auf deine Gerechtigkeit. Er wird deine Fahrt übers Meer umso reichlicher segnen!« Hier machte er eine Pause und Horsa blickte ihn fragend an. »Aber wir Swænen werden nicht mit dir ziehen können.«

»Wieso denn das?«, begehrte Horsa auf und auch Ceretics Brauen schossen überrascht in die Höhe. Ordulf dagegen klappte die Kinnlade herab. »Ihr seht doch selbst, dass ich ein gerechter Anführer bin – ich habe nicht auf Hoger gehört, obwohl er mir mehr Männer gebracht hat als ihr«, fuhr Horsa fort.

»Es ist nicht, dass wir unzufrieden mit deinem Urteil wären oder dass uns der Mut zur Fahrt entfallen ist«, antwortete Swæn beschwichtigend, »aber Hoger ist entkommen. Er wird nach Dithmarschen heimkehren und auf Rache sinnen. Wir müssen unseren Vater warnen und der Familie beistehen, denn die Ebbingemannen haben in den Rodbellingern mächtige Verbündete.«

Horsa kaute auf seiner Unterlippe und blickte nachdenklich auf die beiden Brüder. »Das soll Hengist entscheiden, sobald er zurückkehrt. Hoger wird eine Weile brauchen, um diese Rodbellinger auf seine Seite zu ziehen. Immerhin hat er gerade erst drei Krieger verloren und nichts als sein nacktes Leben gerettet.« Dabei blieb es vorerst.

Bereits am Abend dieses ereignisreichen Tages kehrte Hengist aus Keydingen zurück und es dauerte nicht lange, bis einer seiner Knechte zu Ordulf und Swæn gelaufen kam. »Folgt mir«, forderte er knapp. »Hengist will euch sehen.«

Im Eingang zur Halle trafen die Brüder auf Ceretic. Eilig traten sie ein und verbeugten sich tief vor dem Hochsitz. Der Held hatte sich keine Pause gegönnt. Der Staub der Straßen klebte ihm noch in Bart und Rüstung.

»Wie konntest du unsere Fahrt gefährden und dich mit diesem Verbrecher schlagen?«, richtete er seine erste tadelnde Frage an Ceretic. »Aber es ist gut zu wissen, dass man dem Boten König Vortigerns trauen kann«, fügte er in versöhnlichem Ton hinzu, bevor der Angesprochene antworten konnte. Dann wandte er sich an Ordulf. »Du also bist der Mann, der allein und mit dem Kopf im Dreck zwei Männer erschlagen hat?«, fragte er halb amüsiert. »Dein Glück, dass der Britannier alles bezeugen konnte. Dass du nach Dithmarschen zurückkehrst, ist völlig ausgeschlossen. Männer wie dich brauche ich in Britannien. Wenn ihr meint, eure Familie kommt nicht ohne Hilfe aus, dann kann dein Bruder von mir aus heimkehren.« Seinen Blick auf Swæn richtend fuhr er fort: »Du kannst jedem dieser sturen dithmarscher Dickschädel sagen, dass eure Sippe unter meinem Schutz steht. Wer sich an euch vergeht, der beleidigt Hengist Witgissunu! Das sollte reichen, um diese Ebbingemannen zur Besinnung zu bringen.«

So kam es, dass Swæn seine Sachen packte, Ordulf aber blieb. Früh am Morgen des folgenden Tages sattelte Ordulf ein letztes Mal die treue Hilda. Dann umarmten sich die Brüder kurz und Swæn stieg in den Sattel. Er verließ den Hof auf demselben Wege, auf dem sie nicht ganz eine Woche zuvor voll Hoffnung angekommen waren. Ordulf schaute ihm noch lange nach. Er ahnte nicht, dass dies das letzte Mal sein sollte, dass er den Bruder sah. Nun würde er als einziger Swæn mit Hengist nach Britannien ziehen, obwohl seine Mutter doch gerade das Gegenteil beschlossen hatte. Das Wurd eines Mannes ließ sich wahrhaftig nicht vorhersehen! Hatte damals nicht gerade ein Gewitter getobt? Und dann die Sache mit dem Opferdolch im Schlick. Thunær hielt seit seinem Kampf mit dem Leitwidder unverkennbar die Hand über ihn.

Von hinten legte sich eine andere Hand auf seine Schulter. Erstaunt fuhr Ordulf herum, er war doch nun allein? Voll Freude erkannte er den breiten Schnurrbart seines britannischen Lebensretters.

»Lieber Freund, ich muss dir noch etwas sagen – wenn du schweigen kannst?«

Ordulf zog die Augenbrauen überrascht in die Höhe. »Wenn du es willst, werde ich schweigen wie ein Grab. Ganz egal, worum es geht. Ich verdanke dir schließlich, dass ich nicht tatsächlich im Grabe liege.«

»Darum eben geht es. Ich habe dir zwar das Leben gerettet, indem ich für dich gesprochen und gekämpft habe, aber der eigentliche Verdienst gebührt nicht mir. Ich habe den Hinterhalt, den dir die Ebbingemannen gestellt haben, in Wahrheit nämlich gar nicht selbst beobachtet.«

»Aber du konntest doch in allen Einzelheiten berichten, was vorgefallen ist. Oder hast du es durch Zauberei erfahren?« Ordulf trat unwillkürlich einen Schritt zurück.

»Nein, ich folge einem mächtigen Gott, der mir den Umgang mit Zauberern verbietet.« Ceretic bekreuzigte sich rasch. »Er hat mich dazu gebracht, trotz aller Gefahren für dich einzutreten, denn er liebt die Wahrheit und Unrecht ist ihm ein Gräuel. Aber das meine ich nicht. Ich will auch Gutha Gerechtigkeit geschehen lassen. Sie hat alles beobachtet und mir davon erzählt.«

»Wer ist denn Gutha?«, fragte Ordulf erstaunt. »Eine britannische Hexe?« Wieder zog er kritisch die Stirn in Falten.

»Nein, nein«, lachte Ceretic. Ordulfs Aberglaube schien tief verwurzelt. »Gutha ist lediglich die Magd von Hengists Tochter«, erklärte er amüsiert. »Wie eine Hexe kommt sie mir jedenfalls nicht vor.«

»Das …«, setzte Ordulf zu einer Erwiderung an, brach aber mitten im Satz ab. Es war, als würde ihm der Boden unter den Füßen weggezogen. Wie unendlich peinlich. Das Mädchen hatte ihn tatsächlich gerettet, wie sie stets behauptete, und er hatte sie ausgelacht wie eine dumme Gans. Wie sollte er das je wiedergutmachen? Eine Weile blieb er ratlos stehen, dann begab er sich auf die Suche nach dem Mädchen.

Erst am Abend, als er gerade aufgeben und zum Lager zurückkehren wollte, erblickte er ihren roten Schopf.

»Ich muss noch etwas erledigen«, rief er dem alten Witiko zu, der neben ihm in Richtung Lager trottete. Unvermittelt machte er auf dem Absatz kehrt und lief zurück auf die Wurt. Atemlos erreichte er das Tor. Und tatsächlich entdeckte er sie wieder. Gutha sah ihn nun auch. Doch sie verzog schmollend das Gesicht, drehte um und verschwand zwischen zwei Wirtschaftsgebäuden.

»Gutha!«, rief er, als er die Stelle erreichte, an der sie gerade noch gestanden hatte. Wieder sah er sie kurz, doch schon war sie um die nächste Ecke verschwunden. Offenbar zürnte sie ihm noch immer. Ordulf verfiel wieder in den Laufschritt und folgte ihr ins Halbdunkel zwischen den Gebäuden. Als er um die Ecke bog, musste er scharf bremsen. Die Gesuchte stand direkt vor ihm an die Wand einer Scheune gelehnt. Er spürte ihren heißen Atem auf seiner Wange. Diesmal schmollte sie nicht, sie hatte den Mund leicht geöffnet und schien völlig außer Atem. Das musste vom Rennen kommen.

»Entschuldige, ich habe nicht gewusst, was du für mich getan hast«, stammelte er. »Es tut mir leid!«

»Du verstehst wohl noch gar nichts von Mädchen, was?«, antwortete sie.

»Wie meinst du das?«, fragte Ordulf empört und verwirrt zugleich.

Da schlang sie die Arme um seinen Hals, zog ihn mit einer raschen Bewegung an sich und küsste ihn auf die Lippen. Ordulf war völlig überrumpelt. Alles hatte er erwartet, schimpfen, zetern, heulen, am ehesten das ihm schon bekannte Schmollen, aber nicht das!

»Es wäre wirklich zu schade gewesen, wenn sie dein süßes Gesicht im Moor versenkt hätten. Das konnte ich ja wohl nicht zulassen, oder?«, fragte sie schelmisch. »Was stehst du eigentlich so starr? Hast du etwa noch nie ein Mädchen geküsst? Nun zeig mir mal deine Dankbarkeit«, forderte sie und küsste ihn schon wieder, diesmal noch hungriger und er fühlte, wie sich ihre Zunge zwischen seine Lippen schob. Noch ganz benommen antwortete er. Nach einer Weile lösten sie sich, um Luft zu holen.

»Schon besser. Vielleicht vergebe ich dir doch noch mal.« Bei diesen Worten ergriff sie seine Hand und schob sie unter ihr Gewand. Für seinen Verstand ging alles ein bisschen zu schnell, aber seine Hand wusste instinktiv, wonach sie suchen sollte.

»Dort in der Scheune liegt frisches Heu«, flüsterte sie ihm ins Ohr, als sie ihn durch eine Seitentür zog.

Beufleet, Juni 441
Ceretic

Hengist trainierte seine Truppe nun jeden Tag. Sie kämpften Mann gegen Mann, im Schildwall, in der »Eberkopf« genannten Keilformation, zu Pferde und zu Fuß. Ceretic staunte, wie behände diese primitiven Heiden mit ihren Schilden und den kurzen einschneidigen Schwertern umgingen.

Und Hengist ließ den Männern keine Ruhe. Wenn die Kampfübungen beendet waren, mussten sie Rudern. Die beiden Schiffe lagen nun auf dem Ælfstrand und sie ruderten immer wieder auf den Fluss hinaus, um in der stärksten Strömung alle möglichen Manöver einzuüben. Ceretic wunderte sich ein ums andere Mal, wie rasch die Sachsen, die aus allen Teilen ihres Landes stammten, zu einem gemeinsamen Rhythmus fanden. Anfangs gab es zwar Geschrei und böse Worte, wenn etwa ein Riemen dem

Vordermann in die Flanke stieß, oder ein ungeschickt gesetztes Ruderblatt Wasser ins Schiff spritzte, doch Hengist duldete nichts außer eiserner Disziplin. Und schon bald hoben und senkten sich die Ruder im perfekten Gleichtakt.

So sehr sich Ceretic auch sträubte, der Tag ihrer Abreise rückte unaufhaltbar näher. Am Abend zuvor rüsteten sich die Sachsen wie zur Schlacht. Mit den Keydingern, deren Schiff tags zuvor in Beufleet eingetroffen war, verfügte Hengist nun über fast hundertfünfzig Mann. Kampfesmutig und aufeinander eingespielt, war es eine ernst zu nehmende Streitmacht, die er Vortigern geworben hatte. Wäre Rowena nicht gewesen, Ceretic hätte sich stolz und zufrieden zurückgelehnt. Aber er konnte Rowena weder vergessen, noch konnte er ihre Abreise hinauszögern. Wenn es Gott gefiel, so tröstete er sich, würde er schon im folgenden Jahr wiederkehren und sie zur Braut nehmen.

Derweil zogen die sächsischen Krieger in Keilen hinter ihrem jeweiligen Steuermann geschart an ihm vorbei. Hengists Keil vornan, gefolgt von Horsa und Willerich mit seinen Keydingern. Ceretic folgte dem Zug in Richtung des Opfermoors. Voll Schaudern dachte er an den Abend, an dem er Ordulf vor dem Tod im Sumpf gerettet hatte. Was mochte der wohl auf diesem Weg empfinden? Der einzige seiner Gegner von damals, der sich noch in Hengists Heer befand, der einäugige Halvor, marschierte in Horsas Abteilung. Ceretic und auch Halvor selbst waren Zeugen geworden, wie Hengist seinem Bruder wegen dessen Milde schwere Vorhaltungen machte. Aber Horsa hatte sein Wort gegeben und auch sein älterer Bruder musste das respektieren.

Vor ihnen führte der Weg zwischen den düsteren, bemoosten Eichen entlang zu dem eigentlichen Sumpf. Die Männer aller Keile bildeten einen Halbkreis um die grob geschnitzten Götzenbilder, die schlaff im Wind wehenden Häute der geopferten Tiere in ihrem Rücken. Ceretic schauderte unter dem Mantel und schlug ein Kreuz. Tavish und Malo standen dicht hinter ihm, sprachen aber kein Wort. Hengist trat zusammen mit Horsa in die Mitte, genau vor die Götzen. Willerich stand etwas hinter den beiden. Auch die beiden Jungen Oisc und Ebissa durften ihre Väter diesmal begleiten, doch insbesondere Ebissa schien sich in seiner Haut nicht wohl zu fühlen. Sein Gesicht wirkte sonderbar bleich, doch vielleicht lag das auch nur an dem blassen Mondlicht.

Nun führte Witiko eines von Hengists Reitpferden in die Mitte. Der Haduloher ging ihm mit einer Streitaxt entgegen, er streichelte kurz die Nüstern des nervös tänzelnden Hengstes, klopfte ihm noch einmal auf den Hals. Dann hieb er dem Tier unvermittelt die Klinge vor den Kopf. Der Hengst brach betäubt in den Vorderläufen ein. Hengist sprang einige Schritte zurück, doch sofort kam Witiko heran und zog ein breites Messer über den Hals des Tieres. Ein dicker Strahl dunklen Blutes rann aus der zerschnittenen Drosselvene. Das Tier fiel zur Seite, blutiger Schaum vor dem Maul. Ein weiterer Knecht reichte Witiko einen großen Kessel, in dem der das Blut des Opfertieres auffing. Die Beine des Hengstes zuckten noch einmal wild und Witiko musste ausweichen, um nicht getroffen zu werden. Geschickt hielt er den Kessel in den Strahl des Lebenssaftes, bis dieser versiegte. Dennoch war er, als sich der große Kadaver endlich nicht mehr rührte, über und über mit dem Blut besudelt. Ceretic hörte Tavish hinter sich aufatmen.

»Thunær!«, rief Hengist laut.

»Thunær!«, antworteten die Sachsen dumpf und schlugen ihre Speere im Takt gegen die Schilde.

»Schenke uns eine glückliche Überfahrt und guten Wind!«, intonierte Hengist. »Männer aus Sachsen, wollt ihr mit mir nach Britannien fahren, um Gold und Ruhm zu gewinnen?«, wandte er sich dann an die versammelten Sachsen. »So schwört mir nun bei Thunær, Uuoden und Saxnot eure Treue.«

Daraufhin trat Horsa vor. »Tretet vor und taucht eure Rechte als Zeichen unseres Bundes in das Opferblut«, forderte er die Männer auf.

Ceretic bemerkte, dass er das »unseres« besonders nachdrücklich betonte, wobei ihn Hengist stirnrunzelnd ansah.

Als erstes trat Willerich vor, streckte die Rechte ins Blut und erhob die geballte Faust. »Für Hengist!«, rief er.

Horsa schaute resigniert auf ihn. Nun traten, einer nach dem anderen, die Sachsen an den Kessel und tauchten ihre Rechte ins Opferblut. Glücklicherweise forderte niemand die Britannier auf, an diesem gräulichen Götzenzauber teilzunehmen. Ceretic bekreuzigte sich abermals. Am Ende wurde das tote Tier gehäutet und zerlegt, oder eher zerstückelt, befand Ceretic. Währenddessen half Witiko der einzigen anwesenden Frau, einer Greisin, die man extra für diese Opferzeremonie aus ihrer einsamen Hütte im Moor herbei geholt hatte, auf die Lichtung. Sie blickte eine Weile starr auf das tote Tier. Dann stieß sie ihren Gehstock energisch zwischen die am Boden verteilten Eingeweide des Hengstes. Murmelnd schob sie die dampfenden Gedärme herum, als suche sie etwas Bestimmtes. Schließlich nuschelte sie in einem zahnlosen Sächsisch, wovon Ceretic nur die Worte »Dreihundert Jahre« und »Beute« verstand. Hengist und die übrigen Sachsen wirkten äußerst erleichtert über den günstigen Orakelspruch. Als die Alte wieder verschwunden war, versenkte Hengist einige Teile des getöteten Tieres unter neuerlicher Anrufung der Götzen im Sumpf. Dann zog er zusammen mit Horsa und dem alten Witiko die blutige Haut des Tieres auf ein neues Holzgestell, das am Rande der Lichtung aufgerichtet worden war.

»Für Thunær!«, rief Hengist einmal mehr und die Sachsen wiederholten seinen Ruf und schlugen die Waffen an ihre Schilde.

Als nächstes traten zwei von Hengists Knechten vor. Sie trugen die erbeuteten Waffen der getöteten oder entflohenen Ebbingemannen. Hengist ergriff eines der Schwerter am Heft und am Ort der Klinge. Ein staunendes Raunen ging durch die versammelten Reihen, als er die Waffe mit der bloßen Kraft seiner Arme zu einem U verbog. Sie sollte keinem Sterblichen mehr dienen.

»Saxnot, nimm unser Opfer!«, rief er und warf die zerstörte Waffe im weiten Bogen in den Sumpf. Die Knechte folgten seinem Beispiel und übergaben die übrigen Waffen unter wiederholter Anrufung des Götzen dem schwarzen Morast. Schließlich hatte das dunkle Moor das letzte Stück Eisen verschlungen.

Ceretic atmete tief durch. Erst jetzt merkte er, dass sich die Muskeln seiner Schultern völlig verkrampft hatten. Er versuchte sich zu entspannen, doch da schrak er schon wieder zusammen. Zwei sächsische Krieger zerrten einen gebundenen Mann auf den freien Platz vor Hengist.

»Oh, nein«, raunte Tavish von hinten, als er erkannte was sich dort anbahnte. »Nicht auch das noch.«

Ceretic hatte den Gefangenen noch nie gesehen, offenbar handelte es sich um irgendeinen unglückseligen Sklaven, der sich wer weiß welchen Vergehens schuldig gemacht hatte. Der Mann zitterte am gesamten Körper wie Espenlaub.

Hengist blickte ihn finster an und befahl dumpf: »Gebt ihn dem Uuoden!«

»Nein, mein Gott, nicht das!«, schrie der verzweifelte Sklave.

War das etwa ein christlicher Bruder?, durchzuckte es Ceretic. Wenn er selbst nicht zweimal gesprochen hätte, würden nun Ordulf oder der einäugige Ebbingemanne an der Stelle des armen Kerls stehen! Hatte er am Ende zwei Heiden gerettet und einen weiteren eigenhändig erschlagen, nur um einen christlichen Bruder zu verdammen? Ceretic bekreuzigte sich wild.

Derweil zerrten die Sachsen den Fremden in Richtung der Götzenfiguren am Ufer und weiter auf den modrigen Steg hinaus. Einmal noch bäumte er sich auf, dann ließ er sich ergeben führen. Wie ein Lamm zur Schlachtbank, dachte Ceretic und schluckte hart. Diesmal würde er nichts daran ändern können.

Die Sachsen zogen dem Unglücklichen eine geflochtene Schnur um den Hals, ganz wie auch Ordulf sie getragen hatte, als er damals im letzten Moment dazwischen trat. Vielleicht war es sogar dieselbe Schnur. Ein kräftiger Kerl zog die Schlinge zu und der Sklave brach röchelnd zusammen. Aber er war noch nicht tot, als sie ihn in den Sumpf warfen. Kaum im Morast, begann er wild zu strampeln, bis ihn seine Peiniger schließlich mit den Speerschäften unter die Oberfläche drückten. Es dauerte eine schrecklich lange Zeit, dann stiegen nochmals Luftblasen auf und der Körper wurde schlaff. Langsam versank der Fremde im Sumpf.

Endlich war die grausige Szene vorüber und nur die blutigen rechten Hände der Krieger erinnerten an die schaurige Zeremonie an der Opferstätte.

Ceretic zog seinen Mantel enger um die Schultern. Er fröstelte immer noch. Was für Verbündete hatte Vortigern da gerufen? Trieben sie nicht den Teufel mit dem Beelzebub aus, wie es sein frommer Freund Tallanus ausdrücken würde?

Beufleet, Juni 441
Ordulf

Der Abschied von Gutha, die Ordulf in der letzten Woche noch mehrmals in der Scheune getroffen hatte, fiel ihm schwerer als erwartet; auch wenn er mehr ihre körperliche Nähe, als ihre unberechenbare und freche Art vermissen würde. Doch lange verweilten seine Gedanken nicht bei ihr, zu sehr lockten die bevorstehenden Abenteuer. Die letzten Tage vor dem Aufbruch hatte er fast ausschließlich auf der Ruderbank in der Gesellschaft seiner Schiffsgenossen verbracht.

Hengists älteres und kleineres Langschiff, die Heldir, steuerte nun sein Bruder Horsa. Ordulf blickte ehrfurchtsvoll an dem geschwungenen Steven empor. Diesen Bug hatten die Flammen von Finns brennender Halle beschienen. Inzwischen besaß Hengist noch ein größeres Schiff. Heritog wurde es genannt, was

Herzog oder Heerführer bedeutete, und womit Hengist sich ganz offensichtlich selbst meinte. Sie fasste mehr als fünfzig Krieger und Hengist selbst würde sie steuern. Ordulf war stolz darauf, zur Mannschaft der Heritog zu zählen. Nachdem er sein weniges Gepäck zwischen den Ballaststeinen unter seiner Ruderbank verstaut hatte, sprang er wieder an den Strand. Dieses Schiff war nun für die nächsten Tage, und hoffentlich noch viele weitere Fahrten, sein Zuhause. Zweiundzwanzig Querspanten, durch Bastschnüre flexibel und fest zugleich mit den zwölf Plankengängen der Außenhaut verbunden, stützten den schlanken Rumpf. Die schweren Eichenplanken überlappten einander und wurden von eisernen Nieten zusammengehalten. Dennoch entstanden, besonders wenn der Rumpf im Winter austrocknete, immer wieder Ritzen und Spalten zwischen den einzelnen Planken. Ordulf und seine Gefährten hatten einen guten Teil der letzten Tage auf den Knien hockend damit zugebracht, sie mit Moos, Birkenpech und Harz abzudichten.

»Lasst sie ins Wasser, Männer!«, brüllte Hengist da. Gehorsam ergriffen Ordulf und die anderen Ruderer der Heritog nach dem verstärkten Dollbord des Schiffes.

»Und eins …«, gab Hengist den Takt vor, während sie sich mit aller Kraft gegen den schweren Rumpf stemmten. Erst langsam, dann immer schneller rutschte die Heritog in die Fluten. Ein gedehntes Quietschen erklang, als sie über den groben Sand glitt.

»Sie ruft nach der See!«, behauptete der alte Witiko. »Ein gutes Omen.«

Als Ordulf bis an die Hüfte im Wasser stand, merkte er, wie der Auftrieb das schwere Fahrzeug endlich vom Grund hob. Die Männer vor ihm waren bis zur Brust durchnässt, aber in der warmen Sommersonne sorgte das nur für ausgelassene Heiterkeit und einige Männer begannen, sich übermütig im Wasser zu balgen. Auch Ordulf befand sich in einem Stadium höchster Aufregung. Das war der Beginn seiner ersten Fahrt und die alte Priesterin hatte prophezeit, dass man sich noch in dreihundert Jahren daran erinnern würde. Und er, Ordulf Swænsunu, jüngster Spross eines unbedeutenden dithmarscher Geschlechts, wäre ein Teil davon. Der Gedanke ließ ihn schwindeln. Was würde wohl Gutha sagen, wenn er mit Ruhm beladen wieder vor ihr stand?

Aber da riss ihn Hengists nächster Befehl aus den Tagträumen: »Ins Boot, Männer, und legt die Riemen ein!«

Die Heritog schwankte bedenklich, als ihre vierundfünfzig Krieger über die Seiten kletterten. Ordulf nahm seinen Platz auf der Ruderbank in Steuerbord ein. Hengist hatte die Ruderer sorgfältig nach Gewicht und Kraft verteilt. Ein junger Haduloher namens Thiadmar würde sich mit Ordulf beim Rudern alle zwei Stunden abwechseln. Des Nachts, wenn die Umstände es einmal verlangten, dass sie auf dem Schiff blieben, müssten sie sich auch den engen Raum zwischen ihrer und der nächsten Ruderbank teilen.

Eigentlich besaß die Heritog auch ein Segel, aber das konnte man nur einsetzen, wenn der Wind direkt von achtern kam. Daher lagen Mast, Rah und Segel meist sorgfältig verstaut mittschiffs in der Bilge.

Ordulf ergriff seinen Riemen, führte ihn durch die Bastschlaufe an der Keipe, einer Art hölzernem Dorn, der mit Lederriemen fest an der verstärkten Dollbordkante der obersten Planke verzurrt war. Er diente als Hebelpunkt, wenn die Riemen durchs Wasser gezogen wurden.

»Immer schön im Takt. Wenn ein oder zwei Luftzüge dabei sind, ist das nicht so schlimm«, hatte Gerolf, einer der beiden erfahrenen Krieger auf der Bank vor ihnen, ihm und Thiadmur eingeschärft. »Ihr zieht einfach beim nächsten Schlag wieder voll durch. Wenn ihr dagegen aus dem Takt kommt oder zu tief eintaucht, könnt ihr das ganze Schiff stoppen.«

»Wollen doch mal sehen, ob die anderen mit uns mithalten können«, feuerte Hengist seine Mannschaft an. Er hielt das

Steuerruder mit beiden Händen schräg nach achtern, damit es im flachen Wasser nicht den Grund berührte. Ein erwartungsfrohes Grinsen zeigte sich auf seinem Gesicht und die blonden Strähnen flatterten frei im milden Westwind.

»Auslage«, brüllte er dann.

Ordulf rutschte auf seiner Ruderbank mit ausgestreckten Armen vor und tauchte die Riemen ins Wasser.

»Und los«, gab Hengist das Kommando zum Anrudern.

Die Heritog schien sich unter dem plötzlichen Druck der Ruder geradezu aufzubäumen.

»Merkt ihr, wie sie nach der See hin drängt?«, rief Hengist wieder mit einem Grinsen im Gesicht.

»Wie ein junges Pferd, dem man die Zügel hingibt«, kommentierte Gerolf. »Aber sie kommt auch von der Schwinge aus Stood. Dort werden die besten Schiffe gebaut.«

Ordulf hörte nur halb hin, er konzentrierte sich lieber auf den Takt des Schlagmanns. Und auch Luftschläge wollte er sich nur fünf Bänke vor Hengist auf keinen Fall erlauben.

Anfangs machten ihm die Wellen dennoch sehr zu schaffen. Einmal tauchte sein Ruderblatt zu tief ein, dann schnellte es in einer Gischtwolke aus dem Wasser, sodass er fast hinterrücks von der Ruderbank gefallen wäre, als die Wasserlast, gegen die er sich stemmte, plötzlich nachgab. Doch bald fanden seine Arme den Rhythmus und die rechte Tiefe und sein Blick begann zu den beiden anderen Schiffen zu schweifen. Sie lagen tatsächlich ein ganzes Stück hinter der Heritog zurück und es schien Ordulf, als wachse ihr Vorsprung noch weiter.

»Schlagzahl reduzieren«, befahl der Häuptling dann auch bald darauf. »Sonst kommt mein lieber Bruder nie hinterher und die Keydinger schon gar nicht.« Er lächelte immer noch selig.

Ordulf konnte sich nicht erinnern, den grimmigen Krieger in den letzten Wochen je in so anhaltend guter Laune erlebt zu haben. Achtern neben ihm stand Ceretic und schaute mit zusammengekniffenen Augen über die See. Ordulf überkam einmal mehr ein warmes Gefühl der Dankbarkeit gegenüber dem Britannier.

Oceanus Germanicus, Juni 441
Ceretic

Am Vorabend hatten sie auf einer großen Sandbank vor der friesischen Küste gelagert, während ein voller Mond das trocken gefallene Watt mit einem silbernen Schimmer überzog. Auch Hengist schien keine Lust zu haben, seinen Zwist mit den streitbaren Bewohnern dieses Landstrichs zu erneuern.

Nun rauschte der Bug der Heritog wieder durch die Wellen. Jetzt, wo er Rowena hinter sich gelassen hatte, zog es Ceretic mit aller Macht in die Heimat. Würden sie rechtzeitig kommen, um Britannien vor den Pikten zu beschützen? Die britannische Küste war nun in greifbarer Nähe. Wenn die Männer heute und morgen noch genauso kräftig ruderten, wie in den letzten zwei Tagen, würde schon am morgigen Nachmittag Ruohims Strand unter ihrem Kiel knirschen. Ceretic beging einmal mehr den Fehler eines jeden Seemanns und suchte viel zu früh am fernen Horizont nach Land. Noch konnte man seine Heimat unmöglich erkennen. Das einzige, was Ceretics Augen in der wogenden See Halt bot, waren die friesischen Inseln in Backbord und zwei Schatten am achterlichen Horizont, die wohl die Heldir und Selah darstellten. Hengists Schiff hatte sich einmal mehr vom Rest der kleinen Flotte abgesetzt.

Gegen Mittag schien sie das Glück zu verlassen. Plötzlich lösten sich zwei flache Schatten von der Inselkette in Backbord.

»Die verdammten Friesen«, entfuhr es Ceretic.

Hengist hatte sie auch bemerkt. Verärgert runzelte er die Stirn. »Die wollen uns doch nicht etwa angreifen? Die haben wohl keine Ahnung, mit wem sie es zu tun haben!«

»Lass uns lieber auf die anderen beiden Schiffe warten«, schlug Ceretic vor.

Doch Hengist wollte davon nichts wissen. »Ich soll warten, dass mein Brüderchen mir zu Hilfe eilt?«, brauste er auf. »Wenn du kein Fremdling wärst, der unsere Sitten nicht kennt, würde ich dich dafür über Bord werfen!«

Ceretic fühlte, wie sich sein Herzschlag beschleunigte. Hatte der Sachse nicht gesehen, dass er durchaus Manns genug war sich zu wehren?, fragte er sich zornig. Aber dann dachte er an seinen Auftrag und die heimliche Geliebte und schluckte seinen Stolz herunter. Der Sachse würde sich nie ändern.

»Jetzt werde ich dir etwas zeigen, was du König Vortigern erzählen kannst«, rief Hengist verächtlich und lenkte die Heritog direkt auf die beiden friesischen Schiffe zu. Diese waren offensichtlich von dem Manöver irritiert. Ceretic sah, wie die Riemen des vorderen Schiffes inne hielten, offenbar um das hintere aufschließen zu lassen, wie es jeder Seemann, der bei klarem Verstand war, täte.

»Klar zum Entern, Männer«, brüllte Hengist seiner Freiwache zu.

Die Sachsen antworteten mit einem erwartungsvollen Johlen.

»Ihr sollt eure Waffen nehmen, aber nicht gleich über Bord fallen«, schrie Hengist über den Lärm hinweg, als die Freiwache auf dem engen Raum in mittschiffs ihre Waffen anlegte. Die Heldir schlingerte einen Augenblick bedenklich hin und her, doch dann stabilisierte sich der schlanke Rumpf wieder.

»Du nimmst jetzt mal das Ruder«, wies Hengist Witiko an. Dann stülpte er seinen Helm mit dem vergoldeten Kamm über die wehenden Strähnen blonden Haares, doch er legte kein Kettenhemd an. Bei einem Gefecht auf See konnte man nur zu leicht ins Wasser fallen und die schweren Eisenringe zögen ihren Träger unweigerlich in die Tiefe. Dann nahm Hengist seinen Schild und lief über die Mittelplanke in den Bug.

»Rudert weiter, aber reduziert die Schlagzahl auf mittleres Tempo«, rief er von vorne seinen Männern zu. »So ist's recht. Die Friesen sollen bloß nicht glauben, wir hätten Angst vor ihnen!«

Die beiden vermeintlichen Gegner näherten sich nun rasch. Ceretic konnte inzwischen die Details ihrer Bauweise gut erkennen. Flach, mit rundem Bug und Heck. Genauso wie das Schiff, welches sie auf der Reise von Britannien angegriffen hatte. Plötzlich scherte einer der Friesen nach Steuerbord aus.

»Sie wollen uns in die Zange nehmen!«, rief er warnend, doch Hengist blinzelte nicht einmal. Starr ruhten seine eisigen Augen auf dem Feind. Dann waren die Friesen fast auf Rufweite heran. Erstaunt beobachtete Ceretic, wie Hengist seinen Schild als Schallverstärker an die Lippen hob. Er brüllte mit ohrenbetäubender Lautstärke: »HENGIST!«

Offenbar hatten die Friesen ihn trotz der Entfernung verstanden und Ceretic traute kaum seinen Augen. Die beiden flachen Schiffe mit dem merkwürdig runden Heck und Bug drehten unvermittelt ab und nahmen Reißaus.

»Seht, wie schnell die Friesen rudern können!«, lachte Hengist grimmig.

Ceretic verschlug es die Sprache. Was für einen schrecklichen Ruf musste der Sachse bei den Friesen erworben haben!

Dann drehte er sich um und entdeckte Horsa und Willerich. Sie hatten inzwischen wieder dichter aufgeschlossen und pullten schnell und hart. Die See schäumte unter ihren Riemen. Ob auch die Friesen sie gerade bemerkt hatten? Oder schlug allein die Furcht vor Hengists Namen diese harten Männer in die Flucht? Ceretic konnte es sich kaum vorstellen. Aber mit welcher Gerissenheit und wie viel Geschick hatte Hengist dann den richtigen Zeitpunkt abgepasst, um ihn und seine Mannschaft zu beeindrucken. Jedenfalls ließ sich Hengist nicht auf eine Verfolgung der flüchtigen Friesen ein. Bald verschwanden sie, ebenso rasch wie sie erschienen waren, in der Sicherheit ihres Wattenmeeres mit seinem Gewirr an Inseln und Sandbänken.

VII. Eine neue Welt

Durovernum cantiacorum, Januar 441
Vortigern

»Pikten, Scoten und Sachsen mästen sich am Fett unserer Weiden. Im Land wütet die Hungersnot und unsere heilige Kirche wird von Heiden bedroht. Welche Zeichen willst du noch? Die Häresie des Pelagius und diese gottverdammten Agricola grassieren noch immer im ganzen Land! Gib endlich der Kirche die Ehre und vernichte diese Häretiker. Vielleicht wird Gott sich dann wieder deiner erbarmen«, tönte Albanus drohend.

Der Bischof, sechs verdiente Unterführer – die Vortigern gern als seine Equites, seinen Ritterstand, bezeichnete –, sein oberster Iudex – oder Barnwr, wie ihn die ungebildeten Untertanen in ihrer britannischen Mundart nannten – und der gerade mannbar gewordene Sohn Vortimer gehörten zu Vortigerns Kronrat, dem Consilium. Sein jüngerer Sohn Cateyrn zeigte zwar vielversprechende Anlagen, war aber mit zwölf Jahren noch zu jung, um seine Stimme im Rat zu erheben.

Der große Rat, oder Comhairle, wie er entgegen Vortigerns Vorliebe in der barbarischen Muttersprache seiner Untertanen genannt wurde, umfasste, zumindest der Theorie nach, alle Kleinkönige Britanniens und die Vorsteher der Städte, die sich wie Londinium eine gewisse Eigenständigkeit bewahrt hatten. Von dieser Gruppe war aber lediglich Gwyrangon, Vortigerns Vasallenkönig über Cantium, anwesend. Der gesamte Comhairle war seit Menschengedenken nicht mehr vollständig zusammengetreten. Es wäre auch keineswegs klar gewesen, ob Vortigern tatsächlich die meisten Anhänger hinter sich vereinigen könnte, um den Titel des Hochkönigs über Britannien zu beanspruchen. Tatsächlich neigten nicht wenige der Kleinkönige dazu, Ambrosisus von Dumnonias Ambitionen auf eine Vorherrschaft über alle Stämme zu unterstützen. Und je länger Vortigern zögerte, je weniger Anhänger blieben ihm. Das offene Misstrauen in den Blicken seiner Gefolgsleute zeigte, dass zumindest der Iudex Muirdoch und Bischof Albanus den Ernst der Situation erfasst hatten.

Nun starrten ihn alle gespannt an. Vortigern ließ sie warten. Heute genoss er die Spannung, denn seine nächsten Worte würden die Probleme Britanniens, und damit seine eigenen, lösen. Sein Plan war so einfach wie genial. Theatralisch wickelte er seine Rechte in den purpurnen Mantel, der ihn wie einem römischen Imperator aussehen ließ. Er konnte ein schmales Lächeln nicht unterdrücken. Der alte Rechtsgelehrte und der Bischof mochten schlaue Füchse sein, aber ihm, dem einzig wahren Princeps, oder lieber gleich rex britannorum, waren sie nicht gewachsen.

»Es ist, wie ihr sagt«, begann er schließlich in langsamen, wohlgesetzten Worten. »Die Feinde, die uns umringen, sind darin übereingekommen uns zu vernichten. Uns Britanniern dagegen fehlt diese Einigkeit. Wir fürchten die Waffen der Scoten aus Hibernia und Dál Riata, wir zittern vor den Pikten und bei jedem ungünstigen Wind schauen wir voll Zagen auf unsere Küsten, ob sich nicht die Schiffe der Sachsen am Horizont zeigen. Die Römer sind fort und können uns nicht mehr helfen, Rom selbst wurde von Alarichs Horden geplündert. Aber am schlimmsten ist, dass die Häuptlinge und Fürsten unseres Volkes uneinig und die heilige Kirche zerteilt sind! Oh ja, zerteilt sage ich«, fügte er mit erhobener Stimme hinzu, um Albanus' Einwand gleich zu Beginn abzuschneiden. »Aber was können wir tun, um unsere Lage zu wenden?« Er schaute zunächst Albanus streng und vorwurfsvoll in die Augen, sodass dieser die Luft wieder entweichen ließ, die er gerade eingesogen hatte, um lautstark zu protestieren. Dann blickte er zu seinem Sohn und den übrigen Ratgebern. »Ich will euch sagen, was zu tun ist«, fuhr Vortigern fort, nachdem er das betretene Schweigen einige Augenblicke genossen hatte. »Wir müssen die Einigkeit unserer Feinde zerstören und sie gegeneinander kämpfen lassen.«

»Wie willst du das anstellen?«, platzte Vortimer heraus. Auch Albanus und Muirdoch reckten angriffslustig die Hälse vor.

»Wir rufen die Sachsen übers Meer«, antwortete Vortigern ruhig.

Lauter Widerspruch erhob sich, aber Vortigern hob wieder die Stimme und übertönte die Rufe der Ratgeber. »Wir geben ihnen Silber und etwas Land an der Küste. In Ruohim, was ihrem Land ähnlich ist und auch genau gegenüber liegt. Da haben wir sie stets unter Kontrolle. Von dort können wir sie gegen die Pikten senden und auch ihre Stammesgenossen werden es nicht mehr wagen, über unsere Küsten herzufallen oder in die Thamesa einzudringen und unsere Dörfer zu plündern. Und falls doch, müssen sie sich mit ihresgleichen schlagen. Es wird billiger für uns, die sächsischen Piraten zu bezahlen, als von den Pikten einen brüchigen Frieden zu erkaufen, zumal wir so alle unsere Feinde auf einmal beschäftigen. Und wenn viele von ihnen im Kampf fallen? Dann wird es nur billiger. Zumal wir sie mit der Beute der Pikten aushalten können.

Ich habe lange nachgedacht: Pikten, Skoten und Iren sprechen, wie wir alle, ähnliche Sprachen. Wenn wir eines dieser Völker auswählten, würden sie sich bald einigen und ihre Waffen gemeinsam gegen uns richten. Das Gegrunze der Sachsen hingegen versteht niemand und so werden sie uns allein zu Diensten sein!«

Vortigern beobachtete zufrieden die Mienen seiner Ratgeber.

Muirdoch saß mit offenem Mund da und schnappte nach Luft wie ein Fisch auf dem Trockenen und selbst aus Albanus' Gesicht war der ständige leicht herablassend-spöttische Ausdruck für einen Augenblick gewichen. Aber restlos überzeugt war er nicht.

»Ich hoffe, du weißt, was du tust, Vortigern«, sagte er gedehnt. »Die Sachsen sind eine Plage Gottes und nicht durch Heer oder Kraft soll es geschehen …«

Vortigern runzelte die Stirn. Dieser Griesgram.

Doch da fiel ihm schon sein Sohn Vortimer ins Wort. »Du bist der einzige Hochkönig von Britannien!«, rief er aufgeregt.

Oceanus Germanicus, Juni 441
Ordulf

Schon dreieinhalb Tage waren sie gerudert, mal in sengender Sonne gegen die Flut, dann wieder mit frischer Kraft, wenn die Sonne sank und der Strom zu ihren Gunsten kenterte.

»Sieh nur«, raunte Ordulf Thiadmar zu. »Hengist steht unermüdlich am Ruder. Als wäre er in Erz gegossen.« Voll Bewunderung blickte er auf den berühmten Seesachsen.

»Wetter und Müdigkeit scheinen für ihn Worte ohne Bedeutung zu sein«, nickte der junge Haduloher.

Hengist steuerte die Heritog immer dicht unter Land und die Gefährten in den anderen Schiffen folgten in mehr oder weniger großer Entfernung. Am Abend landeten sie stets auf einer kleinen Insel oder an einem unbewohnten Abschnitt der Küste. Der inzwischen fast volle Mond spiegelte sich bis an den Horizont in den grauen Wellen. Mit Ausnahme der kurzen Begegnung mit den Friesen hatten sie kaum jemanden zu Gesicht bekommen. Ihr Anblick schlug alle kleineren Schiffe und die Küstenbewohner in die Flucht.

Wahrscheinlich, überlegte Ordulf, hatte sich die Nachricht, dass Hengist selbst zur See fuhr, wie ein Lauffeuer an der friesischen Küste verbreitet. Der Gedanke erfüllte ihn mit Stolz und eine Woge der Loyalität zu seinem neuen Herrn und Heritog durchströmte ihn.

Inzwischen hatte sich Ordulf mit einigen Schiffsgenossen angefreundet. Der Gefährte des finsteren Gerolf auf der Ruderbank vor ihm hieß Ypwine. Beide waren schon zu Zeiten von Witgis auf dem späteren Hengisthof geboren und nachdem sie aufgehört hatten mit Hengist zu spielen, waren sie seine Gefolgsleute geworden. Beide waren mit ihm in Friesland gewesen. Ganz anders als Gerolf war Ypwine ein stiller, etwas zurückhaltender, aber durchaus freundlicher Zeitgenosse. Ordulf schien es, als wäre er lieber als Bauer in Hadulolha geblieben als auf einen Raubzug nach Britannien zu fahren. Für Ordulfs eigenen Rudergenossen Thiadmar war es ebenfalls die erste Fahrt in die Fremde.

»Ob wir heute Abend schon Britannien erreichen?«, richtete Ordulf eine Frage an die beiden erfahrenen Gefährten vor sich.

»Will ich hoffen, hier auf der offenen See können wir schließlich nicht bleiben«, knurrte Gerolf düster.

Am Morgen hatte Ceretic, nach sorgsamer Musterung der Küste, den Kurs auf die offene See hinaus gewiesen. Kurz vor Mittag versank schließlich der letzte Streifen Festland achtern in den Wogen. Das machte selbst erfahrene Seeleute wie Ypwine und Gerolf nervös.

Doch nicht lange nach dem kurzen Gespräch tauchte vor ihnen endlich das ersehnte Land aus der diesigen See. Hengist selbst entdeckte es zuerst.

»Vor uns liegt Britannien. Ruhm, Ehre und Silber warten auf euch, Männer«, rief er ermutigend.

Die Schlagleute setzen aus und alle drehten sich aufgeregt um.

»Britannien!«, rief auch Gerolf und Ordulf meinte Erleichterung in dem Wort mitschwingen zu hören. Er selbst konnte noch nichts erkennen, aber am späten Nachmittag setzte Hengist die Heritog bei ablaufendem Wasser tatsächlich auf den Sand eines neuen Ufers. Bald schob sich ein zweiter Kiel daneben. Es war die Heldir, was soviel wie »Held« bedeutete, womit Hengist sich in früheren Tagen ebenfalls selbst betitelt hatte. Zuletzt kam die Selah der Keydinger. Dieser Name bedeutete schlicht und einfach »Seehund« und stand, soweit Ordulf wusste, in keinem engeren Bezug zu dem Eigner des Schiffes.

»Das ist die Insel Ruohim. Meine Heimat«, verkündete Ceretic stolz.

Soweit Ordulf erkennen konnte, lag vor ihnen ein völlig unberührter Strand, der zum Land hin durch hohe dornenbestandene Sanddünen abgeschlossen war. Ceretic wies mit der Hand nach Westen. »Dort liegt der Wantsum und auf der anderen Seite der Ort Rutupiae.«

Ordulf hörte gebannt zu, als Ceretic über das neue Land berichtete und versuchte sich alles zu merken. Er kniff die Augen zusammen und schaute suchend in die angegebene Richtung, doch so sehr er sich auch mühte, Rutupiae entdeckte er nicht.

»Auf Männer, genug herumgelungert. Wir gehen an Land!«, ließ sich da Hengist lautstark vernehmen.

Ordulf griff nach seinem Schild und sprang hinter Hengist ins niedrige Wasser. Sie wateten langsam, mit erhobenen Schilden, durch den feuchten Sand zum Ufer. Tang und Treibholz markierten die Flutwasserlinie, die sie ohne Gegenwehr erreichten.

»Wir müssen König Vortigern von unserer Ankunft unterrichten«, bemerkte Hengist. »Wohnt er in einer dieser grauen Hallen dort drüben?«

Anscheinend konnte Hengist mehr erkennen als Ordulf, denn er selbst sah immer noch nicht mehr als einen dunklen Schatten am Horizont, der sowohl Land als auch eine Wolke sein konnte.

Doch Ceretic lachte nur. »Dort soll Vortigern wohnen? Nein. Das sind nur die Römerruinen von Rutupiae. Wenn wir Glück haben, hält sich Vortigern in Durovernum auf. Ein ganzes Stück im Landesinneren, aber immer noch viel dichter als Londinium.«

Ordulf war bei einem der ersten Wörter hängen geblieben. Hatte Ceretic tatsächlich Römerruine gesagt? Von den Römern und ihrem sagenhaften Reichtum, der Macht ihrer Heere und einer unglaublich großen Stadt, in einem Land, in dem es immer Sommer war, hatte er vernommen. Bisher war ihm das alles wie ein Märchen vorgekommen. Und hier sollten diese geheimnisvollen Römer nun tatsächlich Spuren hinterlassen haben?

Ruohim, Juni 441
Ceretic

»Ich werde selbst gleich morgen früh aufbrechen, um König Vortigern von unserer Ankunft zu unterrichten«, schlug Ceretic vor, als er wenig später mit Hengist und den übrigen Anführern in ihrem provisorischen Lager am Strande Ruohims um das Feuer saß.

Die Männer der einzelnen Schiffe hatten sich in Gruppen in den Sand gelagert. Hengist sah ihn nachdenklich an.

»Sollte ich nicht besser selbst an König Vortigerns Hof reisen? Oder wird er kommen und uns hier in Empfang nehmen?«

»Ich glaube, es ist besser, wenn ihr hier auf meine Rückkehr wartet«, antwortete Ceretic rasch. »Wer weiß, was passiert, wenn wir vor Erreichen von Durovernum auf einen Trupp von Vortigerns Kriegern treffen. Und vielleicht weilt Vortigern gar nicht in Durovernum und wir müssen weiterziehen. Wer sollte dann während deiner Abwesenheit das Kommando führen?« Außerdem soll Vortigern sehen, dass ich nicht nur sein Dolmetscher bin, sondern dass die erfolgreiche Anwerbung der Sachsen ganz allein mein Verdienst ist, fügte er in Gedanken hinzu. »Aber wenn du magst, sende einen oder zwei deiner Männer mit mir, um Vortigern ein paar echte Sachsen vorzustellen.«

Damit gab sich Hengist zufrieden.

Am nächsten Morgen standen zwei Krieger bereit. Zu seiner Freude erkannte Ceretic in dem einen den jungen Ordulf. Der andere war ein

Veteran, der auf den Namen Gerolf hörte. Sein bereits ergrauender Bart bedeckte nur unzureichend ein feines Gewirr an Narben.

»Könnt ihr reiten?«, fragte Ceretic. Die beiden sahen sich grinsend an und brachen dann in Gelächter aus. Ceretic biss sich auf die Lippe. Natürlich kannten beide die Geschichte, nach der er vom Pferd gefallen war, als er Ordulf vor dem Tod im Moor retten wollte. Die Frage hätte er sich sparen können. »Also los«, knurrte er verärgert.

Ceretic führte die beiden Sachsen Richtung Nordwesten ins Zentrum der Insel. Zielstrebig folgte er einem alten Trampelpfad in den Wald hinein. Nach etwa einer halben Stunde verdichtete sich das Unterholz derart, dass auch am Tage ein grünliches Halbdunkel herrschte. Kurz bevor sie das andere Ufer erreichten, bedeutete Ceretic seinen Begleitern auf ihn zu warten. Er selbst suchte einen der ihm wohl bekannten Orte auf, an dem sich seine Landsleute bei Ankunft der Sachsen oder Pikten zu verstecken pflegten. Und tatsächlich traf er bald auf zwei alte Bekannte und einen Unbekannten.

»Morgan, Gwydion! Wie schön euch zu sehen. Ist der Comarchus hier?«, begrüßte Ceretic sie.

»Ceretic, bist du das wirklich? Wo hast du die ganze Zeit über gesteckt?«, fragte der Mann namens Morgan zurück. »Und was ist aus Malo und Tavish geworden? Sind sie mit dir zurückgekehrt?« Dann zogen sich seine Augenbrauen plötzlich zusammen. »Und was machen diese ungläubigen Hunde bei dir? Wo sind sie jetzt? Wie bist du ihnen entkommen?« Angstvoll blickte er in die Richtung, in der Ceretic die beiden Sachsen zurückgelassen hatte.

»Das hat Zeit bis später, lass uns jetzt lieber schnell verschwinden, sie können jeden Moment hier auftauchen!«, drängte der dritte, Ceretic bisher unbekannte Mann und zog Gwydion am Ärmel. Fast hätte Ceretic während seiner Zeit unter den Sachsen vergessen, was deren Auftauchen hier in Britannien bedeutete. Die Menschen fürchteten diese Barbaren mehr als den Tod selbst.

»Keine Bange. Die gehören zu mir. Die anderen am Strand übrigens auch. Malo und Tavish sind wohlauf, sie befinden sich im Lager und kommen zurück zu ihren Familien, sobald sie ihren Lohn empfangen haben. Die Sachsen werden euch nichts tun, wenn ihr ihnen nicht zu nahe kommt.«

»Das ist allerdings die einzige Möglichkeit, zu verhindern, dass diese Teufel einem etwas antun. Man darf ihnen nicht zu nahe kommen.« Gwydion lachte humorlos. »Aber leider sind sie hier auf unserer Insel gelandet, falls du das noch nicht bemerkt hast.« Einen Moment zögerte er, dann erschien auf seiner Stirn eine scharfe Falte. »Du hast sie doch nicht etwa hergeführt?«, fragte er.

Ceretic musste schlucken. »Sie sind nicht zum Plündern gekommen. König Vortigern hat sie gerufen«, versuchte er abzulenken. »Deshalb muss ich die beiden auch so schnell wie möglich zum Hochkönig bringen. Weißt du, ob er sich derzeit in seinem Hof in Durovernum aufhält? Und könnt ihr uns über den Wantsum bringen?«

Die sparsamen Erläuterungen Ceretics überzeugten die drei Britannier ganz offensichtlich nicht. Doch schließlich erklärte sich Morgan bereit, Ceretic und die beiden Sachsen über den Fluss zu rudern. »Aber in unser Versteck, zum Comarchus und den anderen, werden wir sie nicht führen, egal was du erzählst. Ich traue diesen Ungläubigen nicht einen Schritt weit. Du hast dich ja schon als Kind immer mit diesem Wulf abgegeben.«

Das Misstrauen seiner alten Freunde traf Ceretic mehr, als er sich eingestehen wollte. Sie kannten ihn doch!

Aber da fuhr Morgan schon fort: »Kommt gleich mit. Je schneller diese verteufelten Sachsen von unserem Ruohim verschwinden, desto besser!«

Seine beiden Begleiter verschwanden allerdings noch schneller; dankbar, nicht auf die leibhaftigen Sachsen treffen zu müssen. Als Morgan Ceretic zu dem wartenden Ordulf und Gerolf folgte, fiel Ceretic auf, wie seinem alten Freund die Knie schlotterten.

Er schüttelte den Kopf. Auch Sachsen waren nur Menschen aus Fleisch und Blut.

»Doch noch ein Britannier!«, freute sich Ordulf, als sie die beiden Wartenden erreichten. »Ich dachte schon, wir wären allein auf der Insel.«

Bei den Worten zuckte Morgan zusammen. Ceretic musste schmunzeln. Auch für seine Ohren hatte einmal alles Sächsische wie eine wüste Drohung geklungen.

»Er freut sich, dich zu sehen«, übersetze er.

»Das beruht nicht auf Gegenseitigkeit, kann ich dir versichern«, knurrte Morgan, aber er beruhigte sich doch so weit, dass sie ihren Weg fortsetzen konnten.

Bald erreichten sie das Ufer des Wantsum. Ihnen gegenüber lag die Küste von Cantium. Morgan führte sie zu einem im Uferdickicht versteckten Ruderboot. Es handelte sich um eine kleine Curach. Ceretic und Morgan trugen das leichte Fahrzeug bis ans Wasser. Ceretic schmunzelte, als er sah, wie die Seeerprobten Sachsen das Fahrzeug kritisch beäugten, bevor sie umständlich einstiegen.

»Eigentlich ist Ruohim eine Insel und der Wantsum kein Fluss, sondern ein Sund«, erläuterte er, als Morgan sie vom Land abstieß.

»Merkwürdig. Man sieht gar keine Fischer«, wunderte sich Ordulf.

Ceretic fand das alles andere als merkwürdig. Immerhin lagen auf der anderen Seite von Ruohim drei sächsische Langschiffe.

Das kleine Ruderboot wurde von der hereinströmenden Flut nach Norden versetzt und erreichte das gegenüber liegende Ufer direkt unter den Ruinen des Kastells von Regulbium. Nachdem Ceretic und die beiden Sachsen ans Ufer gesprungen waren, wendete Morgan das Fahrzeug sofort und pullte mit ganzer Kraft in den Wantsum hinaus. Erst ein gutes Stück vom Ufer entfernt, wagte er, seine Schlagzahl zu verringern. Ordulf und Gerolf bestaunten derweil mit offenen Mündern die steinernen Ruinen des römischen Kastells. Die hohen Mauern aus grauem Stein wurden in regelmäßigen Abständen von roten Bändern aus Ziegeln unterbrochen.

»So etwas haben die Römer errichtet?«, fragte Ordulf schließlich und Ceretic dachte daran, dass er vermutlich noch nie einen richtigen Felsen oder gar ein Steinhaus gesehen hatte.

»Das und noch viel Größeres! Du wirst noch ganz anders staunen, wenn wir erst in Londinium sind. Komm jetzt.« Er zog Ordulf am Ärmel hinter sich her.

Bald erreichten sie die Mauern und Ordulf ließ es sich nicht nehmen, die steinernen Ruinen scheu zu betasten. »Hart wie Stein«, bemerkte er schließlich verwundert.

Doch Ceretic wollte weiter. »Ja, ganz recht. Das ist Stein«, bestätigte er. »Vielleicht können wir im Dorf Pferde bekommen. Dann müssen wir nicht bis Durovernum laufen.«

Rasch zog er den noch immer völlig faszinierten Ordulf über den Hügel. Nun war es Ceretic, der erschrocken inne hielt. Am Fuße des Hügels lagen verbrannte Trümmer, nur vereinzelte Häuser zeigten die Spuren notdürftiger Reparaturen, während die grauen Ruinen des Kastells stumm und ungerührt wie ehedem auf das so grausam veränderte Dorf blickten. Menschen und Vieh konnte Ceretic nirgends entdecken. Regulbium war nicht mehr.

»Um Himmels Willen, wir kommen zu spät!«, jammerte er und rannte den Hügel hinab.

Erst im Dorf schlossen Ordulf und Gerolf wieder zu ihm auf. Ceretic blickte hilflos zwischen den Trümmern einher, doch niemand zeigte sich.

»Vielleicht haben sie sich in den Wald geflüchtet«, murmelte er wenig überzeugt.

»Hier ist jedenfalls niemand mehr«, stellte Gerolf sachlich fest.

»Die Spuren der Verwüstung sind nicht frisch«, bemerkte Ordulf. »Die Brände sind sicherlich schon einen Monat alt.«

Ceretic folgte Ordulfs ausgestreckter Hand. Über einige verkohlte Balken am Boden war bereits dichtes Unkraut gewuchert.

Der Sachse hatte recht. Aber was sollten sie tun? Er gab sich einen Ruck. Sein Jammern würde niemandem helfen.

»Ihr beiden wartet hier. Ich gehe hinauf zum Waldrand. Vielleicht haben sich einige der Menschen dort versteckt«, entschied er.

Während es sich die Sachsen ungerührt im Schatten einiger verkohlter Ruinen bequem machten, stapfte er mit bebendem Herzen zum nahen Waldrand hinauf. Er musste nicht lange suchen. Man hatte ihre Ankunft beobachtet und kaum war er in das lichte Grün eingedrungen, da traf er auf einen alten Bekannten.

»Tallanus!«, rief Ceretic erfreut und schloss den kleinen Diakon in die Arme.

»Wie froh ich bin dich zu sehen!« Vor Rührung wurden die Augen des Klerikers feucht. »Ich habe jeden Tag zum Herrn gebetet, dass er dich auf deiner Reise zu den Barbaren beschützen möge.«

»Das hat er auch getan«, entgegnete Ceretic ernst. »Aber was ist hier geschehen?«

»Die Pikten«, seufzte Tallanus. »Sie haben uns überrascht, schnell wie hungrige Wölfe kamen sie in ihren kleinen Booten. Bevor wir Hilfe rufen konnten, waren sie schon wieder verschwunden. Und nun haben wir gehört, dass die Sachsen, der Herr möge sie strafen …« Hier unterbrach er sich. »Oder vielleicht auch nicht? Sag mir, hast du etwa Erfolg gehabt? Ist ein Wunder geschehen, um unsere Bedrängnis zu wenden?« Bei den Worten leuchteten seine vorher matten Augen hoffnungsvoll auf.

Ceretic reckte stolz die Brust. »Ich war erfolgreich«, bestätigte er. »Drei Schiffe mit hundertfünfzig Hünen sind in Ruohim an Land gegangen und warten darauf, Vortigerns Befehle zu erfüllen. Und die beiden Männer da unten sind nicht etwa die beiden Fischer, die mich begleitet hatten.« Er machte eine Pause, um seine Worte wirken zu lassen, und Tallanus schaute halb furchtsam, halb neugierig zwischen den Zweigen hindurch.

»Das sind doch nicht etwa …«, er schluckte. Viele Britannier glaubten, dass schon das Aussprechen des Wortes »Sachsen« Unglück über sie brächte.

»Ja, wirkliche und echte Sachsen«, prahlte Ceretic.

»Timeo Danaos et dona ferentes«, murmelte Tallanus und bekreuzigte sich. Ceretic sah ihn fragend an, doch der kleine Mann zuckte die Schultern. »Nur so ein alter Spruch. Ich fürchte die Danaer, auch wenn sie Geschenke bringen …«

Nun schüttelte Ceretic den Kopf. »Du mit deinem römischen Unsinn. Der eine ist sogar so etwas wie ein Freund von mir, aber das ist eine lange Geschichte und wir müssen so rasch wie möglich nach Durovernum. Kannst du uns Pferde besorgen?«

Durovernum, Juni 441
Ordulf

Auf den kleinen zottigen Pferdchen, die der ebenso kleine Mann, der sie nun begleitete, besorgt hatte, ritten sie einen steinernen Weg entlang. Schon seit über einer Stunde zog er sich schnurgerade über das Land.

»Die alte Römerstraße«, hatte Ceretic behauptet. Aber wie konnten diese Römer den Erdboden selbst verändern? Um die Straße herum war das Land hügelig wie die Geest, aber fruchtbar wie die Marsch. Zu ihrer Rechten zog sich ein Flusslauf im Tal entlang und an sumpfigen Stellen wuchsen Erlen und Birken. Bald wurde der Weg noch breiter und zu beiden Seiten erhoben sich merkwürdig behauene Steine und Erdhügel.

»Was ist denn das?«, wunderte sich Ordulf.

»Die Gräber der alten Römer und einige britannische noch dazu«, erklärte Ceretic und deutete auf einen besonders stattlichen Erdhügel. »Die Menschen meiden heutzutage diese Orte.

Vor allem nachts.« Er zuckte mit den Schultern, doch Ordulf schauerte. Was die seltsamen behauenen Steine wohl für Zauberkräfte und Bannflüche bargen?

»Warum sollte man vor den Hügeln denn Angst haben?«, fragte er gedehnt.

»Manche Leute erzählen, des Morgens in der Früh fänden sich die Spuren von Gelagen und Wein unter den Steinen, andere dagegen sind der Meinung, es handle sich um Blut.«

»Aber tags können wir hier gefahrlos entlangreiten?«, vergewisserte Ordulf sich und blickte furchtsam über seine Schulter zu dem großen Grabhügel zurück.

Ceretic sah ihn mit einem Augenzwinkern an. »Wie das für euch Heiden ist, weiß ich nicht so genau. Für Christen ist es jedenfalls ungefährlich«, behauptete er. »Aber wir haben ja einen Gottesmann bei uns«, fügte er noch in beschwichtigendem Tonfall hinzu und nickte zu dem kleinen Britannier in der dunklen Kutte.

Seine Antwort beruhigte Ordulf nicht besonders. Sein Blick blieb misstrauisch an einem Grabmonument hängen, welches einen gerüsteten Krieger darstellte. Andere Steine waren mit einem Kreuzsymbol verziert und Ordulf griff unwillkürlich nach dem kleinen Bronzekreuz um seinen Hals. Auch der kleine Mann, den Ceretic als Gottesmann bezeichnet hatte, trug so etwas. Welchen geheimen Zauber mochte dieses Zeichen bewirken? Bisher hatten Ceretic und sein Kreuz ihm Glück gebracht. Dennoch war Ordulf froh, als einzelne Häuser die Nekropole ablösten.

Es waren meist kleine Handwerksbetriebe, die ihre Waren, Töpfergut, Bronzewaren und vieles mehr, an der Straße feilboten. Plötzlich bemerkte Ordulf eine gewaltige graue Wand vor sich. Viel höher noch als die Ruinen in Regulbium. Fast verschlug es ihm den Atem. Die Welt schien hier zu enden.

»Liegen dort etwa auch Römer begraben?«, fragte er mit belegter Stimme.

»Nein, das ist die Stadtmauer von Durovernum. Wir kommen ans Ziel unserer Reise.«

Der Verkehr auf der Straße wurde dichter. Wenn sie bisher nur einzelnen Menschen begegnet waren, so kamen nun Karren dazu, die holpernd von Ochsen über die Steinplatten des Weges gezogen wurden. Ordulf beobachtete, wie die Wagenräder an Anstiegen tiefe Rinnen in den Stein der Straße gegraben hatten.

Doch nicht nur Ordulf staunte. Auch die Sachsen selbst erweckten einige Aufmerksamkeit. Ihre fremdländische Kleidung wurde misstrauisch beäugt und Ceretic musste ihnen mit lautem Rufen Platz verschaffen. Schließlich erreichten sie den Punkt, an dem die Straße auf die Mauer traf. Ordulf hatte sich schon seit einer Weile gefragt, was dort geschehen würde, aber von Nahem erkannte er, dass die Straße mitten durch eine bogenförmige Öffnung in der Mauer führte. Und genau dort – Ordulf erkannte sofort, dass dies der ideale Ort für einen Hinterhalt wäre – wurden sie von drei bewaffneten Britanniern angehalten. Ordulf griff erschrocken zum Sax, aber Ceretic legte ihm die Hand auf den Arm.

»Keine Sorge, das sind die Wachen der Stadt. Sie müssen jeden anhalten, der hinein oder hinaus will. König Vortigern hat es befohlen.«

Das beruhigte Ordulf einigermaßen.

Ceretic sprach mit den Bewaffneten und bald winkte er seinen Begleitern: »Los, weiter, der Mann mit dem blonden Schnauzer hier wird uns zum Palast führen.« Sie folgten dem Britannier durch den dunklen Torbogen. »Wir haben Glück«, fuhr Ceretic fort. »Vortigern hält sich tatsächlich in Durovernum auf.«

Ordulf hörte nur halb zu. Die Welt endete nicht hinter der Mauer, wie er befürchtet hatte. Es war viel eher so, als begänne sie erst richtig. Auf den Straßen der Stadt herrschte reges Treiben und am Rande der rechtwinklig angelegten Gassen stand eine geradezu unglaubliche Anzahl Häuser. Manche aus Holz, andere, wie die Mauer, aus Stein erbaut. Selbst der gleichmütige Gerolf kam aus dem Staunen nicht mehr heraus. Er und Ordulf machten sich gegenseitig mit offenen Mündern auf immer neue Details aufmerksam. Bald führte Ceretic sie auf einen großen Hof. Hier waren die Steinhäuser häufiger und auch größer als direkt hinter der Stadtmauer.

»So, ihr könnt absteigen. Ich werde euch jetzt vor den König führen«, bedeutete Ceretic den beiden, während er und der schweigsame Kleriker bereits zu Boden sprangen. Hilfreiche Hände nahmen den immer noch völlig benommenen Sachsen die Zügel aus der Hand. Automatisch stieg Ordulf vom Pferd und folgte den beiden Britanniern wie ein eingeschüchterter Hund in das größte der Gebäude.

Im ersten Raum trafen sie auf weitere Bewaffnete. Die Männer trugen Helme, glänzende Rüstungen und seltsame große, ovale Schilde, einige wieder mit dem Kreuzsymbol darauf. Ein Mann mit einem prächtigen goldenen Helm und einem quer stehenden roten Helmbusch übernahm die Führung. Um sie herum redeten die Britannier laut durcheinander und gafften ebenso staunend zurück, wie die Sachsen sie anstarrten. Alle hielten respektvoll Abstand und niemand schien es zu wagen, sich den Fremden zu nähern. Schließlich öffnete sich vor ihnen eine weitere Tür. Beim Eintreten wurde Ordulf von der Pracht geblendet. Auf mehreren bronzenen Becken brannten Feuer, schwere Stoffe hingen an den Wänden. Der Fußboden war mit bunten Steinen belegt, die kunstvolle Muster bildeten, aber nicht wegrollten, wenn man mit den Füßen drauf trat.

»Der Hochkönig Britanniens! Verbeugt euch vor ihm«, riss ihn Ceretics Stimme aus dem Staunen.

Vor ihm, auf einer Art Hochsitz, saß ein großer Mann mit langem rotem Bart, den Ordulf bisher noch gar nicht bemerkt hatte. Ehrfürchtig beugte er Knie und Kopf vor dem Herrscher all dieser Pracht. Ceretic begann auf Britannisch zu sprechen. Anfangs unterbrach ihn der König einige Male mit einer tiefen Stimme, aber dann wurde es immer stiller um die vier.

Ordulf nutzte die Zeit, um sich noch einmal gründlich umzusehen. Das Haar des Königs war an den Schläfen bereits ergraut und ein goldener Reif um seine Stirn unterstrich Würde und Macht. Er war in ein langes purpurfarbenes Gewand gehüllt. Neben ihm, aber deutlich niedriger, saß noch ein weiterer Mann. Er war klein und eigentlich nicht mehr als ein grauhaariger Greis mit einem silbernen Geschmeide auf dem Haupt. Ordulf erfuhr später von Ceretic, dass es sich um Vortigerns Vasallenkönig Gwyrangon, den Herrscher von Cantium und somit ihren eigentlichen Gastgeber in Durovernum handelte. Vortigern hielt sich mitunter gern in den Residenzen seiner Vasallenkönige auf, vor allem in Durovernum oder Lindum. Londinium, wo sich sein eigener Palast befand, war ihm zu aufmüpfig und Verulamium, die Hauptstadt seiner catuvellaunischen Vorväter, war inzwischen zu einem unbedeutenden Flecken verkommen.

Um die beiden Herrscher herum standen weitere Wächter mit glänzenden Rüstungen und bunten Mänteln. Direkt unter sich entdeckte Ordulf das Bild zweier Vögel. Sie sahen so täuschend echt aus, dass er fast danach gegriffen hätte. Aber scheinbar bestanden auch sie, wie fast die ganze Stadt, aus totem Stein.

Da hörte Ordulf wie Ceretic seinen Namen erwähnte und schaute auf. Der König blickte ihm forschend ins Gesicht. Ordulf fühlte sich seltsam, da er gar nicht verstand, was über ihn geredet wurde, aber der König nickte ihm zu, was ihn einigermaßen beruhigte. Dann winkte er Ceretic und der errötete. Er verbeugte sich nochmals und ging mit gesenktem Haupt auf Vortigern zu. Dieser ließ sich von einem Diener einen goldenen Torque reichen und gab ihn dann Ceretic weiter. Eilig befestigte der den Reif an seinem Hals. Ordulf beobachtete, wie Ceretic stolz den Kopf reckte. Offenbar war sein König zufrieden mit ihm.

»Vortigern entbietet euch seinen Gruß. Er freut sich, dass Hengist euch übers Meer gebracht hat«, wandte sich Ceretic nun endlich in sächsischer Sprache Ordulf und Gerolf zu. »Als Zeichen seiner Wertschätzung will er euch etwas schenken. Tretet näher.«

Ordulf und Gerolf sahen sich fragend an. Dann verbeugte sich Ordulf, wie er es gerade bei Ceretic gesehen hatte und ging langsam zu Vortigerns Thron. Gerolf folgte ungeschickt seinem Beispiel. Vortigern lachte leise über die verunglückte Verbeugung. Dann rief er etwas und ein weiterer Mann brachte ihm zwei silberne Armringe, jeder daumendick. Ordulfs Augen weiteten sich voll Begier. Und tatsächlich überreichte Vortigern ihm einen der Ringe. Ordulf wog das Silber in der Hand. Das war gut, sogar sehr gut! Zufrieden ließ er sich von Ceretic aus der Halle führen.

Vor dem Gebäude warteten ihre Pferde. Allerdings nur drei.

»Kommt der kleine Mann nicht mit uns?«, wunderte sich Ordulf.

»Nein, Tallanus hat hier im Palast zu tun. Er dient dem, dem …« Ceretic suchte nach einem passenden sächsischen Wort. »Dem großen Priester«, entschied er schließlich. Worte für Diakon oder Bischof gab es in der sächsischen Sprache einfach nicht. Ordulf ließ es dabei bewenden.

Sie stiegen nicht auf, sondern führten die Pferde am Zügel über den großen Platz mit den steinernen Häusern. Zielstrebig bog Ceretic in eine der Straßen, die nach Westen zu führen schien. Es war Ordulf ein Rätsel, wie sich hier jemand orientieren konnte. Die Gassen sahen doch alle gleich aus mit ihren himmelhohen Häusern und dem steinernen Boden. Doch entgegen seiner Befürchtungen erreichten sie bald ein weiteres großes Gebäude, in dessen Hof ihnen wiederum ein Knecht die Zügel abnahm.

»Wir müssen doch unsere Pferde versorgen. Sättel abnehmen und …«, protestierte Ordulf, als Ceretic ihn in Richtung einer großen Halle zog.

»Dafür ist der Knecht da«, entgegnete Ceretic. »Ihr kommt jetzt mit mir. Wir haben zu feiern.«

Widerstrebend ließ sich Ordulf von den Tieren wegziehen. Es war zwar nur ein ziemlich unansehnliches kleines Vieh, aber immerhin hatte es ihn brav von der Küste bis in die Stadt getragen.

Sie betraten die Halle. An der einen Seite befand sich eine offene Feuerstelle und mehrere Mägde hantierten mit Schüsseln und Töpfen. Der Rest des Raumes wurde von langen Bänken und Tischen ausgefüllt, an die Ceretic sie nun führte. Ordulf sah sich neugierig um. Diese Halle sah ganz anders aus als die des Königs. Die Decke war niedrig und wurde von mehreren Balken gestützt. Die Menschen, überwiegend schnauzbärtige Männer in bunten Wollkleidern, schienen sich gar nicht zu beachten. Oft wandten sie einander den Rücken zu, während die einen müde ihr Bier schlürften und die anderen sich beim Würfelspiel oder trinken vergnügten. Sein Blick wanderte weiter und suchte nach dem Hochsitz. Doch er konnte ihn nicht entdecken. Da knallte eine der Mägde wortlos ein paar Becher vor sie hin. Ordulf fuhr erschrocken herum.

»Wohnt hier ein Freund von dir?«, fragte er Ceretic verblüfft. »Und will er uns nicht in seiner Halle begrüßen?«

»Nein, ich kenne den Wirt nicht«, erklärte Ceretic. »Dies ist ein Gasthof, hier bekommen Fremde Essen und Trinken und bezahlen dafür.«

»Bezahlen?« Nun mischte sich echte Empörung in Ordulfs Stimme. »Aber das Gastrecht ist doch heilig. Selbst die verdammten Friesen respektieren das«, protestierte er.

Ceretic schüttelte den Kopf. »Die Sitten sind hier eben anders. Aber mach dir keine Sorgen, ich regele alles. Ihr seid meine Gäste.«

Ordulf nickte. Zumindest was sie betraf, waren die Verhältnisse damit klar. Mochten die Britannier ihre merkwürdigen Sitten behalten, er wusste, wem er für das Gastmahl seine Dankbarkeit schuldete.

»Einen schönen Goldring hat dir der König geschenkt. Darf ich einmal schätzen, wie schwer er ist?«, fragte er daher höflich und streckte erwartungsvoll seine Hand aus.

Ceretic nahm den Ring umständlich vom Hals, behielt ihn aber einen Moment und schaute ihn mit unverhohlenem Stolz an. »Ja, das Gold ist das eine«, erklärte er selbstzufrieden. »Aber wichtiger ist, was es bedeutet. Der König hat mich in den Ritterstand erhoben und in seinen Rat berufen!« Nun endlich reichte Ceretic dem jungen Sachsen den goldenen Torque. »Und morgen reiten wir zurück zu Hengist. Im Norden gibt es Arbeit für uns.«

Durovernum, Juni 441
Ceretic

Am nächsten Morgen suchte Ceretic Vortigern noch einmal auf. Die Sachsen hatten einigen Eindruck gemacht. Zu recht, denn beide überragten die einheimischen Krieger um Haupteslänge.

»Du wirst die Heiden auf dem schnellsten Weg nach Londinium bringen«, begrüßte der Hochkönig seinen frischgebackenen Ritter ohne Umschweife.

»Können wir Pferde bekommen?«, fragte Ceretic zurück.

»150 Pferde? Nein, das ist ausgeschlossen. Vielleicht zehn, für dich und ihre Anführer. Wie hießen sie doch? Henkai und Ho-, Ho-, Ho- wie?«

»Hengist und Horsa«, nickte Ceretic bestätigend.

»Aber«, fuhr der Hochkönig fort, »ich habe mir bereits etwas überlegt. Die Sachsen sollen die Thamesa hinaufrudern. Mein Sohn Vortimer wird euch auf einer Lusorie entgegenkommen und euch nach Londinium führen. Ich werde ihn anweisen, alles, was er an Pferden und Wagen finden kann, dort für euch bereitzustellen. Von Londinium aus werdet ihr so schnell ihr könnt nach

Lindum aufbrechen, wo ich mit dem Rest des Heeres warte. Ich selbst breche schon morgen früh dorthin auf, gemeinsam mit meinen wichtigsten Ratgebern.«

Ceretic sah ihn erstaunt an. Wieso diese Eile? Doch der Hochkönig schien seine Gedanken zu erraten. »Ich habe gestern glückliche Nachricht erhalten. Die Pikten haben den hohen Wall überschritten.«

Ceretic sah seinen Herrn ungläubig an. »Glückliche Nachricht?«, entfuhr es ihm, bevor er sich wieder unter Kontrolle hatte. Er war entsetzt. Was außer einem toten Pikten konnte einen glück lich machen?

Der König grinste breit. »Ahearn, der König von Elmet, hat die Krieger der nördlichen Reiche um sich geschart, sich aber nach einer verlorenen Schlacht hinter den Mauern von Eboracum verkrochen. Wenn ich sie aus der Notlage befreie, wird mich der ganze Norden als Hochkönig anerkennen. Nicht nur Elmet und Ebrauc, nein, auch die Herrscher von Rheged, Bryneich, Gododdin, bis hinauf zum hohen Steinwall, werden die Knie vor mir beugen. Also beeile dich, damit wir die Pikten nicht schon aufgerieben haben, bevor du mit den Sachsen nachkommst!«

»Warte mit der Schlacht, bis ich die Sachsen heran gebracht habe, sie werden dich nicht enttäuschen«, versprach Ceretic.

»Außerdem«, fuhr Vortigern fort, »wird es den halsstarrigen Londiniern guttun zu sehen, wer jetzt in meinem Dienst steht. Ihre Loyalität schwankt immer noch zwischen mir und diesem verdammten Ambrosius, als könnten sie sich zu jeder Gelegenheit aussuchen, wer ihnen besser passt. Und auch den Sachsen wird es gut tun, die Mauern Londiniums und seine Bauwerke zu bestaunen. Das wird diese Barbaren lehren sich darüber zu freuen, mir dienstbar zu sein. Ich bin der rechtmäßige rex britannorum!«

Also fängt der schlaue Fuchs wieder einmal zwei Fliegen mit einer Klappe. Ceretic nickte anerkennend. Doch nun war Eile geboten. Innerhalb einer Stunde verließ er mit den beiden Sachsen das Nordtor Durovernums in Richtung Regulbium.

VIII. Den blauen Dämonen entgegen

Londinium, Juni 441
Ordulf

Drei Tage später befand sich die kleine Flotte der Sachsen auf einem breiten Strom, der sich träge wie die Ælf dem Meer zuwälzte. Die Männer schwitzten, während sie die Schiffe mit der gerade erst einsetzenden Flut den Fluss hinaufruderten. Plötzlich tauchte vor ihnen ein Segel auf. Bisher hatten alle Boote vor den Langschiffen Reißaus genommen, aber bald erkannten sie, dass das Segel zu einem größeren Fahrzeug gehörte, das direkt auf sie zuhielt. Kurz bevor die Fremden auf Rufweite heran waren, holten sie plötzlich das Segel ein und legten den Mast um.

»Sie wollen uns doch nicht etwa angreifen?«, staunte Gerolf.

Doch die Fremden ließen ihr Schiff im gerade zwischen Flut und Ebbe stehenden Flusswasser dümpeln, anstelle es mit den Rudern auf Angriffsgeschwindigkeit zu bringen. Ordulf, der gerade zur Freiwache gehörte, betrachtete das Schiff mit zusammengekniffenen Augen.

Es war lang und extrem schlank. Er zählte 15 Riemen auf der ihnen zugewandten Seite, die aber alle reglos im Wasser schwammen. Die Ruderer selbst wurden von ihren runden Schildern verdeckt, welche sie an der Bordwand aufgehängt hatten.

Eine schlaue Idee, dachte Ordulf. Wie oft wurden nicht die Ruderer beim Angriff Ziel von Pfeil und Speer?

Auch der Steven hatte eine seltsame Form. Er schwang sich nicht in einer eleganten Kurve aus dem Wasser, wie bei der Heritog oder der Heldir, sondern bildete dicht über der Wasserlinie eine Spitze aus. Ein Rammsporn. Ein einzelner Balken ragte darüber nach oben und lief in einem stilisierten Drachenkopf aus. So ein Schiff hatte Ordulf noch nie gesehen. Es wirkte wie eine Schlange auf dem Wasser und ihr Biss konnte für andere Schiffe vermutlich ebenso todbringend sein, wie der einer Kreuzotter für Kinder und Fohlen.

Die fremden Riemen senkten sich ins Wasser. Das Schiff stoppte auf und ein Mann rief in der seltsam melodischen Sprache der Britannier zu ihnen hinüber. Ceretic übersetzte so laut, dass auch Ordulf alles verstehen konnte.

»Das ist Vortimer, der Sohn des Hochkönigs. Er wird uns nach Londinium und dann weiter in den Norden gegen die Pikten führen.«

Nun kniff auch Hengist die Augen zusammen, allerdings wegen der Sonne, die bereits ihren Zenit überschritten hatte, und nicht weil er so stumpfe Augen wie Ordulf gehabt hätte. Er hob die Hand zum Gruß. »Sag ihm, dass Hengist Witgissunu, seinen Gruß erwidert«, forderte er Ceretic auf und rief seiner Besatzung dann zu: »Wir wollen den Prinzen gebührend grüßen. Hoch Vortimer!«

Dreimal schickten die Sachsen von ihren Ruderbänken ein donnerndes »Hoch Vortimer« zu dem fremden Schiff hinüber.

Am Abend, sie hatten die Schiffe beim Einsetzen der Ebbe ans schlammige Ufer gezogen, denn gegen den Strom gab es kaum ein Vorankommen, bemerkte Ordulf ein unheimliches Glimmen am nördlichen Horizont.

»Die Lichter der großen Stadt«, erklärte Tavish auf mehrfache Nachfrage. Er tat sich immer noch schwer mit dem Sächsischen, Ordulf verstand ihn nur mit Mühe.

Ein kräftiges Lachen lenkte Ordulfs Aufmerksamkeit von dem jungen Britannier und den Lichtern der Stadt ab. Vortimers britannische Besatzung lagerte abseits der Sachsen am Ufer des dunkel daliegenden Stromes. Fast wurden sie von den hängenden Weiden und Erlen verdeckt.

Ordulf schlug gedankenverloren nach einer Mücke. Sein Blick glitt weiter am stillen Ufer entlang. Nur der Prinz selbst saß zusammen mit Hengist, Horsa, Willerich und Ceretic in der Runde der angeworbenen Sachsen. Vortimer schien nicht im Mindesten besorgt. Er erzählte eine Geschichte, die Ceretic für die Zuhörer von jenseits des Meeres übersetzte. Hengist schien sich zu amüsieren wie schon lange nicht mehr. Sein helles Lachen durchschnitt die Stille der Nacht. Hatte er ihn überhaupt einmal so ausgelassen erlebt?, wunderte Ordulf sich.

Am darauffolgenden Tage kamen sie nach Londinium. Die Stadt schien noch bedeutend größer als Durovernum zu sein. Die Mauer, mehr als drei Mann hoch, umschloss eine unzählbare Menge steinerner Gebäude. Doch selbst Ordulf fiel auf, dass Londinium einmal für mehr Menschen gebaut worden war, als nun darin wohnten. Große Flächen im Inneren der grauen Mauern lagen brach oder waren mit den Trümmern verfallener Häuser bedeckt.

Am meisten beeindruckt hatte ihn gleich bei ihrer Ankunft der Hafen. Dort lagen insgesamt drei der schlanken Naves lusoriae. So hatte Ceretic Vortimers Schiff bezeichnet. Nach ihrer Größe und dem niedrigen Freibord zu urteilen, waren sie nur für den Einsatz auf dem Fluss – der Thamesa, wie er inzwischen erfahren hatte – und allenfalls in Küstennähe gebaut. Doch trotz ihrer schlanken Linien waren nicht sie es, die Ordulfs Blick gefesselt hatten. Nicht weit von ihnen lagen die verrottenden Gerippe weiterer Schiffe im Schlick. Unter ihnen eines, welches Ceretic als Liburne bezeichnet hatte. Es musste einmal mehr als doppelt so groß wie die stattliche Heritog gewesen sein.

Und noch etwas am Hafen hatte Ordulf den Atem stocken lassen: die Brücke. Nicht ein einfacher Holzsteg, wie er ihn aus Sachsen kannte. Nein, die Brücke ruhte auf mehreren Pfeilern inmitten des Flusses. Die Wassermassen schossen und tosten an den Pfeilern vorbei und hoch darüber spannten sich schier endlos lange steinerne Bögen, die eine dieser geraden Römerstraßen quer über den Strom trugen. Seitdem hatten sie mehrere Flüsse auf ähnlichen, wenn auch kleineren Brücken überquert. Es klang hohl, wenn die Hufe der Pferde auf die steinernen Straßen schlugen, doch sie scheuten nicht ein einziges Mal und auch Ordulf selbst nahm nicht das geringste Schwanken wahr.

Fünf Tage nachdem sie Londinium durchquert hatten, befanden sie sich wieder auf einer der schier endlosen, geraden Römerstraßen. Die Sonne der letzten Tage hatte sich verzogen. Der Wind stand ihnen entgegen und Regen peitschte Ordulf ins Gesicht. Er fluchte leise unter dem Gewicht seiner Ausrüstung. Hengist und einige ausgesuchte Sachsen waren in Londinium mit Pferden versorgt worden. Für den Rest von ihnen hatte Vortigern lediglich drei Ochsenkarren bereitstellen lassen, viel zu wenig, um das gesamte Gepäck der hundertzweiundfünfzig Männer aufzunehmen. Auch Ceretic und Vortimer mitsamt seiner Eskorte waren selbstverständlich beritten. Daher sah Ordulf von ihnen nun auch nichts mehr. Sie hatten sich, sobald die ersten Tropfen vom Himmel fielen, nach Norden abgesetzt und würden vermutlich in einer trockenen Scheune auf sie warten. So hatte sich Ordulf den Kampf gegen die Pikten nicht vorgestellt.

Wenigstens in Bezug auf die Nahrung hatte der Hochkönig Vortigern nicht zu viel versprochen. Jeden Abend, wenn die Sachsen hungrig und müde in den Scheunen eines Dorfes lagerten, sorgte Vortimer für ausreichend Fleisch, Brot, Bier und Feuerholz.

»Ob wir bald auf diese verdammten Pikten treffen?«, fragte Ypwine Gerolf, der neben Thiadmar und Ordulf am Feuer saß, am Abend dieses Tages.

Gerolf zerrte gerade mit beiden Händen an einem Stück Fleisch, in dem er sich festgebissen hatte. Schließlich ließ er von dem zähen Stück Schaf ab und wischte sich das Fett aus dem Bart. »Entweder Vortigerns Truppen haben sie schon ohne unsere Hilfe vertrieben oder sie kommen uns bald entgegen«, vermutete er und nahm einen neuen Anlauf, der widerspenstigen Keule beizukommen.

Ordulf hörte schweigend zu, doch am Abend reinigte er sorgfältig seinen Sax und prüfte die Schärfe der Klinge. Wie würde er sich wohl in seiner ersten Schlacht schlagen?

Früh am Morgen ging es weiter, die Kolonne der Sachsen zog sich über eine lange Strecke Weges hin, doch immerhin schien heute endlich die Sonne. Gegen Mittag geriet der Zug vorne plötzlich ins Stocken. Ordulf kniff die Augen zusammen, konnte den Grund aber nicht erkennen.

»Dort kommen zwei Reiter auf uns zu«, rief schließlich jemand weiter vorn in der Kolonne. Dann entdeckte Ordulf sie auch.

Zwei völlig verdreckte Reiter auf kleinen britannischen Pferdchen, denen der Schaum vor dem Maul stand.

»Die müssen wichtige Nachrichten überbringen, wenn sie sich so beeilen«, mutmaßte Gerolf.

Die sächsische Kolonne war inzwischen wieder dicht aufgeschlossen und Ordulf sah gespannt zwischen Hengist und den sich nähernden Britanniern hin und her. Die Reiter hielten direkt auf Vortimer zu und als sie ihn erreichten, entspann sich zwischen ihm, den beiden Fremden und Ceretic sofort ein aufgeregtes Gespräch. Ordulf verstand kein Wort und vermutlich ging es Hengist nicht besser.

Endlich wandte sich Ceretic an den Sachsenfürsten. Horsa und Willerich rückten heran, um ebenfalls zu hören, was die Boten berichteten. Unter den Sachsen begannen derweil wilde Spekulationen zu kreisen.

»Sie brauchen uns nicht mehr und wir sollen wieder umdrehen«, argwöhnte Thiadmar.

»Vielleicht hat uns der Feind umgangen?«, vermutete Gerolf, doch da löste sich Hengist selbst aus der Gruppe der Reiter und trabte in die Mitte des Zuges, sodass ihn alle gut sehen und hören konnten.

»Ich habe gute Nachrichten für euch«, rief er. »Die Pikten haben die Truppen des Hochkönigs in die Flucht geschlagen.«

»Das sollen gute Nachrichten sein?«, brummte Ypwine. »Gute Nachrichten wären es, wenn wir zu der Insel vor der Thamesa-Mündung umkehren könnten. Ich hätte keine üble Lust, an dem Fleet, den ich dort entdeckt habe, einen Hof zu bauen.«

Doch Hengist fuhr schon mit erhobener Stimme fort: »Vortigern wurde auf dem Marsch zu einer Stadt namens Eboracum von den Pikten überrascht. Seine Armee ist geschlagen und hat sich hinter den Mauern eines anderen Ortes verschanzt. Er befiehlt uns, schnellstens dorthin zu kommen. Es gibt also noch genug für uns zu tun.«

»Das Ganze schmeckt mir nicht«, maulte Gerolf. »Sollen auch wir uns hinter Mauern verstecken? Unsere Schilde sind unsere Mauern. Wir werden dem Hochkönig zeigen, wozu Sachsens Krieger fähig sind.«

Beifälliges Gemurmel antwortete dem alten Recken, doch da gab Hengist bereits das Zeichen zum Weitermarsch. Bald stieg Ordulf der Geruch von Feuer in die Nase. Als die Straße auf einem Höhenzug aus dem Wald trat, sahen sie am Horizont Rauchsäulen aufsteigen. Dort im Norden brannten Dörfer.

»Ich dachte, der Hochkönig steht noch zwischen uns und dem Feind. Wieso brennen denn hier schon die Dörfer?«, wunderte sich Ypwine. »Hat Vortigern etwa auch diese Stadt nicht gehalten und sein Heer ist vollends aufgerieben worden?«

»Seht nur dort rechts«, rief plötzlich eine Stimme, die Ordulf bekannt vorkam. Dann fiel ihm ein, wer das war. Kein anderer als der einäugige Halvor. Ordulf verfluchte seinen Hochmut. Er hätte nie und nimmer zustimmen sollen, als Horsa den Kerl verschonte. Sicher wartete der Ebbingemanne nur auf eine Gelegenheit zur Rache. Aber für solche Gedanken war es nun zu spät.

Ordulf seufzte und blickte mit zusammengekniffenen Augen in die angegebene Richtung, aber erkennen konnte er nur den dunklen Wald. Thiadmar neben ihm schien etwas wahrzunehmen.

»Da bewegt sich etwas«, rief auch er. »Sind das Reiter?«

Halvors eines Auge schien besonders scharf zu sein. »Da sind gerade drei Reiter im Wald verschwunden«, behauptete er.

»Wir verfolgen sie nicht«, befahl Hengist streng. »Sie sollen denken, wir wollten uns zusammen mit den Britanniern klammheimlich hinter den Mauern dieser Stadt verstecken.«

Gerolf quittierte die Anweisung mit einem triumphierenden Schnaufen. »Ich wusste, dass Hengist sich nicht wie ein Feigling verkriecht«, frohlockte er.

Da sah Ordulf, wie sich zwei Berittene vorn von ihrer Kolonne lösten. Gerade noch in Sichtweite des Heeres blieb der erste stehen, während sein Kamerad weiter eilte. Hengist sandte also eigene Späher aus. Der zweite Reiter würde sich seinerseits bis an die Grenze des Sichtfeldes des ersten vorwagen, dann wäre seinerseits wieder der erste dran und so weiter, bis sie irgendwann auf den Feind stießen.

Hengist selbst und die übrigen Reiter hielten sich nun dicht bei den Fußkämpfern. Die Spannung war greifbar, doch es dauerte noch etwa zwei Stunden, bis vor ihnen plötzlich wieder ein Reiter erschien.

»Unser Kundschafter«, behauptete Thiadmar, lange bevor auch Ordulf ihn erkannte. Das kleine Britannier-Pony des Spähers kam im vollen Galopp die Straße entlanggeprescht. Hengist ritt ihm entgegen und hob den Arm als Zeichen, dass die Kolonne warten sollte. Kurz darauf wendete Hengist sein Pferd und trabte zu den gespannt wartenden Kriegern zurück.

»Pikten!«, rief er. »Die Kerle warten hinter diesem Wäldchen auf uns.« Er blickte verächtlich zu den beiden Britanniern auf ihren müden Ponys hinüber. »Unsere britannischen Freunde meinen, wir sollten umkehren. Was haltet ihr davon?«

Empörte Rufe wurden laut.

»Dafür sind wir nicht so weit gelaufen«, rief Gerolf und allgemeines Gelächter antwortete ihm.

»Bravo Gerolf.« Hengist schenkte seinem alten Knecht ein grimmiges Lächeln. »Wir formieren uns vor dem Wald und greifen im Eberkopf an. Willerich führt die Seinen rechts, Horsa bildet mit den Männern der Heldir den linken Keil. Die Mannen der Heritog folgen mir in der Mitte. Wir rücken dann leise bis zum Waldrand vor. Niemand verlässt die Deckung und seid verdammt nochmal leise. Wir wollen diese Pikten nicht vorzeitig aufschrecken.«

Aufgeregtes Gemurmel folgte, als sich die Männer wie befohlen aufteilten. Sobald wieder Ruhe einkehrte, drangen sie in den Wald ein, die Reiter voran, das Fußvolk hinterher. Alle bemühten sich, möglichst leise zu sein, doch Ordulf hörte von der ganzen Front das Knacken dürrer Äste und das Schnauben der Rösser. Hin und wieder wieherte ein Pferd oder ein Mann schrie auf, wenn ihn ein Zweig ins Gesicht peitschte. Fast meinte er, der Feind müsste auch das Schlagen seines Herzens hören, so sehr hämmerte es in seinem Brustkorb. Vor Aufregung klebte seine Zunge trocken am Gaumen und seine Blase begann sich bemerkbar zu machen. Schließlich wurde der Wald vor ihnen lichter. Gleich würde er diese geheimnisvollen Pikten zu Gesicht bekommen. Hengist hob seine Hand und bedeutete den Sachsen anzuhalten. Er selbst stieg aus dem Sattel und pirschte sich vorsichtig bis zum Waldrand vor.

»Wie viele es wohl sind?«, flüsterte Thiadmar aufgeregt.

Ordulf kribbelte es seltsam in der Magengrube. Er musste sich räuspern, bevor er eine verständliche Antwort zustande brachte. »Keine Ahnung«, stieß er gedrückt hervor.

»Ob sie einen Schildwall bilden? Oder vielleicht sogar Wall und Graben ausgehoben haben?«, fragte Thiadmar weiter, doch auch Ordulf wusste keine Antwort.

Der Feind blieb hinter den letzten Bäumen verborgen. Es erschien Ordulf, als verstriche eine Ewigkeit, bis Hengist zurückkehrte.

»Die Pikten stehen quer über das gesamte Tal verteilt in loser Schlachtordnung«, berichtete er. »Sie scheinen sich ihrer Sache sehr sicher zu sein. Vermutlich glauben sie nicht, dass wir es wagen, sie anzugreifen.« Ein breites Grinsen spaltete seinen Bart und seine Augen funkelten hinter den dunklen Eisenringen des Helmes. »Legt euer Gepäck ab. Sobald mein Horn erschallt, greifen wir an. Lauft so schnell ihr könnt und schaut nicht zurück! Du dort und du, ihr überbringt meine Befehle Willerich und Horsa.«

Ordulf warf sein Gepäck von der Schulter. Wie leicht er sich auf einmal fühlte. Hastig griff er mit der Linken in die Schlaufen seines eisenbeschlagenen Schildes. Den Sax trug er bereits im Gürtel. Dann fasste er mit der Linken noch einen Speer. Als Ordulf aufsah, saß Hengist schon wieder hoch zu Ross. Die zehn berittenen Krieger seines Keiles formierten sich hinter ihm zum Angriff. Die Fußkämpfer drängten sich dazwischen und dahinter. Ordulfs Blase drückte immer noch, doch dafür war es nun zu spät. Er griff mit der Rechten nach der Mähne von Hengists Pferd. Der schaute kurz zu ihm herunter und nickte grimmig. Die übrigen Fußkämpfer taten es ihm gleich und griffen nach den Mähnen oder den ledernen Steighilfen, die einige der Sachsen an den britannischen Sätteln befestigt hatten.

Dann hob Hengist sein Büffelhorn an die Lippen und blies mit voller Kraft hinein. Ein wimmernder Ton drang durch den Wald. Die Reiter stießen ihren Pferden die Hacken in die Flanken und die sächsische Streitmacht brach im vollen Galopp aus dem Wald. Ordulf klammerte sich an der Mähne von Hengists Pony fest, die genauso wild flatterte wie Hengists langes blondes Haar unter dem Helm. Halb sprang Ordulf nebenher, halb riss ihn das Ross mit sich auf die dunkle Reihe halbnackter Feinde zu.

Die Zeit war zu kurz, um den Gegner genau in Augenschein zu nehmen, Ordulf musste sich voll darauf konzentrieren, nicht zu stürzen oder den Griff in der Mähne von Hengists Pferd zu verlieren. Mit voller Wucht brachen sie in die Reihen der Pikten ein.

Ordulf ließ die Mähne des Rosses fahren. Sein Schild prallte mit voller Wucht in den ersten Pikten, der ihm aus schreckensweiten Augen entgegensah. Schon hatte Ordulfs Rechte den Griff des Saxes gefunden. Den Speer hatte er bei dem wilden Angriff verloren. Ein Schwerthieb prallte an seinem eisenbeschlagenen Schildrand ab, fast gleichzeitig fuhr sein Sax darunter hervor. Blut spritzte auf und die kalte Klinge beschlug, als sich die Spitze in heißes Fleisch bohrte. Die Wut der Schlacht, von der die Scops im Winter am Herdfeuer sangen, erfasste Ordulf. Er stürmte weiter, nun aus eigener Kraft, Hengist und seinem Ross hinterher durch eine blutige Schneise. Links von ihm drängte ein weiterer Reiter voran. Und Ordulf hieb mit neuer Kraft zu – er würde die piktischen Reihen vor dem hochnäsigen Reiter durchbrechen.

Dann war das Getümmel auf einmal vorbei und Ordulf sah keinen der seltsam blau bemalten Krieger mehr vor sich. Dort war nur Hengist, der gerade sein Pferd wendete und ihn mit blutverschmiertem Bart anlachte. Sie hatten die feindlichen Reihen durchbrochen.

Er steckte seinen blutigen Sax in den Boden, hob mit der Rechten etwas lose Erde auf und rieb sie zwischen beiden Händen, bis das klebrige Blut mit Erde vermengt als schwarze Röllchen zu Boden fiel. Dann fasste er wieder den Griff seines Saxes. Doch es gab um ihn herum keine Feinde mehr. Etliche der blauen Gestalten lagen stöhnend in ihrem Blut, die anderen liefen um ihr Leben. Sie hatten gesiegt! Hengist hatte gesiegt.

»Hengist!«, brüllte Ordulf begeistert und seine Stammesbrüder stimmten aus vollem Hals mit ein.

Es war ein überwältigender Sieg für die Sachsen. Sie zählten nur einen einzigen Toten und zwanzig meist leicht Verwundete.

Ausgerechnet Ypwine, der sich auf Thanet über einem Fleet seinen Hof bauen wollte, war der unglückliche Feymanne, dem sein Wurd bestimmte, an diesem Waldrand das Leben auszuhauchen. Es war schon merkwürdig, befand Ordulf. Ypwine war wohl der einzige Sachse in Britannien, der lieber in Ruhe seinen Acker bestellt hätte, als in den Krieg zu ziehen.

»Wie ich sehe, kämpfst du nicht nur im Schlamm«, hörte er plötzlich Hengist im Vorbeigehen zu ihm sagen. Vor Stolz wäre er fast geplatzt. Für den wortkargen Häuptling war das ein großes Lob.

»Los, ihr dort, kümmert euch um die verletzten Pikten«, befahl Horsa hinter ihm.

Murrend schlurfte Thiadmar, der neben ihm stand, los, um einigen Männern von Horsas Schiff zu helfen, die bereits bei der Arbeit waren. Auch Ordulf machte sich daran, nach den nächsten Verwundeten zu sehen. Er brauchte nicht weit zu gehen. Einer der Pikten lag direkt hinter ihm und krümmte sich vor Schmerzen. Mit beiden Händen versuchte er die Gedärme, die ihm aus einer großen Bauchwunde quollen, zu halten. Er hatte die Augen geschlossen und atmete tief. Ordulf wusste nicht recht, was er für den verwundeten Feind tun könnte und so verharrte er einen Augenblick in der Betrachtung.

Ein rotblonder Schnurrbart rahmte den schmerzverzerrten Mund des Fremden ein. Die Haare waren dem Pikten mit Kalkwasser aus der Stirn gekämmt und standen nun als dicke weißliche Borsten nach hinten. Offenbar schätzten auch die Pikten, wie die Sachsen, eine hohe Stirn. Viele Sachsen rasierten sich daher die Haare aus der Stirn. Aber das augenfälligste an der Erscheinung des Pikten war nicht seine Haartracht, sondern die blaue Bemalung, die den gesamten Oberkörper bedeckte. Verschlungene Muster und Fabeltiere mit riesenhaften Zähnen und Pranken wanden sich in verschlungenen Knoten. Lediglich am Bauch des Mannes hatten Blut und hervorquellende Gedärme die Bilder verschmiert. Ordulf schloss daraus, dass sie nur aufgemalt, nicht tätowiert waren, wie er zunächst vermutet hatte.

Da trat Prinz Vortimer an Ordulf vorbei und rammte dem mit dem Tode Ringenden sein Schwert so heftig in den Rücken, dass die blutige Spitze in der Brust wieder zum Vorschein kam. Ordulf zuckte zusammen. Der Getroffene riss Augen und Mund erschrocken auf. Statt eines Schreis kam aber nur ein Schwall dunklen Blutes hervor. Dann fiel sein Körper mit gebrochenen Augen in sich zusammen. Vortimer schenkte Ordulf ein kurzes, kaltes Lächeln, während er sein Schwert an der Hose des toten Pikten abwischte, dann schritt er wortlos weiter. Ordulf sah ihm schaudernd nach. Vermutlich hatte er das Beste für den Pikten getan, aber einen Wehrlosen zu töten, ohne mit der Wimper zu zucken? Das stieß Ordulf doch irgendwie ab.

Als die leichter verletzten Gegner schließlich unter Horsas strengen Blicken versorgt waren, plünderten die Sachsen die Leichen und das Gepäck der gefallenen Pikten. Sie verscharrten die Toten in einem rasch ausgehobenen Massengrab direkt auf dem Schlachtfeld. An eine Siegesfeier war aber nicht zu denken, denn an diesem Abend mussten sie von dem wenigen mitgebrachten Proviant und dem, was sie bei den Pikten gefunden hatten, zehren, denn Vortigern leckte seine Wunden in Lindum und auch Vortimer gelang es hier nicht, irgendwelche Vorräte aufzutreiben.

»Lasst uns lieber Holz sammeln, um Ypwine ein ordentliches Begräbnis zu bereiten«, schlug Gerolf stattdessen vor.

Er selbst, Thiadmar und Ordulf machten sich daran, trockenes Holz im nahen Wäldchen zu sammeln. Auf dem Schlachtfeld schichteten sie einen Scheiterhaufen auf. Fast mannshoch. Darauf legten sie Ypwine mit seinen Waffen. Gerolf legte zwei der britannischen Silbermünzen auf seine geschlossenen Augen.

»Das bin ich ihm schuldig«, kommentierte er.

Als die Sonne gesunken war, versammelten sich die Sachsen in dunklen Reihen um den Scheiterhaufen. Hengist selbst trug den

Brand durch die düstere Schar zum Scheiterhaufen. Seine Fackel spiegelte sich gespenstisch in den Waffen der Männer. Funken stoben auf, als Hengist das Feuer schließlich an den Scheiterhaufen warf. Gierig griffen die Flammen auf das Holz über. Rasch loderten sie empor und es stank kurz nach verbranntem Haar und Fleisch, als die Glut den toten Krieger verzehrte.

Am nächsten Morgen sammelte Gerolf Asche und Knochenstücke in einem Tontopf. »Ich will ihn dort begraben, wo er seinen Hof bauen wollte, unten in Thanet an seinem Fleet«, erklärte er Ordulf mit feuchten Augen.

Gerolf hatte diesen Freundesdienst keinen Augenblick zu früh verrichtet, denn Vortimer drängte zum Aufbruch. Sie folgten wieder der geraden Römerstraße. Gegen Mittag näherten sie sich einer größeren Ortschaft. Schon von weitem erkannte man die steinernen Mauern hoch oben über einem aufgestauten Fluss. Lindum.

Reiter aus Vortimers Eskorte hatten die frohe Nachricht von der Niederlage des piktischen Stoßtrupps bereits dorthin getragen und Vortigern selbst ritt ihnen hundert Schritte vom Tor aus entgegen. Ordulf erkannte ihn sofort an seinem purpurnen Mantel und dem goldenen Reif auf dem Haupt. Zuerst reichte er seinem Sohn, dann Hengist, Horsa und Willerich und schließlich auch Ceretic die Hand, bevor er sein Pferd wendete und die Sieger im Triumph den steilen felsigen Hang hinauf zum Tor von Lindum führte.

Die Torflügel in der alten, von roten Ziegelbändern geschmückten Mauer aus weißem Kalkstein standen weit offen, aber der Jubel der Bevölkerung und der Reste von Vortigerns geschlagener Armee klang eher verhalten. Der Schrecken der Sachsen war offenbar bis hier in den entlegenen Norden Britanniens gedrungen. Erst als die gefangenen Pikten durch das Tor getrieben wurden, heulten die Massen wütend auf. Einige besonders Mutige drängten sich vor, um sich an den Pikten zu vergreifen.

Doch Horsa ging verärgert dazwischen. »Wenn ihr mit euren Feinden Mutwillen treiben wollt, dann fangt euch eure Pikten doch selbst. Es laufen noch genug da draußen herum. Wenn ihr genauso tapfer gefochten hättet wie diese hier, bräuchtet ihr unsere Hilfe nicht«, brüllte er. Und obwohl ihn niemand verstand, fuhren die vordersten Britannier wie von einer giftigen Schlange gebissen zurück. »Ich achte tapfere Krieger, auch wenn ihr Wurd sie in Gefangenschaft zwingt«, fügte er immer noch zornig hinzu.

Lindum, Juni 441
Ceretic

Auf dem Forum schließlich erwartete sie der Vasallenkönig von Lindum. Sorgenvoll blickte er den sächsischen Kriegern entgegen, die Vortigern gerade ohne jede Gegenwehr durch das Tor in die befestigte Stadt gelassen hatte. Ceretic selbst wunderte sich ebenfalls über Vortigerns Selbstsicherheit. Er kannte die Sachsen ja gar nicht, doch er reckte sich stolz. Vermutlich vertraute der König blind auf das Urteil seines Ritters und Beraters. Überhaupt war das Ganze sein eigener Verdienst. Missgünstig beobachtete er Vortimer, der hocherhobenen Hauptes hinter seinem Vater ritt, als habe er etwas Großes vollbracht.

Am Abend lud der Hochkönig selbst zum Festmahl. Vortigern saß, umringt von den Mitgliedern seines Comhairle – zu denen nun auch Ceretic gehörte – direkt neben Lindums Vasallenkönig Tasciovanus am Kopf der Tafel. Ceretic wusste, dass auch die Sachsen geladen waren, doch noch bevor sie erschienen, stand der Hochkönig unvermittelt auf.

»Ehe unsere barbarischen Hilfstruppen zu uns stoßen, will ich noch etwas erledigen«, sagte er mit gewichtiger Miene. »Ceretic, steh auf!«

Alle Augen richteten sich erstaunt auf das neueste Mitglied des Rates. Ceretic spürte einen Kloß im Hals. Sein Hocker fiel rumpelnd um, als er ungeschickt aufsprang. Er hörte wie Albanus Muirdoch etwas zuraunte. Verstehen konnte er nichts, aber der alte Banwr verzog seinen Mund zu einem säuerlichen Lächeln.

Ob sie ihm seinen Aufstieg neideten? Hatten sie ihn beim Hochkönig verleumdet?, schoss es ihm durch den Kopf.

Vortigern räusperte sich. »Ich bin kein undankbarer Mann«, begann er. Ceretics Knie wurden weich. Ein Satz, auf den ein »aber« folgen würde. »Die von dir geworbenen Barbaren haben die bisher unbesiegten Pikten geschlagen. Sie haben uns die Rücken zugekehrt und werden es von nun an immer wieder tun. Nimm diesen Armreif als Zeichen der Dankbarkeit deines Königs!«

Damit zog er aus seinem Gewand einen breiten Goldreif hervor und reichte ihn dem verdutzten Ceretic. Fast fiel er ihm aus der Hand. Das Geschmeide war viel schwerer als er gedacht hatte.

»Mein Herr und König. Was immer ihr befehlt, will ich tun«, stammelte er überwältigt. Mit vor Freude brennenden Wangen drehte er sich zu seinem Sitz, doch die Freude währte nur einen Moment. Der Blick, mit dem ihn Vortimer anstarrte, ließ die Wärme der Dankbarkeit gefrieren.

Da betraten Hengist, Horsa und Willerich, gefolgt von ihrer lärmenden Horde, die Halle und der Kronprinz wendete sich ihnen zu. Die Sachsen wurden an langen Tischen und Bänken platziert. Lindums Vasallenkönig schaute säuerlich drein. Auf den Kosten für den Ochsen und die Schweine würde er sitzen bleiben.

Mägde brachten Met und Bier und kräftige Kerle drehten den Ochsen und die Schweine über einem mächtigen Feuer und bestrichen sie immer wieder mit würziger Soße. Ein herrlicher Duft erfüllte die Halle.

Ceretic fühlte, wie ihm das gute britannische Bier den Magen und langsam auch den Kopf mit wohligem Nebel füllte. Vortigern hatte Recht getan, ihm den Armreif zu schenken. Dieser Sieg war vor allem sein Verdienst. Schon leicht unsicher machte er sich auf den Weg nach draußen, um Wasser abzuschlagen. Auf dem Weg zurück drückte ihn im dunklen Gang vor der Halle plötzlich ein starker Arm an die Wand. Ceretic griff erschrocken zum Dolch, doch bevor er ihn ziehen konnte, bemerkte er, wer ihn da abgefangen hatte. Verstohlen ließ er die Hand über dem Dolchgriff an seine Seite gleiten. Der bierschwangere Atem des Kronprinzen fuhr ihm ins Gesicht.

»Wenn wir diese Barbaren gewähren lassen, werden sie sich in unserem Britannien einnisten«, zischte er Ceretic ins Ohr. »Ich werde dafür sorgen, dass sie wieder dahin verschwinden, wo sie hergekommen sind, und wenn es das Letzte ist, was ich tue. Verlass dich drauf, Ritter Ceretic!«

Den Titel betonte er voller Hohn und Ceretics Nackenhaare sträubten sich, als er die Leidenschaft in Vortimers Stimme vernahm. Dann, ebenso rasch, wie er ihn überfallen hatte, ließ Vortimer Ceretic los und stapfte seinerseits zum Abtritt. Die wohlige Wärme in Ceretics Magen hatte einem mulmigen Gefühl Platz gemacht. Er hatte sich einen mächtigen Feind gemacht.

Das Bier half Ceretic rasch über seine Sorgen hinweg. Der Kronprinz war leer ausgegangen und hatte seine Enttäuschung, etwas Neid und ein Übermaß an Bier an dem Neuling abreagiert. Das war alles und als Prinz konnte er sich so etwas erlauben. Am nächsten Morgen würde er, wenn überhaupt, nur voll Peinlichkeit an die Begebenheit denken. Und er selbst könnte als geachteter Ratgeber, Anführer der Sachsen und Vortigerns Übersetzer bald um Rowenas Hand anhalten. Hengist würde erfreut zustimmen. Ja, Rowena war all den Aufwand und die Gefahren wert.

Plötzlich veränderte sich der Geräuschpegel aus Schmatzen, Schlürfen und heiterem sächsischen Gegröle und Geplapper. Am Eingang der Halle erklangen laute Rufe. Ceretic suchte nach der Ursache für die Aufregung. Eine schwere Holzkiste wurde von zwei stämmigen Britanniern hereingetragen. Sie schleppten ihre Last hinter dem Rücken der Sachsen bis auf Höhe von Hengists Platz, der sich ebenfalls interessiert umwandte.

»Für eure ersten Mühen«, verkündete Vortigern und Ceretic übersetzte die Worte. Die zwei Männer hoben den Deckel der Truhe, die sie effektvoll unter einer Fackel abgestellt hatten. Ein erstauntes Raunen lief durch die Reihen und ging dann in aufgeregtem Rufen unter. Lautstark verlangten die Sachsen im hinteren Teil der Halle zu erfahren, was es vorne zu sehen gäbe und die weiter vorne sitzenden antworteten alle gleichzeitig und durcheinander. Selbst Hengist war bei dem Anblick erstaunt aufgesprungen. Nun ging er zur Truhe und streckte die Hand hinein. Voll mit Silberstücken hob er sie in die Höhe und ließ die Münzen einzeln zurück in die Truhe fallen.

»Wenn ihr mir treu und tapfer dient, ist das erst der Anfang«, tönte Vortigern. »Auf die Dienste, die ihr mir noch leisten werdet!« Dabei hob er seinen goldenen Becher und prostete Hengist zu.

Dieser griff ebenfalls seinen Bierhumpen. »Es lebe der Hochkönig. Es lebe Vortigern!«, rief er laut und die Sachsen wiederholten den Ruf.

Vortigern verstand seinen Namen und die Geste des Recken. Ein dünnes Lächeln umspielte seine schmalen Lippen.

Eine Stunde danach erklang außerhalb der Halle auf dem Forum Aufruhr und Geschrei. Alarmiert schaute Ceretic zum Hochkönig hinüber, aber Vortigern winkte ab.

Am nächsten Tag fand Ceretic den Grund für den Lärm: Man hatte die piktischen Gefangenen auf dem Forum enthauptet. Die Köpfe steckten nun in einer langen Reihe auf Lanzenspitzen, die langen Schnurrbärte und Haare sorgfältig gekämmt. Der Anblick ließ Ceretic schlagartig wieder nüchtern werden. Den Pikten war kein Unrecht geschehen, sie selbst sammelten die Köpfe der gefallenen Gegner nach jeder Schlacht und enthaupteten auch viele ihrer Gefangenen ohne Erbarmen. Doch dieser Anblick hinterließ einen unangenehmen Geschmack auf Ceretics Zunge und es war nicht der Geschmack von zu viel Bier vom Vorabend.

Am Nachmittag musterte Vortigern die Reste seiner Haustruppen auf dem Forum. »Verstehst du nun, warum ich die verdammten Pikten enthauptet habe?«, zischte er Ceretic zu, der mit den anderen Beratern hinter ihm stand.

Ceretic erkannte es. Die grausam dekorierten Lanzenspitzen vor der Front der Britannier sollten Vortigerns geschlagenem Heer neuen Mut einflößen.

Nach der Musterung versammelte Vortigern seinen Rat. Der alte Barnwr Muirdoch fasste die Situation noch einmal zusammen: »Ahearn ist vermutlich weiterhin mit den Männern von Elmet in Cair Ebrauc eingeschlossen.« Ein verärgertes Knurren von Vortigern ließ ihn sich korrigieren: »In Eboracum meine ich.«

Auch Ceretic war bereits aufgefallen, dass Vortigern lateinischen Namen den Vorzug gab, wie er sich auch stets wie ein römischer Senator kleidete. Er sah sich als rechtmäßiger Nachfolger der römischen Präfekten von Britannien.

»Wir wurden bei der Überquerung des Abus fluvius von den Pikten überrascht. Wo sie jetzt stehen, wissen wir nicht, auch nicht, wie viele es sind. Wir haben von den Gefangenen lediglich erfahren, dass es bedeutend mehr sind als die kleine Streitmacht, die wir nun geschlagen haben. Sie werden von einem Häuptling namens Koloman aus dem Osten Caledoniens angeführt.« Hier holte er rasselnd Luft und ließ so Tallanus, der im Auftrage des Bischofs inzwischen wieder seiner Aufgabe als Schreiber nachkam, Zeit, das Gesagte zu notieren. Dann setze er neu an: »Trotz des, äh, taktischen Rückzugs, haben wir heute morgen noch dreihundertsiebenundzwanzig kampffähige Catuvellaunen und fünfundsiebzig Männer aus anderen Stämmen gezählt.«

Die meisten der versammelten Krieger, nämlich Vortigerns eigentliche Haustruppe, gehörten – wie er selbst – dem Stamm der Catuvellaunen an. Kleinere Kontingente der Atrebaten, Cantii, Trinovanten und Dobunni vervollständigten das Aufgebot. Andere Stämme Britanniens, insbesondere jene aus den Gebirgen im Westen, hielten noch immer zu Ambrosius, dem Prinzen aus dem Stamm der Dumnonier, zu denen sie oft in verwandtschaftlichen Beziehungen standen.

»Die sächsischen Auxiliares«, fuhr Muirdoch schließlich fort, »haben erst einen einzigen Mann verloren und zählen noch einhunderteinundfünfzig Mann.«

»Wir müssen aufpassen, dass sie uns nicht über den Kopf wachsen, diese Auxiliares«, bemerkte Vortimer mit einem finsteren Seitenblick auf den Goldreif an Ceretics rechtem Arm. »Sie sind selbstsicher und haben den Feind, dem unsere Britannier den Rücken gekehrt haben, ohne eigene Verluste geschlagen.« Die letzte Bemerkung provozierte verärgerte Rufe der anderen Ratsmitglieder. »Ja, geflohen sind sie, habe ich gesagt«, bekräftigte Vortimer und blickte herausfordernd in die Runde.

»Das Gezanke hilft uns nicht weiter«, ergriff nun der Hochkönig das Wort. »Es ist klar, dass trotz des Erfolges meiner Auxiliares die Hauptmacht des Feindes noch nicht geschlagen wurde. Und die entscheidende Frage ist doch, wo befindet sich das Heer dieses Koloman?«

»Die Pikten werden sich schon finden lassen, wenn wir ein zweites Mal nach Norden ziehen, um Eboracum endlich zu entsetzen«, behauptete Vortimer hitzig.

»Und dann soll die Hand der sächsischen Heiden gegen die der piktischen kämpfen«, meldete sich der Bischof zu Wort.

Vortimer nickte. »Albanus' Rat ist gut. Wir sollten rasch aufbrechen, damit Eboracum nicht fällt, ehe wir eintreffen oder die Pikten verschwinden.«

»Aber das letzte Mal sind wir den Pikten in die Falle gelaufen«, warnte der alte Muirdoch.

»Diesmal lassen wir eben die Sachsen vorneweg marschieren«, bemerkte Vortimer und grinste triumphierend zu Ceretic hinüber.

»Aber es sind doch viel zu wenige, um es allein mit den Pikten aufzunehmen«, warf Ceretic bestürzt ein. Vortigern konnte doch unmöglich seine besten Krieger in den Tod schicken, nur weil sein Sohn ihm den Ruhm neidete, sie geworben zu haben.

»Sie sind ja nicht allein, sondern bilden lediglich die Vorhut. Irgendjemand muss schließlich an der Spitze marschieren und sie hatten bisher die wenigsten Verluste zu beklagen«, beruhigte ihn Vortigern.

Doch der triumphierende Blick, den Vortimer Ceretic zuwarf, verhieß etwas anderes.

»Ceretic, du sorgst dafür, dass die Sachsen übermorgen marschbereit sind«, forderte Vortigern ihn auf und damit war die Versammlung beendet.

Ceretic verließ wutentbrannt das Forum und traf in der alten Präfektur auf einen ebenfalls wutschnaubenden Horsa. Ceretic brauchte nicht zu fragen, was den sanftmütigen Kriegsherren so aufgebracht hatte. Hengist redete schulterzuckend auf seinen jüngeren Bruder ein.

»Was willst du? Gutes Silber für gute Arbeit. Was gehen dich die verdammten Pikten an? Wenn Vortigern sich an ihnen rächen will, dann ist das seine Sache. Wir müssen uns um unsere eigenen Leute kümmern.«

Dass ein Heide wie Horsa mehr Gnade mit seinen Feinden hatte als der christliche Hochkönig von Britannien, gab Ceretic noch mehr zu denken.

Zwei Tage später marschierte Vortigerns Streitmacht ausgeruht und neu geordnet durch Lindums Nordtor. Am Rande der Ausfallstraße standen die Bürger und nicht nur Tasciovanus sah man die Erleichterung an, den Rücken dieser gefräßigen und gefährlichen Gäste zu sehen. Dicht vor der Stadt zogen sie an den verbrannten Überresten eines Dorfes vorbei. Die Silhouetten mehrerer verkohlter Häuser zeichneten sich scharf und schwarz gegen den blassen Morgenhimmel ab. Eine stumme Mahnung, wie wenig sich die Pikten vor Vortigerns Heer in der nahen Stadt fürchteten. Doch vermutlich hatten diese Mordbrenner nun in der Stadt ihre gerechte Strafe gefunden. Oder war die Hauptmacht der Feinde für diese Brandschatzung verantwortlich? Stand sie etwa ganz in der Nähe und wartete darauf, dass sie nichtsahnend in die Falle tappten? Ceretic vermochte es nicht zu sagen. Bei dem Gedanken an die blau bemalten Teufel schauderte ihm und er war froh, die sächsischen Krieger um sich zu haben.

Etwa zwei Stunden später, wenige Meilen nachdem sie den Witham auf einer Holzbrücke überschritten hatten, stockte der Vormarsch. Murrend riefen die Männer am Ende der Kolonne nach dem Grund für die Verzögerung und sofort flogen wilde Gerüchte hin und her. Doch gleich darauf kam ein berittener Bote von der Spitze des Zuges nach hinten galoppiert.

»König Vortigern will seine Ratgeber sprechen!«, rief er Ceretic zu.

Gehorsam trieb er seinen grauen Wallach an den wartenden Männern vorbei. Als er den König im Kreise der bereits versammelten Ratgeber erreichte, erriet er sogleich die Ursache für diese Marschunterbrechung. Vor ihnen teilte sich die Römerstraße auf.

Während sie auf die letzten Ratsmitglieder warteten, musterte Ceretic die Anwesenden. Vortigern war da und blickte finster vor sich hin und da entdeckte Ceretic auch Albanus' secretarius, der seinen Herren begleitete. Er grüßte seinen Freund mit einem kurzen Kopfnicken.

Vortigern räusperte sich vernehmlich und forderte dann mit einer Handbewegung einen Ceretic bisher unbekannten Krieger zum Sprechen auf.

»Geradeaus führt die Via erminia auf direktem Wege nach Eboracum. Allerdings gibt es keine Brücke über den Abus und wir müssen den Strom auf Booten überqueren.«

»Ja, daran erinnern wir uns nur zu gut«, unterbrach Bischof Albanus den Vortrag verärgert. »Dort im Sumpfgebiet hinter dem Fluss haben uns vor einer guten Woche die Pikten überfallen.«

»Ja.« Vortigern nickte knapp. Dann wandte er sich wieder dem Ortskundigen zu. »Und der Weg hier links?«

»Das ist eine Nebenstraße, die über Agelocum, Danum und Lagecium ebenfalls nach Eboracum führt. Es ist ein Umweg von etwa einem Tag und die Straßen sind in einem schlechteren Zustand, aber der Weg führt über Brücken und flache Furten durch die Sümpfe und Marschen im Hinterland des Abus. So bräuchten wir keine Boote, um über den Strom zu setzen.«

Vortigern nickte nochmal. »Welchen Weg sollen wir einschlagen?«, richtete er seine Frage an die versammelten Ratgeber.

»Auf dem direkten Weg können wir unsere Gefallenen von vor einer Woche christlich bestatten«, wagte Tallanus einzuwerfen.

»Aber der Anblick der geschundenen Körper ihrer Kameraden wird unsere Krieger entmutigen«, hielt Ceretic ihm entgegen.

»Oder zu neuer Kampfeswut anstacheln«, ergriff Vortimer sofort Tallanus' Partei.

Ceretic biss sich auf die Lippe. Würde Vortimer von nun an immer das Gegenteil von seiner eigenen Meinung vertreten? »Dich vielleicht, aber sicher nicht die Krieger, die gesehen haben, wie sie fielen«, entgegnete er rechthaberisch. Er zählte nun zu Vortigerns Ratgebern und würde nicht einfach klein beigeben. Vortimer funkelte ihn böse an.

»Niemand weiß, wie lange Ahearn Eboracum noch halten kann. Wir marschieren auf direktem Weg nach Norden«, entschied Vortigern nach kurzem Schweigen.

Ceretic nickte ergeben. Das letzte Wort stand dem König zu.

Der weitere Marsch nach Norden verlief ereignislos. Ceretic hielt sich auf dem Ritt meist bei dem freundlichen und offenen Horsa.

»Sieht aus, als würde es bald regnen«, bemerkte der mit einem besorgten Blick zum Himmel.

»Stimmt«, bestätigte Ceretic. Den am Morgen noch so heiteren Himmel bedeckten inzwischen dichte graue Wolken, doch noch dufteten die Wälder und Wiesen nach Harz und frischem Heu.

»Fast könnte man vergessen, dass dies Land mit Krieg überzogen wird«, fuhr Horsa fort und blickte sich um. »Die letzten drei Dörfer, die wir durchquerten, waren allesamt unversehrt. Keine Brandspuren, keine enthauptete Leichen.«

»Allerdings haben wir auch keine Einwohner gesehen«, entgegnete Ceretic. Sicherlich hatten die sich in den umliegenden Wäldern versteckt, überlegte er.

Horsa zuckte nur mit den Schultern.

Abends lagerte das Heer in einem der verlassenen Orte. Am nächsten Morgen hatte sich das Wetter weiter verschlechtert. Immer mehr graue Wolken zogen vom Germanischen Ozean herauf. Als die Römerstraße auf einem ungeschützten Höhenzug einschwenkte, dem sie scheinbar bis zum Horizont folgen wollte, blickte Ceretic kritisch zum Firmament hinauf. Der Himmel war so dunkel, dass er jeden Augenblick mit einem Platzregen rechnete.

Und tatsächlich ließen die ersten Regenschauer nicht lange auf sich warten. Die ungeschützten Männer waren sofort durchnässt und Ceretics Pferd stolperte auf den glatten, nassen Steinen der Straße ein ums andere Mal. Roggen, Hafer und Gerste auf den kleinen Feldern, die zu beiden Seiten aus dem Grau tauchten und von nahen Dörfern kündeten, waren vom Regen niedergedrückt. Es würde eine schlechte Ernte werden dieses Jahr.

Erst gegen Mittag erreichten sie endlich das Ende des Höhenzuges. Unter ihnen entdeckte er ein kleines Dorf am Ufer eines sehr breiten Flusses oder Meeresarms. In dem gesamten Tal hingen die Regenwolken nun als dichter Nebel fest. Das musste der

Abus sein, überlegte Ceretic. Am anderen Ufer, von den Wolken verborgen, wartete also der Schauplatz des gräulichen Gemetzels, dem Vortigern vor wenigen Tagen nur mit knapper Not entronnen war.

Doch Ceretic blieb nicht lange mit seinen Gedanken allein. Ein Bote des Königs kam auf seinem Pony die nassen Reihen entlang geprescht. Die Hufe warfen den Kriegern Dreck ins Gesicht, doch er achtete nicht darauf. Als er Ceretic erreichte, dampfte das kleine Pferd in der Kälte. »Ritter Ceretic! Der König lässt euch rufen.«

Ceretic drückte seinem Pferd die Hacken in die Flanken und scherte aus der Kolonne aus.

»Vortimer, du nimmst zwanzig Krieger meiner Eskorte und siehst nach, ob irgendwo am Flussufer Boote zu finden sind«, befahl der Hochkönig in dem Moment, als Ceretic in Hörweite kam. »Wir wissen nicht, ob sich Feinde auf unserer Seite des Flusses befinden, also sei vorsichtig.« Sein Blick fiel auf den gerade herangeeilten Übersetzer. »Du, Ceretic, schließt dich ihm an. Die Sachsen werden nämlich als erste über den Fluss setzen.«

Ceretic stöhnte innerlich, doch er reihte sich gehorsam hinter Vortimer ein. Die Römerstraße führte steil in das kleine Dorf hinab, welches der ortskundige Krieger mit dem ziemlich einfallslosen Namen Ad abum bezeichnet hatte. Die Hütten der Flussschiffer und Fischer standen verlassen und windschief wie eh und je. Die Blaken waren vom Regen geschwärzt und das alternde Reed mit dicken Brocken Moos bedeckt. Nirgends Spuren von Kampf, Brand und Plünderung. Aber auch hier zeigte sich keine Menschenseele und so hielt es Vortimer offenbar nicht für notwendig, die ärmlichen Hütten einer genaueren Untersuchung zu unterziehen.

»Kein Wunder, dass hier niemand ist. Bei dem Wetter schickt man ja keinen Hund vor die Tür, wobei ich bei Pikten eine Ausnahme machen würde«, schimpfte er.

Sie trabten auf der alten Straße weiter bis zum Flussufer. Vor ihnen strömte das graue Wasser rasch in Richtung See. Der Regen und die hereinkommende Flut hatten den Strom über die Ufer treten lassen. Von der gegenüberliegenden Seite war hier im Tal noch weniger zu erkennen als oben von der Höhe aus.

»Seht nur, die Boote liegen noch da, wo wir sie verlassen haben!« Einer der Reiter, der die Flucht des britannischen Heeres miterlebt hatte, zeigte nach vorn.

Tatsächlich entdeckte nun auch Ceretic durch die wallenden Nebelschwaden die Umrisse mehrerer Boote, die kieloben verlassen auf den Kieseln des Flussstrandes lagen.

»Bei unserem Rückzug haben wir die Boote aber nicht umgedreht. Irgendjemand muss hier gewesen sein!«, rief ein anderer Krieger alarmiert.

Einen Augenblick herrschte erschrockenes Schweigen. Dann sprach Vortimer aus, was alle dachten: »Die Pikten müssen mit den übrigen Booten über den Fluss gekommen sein.«

Ceretics Rechte tastete unwillkürlich nach seinem Schwert.

»Halt, wer da?«, erklang plötzlich hinter ihm die Stimme eines von Vortimers Männern.

Ceretic fuhr im Sattel herum, während sich seine Finger um den römischen Schwertknauf schlossen. Doch es waren keine bemalten Pikten, die sich aus einem Hinterhalt auf sie stürzten. Drei einfache alte Männer näherten sich schüchtern zu Fuß.

»Willkommen, willkommen, werte Krieger!«, rief einer von ihnen noch von weiten und hob die leeren Hände. »Ich bin der Comarchus von Ad abum!«, stellte er sich beim Näherkommen vor. »Werdet ihr die Pikten nun für ihre Frevel züchtigen, werter König?«, sprach er Vortimer an und verneigte sich tief.

»Ich bin Prinz Vortimer und habe allerdings vor, die Pikten mit blutigen Köpfen hinter den hohen Steinwall zu werfen«, entgegnete der Angesprochene. Ein schmallippiges Lächeln zeigte, wie sehr ihm die Anrede »König« gefiel. Er hielt sich auch wie ein

Herrscher im Sattel, während sein Pferd unruhig auf den Kieseln des Strandes tänzelte. Die eisernen Hufsandalen schlugen trotz der Nässe Funken aus dem Stein. Widerwillig erkannte Ceretic an, dass dieser Mann von allen Beratern des Königs wohl am ehesten fähig wäre, seinen Worten Taten folgen zu lassen.

»Dem Herrn sei Dank!«, stieß der Dorfvorsteher hervor. »Wir fürchteten, die Pikten könnten den Fluss im Westen umgehen und uns so überfallen. Nach dem …« Hier machte er eine kurze Pause und sprach dann schnell weiter: »Nach dem Abzug des britannischen Heeres haben wir alle Boote ans Südufer des Abus geholt.« Er zeigte auf die Boote am Ufer. »Leider hat das Hochwasser inzwischen etliche weggeschwemmt, die weiter unten lagen.«

»Und was ist dann passiert? Habt ihr Pikten gesehen?«, wollte Vortimer wissen.

»Wir hatten kaum die Boote auf unserer Seite, da erschienen ihre Reiter dort drüben am Ufer.« Der Comarchus machte eine ausladende Geste in Richtung Norden. »Am Abend haben sie Peturaria niedergebrannt. Zum Glück sind die Frauen, Kinder und Alten von dort vorher mit an unser Ufer gekommen.« Er schaute traurig zu Boden. »Den wenigen, die ihr Dorf nicht verlassen wollten, ist es nicht gut bekommen. Bevor gestern Abend dieser Nebel aufzog, haben wir auf der anderen Seite immer noch Pikten gesehen. Zu uns herüber konnten sie nicht ohne Boote und wegen des Hochwassers.«

»Seht her. Hier ist ein einfacher Fischer, der seinen Kopf behält und das einzig Richtige tut. Anstelle ‚Pikten, Pikten' zu schreien und sich zu verstecken, hat er die Boote in Sicherheit gebracht und dem Feind so den Übergang über den Fluss unmöglich gemacht«, lobte Vortimer den alten Dorfvorsteher. Einige der Männer, die dieser indirekte Tadel traf, sahen beschämt zu Boden oder blickten ihren Prinzen finster an. Vortimer zog eine Silbermünze aus der Tasche und warf sie dem alten Mann zu.

»Für deine Dienste. Die Boote werden wir jetzt brauchen. Nur schade, dass so viele abgetrieben sind. Sind diese hier denn noch einsatzfähig?«

»Unsere eigenen Fischerboote haben wir hoch auf den Strand gezogen. Die sind gut und dicht. Und einige der anderen Boote konnten wir auch noch retten«, beteuerte der Comarchus. »Das Bootsgerät und die Ruder haben wir in unseren Hütten in Sicherheit gebracht.«

Ceretic konnte sich gut vorstellen, wie sich die Menschen in diesem von Vortigern und seiner Armee im Stich gelassenen Kaff gefühlt hatten, als sich von Süden ein Heer näherte. Schließlich hatten sie die wilde Flucht der Britannier gerade erst vor wenigen Tagen erlebt. Und ohne ihn und die Sachsen wäre nun kein Retter gekommen, sondern tatsächlich das Verderben über sie hereingebrochen.

Vortimer blickte derweil nachdenklich zu den Booten hinüber. Dann sah er auf und zeigte auf zwei seiner Leute.

»He da, ihr zwei: Reitet zu meinem Vater und lasst die Männer hier ins Tal kommen«, befahl er ihnen. Dann fiel sein Blick auf Ceretic und ein Grinsen breitete sich auf seinen Zügen aus. »Ritter Ceretic, du reitest mit ihnen und holst als erstes die Sachsen hierher. Wir haben ja beschlossen, dass sie die Vorhut bilden sollen. Und schließlich sagt man doch, dass sie sich mit Booten bestens auskennen.«

Ceretic wendete gehorsam seinen Wallach, während sich seine Nackenhaare sträubten. Vortimers Grinsen gefiel ihm gar nicht. Und tatsächlich war das noch nicht alles gewesen.

»Und verrate ihnen nichts von dem Bootsgerät in den Häusern dieser armen Fischer. Wir wollen ja nicht, dass diese Barbaren unsere beherzten Untertanen doch noch ausplündern«, rief Vortimer ihm nach.

Ceretic sah ihn verwundert an, drückte seinem Reittier dann aber die Fersen in die Flanken und galoppierte hinter den beiden Boten den Hang hinauf. Einen Reim konnte er sich auf Vortimers Befehle nicht machen. Was sollte nur der Unsinn mit dem Bootsgerät?

Dann kam ihm ein böser Verdacht. Sehenden Auges schickte Vortimer die Sachsen in ihr Verderben. Aufgrund des Mangels an Riemen konnten sie nur mit einem oder zwei Booten gleichzeitig über den Abus setzen und mussten so auf einen überlegenen Gegner treffen. Mit welcher Hinterlist und Geschwindigkeit er diesen Plan ersonnen hatte, versetzte Cerctic in Staunen. Aber Vortimer hatte ja bereits angekündigt, dass er die Sachsen züchtigen wollte. Und er selbst sollte es sein, der seine stolze Truppe und damit auch Rowenas Vater ins offene Messer führte. Auf einmal hatte er das Gefühl, keine Luft mehr zu bekommen.

Oh Herr im Himmel, ich weiß, ich sollte dich nicht immer nur in Not anrufen, schickte er ein Stoßgebet in den grauen Himmel hinauf, aber du bist der einzige, der mir jetzt helfen kann!

IX. Die Herren des Nordens

Ab Abum, Juni 441
Ordulf

Die Sachsen hielten hinter dem britannischen Heer auf einem Höhenzug. Vor ihnen lag ein nebliges Tal mit einem breiten Fluss. Das gegenüberliegende Ufer war im Nebel nicht auszumachen. Ordulf hatte versucht hinter einigen Haselsträuchern am Straßenrand Schutz gegen Wind und Wetter zu finden, aber längst war er, wie vermutlich das gesamte Heer, völlig durchnässt. Unbarmherzig blies ein kräftiger Ostwind Regenböen und Nebelschwaden von der See in das Flusstal hinein. Verstohlen strich Ordulf über den Knauf seines neuen Schwertes. Hengist hatte ihm als Anteil aus der Piktenbeute ein eigenes Langschwert geschenkt. Der Knauf war noch etwas rau, dort wo Hengist vermutlich eine goldene oder silberne Verzierung herausgebrochen hatte. Aber die Klinge war lang und scharf und was mehr konnte sich Ordulf wünschen? Endlich erschienen einige Reiter dort, wo der Königssohn zusammen mit Ceretic ins Tal herabgestiegen war. Und dann erkannte Ordulf auch Ceretics graues Pferd. Schon trieb er es an der Marschkolonne vorbei auf die wartenden Sachsen zu.

»Hengist, ordne deine Männer«, rief er schon von weitem. »Prinz Vortimer erweist euch die Ehre, als seine Vorhut über den Abus zu setzen.«

Hengist selbst legte die Hände trichterförmig um den Mund. »Aufstehen Männer. Genug gerastet. Wir marschieren weiter.«

Ordulf beobachtete, wie der Held seinen Sattelgurt festzurrte, den er für die Pause gelockert hatte, und schon saß er wieder auf dem Pferd.

Ordulf schüttelte seine eigene Trägheit ab und griff nach dem schweren Gepäck. Mit langsamen, festen Schritten zogen sie an Britanniens Heer vorbei zu Tal, während ein neuer Regenschauer vom Britannischen Ozean herüberwehte. Die Steine der Römerstraße verwandelten sich im Regen in eine glatte Bahn und es fehlte nicht viel, dann wäre Ordulf mit seinem schweren Gepäck das steile Stück zum Dorf hinunter auf dem Hosenboden gerutscht. Er fluchte leise, was ein belustigtes Schnaufen von Gerolf zur Folge hatte.

»Gefällt dir das Wetter nicht, Junge?«

Ordulf ging nicht auf die Neckerei des Veteranen ein. Stattdessen versuchte er, sich von der Höhe des Weges einen Überblick zu verschaffen. Vor ihnen standen einige windschiefe Fischerkaten. Rechter Hand lagen Boote. Es roch bereits nach Tang und Salz, die Mündung in den Oceanus konnte nicht weit entfernt sein. Ordulf kniff die Augen zusammen, während der Regen ihm gegen die Stirn prasselte. Verbarg sich in dem Schatten dort das andere Ufer?

»Los Männer, an die Boote«, rief Hengist sie zur Tat.

Ordulf zuckte unwillkürlich mit den Schultern. Da er vom anderen Ufer ohnehin nichts erkannte, konnten sie seinetwegen auch gleich hinüber rudern und nachschauen.

»Das hier sieht ganz stabil aus«, rief Thiadmar von rechts und klopfte auf eines der breiten Holzboote. »Schau doch mal, ob du irgendwo passende Riemen findest, Ordulf!«

Doch Ordulf war nicht der einzige, der danach suchte.

»Das ist doch nur ein Wrack!« und »Verdammt, das Ruder gehört zu unserem Boot!« tönte es wild durcheinander.

»Jetzt mal Ruhe!«, rief Horsa über den Lärm hinweg. »Wir können nicht alle gleichzeitig über den Fluss. Wir haben hier zu wenige Riemen. Ihr bringt jetzt alle Riemen zum Strand!«

Murrend schleppten die Männer, welche ihre Beute erfolgreich gegen die Kameraden verteidigt hatten, die wenigen Riemen zum Strand. Ordulf war einer von ihnen.

»Wir haben hier wie viele Riemen?«, wollte Horsa wissen. »Halt! Jeder Mann, der einen Riemen hergebracht hat, bleibt stehen wo er ist!«, unterbrach er sich, als einige Männer die Ruder ablegten und wieder zu ihren Kameraden zurückschlurften. Als alle wieder an ihrem Platz standen, schritt er die Reihe ab und musterte ihre Beute. »Der hier nicht, das Ding ist zu wurmstichig«, schickte er den einen fort, »der ist zu kurz«, einen anderen.

»Siebenundzwanzig Riemen«, fasste er schließlich stirnrunzelnd seine Bestandsaufnahme zusammen. »Nicht mehr als dreizehn Paare. Dafür zumindest reichen die Boote. Jeder, der einen Riemen ergattert hat, wird mit mir in der ersten Welle über den Fluss rudern.«

»Ihr solltet das Gepäck hierlassen«, bemerkte Ceretic, »ich habe das Gefühl, dass ihr drüben erst einmal eure Waffen braucht. Gestern sind zumindest noch Pikten am anderen Ufer gesehen worden.«

Ordulf blickte zu dem unruhig von einem auf das andere Bein tretenden Britannier hinüber, doch der wich seinem Blick aus. Was hat er nur?, fragte sich Ordulf.

Horsa hatte derweil drei große und einigermaßen feste Boote ausgesucht. »Ab ins Wasser damit, wir haben schließlich nicht den ganzen Tag Zeit«, befahl er.

Ordulf packte gehorsam zu und half, das erste Boot auf den Kiel zu drehen und ins Wasser des Flusses zu schieben. Augenblicklich erfasste die Strömung des hochgehenden Flusses das Fahrzeug. Ordulfs Finger umklammerten das Dollbord und er stemmte sich mit seinem ganzen Gewicht gegen den Strom.

»Willerich, du kümmerst dich darum, dass hier alle für die nächste Welle bereitstehen, falls wir drüben Verstärkung brauchen«, übernahm Hengist jetzt wieder das Kommando von seinem Bruder. Er trat an eines der anderen Boote heran. Ordulf gehörte diesmal also zu Horsas Bootsbesatzung. Neben den Ruderern und Horsa selbst zwängten sich noch drei weitere

Männer in den alten Fischerkahn. Schließlich standen nur noch Ordulf und Thiadmar am Ufer und hielten das Boot, während die anderen bereits ihre Riemen einlegten und sich so gut es ging auf den schmalen Ruderbänken einrichteten. Auf einen Wink Horsas hin schoben Thiadmar und Ordulf das Fahrzeug schließlich vollends ins Wasser. Da sie ohnehin vom Regen völlig durchnässt waren, machte Ordulf das kalte Flusswasser auch nicht mehr viel aus. Im letzten Moment sprang er an Bord und während die Kameraden vor ihm bereits anpullten, legte auch er seinen Riemen ein.

»Los jetzt, rasch hinüber! Wenn drüben irgendwo Pikten sind, gelingt es uns vielleicht sie zu überraschen«, befahl Horsa und Ordulf passte seinen Riemen in den Rhythmus der übrigen Ruderer ein.

Horsa stand am Bug und spähte in den Nebel hinaus. Sie waren zwei Bootslängen flussabwärts getrieben, aber den beiden anderen Booten war es nicht viel besser ergangen, sodass sie weiterhin dicht beieinander lagen.

»Dort drüben, ist das Land oder nur eine Wolke?«, rief Horsa zu seinem Bruder hinüber.

»Nein, das ist das Ufer«, antwortete Hengist nach einigen weiteren Zügen. »Zieht durch Männer, gleich sind wir da!«

Ordulf sah das südliche Ufer langsam im Nebel verschwimmen. Außer den Rufen der Brüder hörte man nur das Knarren der Riemen und das regelmäßige Plätschern der Ruderblätter im Wasser. Plötzlich surrte es und neben Ordulf erklang ein merkwürdig dumpfer Laut. Er schaute erstaunt auf. Ein Pfeil steckte zitternd in der Bordwand. Auch Horsa hatte es gesehen.

»Rudert weiter. Ihr anderen in den Bug und Schilde hoch, gebt den Ruderern Deckung!«

Dann surrte es wieder und wieder.

»Dort oben sind zwei Bogenschützen!«, rief einer der Männer, die mit ihren Schilden in der Mitte des Bootes standen und versuchten, die Ruderer zu decken. Es folgten wieder Einschläge im Holz des Bootes und den Schilden der Männer.

»Achtung, wir setzen gleich auf«, rief Horsa und im nächsten Augenblick fuhr ein scharfer Ruck durch das Boot und einige Ruderer stürzten von ihren Bänken. Alle griffen gleichzeitig nach ihren Schilden, was das Durcheinander nur noch verschlimmerte.

»Schilde hoch, wir gehen an Land!«, rief Horsa laut über den Tumult hinweg.

Endlich hatte Ordulf seinen Schild oben. Er griff nach seinem neuen Langschwert und sprang über die Bordwand. Das Wasser war nur knietief. Eilig folgte er Horsa, der bereits vor ihm an Land stürmte. Aus dem Augenwinkel sah er, wie auch Hengists Boot neben ihnen auf den steinigen Strand lief. Horsa rannte direkt auf die piktischen Bogenschützen zu. Ordulf konnte sie nun klar erkennen und sie die Sachsen ebenfalls. Eilig drehten sie um und flohen den Hang hinauf.

»HENGIST!«, brüllte Ordulf begeistert und lief los. In Erwartung des Kampfes raste sein Herz und seine Aufregung suchte ein Ventil in wilder Mordlust.

»Halt!«, rief ihn da Hengists Befehl zurück. »Nicht weiter den Hang hinauf. Wir müssen erst mehr Krieger holen, wir wissen nicht, wie viele Feinde hier sind.«

Horsa blieb unvermittelt stehen und Ordulf wäre fast gegen ihn geprallt. Doch der unerwartete Halt brachte ihn wieder zu Besinnung, die tagelangen Übungen in Beufleet machten sich bezahlt. Schwer atmend trat er neben Horsa und hob den Schild. Sie standen vor einem kleinen Absatz, an dem die Grasnarbe in einem kleinen Erdrutsch herabgebrochen war.

»Ich nehme zwölf Ruderer und die Boote mit«, ertönte da wieder Hengists Stimme. »Wir holen die nächste Ladung Männer. Horsa, du bleibst mit deinen Leuten hier. Rücke auf gar keinen Fall weiter vor. Das ist in diesem verfluchten Nebel viel zu gefährlich.«

Ordulf sah sich um und erkannte, wie Hengist mit elf Männern bereits die Boote zurück ins Wasser schob. Andere Männer schlossen zu ihm und Horsa auf.

»Also machen wir es uns gemütlich«, schlug Horsa spöttisch vor.

Im gleichen Moment ertönte wieder ein unheimliches Surren, diesmal gefolgt von einem Schmerzensschrei. Ordulf fuhr herum und sah einen der Krieger in die Knie gehen. Er presste sich die Hand an die Schläfe, doch zwischen den Fingern quoll Blut hervor. Mit einem Mal prasselte ein Hagel von Steinen und Pfeilen auf sie nieder. Ordulf zog den Kopf ein, um sich hinter dem Schild zu schützen. Dröhnend prasselten große Steine dagegen. Neben ihm kniete sich Thiadmar nieder und kauerte hinter seinem Schild am Boden. Ordulf überlegte nicht lange, sondern tat es ihm gleich. Weitere Schreie ertönten. Er lugte über den Schildrand. Sofort schlug ein Stein dicht neben ihm in den Sand.

»Das sind mindestens hundert!«, rief er erschrocken, als er hoch über sich am Hang eine unübersehbare Anzahl von grauen Schatten erkannte. »Dort oben auf dem Hang.«

»Verdammt, wenn Hengist nicht bald zurückkommt, sind wir verloren«, jammerte Thiadmar neben ihm verzweifelt. »Er wird uns doch nicht im Stich lassen?«

Ordulf sah sich um. Gerade einmal zwanzig Sachsen kauerten, notdürftig durch ihre Schilde gedeckt, an der Böschung. Plötzlich merkte Ordulf, wie Wut in ihm aufstieg. Den verdammten Pikten würde er es schon zeigen! Er spannte seine Muskeln zum Sprung, doch da legte sich eine Hand auf seine Schulter. Ordulf drehte sich um und versuchte den roten Schleier vor seinen Augen wegzublinzeln. Schließlich erkannte er Horsa. Langsam wurde das Bild wieder klar.

»Ruhig Blut«, zischte der. Dann fügte er laut hinzu: »Haltet aus, Hengist kommt gleich mit den übrigen Männern!«

Trotz der aufmunternden Worte bemerkte Ordulf seinen besorgten Gesichtsausdruck. Als Horsa Ordulfs Blick spürte, zwang er sich zu einem aufmunternden Lächeln.

»Wenn Hengist uns vielleicht auch nicht aus Liebe zu Hilfe kommt, so würde sein Stolz es nicht vertragen, einfach davonzulaufen. Er kommt sicher zurück.«

»Sie kommen näher!«, unterbrach ihn ein schriller Ruf. Wieder ertönte ein Schmerzensschrei. Ordulf fuhr herum. Thiadmar ließ den Schild fallen und krümmte sich wimmernd am Boden. Ordulf sprang vor ihn, um den Verwundeten so gut er konnte mit seinem eigenen Schild zu decken. Dann wagte er wieder einen Blick nach vorn. Die Pikten waren tatsächlich näher gekommen, aber nicht nahe genug, um sie mit dem Schwert anzugreifen.

»Sie haben gemerkt, dass wir keine Bögen und Speere dabei haben und auf diese Entfernung harmlos sind«, stellte Horsa nüchtern fest.

Ordulf lugte erneut über den Schildrand. Die Pikten waren inzwischen so nah, dass er sie gut erkennen konnte. Sie mussten von ihrer Ankunft überrascht worden sein, denn die meisten zeigten sich ohne die typische blaue Kriegsbemalung. Rasch zog er den Kopf hinter den Schildrand zurück, als ein erneuter Steinregen auf die sächsischen Schilde prasselte. Horsa fluchte unterdrückt. Auf die schwindende Entfernung wurden die Steinwürfe immer zielsicherer.

»Das sind zu viele! Selbst wenn Hengist mit noch einmal dreißig Kriegern hier ankommt, haben wir keine Chance«, raunte er Horsa zu, während Panik in ihm aufstieg.

Der klopfte ihm als Zeichen, dass er verstanden hatte, auf die Schulter, rief aber laut: »Ruhig Männer, gleich ist Hengist wieder da und dann rennen wir sie über den Haufen!«

Ordulf fasste unwillkürlich nach dem Kreuz, das ihm Ceretic in einer ähnlich verzweifelten Situation überlassen hatte. Könnte ihn der britannische Zauber vielleicht auch dieses Mal retten?

Ad Abum, Juni 441
Ceretic

Der gemeine Verrat an seinen Sachsen nagte an Ceretic. Und ihn selbst hatte der verdammte Vortimer zu seinem Handlanger gemacht. Nicht nur das Schicksal der Verbündeten, nein, ganz Britanniens setzte dieser Ehrgeizling einzig und allein aus Neid aufs Spiel. Doch wie könnte er sich über den Befehl des Prinzen hinwegsetzen? Die erste Welle der Sachsen war im Nebel verschwunden. Nur drei Boote mit insgesamt etwa dreißig Mann. Und vielleicht standen sie am anderen Ufer dem gesamten Heer der Pikten gegenüber.

Da schallten vom anderen Ufer, seltsam gedämpft durch den Nebel, die ersten Schreie herüber. Also waren dort drüben tatsächlich Pikten! Die Sachsen um ihn herum sprangen auf, die Waffen in den Händen und auch Ceretic griff unwillkürlich nach seinem Schwert.

»Was ist da los?«

»Macht sie fertig!«

»Lasst uns noch welche übrig!«

Alle riefen und schrien wild durcheinander, doch der breite Strom trennte sie von den bedrängten Kameraden. Und Hengist, Rowenas Vater, war mit ihnen dort drüben … Wie sollte er Rowena nur jemals wieder unter die Augen treten? Er, der Verräter, der diese Männer nach Britannien gelockt und nun bei der ersten Gelegenheit in die Falle geführt hatte. Die Strömung auf dem Hochwasser führenden Strom war einfach zu stark, um ihn ohne Riemen zu überqueren. Verzweifelt rang Ceretic seine Hände und schickte ein weiteres Stoßgebet zum Himmel. Herr, kannst du uns nicht hinüberziehen?, flehte er stumm.

Und da kam ihm plötzlich ein Gedanke. »Dreht die übrigen Boote um und bringt sie ins Wasser, wir müssen unseren Kameraden helfen«, rief er den nächsten Sachsen zu.

Erstaunt drehten sie sich zu ihm um.

»Wir haben keine Riemen und die Strömung ist zu stark …«, wandte Willerich mit hochgezogenen Brauen ein.

Doch Ceretic fuhr ihm über den Mund. »Keine Zeit zu verlieren, tut was ich sage, sie schicken sicher gleich die ersten Boote zurück.«

Verwundert, aber froh wenigstens etwas tun zu können, kamen die Sachsen seinen Anordnungen nach, während Willerich ihn immer noch stirnrunzelnd musterte. »Ich verstehe, dass du nicht untätig zuschauen magst, aber es gibt nichts, was wir tun könnten.«

»Und legt ein paar Seile bereit«, fuhr Ceretic fort, ohne auf den Einwand einzugehen. Erst als er sich überzeugt hatte, dass seine Anweisungen ausgeführt wurden, wandte er sich wieder Willerich zu. »Tut mir leid, aber Eile ist geboten, ich will …«

Weiterkam er nicht. In diesem Moment tauchten die drei Boote im Nebel auf. Noch bevor sie das Ufer erreichten, brüllte Hengist seine Befehle herüber: »Los, wir brauchen die nächsten Krieger. Dort am anderen Ufer warten die Pikten auf uns!«

»Hengist!«, schrie Ceretic und lief ihm durch das aufspritzende Wasser entgegen. »Nimm die kräftigsten Ruderer zu dir an Bord. Die anderen sollen sich auf die übrigen Boote verteilen!«

Ad Abum, Juni 441
Ordulf

Ordulfs linker Arm drohte vom Gewicht seines Schildes und den andauernden Stößen zu erlahmen, doch der Steinhagel ließ nicht nach. Er stemmte die Schulter an die Innenseite des Schildes und drückte darüber den Kopf flach gegen die Latten. Plötzlich durchfuhr ein scharfer Ruck das Holz und splitternd durchbohrte die Spitze eines Speeres die Lindenbretter. Genau vor seinen erschrockenen Augen. Ordulf fuhr mit einem Aufschrei zurück. Die Feinde hatten sich ihre Wurfspieße für die kürzere Distanz aufgehoben. Glücklicherweise blieb der Spieß nicht stecken, um den Schild zusätzlich zu beschweren, sondern fiel vor ihm zu Boden. Das laute Krachen von splitterndem Holz und weitere Schreie zeigten an, dass auch andere Pikten ihre Speere zielsicher schleuderten. Inzwischen konnte Ordulf die kehligen Laute, mit denen sich die Pikten gegenseitig ermutigten, nur zu deutlich hören.

»Die wetten, wen von uns es zuerst erwischt«, jammerte ein junger Mann neben Ordulf. Er wandte kurz den Blick in seine Richtung. Der Junge gehörte zu Horsas Besatzung und Ordulf kannte ihn nur flüchtig. Wenn sein bleiches Gesicht nicht schon genug über seine Gemütsverfassung verraten hätte, die Panik in seiner Stimme war unverkennbar. Plötzlich nahm Ordulf den stechenden Geruch von Urin wahr. Sein Nachbar hatte sich vor Angst in die Hosen gepisst. Er fasste seinen Schild so fest, dass sich die Nägel seiner linken Hand schmerzhaft in den Daumenballen gruben und biss die Kiefer fest aufeinander.

Wahrscheinlich würden sie sterben, doch das jämmerliche Schauspiel des Kampfgenossen neben sich hatte ihn gerade noch rechtzeitig zur Besinnung gebracht, bevor auch er in Panik verfiel. Er würde kämpfen und, wenn es nicht anders ging, sterben wie ein Mann. Unwillkürlich glitten seine Gedanken zu dem Opfermoor in Haduloha. Wie kurz war das erst her, aber wie anders sah er heute dem Tod ins Auge. Eine Woge von Stolz brandete in ihm auf, doch ein Ausruf zu seinen Füßen beendete den Fluchtversuch seiner überstrapazierten Nerven.

»Da sind sie!« Der Ruf kam von Thiadmar. Ein schneller Blick zu dem Verwundeten verriet Ordulf, dass er seine Augen starr auf den Strand in seinem Rücken gerichtet hielt. Die verdammten Pikten hatten sie umgangen. Mit einem Schlag kehrte die mühsam bezwungene Panik zurück und nahm Rache für die Missachtung, die er ihr einen Augenblick lang abgetrotzt hatte. Zitternd duckte er sich hinter seinem Schild und wagte es nicht, sich umzudrehen. Fast glaubte er, schon den Stich eines Pfeiles im Rücken zu spüren. Jeder Atemzug konnte sein letzter sein. Als nichts geschah, nahm er allen Mut zusammen und drehte widerwillig den Kopf. Der Mund blieb ihm vor Staunen offen.

Am Strand lagen die drei Boote, mit denen sie über den Abus gekommen waren. Doch nicht allein diese. Aus insgesamt acht Booten sprangen seine Landsmänner ans Ufer und Hengist selbst führte das sächsische Heer den Strand hinauf.

»HENGIST«, erschallte der sächsische Schlachtruf.

Ordulf ließ das kleine Bronzekreuz los, welches er immer noch mit der Rechten umklammert gehalten hatte, und griff nach seinem neuen Langschwert. »Hengist!«, stimmte er in den Ruf mit ein und stürmte vor dem nachdrängenden Heer den Hang hinauf, den fliehenden Pikten nach. Auf dem Plateau über dem Uferhang des Abus machte er die Silhouetten aufgezäumter Pferde aus.

»Lasst sie nicht entkommen!«, brüllte er. Die gerade erlittene Angst und Schmach entlud sich in wildem Zorn.

Als er endlich keuchend und schnaufend die letzten Schritte des Abhanges erklommen hatte, preschten die ersten Pikten bereits im vollen Galopp nach Norden, tief über die Hälse ihrer kleinen Ponys gebeugt. Doch einige Nachzügler saßen noch nicht im Sattel. Ordulf nahm sich keine Zeit zum Verschnaufen, sondern stürzte sich mit einem Hechtsprung auf einen Feind, der gerade versuchte, ein scheuendes Pony zu beruhigen. Sein Schildbuckel prallte hart in den Rücken des Pikten, der stöhnend zu Boden ging. Das Pony nutzte die Freiheit und galoppierte wild wiehernd den Flüchtenden nach. Ordulf trat dem am Boden Liegenden in die Seite und an den Kopf, mit einem grunzenden Laut fiel er vollends in sich zusammen. Ordulf suchte nach dem nächsten Gegner, doch um ihn herum standen nur noch Sachsen. Sie hatten gesiegt!

»Du nimmst dir ein Dutzend Männer und ihr haltet hier oben Wache«, befahl Hengist Ordulf, sobald auch er das Plateau erreicht hatte. »Und gebt gut auf die Gefangenen acht«, fügte er mit einem Nicken in Richtung der Gestalten, die gerade von den Siegern auf die Knie gezwungen und gebunden wurden, hinzu.

Ordulf blickte sich um. Das war das erste Mal, dass Hengist ihm das Kommando anvertraute. »Ihr bleibt bei mir«, rief er, immer noch außer Atem, den Männern zu, die sich mit ihm auf der Kuppe der Anhöhe und bei den Gefangenen befanden. Dann stützte er sich keuchend auf seinen Schild. Sie hatten gesiegt und er hatte überlebt. Sobald sein Atem wieder ruhiger ging, machte er sich ein Bild von der Lage.

Insgesamt waren bei dem Scharmützel am Nordufer des Abus zwölf Pikten gefallen, weitere elf hatten sie gefangen. Unter ihnen befand sich auch jener Mann, den Ordulf am Aufsteigen gehindert hatte. Die Sachsen selbst zählten vierzehn Verwundete. Vor allem Platzwunden und einige gebrochene Knochen durch Steinwürfe. Tote gab es nicht zu beklagen. Thiadmar zählte zu den Verwundeten, offenbar hatte er einen harten Schädel. Eine lange Platzwunde zog sich quer über seine Stirn, blutete aber glücklicherweise kaum noch. Zwischen den Blutspuren im Gesicht sah er äußerst blass aus. Ordulf nickte ihm zu und schaute weiter in der Runde herum. Fast hätte er gelacht, denn unter den Männern, die er nun befehligte, war auch Halvor, der Ebbingemanne. Finster starrte er ihn aus seinem einen Auge an. Wurd spielte diesem Mann schon seltsame Streiche.

Ad Abum, Juni 441
Ceretic

Wieder hatten die Sachsen einen spektakulären Sieg über die Pikten errungen. Trotz – oder auch gerade wegen – Vortimers Verrat. Ceretic selbst fühlte sich bestens, hatte er doch mit seinem Einfall, die Boote über den Abus zu schleppen, die Sachsen gerettet, ohne Vortimers Befehle zu missachten.

Während einige Sachsen die Boote zurück zum Südufer brachten und das Übersetzen des britannischen Heeres begann, schritt Ceretic den Hang hinauf, um sich selbst einen Überblick zu verschaffen. Oben winkte ihm Ordulf freundlich zu. Zusammen mit anderen Sachsen stand er um einige am Boden kauernde Gestalten herum. Beim Nähertreten erkannte Ceretic die mit Kalkwasser hochgekämmten Haare und geflochtenen Schnurrbärte der Pikten. Er pfiff leise durch die Zähne: Elf Gefangene hatten die Sachsen gemacht. Sie knieten, an Händen und Füßen gefesselt, auf dem Höhenzug.

»Hast du hier das Kommando?«, fragte er Ordulf.

Der grinste stolz: »Ja, Hengist hat mich beauftragt diese Anhöhe zu besetzen!«

Ceretic verbarg sein Schmunzeln unter einem anerkennenden Nicken. »Und wie war es?«, fragte er dann.

»Schlimm, ein wahrer Speersturm. Es waren an die hundert Mann. Und ich dachte, sie würden uns geradewegs in den Fluss zurückwerfen. Aber dein Talisman hat mir wieder geholfen.« Dabei kramte er das kleine Bronzekreuz hervor.

Ceretic sah kurz darauf und die Sehnsucht nach Rowena traf ihn wie ein Schlag. Er riss sich mit aller Gewalt zusammen. »Und wer sind die? Die überlebenden Pikten?«, wollte er wissen.

»Leider sind die meisten entkommen. Die hier sind unsere einzigen Gefangenen«, erklärte Ordulf mit bedauerndem Schulterzucken.

Ceretic wandte sich den Pikten zu, die seinen Blick feindselig und trotzig erwiderten. Der erste war ein schlanker Bursche mit wachen Augen. Ohne die blaue Bemalung und das nun ebenfalls blaue rechte Auge hätte er eigentlich ganz gut ausgesehen. »Was habt ihr hier zu suchen?«, fuhr Ceretic ihn barsch an, erhielt aber keine Antwort.

Einer der Sachsen trat dem Mann in die Rippen. »Du sollst antworten, du Hund«, rief er auf Sächsisch.

Ceretic erkannte zu seinem Erstaunen den einäugigen Halvor. Kein Wunder, dass er schlecht gelaunt war, wo ihn Hengist nun ausgerechnet Ordulfs Befehl unterstellt hatte. »Lass mich das machen«, wies er den Ebbingemannen an und wandte sich wieder den Pikten zu. Mit Erstaunen registrierte er die Unterschiede zwischen den einzelnen Männern. Bisher hatte er die Pikten nur als einen Haufen wilder, blau bemalter Dämonen gesehen, aber dies waren einzelne Männer und Jungen mit Gesichtern und ganz eigenen Ausdrücken von Furcht oder Trotz den Augen.

»Wie heißt du?«, fragte er den schlanken Jungen, der ihm bisher die Antwort verweigert hatte.

Der schaute ihn zunächst wieder trotzig an. »Kilian«, gestand er dann aber mit einem Seitenblick auf Halvor, der immer noch mit grimmig zusammengepressten Lippen neben ihm stand.

»Kilian, du weißt, dass ihr sterben müsst«, eröffnete Ceretic dem Pikten ohne Umschweife. Er sprach langsam und deutlich, in der Hoffnung, dass ihn zumindest der Junge mit den intelligenten Augen verstehen würde.

»Warum sollte ich euch dann antworten? Bring es hinter uns«, entgegnete der Pikte in seinem scheußlichen Dialekt.

»Es macht einen Unterschied, wie man stirbt«, entgegnete Ceretic ungerührt. »Wenn ich dir den Kopf abschlage, wirst du mir im Jenseits dienen müssen.«

Der Kilian genannte Pikte sah ihn an und Ceretic hatte den Eindruck, seine ohnehin schon blassen Züge erbleichten um eine weitere Nuance. Nach einer kaum merklichen Pause antwortete er verbittert: »Schlag mir den Kopf ab, erstich mich oder häng mich auf. Für euch Christen ist das doch einerlei!« Aber die kurze Pause und der drängende Tonfall der Antwort verrieten ihn.

Ceretic grinste. Also stimmte diese Erklärung für die grausige Gewohnheit der Pikten, gefangenen oder gefallenen Feinden die Köpfe abzuschlagen. »Ich mache dir einen Vorschlag«, entgegnete er, immer noch grinsend. »Ich verspreche euch, dass ihr durch einen Hieb auf den Kopf und nicht durch Enthaupten getötet werdet. Wie ein Krieger in der Schlacht. Die Sachsen hier enthaupten Verbrecher wie euch nämlich vorzugsweise.«

Der junge Pikte sah ihn einen Moment lang ausdruckslos an. »Was willst du als Gegenleistung?«, fragte er schließlich misstrauisch.

»Die Wahrheit. Und wenn ich später feststelle, dass ihr gelogen habt, dann lasse ich eure Kadaver ausgraben und doch noch enthaupten.«

Kilian wurde noch bleicher. Ceretic konnte sehen, wie er mit sich kämpfte. »Was willst du wissen?«, fragte der Pikte schließlich.

»Wieso wart ihr hier? Wieso so wenige? Wie viele Pikten sind nach Süden gezogen? Wie heißt euer Anführer? Und vor allem, wo befindet sich eure Hauptstreitmacht?« Den Namen des Anführers kannte Ceretic bereits, Prinz Koloman. Aber so könnte er prüfen, ob der Pikte die Wahrheit sprach.

»Und du schwörst bei allem, was dir heilig ist, dass ich nicht enthauptet werde?«, fragte der Gefangene zurück.

»Ich schwöre es dir bei meinem Gott und bei meiner Ehre als Ritter des Hochkönigs von Britannien«, antwortete Ceretic feierlich.

»Ich will dir vertrauen, Ritter. Du wirst mich nicht köpfen?«

Ceretic nickte genervt und der Pikte begann hastig zu sprechen: »Unser Anführer heißt Koloman, ein Prinz von Uerturio im Strath des Earn.« Das stimmte soweit mit dem überein, was die Gefangen in Lindum berichtet hatten. »Als wir euch das letzte Mal so geschlagen hatten, wie Prinz Koloman es erneut tun wird, stellten wir fest, dass ihr alle Boote mit an das Südufer des Flusses genommen hattet.« Ceretic nickte grimmig. Auch das wusste er bereits. »Daher ist Koloman mit über die Furten im Westen gegangen und hat euch auf diesem Wege verfolgt.

Dann wurde unsere Vorhut im Süden von einem fremden Volk geschlagen.« Hier blickte er finster zu den Sachsen hinüber. »Sie sind tatsächlich so groß, wie man sagt. Habt ihr sie aus der Unterwelt gerufen, diese Teufel?«

Ceretic lächelte dünn. Genauso dachten auch die meisten Britannier über die Sachsen. »Und dann ist Koloman umgedreht und hat euch beauftragt, den Fluss zu bewachen?«, fragte er.

»Ja, so war es. Sein Heer steht im Westen bei den Furten dieses Stroms. Er glaubte, ihr würdet euch nicht ein zweites Mal hierher wagen. Wir waren hier als Wachtposten aufgestellt, um Koloman zu warnen, falls ihr doch versucht euch auf diesem Weg an ihm vorbei nach Cair Ebrauc zu schleichen. Und das«, hier blickte er grimmig in Richtung Norden, wo seine geflohenen Kameraden verschwunden waren, »werden auch eure goldhaarigen Teufel nicht verhindern können.«

»Bleibt die Frage, wie viele Krieger Koloman bei sich hat«, bohrte Ceretic nach.

»Hunderte, mehr als man zählen kann«, behauptete der Pikte überzeugt. »Nun habe ich euch alles gesagt. Jetzt halte du dein Versprechen!«

Ceretic nickte grimmig. So etwas hatte er befürchtet. Sie hatten noch nichts gewonnen, die gerade geschlagene Truppe war nur ein kleiner Wachtposten. Wenn man daraus auf die Größe des eigentlichen Piktenheeres schließen konnte, dann waren es viele hundert, vielleicht sogar tausend Mann. In zwei bis drei Tagen könnte Kolomans Heer sie erreichen. Ihre einzige Chance lag darin, vor dem piktischen Heer Eboracum zu erreichen und sich mit Ahearns Truppen zu vereinigen.

»Du hast versprochen uns nicht zu köpfen, Herr«, unterbrach der gefangene Pikte seine Gedanken. Das »Herr« war ihm trotz der verzweifelten Lage sichtlich schwer gefallen.

»Und das werde ich auch nicht tun«, antwortete Ceretic knapp und wandte sich ab. Er überlegte. Wie nur könnte er sein

Versprechen erfüllen? Vortigern würde auf seine Zugeständnisse bestimmt nichts geben und bei Vortimer hätten sie vermutlich sogar das genaue Gegenteil zur Folge. Da kam ihm eine Idee. Vielleicht war der Hochkönig noch gar nicht auf dieser Seite des Abus angelangt. Somit läge das Kommando bei Hengist. Eilig lief Ceretic den Hang hinab, um den Sachsenfürsten zu suchen. Streng genommen waren es ohnehin seine Gefangenen. Bald fand er ihn am Fluss. Er starrte in den Nebel hinein und lauschte auf den gedämpften Lärm des übersetzenden Heeres.

»Wenn du dir sicher bist, dass du alles erfahren hast, mach mit ihnen, was du willst«, sagte Hengist, nachdem ihm Ceretic die Situation geschildert hatte. »Ich kann diese Halunken sowieso nicht verstehen. Du hast dir für den Einfall, die Boote über den Fluss zu schleppen, schließlich etwas verdient. Die Gefangenen gehören dir.«

Das Vorrecht Gefangene abzuschlachten ist sicherlich nicht die Belohnung, die ich mir wünsche, dachte Ceretic bitter, aber es war Eile geboten. Sonst käme ihm Vortimer doch noch dazwischen. Und er hatte dem Barbaren nun einmal sein Wort gegeben.

Er lief zurück zu Ordulf und den Gefangenen. »Ich habe den Kerlen hier versprochen, dass wir sie nicht köpfen, sondern mit einem Schlag aufs Haupt töten. Hengist hat zugestimmt. Also macht euch an die Arbeit.«

Ordulf sah ihn erschrocken an. »Aber sie sind doch wehrlos«, protestierte er. »Wir könnten sie als Sklaven verkaufen«, schlug er nach einem Augenblick des Nachdenkens vor.

»Tut einfach, was Hengist gesagt hat«, knurrte Ceretic kurz angebunden und wandte sich ab. Da hörte er hinter sich ein grässliches Krachen und ein angstvolles Aufstöhnen. Er fuhr herum. Halvor hatte dem ersten der Pikten mit einer Axt den Schädel eingeschlagen.

»Wenn Hengist es so will, hast du wohl kaum etwas dagegen, oder?«, fragte er und sah Ordulf herausfordernd an. Der lief rot an, zuckte dann aber resigniert die Schultern und ließ ihn gewähren. Ceretic fühlte sich auf einmal unsäglich müde und schmutzig.

Ich werde Tallanus bitten, mir die Beichte abzunehmen, nahm er sich vor. Eigentlich war die Beichte den voll ordinierten Priestern vorbehalten, aber Ceretic hielt sich lieber an Tallanus. In dem Wirrwar aus grausamen Barbaren und Ränkeschmieden in den eigenen Reihen war er der einzige, dem Ceretic noch voll vertraute. Und ich bin inzwischen nicht nur Vortimers Handlanger, sondern lasse jetzt schon selbst wehrlose Gefangene abschlachten. Warum tue ich das eigentlich?

Einen Augenblick war er ratlos. Ja, weshalb tat er sich das an? Doch dann fiel ihm Rowena ein. Rowena war alle Mühen wert. Wie er sie vermisste! Außerdem wurde es höchste Zeit, den Hochkönig von dem in Kenntnis zu setzen, was er von den gefangenen Pikten erfahren hatte.

Ad Abum, Juni 441
Tallanus

Der dichte Nebel hatte sich inzwischen zumindest teilweise aufgelöst, aber immer noch hingen schwere Regenwolken über den Hügeln zu beiden Seiten des Abus. Auf dem gegenüberliegenden Höhenzug sah Tallanus in der hereinbrechenden Dämmerung bereits die ersten Wachfeuer aufflackern. Das mussten die Sachsen sein. Das Übersetzen von Vortigerns Heer und Tross zog sich nämlich bereits Stunden hin. Nun endlich war auch der Bischof mit seinem Gefolge an der Reihe. Von den schwankenden Brettern des Bootes aus beobachtete er, wie sie sich langsam dem nördlichen Ufer näherten. Hier also hatten die Sachsen die Pikten ein weiteres Mal geschlagen. Eine große Übermacht, wie man sich im Heer erzählte, und die lähmende Furcht, die vor wenigen Tagen in Lindum Vortigerns Männer im Bann gehalten hatte, war einer Aufbruchsstimmung gewichen. Endlich legte das schaukelnde Boot an.

»Wo sind denn unsere Quartiere?«, erklang da Albanus dünne Stimme. »Ich hoffe sehr, Vortigern hat an unsere Zelte gedacht. Von diesem Peturaria sollen ja nur noch Trümmer übrig sein.«

Tallanus seufzte. Der alte Mann dachte nur an sein eigenes Wohlergehen. Dabei war es doch ihre erste Pflicht, den erschlagenen Britanniern ein christliches Begräbnis zu bereiten. Er blickte kurz auf die gebeugte Gestalt mit dem aufgedunsenen Gesicht und den hängenden Tränensäcken. Was war nur aus dem sicherlich einstmals mutigen Glaubensmann geworden? Er selbst würde einen viel besseren Bischof abgeben ... Das Bewusstsein der eigenen Unvollkommenheit traf ihn wieder wie ein Stich. War er nicht genauso auf seinen persönlichen Vorteil aus?

»Herr, sollten wir nicht nachsehen, ob die Pikten unsere gefallenen Krieger wenigstens begraben haben?«, schlug er respektvoll vor.

»Ja, geh und kümmere dich darum«, winkte Albanus genervt ab.

Rasch sprang Tallanus aus dem Boot, ebenso froh dem scheußlichen Schwanken des Bootes wie der üblen Laune seines Herrn zu entkommen. Während er an mehreren Gruppen sächsischer Krieger vorbei zügig den Hügel hinaufstrebte, genoss er die vom Regen gereinigte Abendluft. Selbst die kurze Bootsfahrt auf dem ruhigen Fluss hatte ihm zugesetzt. Er hasste diese schaukelnden Dinger. Dann konzentrierte er sich auf seine Aufgabe. Jenseits des Hügels, keine Meile weit entfernt im Norden, lag das Schlachtfeld und dort würde er die Überreste der gefallenen Britannier finden. Er versuchte sich innerlich auf den schauerlichen Anblick vorzubereiten, der ihn dort erwartete.

Bei den Wachfeuern auf der Hügelkuppe traf er auf weitere Sachsen. Ceretics junger Freund, der mit ihm nach Durovernum geritten war, befand sich unter ihnen. Tallanus winkte ihm zu, froh, zwischen den Barbaren ein bekanntes Gesicht zu finden. Als Antwort erhielt er zwar nur einige sächsische Worte, aber das Lächeln verstand er auch über die Sprachgrenzen hinweg. Inzwischen jagten ihm die rohen sächsischen Laute keinen Schrecken mehr ein wie anfangs in Regulbium.

Wortlos schritt er weiter und stolperte fast über die ersten Leichen. Er bekreuzigte sich. »Hier schon«, entfuhr es ihm. Aber es war kein Britannier, der dort in seinem Blute lag, sondern ein Pikte, wenn auch ohne die typischen blauen Muster. Vermutlich einer jener Unglücklichen, die sich den Sachsen am Nordufer entgegengestellt hatten. Tallanus blickte sich um und fuhr erschrocken zusammen. Da lagen noch weitere Leichen. Insgesamt waren es elf Stück. Das grausigste aber war, dass alle an Armen und Beinen gefesselt und brutal mit einem Hieb auf den Kopf getötet worden waren. Diese wilden sächsischen Barbaren hatten ihre gefangenen Feinde abgeschlachtet! Entsetzt starrte er zu den ruhig um ihre Feuer sitzenden Kriegern hinüber.

Das Bild von Álainn und dem Überfall auf Regulbium erschien vor seinem geistigen Auge. Traurig schüttelte er den Kopf. Omnes enim, qui acceperint gladium, gladio peribunt. Wer das Schwert zieht, wird durch das Schwert fallen. Wie treffend war dies Wort des Herrn aus dem Evangelium des heiligen Matthäus. Wann würden endlich all diese Heidenvölker im Frieden Jesu Christi vereint werden?

Er schrak zusammen, als ihn etwas an der Schulter berührte. Es war der junge Sachse. Tallanus hatte in seinen Gedanken versunken gar nicht bemerkt, dass dieser das Wort an ihn gerichtet hatte. Entschuldigend zuckte er die Schultern. Er verstand ohnehin nicht, was der Sachse wollte. Der gab aber nicht nach und gestikulierte. Dann versuchte er die Sprachbarriere durch lautere Artikulation seines unverständlichen Idioms zu überbrücken. Schließlich zeigte er mit dem Arm in die Runde nach Norden und schüttelte dann den Zeigefinger hin und her.

»Ich soll nicht nach Norden gehen?«, fragte Tallanus erstaunt. Da hörte er eine bekannte Stimme hinter sich.

»Tallanus!« Es war Ceretic, der mit großen Schritten auf sie zu eilte.

»Wie gut, dass du kommst!«, antwortete Tallanus erfreut. »Ich, oder besser wir«, dabei lächelte er den Sachsen an, der eine fragende Miene aufgesetzt hatte, »haben Verständigungsschwierigkeiten.«

Ceretic bekam schnell heraus, wo das Problem lag. »Ordulf, so heißt dieser Sachse, meint, es sei zu gefährlich allein weiter nach Norden zu gehen. Etliche Pikten sind entkommen und er fürchtet, dass Prinz Kolomans Späher noch durch das Gebiet streifen.«

Wieder unterbrach ihn der Sachse und Ceretic legte seine Stirn in Falten. Dann antwortete er ihm auf Sächsisch. Tallanus horchte fasziniert. Viele Kleriker sahen insgeheim auf die Leute herab, die kein Latein verstanden, aber diese barbarische Zunge musste noch viel schwieriger zu erlernen sein. Schließlich wandte sich Ceretic wieder ihm zu.

»Ordulf meint, wir könnten einen kleinen Erkundungsgang wagen. Er will uns aber mit einem seiner Männer begleiten.«

Der Sachse rief einen seiner Stammesgenossen herbei. Dann folgten sie Tallanus langsam in die Nacht hinaus. Als sie den Kreis der Wachfeuer verlassen hatten, hielt Tallanus an, um seine Augen an die Dunkelheit zu gewöhnen. Eine graue Wolkendecke hing noch immer dicht über ihren Köpfen. Nur dann und wann drangen ein paar Strahlen des Mondes schwach durch die grauen Schwaden und die Mondhöfe erstrahlten gespenstisch in allen Farben des Regenbogens. Das lange Gras unter ihnen war feucht und verschluckte den Klang ihrer Schritte. Wie verwandelt erschien die Welt in den Nachtstunden. Überall sah er Hügel und Senken, in denen sich heimtückische Feinde verbergen konnten. Verwesungsgeruch drang ihm in die Nase. Seine Befürchtungen schienen sich zu bewahrheiten.

»Dort drüben liegt etwas.« Ceretic fasste Tallanus plötzlich am Arm und wies auf einen länglichen Gegenstand, der vielleicht fünfzig Schritt vor ihnen im Gras lag. Tallanus bekreuzigte sich, dann lenkte er seine Schritte zu dem Schatten. Der Gestank verriet ihm schon bevor sie den Kadaver erreichten, was sie vor sich hatten. Es war die Leiche eines britannischen Kriegers. Nackt und kopflos, das weiße, aufgedunsene Fleisch leuchtete fahl in die Dunkelheit. Tallanus bekreuzigte sich erneut, dann kniete er bei dem Leichnam nieder und sprach ein schnelles Gebet.

Der Sachse riss Tallanus mit einer unverständlichen Bemerkung aus der Andacht.

»Ordulf hat recht, wir sollten jetzt lieber wieder zum Lager zurückkehren. Wir wissen nun ja, wie es um unsere Gefallenen steht.«

»Aber wir müssen ihn doch begraben«, protestierte Tallanus lahm, während sein Freund angestrengt in Richtung Norden blickte.

»Scht«, fuhr er ihn unvermittelt an. »Dort bewegt sich etwas.« Mit angehaltenem Atem sah Tallanus auf, doch Ceretic zog ihn am Arm. »Schnell, zurück ins Licht der Feuer!«

Sie hasteten auf die orange glühenden Punkte der sächsischen Wachfeuer zu, während Ordulf und der andere Sachse mit erhobenen Schilden zurückblieben, um ihren Rückzug zu sichern. Tallanus hatte gar nicht bemerkt, wie ihm übel wurde, aber plötzlich musste er sich schwallartig erbrechen. Keuchend erreichte er den Lichtkegel der Feuer. Ihm war immer noch schlecht und der üble Nachgeschmack im Mund machte die Sache nicht besser. Nun kehrten auch Ordulf und sein Kamerad zurück. Sie riefen etwas auf Sächsisch und traten zu ihren Kameraden ans Feuer.

»Sie haben niemanden gesehen«, übersetzte Ceretic. »Ich hätte schwören können, dort hat sich etwas bewegt«, fügte er kopfschüttelnd hinzu. »Aber hier kann uns ja nichts mehr passieren. Komm jetzt besser mit, wir müssen dem Hochkönig melden, was wir gefunden haben«, forderte er und zerrte Tallanus weiter den Hang zum Abus hinab.

Sie fanden Vortigern inmitten seiner engsten Berater vor einem bunten Stoffhaufen, aus dem wohl demnächst sein prächtiges Zelt entstehen sollte. Vortimer, der bei seinem Vater stand, bedachte Ceretic mit einem finsteren Blick.

»Die Sachsen werden immer stolzer«, schimpfte er, doch ein Stirnrunzeln seines Vaters ließ ihn verstummen.

Was hatten die beiden nur?, fragte sich Tallanus. In den letzten Tagen war eine merkwürdige Kälte zwischen ihnen zu beobachten. Aber vielleicht war es nur die Anspannung, entschied er dann. Ihm ging es jedenfalls nicht besser. Er schluckte die bittere Galle herunter, die ihm immer noch aufstieß und räusperte sich.

»Wir haben das alte Schlachtfeld besucht«, erstattete er mit krächzender Stimme Bericht. »Unsere gefallenen Krieger liegen auf der Walstatt. Geplündert und enthauptet.«

Vortigern und sein Sohn wechselten einen kurzen Blick.

»Und ich habe von einigen Ge... Vor ihrem Tod haben einige Pikten ausgesagt, dass sie von Prinz Koloman von Uerturio angeführt werden. Die Sachsen haben ihnen inzwischen aber den Garaus gemacht«, übernahm Ceretic den Bericht.

»Das wissen wir doch bereits«, unterbrach ihn Vortimer augenrollend.

Doch sein Vater nickte Ceretic aufmunternd zu. »Noch etwas?«, fragte er.

»Der Prinz lagert mit dem Kern seines Heeres im Westen an der Nebenstraße, der Via Erminia, die den Abus auf Furten überwindet. Einige Pikten sind entkommen, weil die Sachsen zu wenig Riemen hatten, um gleichzeitig eine ausreichende Zahl von Kriegern über den Fluss zu setzen.«

Dabei warf Ceretic Vortimer einen bösen Blick zu. Dieser errötete bis unter die Haarwurzeln. Tallanus sah verwirrt von einem zum anderen und auch Vortigern schien die Pointe entgangen zu sein. Da war doch etwas zwischen den beiden vorgefallen, entschied er.

»Die geflohenen Pikten werden Koloman inzwischen von unserem Vormarsch in Kenntnis gesetzt haben. Insgesamt verfügt er über mehrere hundert oder sogar tausend Mann, aber das haben wir ja vor zwei Wochen bereits leidvoll erfahren. Wir sollten so schnell wie möglich nach Eboracum marschieren, um uns mit Ahearns Heer zu vereinigen«, beendete Ceretic seinen Bericht.

Tallanus sah Ceretic entsetzt an. »Aber wir müssen doch unsere Toten christlich bestatten«, flehte er.

Vortimer warf ihm einen vernichtenden Seitenblick zu. »Das dauert mindestens einen Tag und wenn Koloman sich beeilt, erreicht er uns in genau dieser Zeit oder schneidet uns den Weg nach Eboracum ab, secretarius.« Das letzte Wort spie er aus als fürchte er, seinen Mund damit zu beschmutzen.

Tallanus zuckte zusammen. Wie hatte er es wagen können, im Rat des Königs ungefragt seine Meinung zu äußern?

»Es wird die Kampfmoral unserer Leute nicht fördern, wenn sie wissen, dass ihre Leichen nicht bestattet werden«, gab auch der alte Muirdoch zu bedenken.

Vortigern blickte eine Weile stumm zwischen seinen Beratern hin und her. Dann räusperte er sich. »Die Pikten sind zweimal vor uns geflohen, sie werden es nicht wagen, uns ein drittes Mal auf offenem Felde anzugreifen. Und bei Ahearn um Hilfe zu betteln kommt nicht in Frage«, entschied er. »Ich bin der Hochkönig und komme, um Eboracum und die nördlichen Königreiche zu erretten, nicht um gemeinsam mit ihnen den Feind zu schlagen. Morgen begraben wir unsere gefallenen Krieger und Bischof Albanus wird eine Messe für sie feiern.«

Ad Abum, Juni 441
Ordulf

Ordulf fuhr aus dem Schlaf hoch und wusste einen Moment nicht, wo er war. Die allzu lebendigen Bilder eines bluttriefenden Traumes verflüchtigten sich nur widerwillig und langsam. Er streckte seine Glieder. Alles tat weh und ein dicker Regentropfen fiel vom Zeltdach auf ihn herab. Die erlittene Gefahr und Angst, als sie sich nur von dem dünnen Lindenholz der eigenen Schilde gedeckt in den Hang drückten, wie Halvor die gefangenen Pikten erschlug, all dies hatte ihn mehr mitgenommen, als er es für möglich gehalten hätte. Im Kampf zu töten war etwas Natürliches, aber Wehrlose abzuschlachten? Tief atmete er die kühle Nachtluft. Im Osten graute bereits der Morgen. Dieser Tag würde genauso diesig beginnen, wie der letzte geendet hatte.

Nach einem kurzen Frühstück aus Hafer und Wasser erschien Willerich und überbrachte den Tagesbefehl. »Die Britannier wollen ihre Toten von vor einigen Tagen begraben. Wir sollen Wache stehen und sie vor umherstreifenden Pikten schützen.«

»Das wurde auch Zeit«, freute sich Ordulf. Sie waren mehrere Tage angestrengt marschiert und gestern dann der Flussübergang und das Scharmützel am Hang. Ein Tag der Ruhe würde ihnen guttun. Er entschied sich dafür, nur seinen leichten, unbeschlagenen Holzschild mit sich zu nehmen. Der gute Schild war am Vortag ohnehin ziemlich ramponiert worden und bedurfte dringend einiger Reparaturen. Wieder blickte er voll Stolz auf sein neues Langschwert und befestigte es neben dem Sax am Gürtel. Das Geräusch trabender Hufe ließ ihn aufschauen.

»Hengist hat einigen Reitern befohlen, die Umgebung zu sichern, und uns rechtzeitig zu warnen, falls doch noch Pikten auftauchen«, berichtete ihm Thiadmar, als er Ordulfs erstaunten

Blick auffing. Mit dem frischen Verband um den Kopf sah er zwar noch etwas blass, aber schon viel besser aus als am Vortag, befand Ordulf.

»Wie viele Pikten wohl noch übrig sind?«, wunderte er sich, doch diesmal zuckte Thiadmar die Schultern. Offenbar war auch er überfragt. Wenn die Aussagen der Gefangenen stimmten, gab es jedenfalls noch mehr als genug.

Bereits dicht hinter dem Lager trafen sie auf die ersten Zeugnisse der vergangenen Schlacht. Auf den Hügeln und in den morastigen Senken davor lagen zahllose Leichen. Sie waren allesamt ausgeplündert und entkleidet. Am schaurigsten war jedoch, dass von den Köpfen jede Spur fehlte. Nach zehn Tagen nassen Wetters war die Verwesung schon weit vorangeschritten. Im Wind wehte der süße Gestank von Tod und Zerfall. Krähen und Feldtiere hatten sich an den Kadavern gütlich getan. Weiter unten am Hang hatten die Pikten ein grausiges Holzgerüst aufgerichtet, auf dem sie ihre vornehmsten Feinde wie lebendig aufgerichtet hatten, nur nackt und kopflos wie ihre Kameraden.

Die Sachsen nahmen auf einer Anhöhe, die nach Westen hin von einer sumpfigen Niederung begrenzt wurde, Aufstellung. Die Britannier machten sich hinter ihnen daran, Gräber auszuheben. Mehrere ihrer Priester – Ordulf erkannte sie inzwischen an den in der Stirn geschorenen Haaren – sprachen ihre Zauberformeln über den Toten und malten Kreuzzeichen in die Luft. Vermutlich wollten sie die Verstorbenen in ihre Gräber bannen, damit sie nicht als Untote ihr Unwesen trieben. Schaudernd stellte sich Ordulf vor, wie das ganze Heer ohne Köpfe in der Unterwelt leben mochte. Um sich wieder zu wärmen, drehte er sich den wenigen Sonnenstrahlen zu, die die trübe Wolkendecke durchbrachen.

»Ich erzähl dir mal ein Rätsel«, wandte er sich schließlich Thiadmar zu. »Nach dem gestrigen Tage solltest du es leicht erraten:

Ich bin ein einsames Ding, voll eiserner Wunden
Geschlagen von Klingen, geschunden mit den Spuren von Kämpfen
Müde der Schwerter, oft sehe ich Schlachten
Harte Fehden, keinen Frieden habe ich.
Keine Hilfe wird mir erscheinen, in der Hitze der Schlacht.
Bis von der Erde Ich elend vergehe.
Die gehämmerten Schwerter sie hauen und schlagen
scharf und hartschneidig der Schmiedehammer-Werk.
Nicht verweilend in Städten muss ich folgen dem Streit
wo sich Feinde treffen. Niemals fand ich
in den Stätten wo Männer sich sammeln
einen der mit Kräutern heilt meinen Kummer.
Doch die Wunden der Schwerter werden stets schwerer
durch tödliche Hiebe bei Tag und bei Nacht.

Na, was bin ich?«

Ordulf blickte gespannt, doch Thiadmar grinste säuerlich. »Den Hinweis auf unser gestriges Abenteuer hättest du dir sparen können. Ich wäre auch so drauf gekommen.«

»Und was meinst du, was ich bin?«, drängte Ordulf. Das Rätsel war eines seiner besten.

»Ein Schild natürlich«, entgegnete Thiadmar und Ordulf musste enttäuscht gestehen, dass der junge Haduloher richtig geraten hatte.

Unter diesem und anderen Zeitvertreiben plätscherte der Vormittag langsam dahin. Ein jeder hing seinen eigenen Gedanken nach. Erst am frühen Nachmittag wurde Ordulf plötzlich durch den dumpfen Klang schlagender Hufe aus seiner Lethargie gerissen. Er blickte auf und erkannte einen Reiter, der sich ihnen von Westen her rasch näherte. Bald zügelte er sein Pferd. Die Niederung zwischen ihnen war zu sumpfig, um sie auf dem Pferderücken zu überwinden.

»Es ist Wedigo«, kommentierte Halvor, der auch heute wieder zu Ordulfs Gruppe gehörte. Der verdammte Ebbingemanne muss ungeheuer scharfe Augen haben, dachte Ordulf. Oder vielmehr ein ungeheuer scharfes Auge, korrigierte er sich und lächelte grimmig.

Erst eine ganze Weile später konnte er den Reiter ebenfalls erkennen. Er strebte an Ordulfs Gruppe vorbei, direkt dem Lager zu.

Kurze Zeit später kam Hengist selbst auf seinem britannischen Pferdchen zu ihnen hinausgetrabt. »Prinz Koloman will uns die Ehre eines Besuches geben«, berichtete er.

»Kolomans Heer soll fast tausend Mann zählen«, bemerkte Ordulf. Seine Männer wechselten unruhige Blicke.

Ungerührt fuhr Hengist fort: »Vortigern will, dass wir hier auf der Hügelkette warten, bis er seine Männer hinter uns zur Schlacht formiert hat. Wir Sachsen stehen wieder ganz vorn. Du, Ordulf, wirst deine Leute hier und die nächste Gruppe dort rechts anführen. Ihr bildet einen Schildwall und haltet diesen Hügel, ganz egal, was auch passiert. Klar?«

»Und wenn die Pikten nicht angreifen wollen?«, fragte Ordulf. Er konnte sich kaum vorstellen, dass sie direkt nach dem Eilmarsch, der sie bis hier gebracht hatte, durch den Sumpf und den Hügel hinauf, einen Angriff wagen würden.

Hengist sah ihm fest in die Augen. »Keine eigenwilligen Aktionen. Vortigern will abwarten. Wenn die Pikten gegen alle Vernunft Vortigerns Angebot zur Schlacht auf diesem Boden annehmen, falle ich ihnen mit den Reitern in die Flanke. Du bleibst mit deinen Männern hier oben, bis ich euch etwas anderes befehle.« Als Ordulf nickte, fuhr er fort. »Aber du hast recht. Das werden sie nicht tun, zumindest nicht mehr heute. Es ist ohnehin schon erstaunlich, wie sie so rasch hier sein konnten. Aber egal, du bleibst mit deinen Leuten, wo ihr seid, nämlich auf diesem Hügel.«

Das war nun wirklich die längste Rede, die Ordulf jemals von Hengists Lippen vernommen hatte. Er würde also auf dem Hügel bleiben. Komme, was wolle. Schade nur, dass er seinen eisenbeschlagenen Schild und die beiden Wurflanzen nicht mehr holen konnte.

»Wir bilden einen doppelten Schildwall!«, rief er seinen Leuten zu. Das Befehlen fühlte sich ungewohnt an und er hoffte inständig, dass es niemandem auffiel. Zu seiner Erleichterung gehorchten die Männer aber sofort. Die strengen Übungen in Beufleet zahlten sich aus. Ordulf trat einen Schritt vor und ließ seinen Blick über die Aufstellung schweifen. Seine etwa dreißig Männer standen ganz am rechten Flügel. Von hier konnte er gut beobachten, wie die Britannier ihre Schaufeln und Hacken davonwarfen und zu den Waffen eilten. Einige Zeit später tauchten die Schnellsten von ihnen wieder auf. Sie nahmen links neben den Sachsen Aufstellung. Ordulf beobachtete gespannt, wie es immer mehr wurden.

Vortigerns Haustruppen, die Catuvellaunen, waren nicht in Besatzungen oder Sippen, sondern in Centurien gegliedert, wie sie es nannten. Sie bildeten den Kern des britannischen Heeres. Nun rückten sie dicht zusammen und schlossen ihre Reihen unter den jeweiligen Fahnen. Die übrigen Britannier ließen dagegen keine klare Ordnung erkennen. Aber auch sie präsentierten stolz eine Reihe bunter Wimpel, auf denen Drachen, Kreuze und Adler prangten. Vor jeder der catuvellaunischen Centurien stand ein besonders kräftiger Krieger. Offensichtlich die Anführer von Vortigerns Streitmacht.

Neidvoll ruhte Ordulfs Blick auf ihren bunten Helmbüschen. Er war nun auch Unterführer einer eigenen Abteilung, aber seine einfache Kleidung und der schmucklose Holzschild konnten sich nicht einmal mit den polierten Brünnen oder den breiten Wangenklappen der gemeinen Catuvellaunen messen. Immer, wenn sich ein schwacher Sonnenstrahl durch die Wolken kämpfte, blitzten die britannischen Waffen nur so zu ihm herüber. Ein prächtiger Anblick. Doch trotz seiner minderwertigen Ausrüstung fühlte

Ordulf Zuversicht und Stolz, nun auch ein Anführer dieses Heeres zu sein.

Mühsam riss er sich von dem erhabenen Anblick los und richtete seinen Blick auf die ihm anvertrauten Männer. Sie standen ruhig auf ihren Plätzen im Schildwall und warteten. Der rechte Rand eines jeden Schildes überlappte den linken seines Nachbarn. Nur sein eigener Platz vorne in der Mitte der Aufstellung war noch frei. Einen Augenblick verweilte Ordulfs Blick auf Halvor. Konnte er ihm trauen?

Einige Männer zeigten plötzlich hinter ihm ins Tal.

»Sie kommen!«, rief Thiadmar.

Ordulf fuhr herum. Tatsächlich, da bewegte sich etwas. Und dann waren sie auf einmal klar zu erkennen. Diesmal war es anders als in dem Gefecht bei Lindum oder am Vortag am Flussufer. Die Sachsen standen hoch über den Pikten auf dem Hügel und hatten ausreichend Zeit, ihren Gegner zu beobachten – und zu zählen. Die Pikten waren bei weitem in der Überzahl, doch der Geländevorteil lag eindeutig auf Seite der Sachsen. Die Feinde müssten erst einmal die sumpfige Niederung passieren, bis an die Knöchel im Morast, und dann wäre auch noch der Hang zu erstürmen, bevor sie als erstes auf Ordulfs dünnen Schildwall träfen. Nur ein völlig kopfloser Führer würde unter diesen Umständen eine Schlacht beginnen. Doch kopflos war ein Wort, über das Ordulf im Zusammenhang mit den Pikten lieber nicht nachdenken mochte.

Das Tal vor ihnen füllte sich mit den blauen Gestalten. Viele stiegen auf der gegenüberliegenden Seite der Talsohle von ihren Pferden, andere warfen ihre bunt karierten Mäntel ab, bevor sie sich zu Fuß in den Sumpf wagten. Ordulf glaubte immer noch an einen Scheinangriff.

Da ertönte die piktischen Kriegspfeifen. Es handelte sich um mit langen Pfeifen und einem Mundstück versehene Fellsäcke, die ein langgezogenes Quietschen von sich gaben. Dann setzten

Trommeln und das schrille Kreischen der mehr als mannshohen, Carnyx genannten Kriegstrompeten ein. All das mischte sich mit den Schlachtrufen der Pikten zu einem ohrenbetäubenden Lärm.

Ordulf fühlte, wie sich seine Nackenhaare aufrichteten. Unter sich im Tal erreichten die ersten Krieger den Hügel. Ordulf schluckte und griff seinen Schild fester. Hätte er doch den guten, eisenbeschlagenen mitgenommen! Und warum hatten sie keine Wurflanzen? Von ihrer erhöhten Stellung hätten sie damit den Pikten den Aufstieg verderben können. Doch nun war es zu spät.

Von der Höhe her gesehen muteten die Bewegungen der Feinde noch seltsam langsam an. Wenn wir mehr Bogenschützen hätten, käme keiner von denen hier oben an, überlegte Ordulf, doch auch die hatten sie nicht. Bald erkannte er die seltsamen Muster auf den Schilden, die blaue Bemalung der Krieger und ihre wie Eberborsten zurückgekämmten Haare. Die Schalltrichter der fürchterlichen Kriegstrompeten liefen in wilden Eberköpfen aus, die dem Feind ihre scharfen Zähne entgegen fletschten. Die Bewegungen des Feindes wurden immer schneller und mit einem Mal waren sie heran.

Hart schlug ein Schwert auf Ordulfs erhobenen Schild. Der Aufprall ließ ihn nach hinten taumeln und ein Kribbeln durchlief seinen linken Arm bis zur Schulter. Die Männer in der zweiten Reihe fingen ihn auf und stießen ihn wieder nach vorn, doch der Druck der Pikten ließ nicht nach. Schritt für Schritt wurde der sächsische Schildwall zurückgedrängt. Neben sich hörte Ordulf einen Schrei. Wahrscheinlich von Howart, einem jungen Haduloher von der Heritog, aber ihm blieb keine Zeit, sich nach ihm umzuwenden. Irgendetwas stimmte nicht.

Er parierte fast schon verzweifelt Schlag auf Schlag und konnte keinen eigenen Rhythmus finden; das Geschrei und der Gestank von Blut und verschwitzten Männern machten ihm zu schaffen. Vor sich sah er nur die blauen Fratzen und kalkverkrusteten Borsten der Pikten. Bei Lindum waren ihm diese Details gar nicht aufgefallen. Furcht schlich sich in sein Herz. Doch es erging nicht nur ihm so. Der sächsische Schilderwall hatte sich unter dem Anprall der Pikten nicht gleichmäßig zurückgezogen und löste sich in viele einzelne Kämpfer auf, zwischen denen die blauen Dämonen ungehindert vordrangen. Ordulfs Ohren gellten vom Gebrüll der Pikten und dem schrillen Lärm ihrer Trompeten. Die »Hengist«-Rufe seiner Landsmänner waren kaum noch zu vernehmen.

Sicherlich laufen die ersten Sachsen in unserem Rücken bereits um ihr Leben und wir hier vorne sind verloren, durchfuhr Ordulf ein Gedanke. Wo blieb Hengist mit seinen Reitern? Wieso waren sie nicht in die Flanke des Feindes eingebrochen wie verabredet? Die waren sicher auch schon auf und davon.

Entsetzt sah Ordulf, wie sich die Klinge einer Axt von oben in seinen splitternden Schild fraß. Da kam schon der nächste Schlag und die gesamte linke Seite seines Schildes brach ab. Der klägliche Rest war nun nicht mehr ausbalanciert und zog seinen Arm nach innen. Ordulf schaute sich kurz um, aber hinter ihm war niemand, der ihm einen neuen Schild hätte reichen können. So also sah das Ende aus!

»Du verdammter Hund hast unseren Schildwall aufgegeben! Im fairen Kampf seid ihr dreckigen Swæne nicht so mutig wie zuhause im Schlamm!«, hörte er plötzlich den Ebbingemannen über den Schlachtlärm fluchen. Er hatte zwei oder drei Glieder weiter links gestanden, als der Angriff begann. Nun befand er sich getrennt von seinen Gefährten weit vorne – allein und von den Pikten umringt.

War es etwa Ordulfs Schuld, wenn er sich nicht rechtzeitig zurückzog? Außerdem war doch ohnehin alles verloren. Wie konnte dieser Dreckskerl es wagen ihn jetzt noch zu beschimpfen? Schließlich hatte er mit seinen Kameraden hinterhältig versucht, ihn zu ersäufen. Ordulf überkam eine unbändige Wut auf den feigen Ebbingemannen. Den würde er noch zur Strecke bringen, mochten die Pikten dann siegen oder nicht!

Ordulf ließ den Schild fahren, in den sich gerade erneut die Axt seines piktischen Widersachers festgebissen hatte. Dann warf er auch sein Schwert beiseite. Mit beiden Händen griff er die Axt des verdutzten Angreifers, während gleichzeitig sein Knie hochschnellte und den nackten Gegner an der empfindlichsten Stelle traf. Schmerzvoll krümmte sich der Pikte zusammen. Schon hatte Ordulf ihm die Axt entwunden. Der Schaft traf nicht so wie geplant seinen Kehlkopf, sondern schlug ihm die Zähne ein, trotzdem fiel der Feind ächzend zu Boden und verließ damit Ordulfs Gesichtsfeld und Gedanken.

Eine weitere blaue Fratze tauchte auf. Die Axt zerschnitt das Grinsen. Halvor war nur noch wenige Schritte entfernt, doch vor ihm tummelten sich noch die blau tätowierten Gegner. Ordulf brüllte sie an, zu verschwinden, doch zu ihrem Unglück verstanden sie ihn nicht. Einer um den anderen fiel, während sich Ordulf voll brennenden Zorns eine blutige Schneise hieb. Sein Schreien wurde unartikuliert. Doch sein Vorstoß blieb nicht unbemerkt. Die Pikten um ihn herum hielten erstaunt inne und die Sachsen kamen zu Atem.

»HENGIST!«, brandete hinter Ordulf ihr Schlachtruf auf, als sie wieder zum Angriff übergingen. Vor ihm schaute Halvor kurz zurück und Ordulf sah ihn einen Augenblick mit offenem Mund mitten im Kampf verharren. Doch auch er fasste sich und hieb mit neu entfachtem Mut auf die Pikten ein. Ordulfs Zorn verrauchte, bevor er den Ebbingemannen erreichte, aber er kam nicht zum Verschnaufen, denn nun riss ihn der sächsische Gegenangriff mit sich.

Da erscholl auch endlich das Dröhnen von Hufen. Rechts vor Ordulf warf sich Hengist mit den Reitern in die Flanke der Pikten. Der Tag war gewonnen! Sie warfen den Feind in den Sumpf.

»Anhalten«, brüllte Hengist über die Walstatt. Zu leicht konnten sich die Pferde im Morast die Beine brechen. Doch wenn die Pikten gehofft hatten, ihren Verfolgern im Sumpf damit zu entkommen, hatten sie sich geirrt. Mit sumpfigen Marschen kannten sich die Sachsen aus.

Ordulf warf am Rande des Sumpfes die Kleidung ab. Rasch raffte er den Schild eines gefallenen Pikten auf, vertauschte die grobe piktische Axt mit seinem Sax und blieb den Gegnern an den Fersen. Etliche Sachsen taten es ihm gleich. Die fliehenden Pikten fielen durch die kurzen Schwerter oder strauchelten und wurden in den Sumpf getrampelt. Insbesondere für die vornehmeren Pikten, die schwere Kettenhemden trugen, gab es kein Entrinnen. Wer nicht im Sumpf versank, wurde von den wütenden Sachsen erschlagen.

Am Abend hatten sich zu den weißen, aufgedunsenen Leibern der gefallenen Britannier unzählige blaue gesellt und eine rote Sonne tauchte die Walstatt in blutiges Licht. Von dieser Niederlage würden sich die Pikten nicht so rasch erholen!

X. Wenn die Waffen schweigen, bleiben die Scherben

Ad Abum, Juni 441
Tallanus

»Silent leges inter arma«, seufzte Tallanus, als er über die grausige Walstatt schritt. Wenn die Waffen sprechen, schweigen die Gesetze. Er hatte sich zu diesem Gang gezwungen, um sterbenden Christen die letzte Ölung zu erteilen. Doch obwohl er kaum auf gefallene oder verwundete Christen traf, zog ihn das Grauen derart in seinen Bann, dass er immer weiterlief, bis in der Senke schließlich nur noch gefallene Pikten lagen.

»Hier liegt er, sie haben ihn erschlagen!«, rief auf einmal ein älterer Britannier vor ihm.

Tallanus eilte heran. Vor ihm lag die von den Sachsen geplünderte Leiche von Koloman von Uerturios! Der junge Prinz war auf den Rücken gestreckt und starrte mit gebrochenen Augen in den Abendhimmel. Dicht unter dem Herzen zeigte sich eine scheußlich ausgefranste Wunde. Tallanus erkannte darin inzwischen mühelos das Werk eines der kurzen sächsischen Schwerter. Um ihn herum lagen besonders viele der blau bemalten Körper, hier musste der Kampf noch einmal aufgebrandet sein. Vielleicht war das den Heiden eine Lehre, Britannien von nun an in Frieden zu lassen.

Vortigerns Plan, sächsische Piraten als Auxiliares anzuwerben, trug überwältigende Früchte. Die Pikten waren seit Menschengedenken nicht mehr so gedemütigt worden. Sicherlich brauchten sie Jahre, um sich von dieser Niederlage zu erholen. Und als Beigabe waren sächsische Angriffe auf die Küste dieses Jahr ausgeblieben – ihre junge Mannschaft hatte Besseres zu tun.

Mit Mühe riss sich Tallanus von dem scheußlichen Bild los. Er hatte genug gesehen. »Mortui sepeliant mortuos suos«, murmelte er. Mögen die Toten ihre Toten begraben. Es wurde Zeit, dass er sich um die Lebenden kümmerte.

Zurück im Lager sah er zuerst nach verwundeten Britanniern. Es gab aber nur wenige Blessuren, um die sich bereits Vortigerns Wundärzte kümmerten. Die Sachsen hatten von Anfang an die Schlacht geführt und die Britannier waren erst zum Einsatz gekommen, als der Angriff der Pikten bereits gebrochen war. Sie feierten nun den leichten Sieg und die Rache für die Schmach, die die Pikten ihnen ein Dutzend Tage zuvor auf demselben Feld zugefügt hatten.

Doch auch aus dem Lager der Sachsen klang lautes Lärmen zu ihnen herüber. Vielleicht gab es dort Verwundete, die seines Beistandes bedurften? Möglicherweise war das eine Gelegenheit, ihnen ein Beispiel für Gottes Liebe vor Augen zu führen? Entschlossen machte er sich auf die Suche nach Ceretic, denn sein kurzes Gespräch – oder gerade Nicht-Gespräch – mit dem Ordulf genannten Sachsen am Vorabend der Schlacht hatte ihm deutlich gezeigt, dass er allein nicht weiterkommen würde. Er entdeckte den königlichen Ratgeber bald darauf inmitten der feiernden Britannier.

»Komm mit, du musst mir übersetzen«, forderte er seinen nicht mehr ganz nüchternen Freund auf. »Ich will sehen, ob es unter den Sachsen Verwundete gibt, die meiner Hilfe bedürfen.«

»Warum nicht«, antwortete Ceretic jovial. »Sie haben sich heldenhaft geschlagen und weißt du, wer das Schlachtenglück im letzten Augenblick zu unseren Gunsten gewendet hat? Niemand anders als der junge Ordulf, den ich persönlich vor dem sicheren Tode gerettet habe!« Er sonnte sich kurz in der Bewunderung seiner Zechgenossen, die auf ihn eindrangen die Geschichte zu erzählen, bis Tallanus ihn etwas entnervt am Ärmel zupfte. »Wenn ich noch etwas ausrichten soll, dann müssen wir los. Du kannst doch später noch etwas trinken.«

Daraufhin hob Ceretic abwehrend die Hände. »Das ist eine lange Geschichte, die ich ein andermal erzähle. Ihr hört ja, jetzt werde ich bei den Sachsen gebraucht.«

Tallanus zog ihn mühsam mit sich fort. Er dirigierte seinen Freund in Richtung des sächsischen Lagers, welches ein wenig abseits bei den ehemaligen Wachfeuern hoch über dem Abus lag. Barbarischer Gesang und das Johlen Betrunkener klang ihnen schon von weitem entgegen.

Angewidert verzog Tallanus das Gesicht. »Diese Heiden können einfach kein Maß halten!«, schimpfte er, doch dann fiel sein Blick auf den leicht schwankenden Ceretic. Er seufzte und seine Züge wurden milder. »Wer kann es ihnen schon verübeln, bei unserem Vorbild. Und selbst unser Bischof hat noch nicht ein einziges Mal darüber nachgedacht, wie wir ihnen den rechten Weg zeigen können.« Ceretic nickte unsicher und Tallanus fühlte sich dadurch in seinem Eifer bestätigt. »Auch Vortigern lässt sie nach ihren Sitten leben, solange sie nur als billige Söldner ihre Haut zu Markte tragen«, schimpfte er. Ceretic nickte wieder, blieb aber weiterhin stumm.

Plötzlich hielt Tallanus erschrocken inne. Neben einem der niedrigen Sträucher hatte er eine Gestalt entdeckt. Die johlenden Gesänge, die vom Lager herüberdröhnten, ließen den hingekauerten Mann noch einsamer erscheinen, als er ohnehin schon wirkte. »Frag ihn doch, ob er sich nicht über den Sieg freut«, forderte Tallanus Ceretic auf. Der Mann trug eine Augenklappe, was aber offenbar nicht auf eine frische Verwundung zurückzuführen war.

Ceretic zögerte. »Ich kenne den Mann«, informierte er seinen Freund. »Das ist einer jener Übeltäter, die drüben in Sachsen den jungen Ordulf töten wollten. Habe ich dir die Geschichte überhaupt schon erzählt?«

»Nein, hast du nicht, aber ich fürchte, das ist jetzt auch nicht der richtige Zeitpunkt dafür«, entgegnete Tallanus.

Ceretic gab eine Reihe hauchender Laute von sich. Der Angesprochene blickte kurz auf, als habe er Ceretics Stimme erkannt. Sein eines Auge verengte sich kurz zu einem schmalen Schlitz und Tallanus musste nervös schlucken. Der Blick gefiel ihm gar nicht, doch dann seufzte der Einäugige resigniert und starrte wieder stumpfsinnig vor sich hin.

»Der ist wohl betrunken«, bemerkte Tallanus. »Lass uns lieber wieder gehen. Sieht nicht so aus, als bräuchte der hier unsere Hilfe.« Ihn fröstelte. Die Sachsen waren doch wilde Barbaren! Was hatte ihn nur dazu getrieben sich so vertrauensvoll in ihre Hand zu begeben? Am liebsten wäre er fortgelaufen. Zum Glück hatte er wenigstens Ceretic mitgenommen.

Doch gerade als er sich abwandte, antwortete der Fremde. Tallanus verstand natürlich nichts, aber er hatte inzwischen genug Sächsisch vernommen, um die Stimmung des Sprechers anhand des Tonfalls einzuordnen. Dieser Sachse klang nüchtern und vor allem zutiefst betrübt. Nach einem kurzen innerlichen Kampf gewann sein Mitleid die Oberhand über die Angst. Langsam drehte er sich um und zwang sich, eine freundliche Miene aufzusetzen. Doch das Auge des Fremden suchte so verzweifelt seinen Blick, dass ihm sofort die Schamesröte über die eigene Feigheit ins Gesicht stieg. Wie hatte er daran denken können einfach wegzulaufen? Serve male et piger – du fauler und unnützer Knecht, so würde der Herr Jesus auch zu ihm sagen, wenn er dereinst in aller Herrlichkeit an der Spitze der himmlischen Heerscharen käme, um die Welt zu richten. Er würde niemals zum Priester oder gar Bischof taugen, die Not dieses Unglücklichen hätte er auch ohne Worte spüren müssen.

»Was hat er gesagt?«, wandte er sich an Ceretic.

Der Angesprochene runzelte die Stirn. »Ich verstehe ihn zwar, aber ich verstehe nicht, was er meint«, antwortete der langsam.

»Was sagt er denn nun?«, drängte Tallanus. Auf einmal brannte es ihm geradezu unter den Nägeln zu erfahren, was den Sachsen quälte.

»Er sagt: Er hat mein Leben gerettet und mich doch vernichtet«, übersetzte Ceretic.

Tallanus spürte, wie sein eigener Herzschlag sich beschleunigte. Dieser Mann litt Seelenqualen! War das ein Zeichen des Himmels, dass er hier nicht nur körperliche, sondern auch tiefere seelische Verletzungen heilen sollte? »Was ist es, was dich quält? Erzähle es mir, denn es ist meine Aufgabe, bedrängten Seelen beizustehen!«, behauptete er aufgeregt und diesmal übersetzte Ceretic ungefragt.

»Dieser Swæn, der mir mein Auge genommen hat – ich kenne die Geschichte –«, übersetzte und kommentierte Ceretic gleichzeitig, »der hat mich damals verschont, aber mit welcher Arroganz! Zwei meiner Geschlechtsgenossen sind seinetwegen gestorben. Und heute, als uns der Feind hart bedrängte, ist er einfach hinter mir zurückgewichen und hat mich im Stich gelassen. Da habe ich meinen Hass herausgeschrien. Und was hat der Kerl gemacht? Er ist umgedreht und hat mich und die ganze Schlacht gerettet! Mein ärgster Feind hat mir das Leben gerettet. Und schlimmer noch, er ist stärker und mutiger als ich und auch als all die Anderen, mit Ausnahme Hengists vielleicht. Ich schulde ihm ewigen Dank und Gefolgschaft, aber die erlittene Schmach und die Treue zu meinem eigenen Geschlecht fordern, dass ich ihn hasse und vernichte. Mein gerettetes Leben verlangt, dass ich ihm meine Dienste anbiete, aber die Gesetze der Blutrache gebieten, dass ich ihn töte. Ich sehe keinen Ausweg, als mir selbst das Leben zu nehmen!«, übersetzte Ceretic wortgetreu. Dann drehte er sich zu seinem Freund um. »Und? Kannst du ihm nicht helfen? Du kennst dich doch mit solchen Dingen aus.« Er sah Tallanus erwartungsvoll an und auch der Sachse blickte mit einer Mischung aus Schmerz und Spannung zu ihm auf.

Himmel, was für eine Not! Und obendrein war es ein Heide. Tallanus stöhnte. Ceretics hohe Erwartungen machten das Ganze nicht besser. Wieso habe ich den Mann nicht einfach in

Ruhe gelassen? Bin ich überhaupt für die Heiden zuständig? Oh, serve male et piger!, schimpfte er sich in Gedanken nochmals. Was hat der liebe Heiland nicht alles um meinetwillen auf sich genommen? Und ich, sein unwürdigster Diener, bin erst zu feige und dann zu faul, um dieses unglückliche, verirrte und verwilderte Schaf zum guten Hirten zu führen?

Langsam setzte er sich gegenüber dem Sachsen auf die Erde. Wenn du mich als dein Werkzeug gebrauchen magst, Herr, dann gib mir auch die nötige Weisheit, betete er dabei im Stillen. Schließlich räusperte er sich und blickte dem Barbaren geradewegs in das gesunde Auge. »Hast du schon mal etwas von Vergebung gehört?«

Pert Acaiseid, August 441
Álainn

Krachend fiel die Schale zu Boden. Álainns rechter Zeige- und Mittelfinger schmerzten wieder wie am ersten Tag ihrer Gefangenschaft. Immer noch konnte sie kaum richtig zupacken. Doch im nächsten Augenblick vergaß sie den Schmerz in der Hand wegen des stärkeren Schmerzes im Gesicht. Nara hatte sie geohrfeigt.

»Du unnützes Ding, sieh, was du angerichtet hast!« Die Scherben der Tonschale schwammen in der verschütteten Milch am Boden des runden Speichenhauses.

Álainn gehörte nun als Sklavin zu Eòghanns Sippe. Und wenn nicht Nara, Eòghanns Schwiegermutter, gewesen wäre, hätte sie sich sogar halbwegs in die Familie aufgenommen gefühlt. In dem kleinen Rundhaus, welches durch Mauervorsprünge, die wie die Speichen eines Rades ins Zentrum ragten, in mehrere Abschnitte aufgeteilt war, war der grausame Seeräuber Eòghann ein umgänglicher Mensch.

»Lass das Mädchen in Frieden«, kam der gerade eingetretene Hausherr ihr auch gleich zu Hilfe. »Du weißt doch, dass sie verletzt ist, du solltest ihr keine Aufgaben geben, die sie noch nicht verrichten kann«, knurrte er verärgert.

Álainn verstand den piktischen Dialekt inzwischen problemlos und sie genoss mehr Freiheiten, als sie als Sklavin erwartet hätte. Aber wohin sollte sie auch fliehen? Die Burg stand auf einem Felsvorsprung im stürmischen Ozean, hoch über den kleinen Buchten, in denen die Fischer- und Raubboote der Pikten lagen. Der einzige Zugang zu dem Felsen war nur wenig mehr als dreißig Schritte breit und zudem von einer Mauer geschützt. Der einzige Durchgang, eine etwa zehn Schritt lange Doppelung der Mauer, wurde durch drei hintereinanderliegende Türen verschlossen.

Doch auch jenseits dieses unüberwindlichen Hindernisses gab es für Álainn keine Hoffnung auf Flucht. Wohin sollte sie sich wenden, hunderte von Meilen von ihrer Heimat entfernt in einem unwirtlichen, rauen Land? Und sie war sich nicht einmal sicher, ob Pert Acaiseid überhaupt in Britannien oder nicht auf einer Insel lag. Die Menschen in der Siedlung waren für ihr Überleben jedenfalls ganz und gar aufeinander angewiesen und nun gehörte sie ebenfalls zu dieser Gemeinschaft. Eòghann hatte sie sogar manchmal ohne Bewachung und ohne jede Bedenken mit den Schafen hinaus auf die Weiden vor der Burg geschickt. Nun zog er sie am Arm von der zeternden Nara fort.

»Lass sie schimpfen. Du gehst heute wieder mit den Schafen auf die Weide oben im Westen«, beschied er.

So trieb Álainn bald Eòghanns Vieh durch die drei engen Pforten in der Mauerdopplung aufs Vorland. »Kommt mit, ich bring euch zu den besten Kräutern«, versprach sie den Tieren lockend. Sie kannte den Weg inzwischen gut und die Schafe folgten ihrer Stimme. Langsam löste sich ihre Anspannung und sie schritt rasch voran.

Das Meer plätscherte sanft in der Bucht unter der Felsenfeste, die salzige Luft war warm und mischte sich mit dem Duft von Heidekräutern und Torfmooren. Tief unter ihr lagen die Boote ihres Dorfes. Allesamt Currachs, lederbespannte Holzgerippe. Draußen, jenseits der Bucht, sah sie die kugeligen Köpfe der Robben in der Dünung tanzen. Immer wieder verschwand einer, um eine Weile später an anderer Stelle aufzutauchen. Darüber zogen kreischende Möwen ihre Kreise. Vielleicht war das Leben hier im Norden doch erträglicher, als sie befürchtet hatte. Wenn nur die alte Hexe nicht wäre.

Nach einer guten halben Stunde erreichte sie die von Eòghann bezeichnete Weide. Doch die Ruhe währte nicht lange. Plötzlich vernahm sie hinter sich Hufgetrappel. Sie fuhr herum. Ein einzelner Reiter auf einem der flinken piktischen Ponys galoppierte den Pfad entlang, der von Westen nach Pert führte. Ängstlich blickte sie um sich. Sollte sie versuchen sich hinter den niedrigen Büschen zu verstecken? Doch der Reiter hatte sie sicher schon bemerkt.

Dann atmete sie auf. Es war Carney, der aus einer etwas südlicher gelegenen Siedlung kam. Vor einigen Monaten war er häufig in ihrem Hause zu Gast gewesen, um Kilian, Naras Sohn, den die alte Hexe über alles vergötterte, zu besuchen. Kilian selbst und er zogen dann irgendwann fort, zum fernen Königssitz in Forteviot. Denn der Prinz der Uerturio hatte die Männer der nördlichen Stämme aufgefordert gemeinsam mit ihm gegen die Britannier zu ziehen. Álainn hatte den Königssitz selbst natürlich noch nie gesehen, aber Forteviot galt bei allen piktischen Stämmen als der reichste und vornehmste Ort im Norden. Es hieß, Prinz Koloman, für den selbst die Mädchen in Pert Acaiseid zur Sonnenwendfeier eine Unzahl Blumenkränze gebunden hatten, sei mit vielen tausend Männern aus allen Stämmen nach Süden gezogen, um Beute zu machen.

Jedenfalls hatte Nara, seit ihr geliebter Sohn fortgezogen war, begonnen, Álainn immer häufiger zu schlagen. Zum Glück war

Eòghann selbst nicht mit den Uerturio nach Süden gezogen, sonst wäre sie der Alten völlig schutzlos ausgeliefert gewesen. Eòghann war ja bereits früher im Jahr mit ihrem eigenen Häuptling, der sich zwar nicht König nannte, aber doch völlig unabhängig über seine Sippe und die Sturminseln herrschte, zu einem bescheideneren Raubzug an die britannische Küste gefolgt. Álainn hatte es am eigenen Leib erfahren.

Inzwischen war Carney, von einer Staubwolke umhüllt, bis zu ihr herangekommen. Pferd und Reiter schwitzten stark in der Sonne. Álainn hob die Hand zum Gruß, während die Schafe erschrocken auseinanderstoben, als der Fremde sein Pferd dicht vor ihr zügelte.

»Was bringst du für Nachricht?«, fragte sie neugierig.

»Großes Unheil, Gruagach straft uns fürchterlich. Die Britannier haben eine Rasse von grausamen Riesen zu Hilfe gerufen. Unser Heer ist geschlagen, der Prinz gefallen!«, rief er ihr zu und trieb sein Pferd gleich wieder im scharfen Trab voran.

Álainn war wie vom Donner gerührt. Was hatte das zu bedeuten? Riesen, Britannier? Was war geschehen? Sollte ihr Volk endlich die Kraft gefunden haben, sich der Pikten zu erwehren? Und dürfte sie nun auf Befreiung hoffen? Aber nein, Pert Acaiseid war so weit im Norden, so weit entfernt von Britannien, und sie war sich nicht einmal sicher, ob es überhaupt über Land oder nur mit den schnellen Booten der Pikten zu erreichen war.

Am Abend trieb Álainn die Schafe zur Burg zurück. Eine düstere Stimmung lag über den eng um den alten Broch gedrängten Rundhäusern. Leises Wehklagen drang aus mehreren Ecken und Winkeln an ihr Ohr. Sie sperrte die Schafe in den Pferch und trat leise in Eòghanns Haus. Der Hausherr saß in Gedanken versunken an dem niedrigen Torffeuer in der Mitte des Raumes und drehte ihr den Rücken zu. Seine Gattin Gwen hockte ihm mit rotgeweinten Augen gegenüber. Ängstlich spähte Álainn nach Nara, doch die lag wimmernd und völlig besoffen in ihrer Nische des Rundhauses. Álainn atmete auf, jedoch ein wenig zu laut, denn Gwens Kopf ruckte nach oben und sie sah Álainn hasserfüllt an.

»Du freust dich wohl, Britannierin?«

Aber Eòghann wehrte ab. »Sie hat den ganzen Tag gearbeitet, was man von deiner Mutter da drüben nicht sagen kann. Also lass sie etwas zu Essen zu sich nehmen und in Frieden schlafen.«

Gwen sah ihr finster nach, als Álainn sich etwas Hafergrütze und Trockenfisch nahm und schüchtern in ihren eigenen Winkel des kleinen Radspeichenhauses zurückzog.

Eboracum, Juni 441
Ceretic

Gleich am nächsten Morgen gab Vortigern den Befehl zum Marsch nach Norden. Etwa fünfzig Mann blieben zurück, um die Bestattung der Gefallenen fortzusetzen und die wenigen Verwundeten vor versprengten Pikten zu schützen.

Vortigern ritt an der Spitze des Heerzuges, ihm folgten seine Ratgeber und die sächsischen Söldner. Viele unter ihnen trugen stolz piktische Waffen. Ceretics Augen suchten in ihren Reihen nach Ordulf, doch er erkannte ihn erst auf den zweiten Blick. Der junge Sachse trug ein prächtiges Kettenhemd mit vergoldeten Plättchen auf der Brust. Unter dem Herzen wies es ein gezacktes Loch auf, welches sein neuer Besitzer noch nicht repariert hatte. Als Ceretic sein Pferd neben ihn lenkte, bemerkte er, dass zwischen den eisernen Ringen noch getrocknetes Blut klebte. Doch das schien den jungen Sachsen weniger zu stören.

»Mal sehen, ob die eisernen Ringe wirklich so viel halten, wie man immer sagt«, erklärte er mit säuerlichem Grinsen.

»Mir ist ein fester Schild lieber, aber ich habe keinen mehr übrig.«

Erstaunt bemerkte Ceretic, dass Ordulf recht hatte und viele der Sachsen ohne Schilder marschierten. Eigentlich hätten sie dringend Zeit benötigt, um ihre Wehr in Stand zu setzen.

»Vortigern ist der Ansicht, Schnelligkeit sei wichtiger als Erholung«, antwortete er leicht spöttisch.

»Das habe ich bemerkt«, entgegnete Ordulf immer noch mit schiefem Grinsen. »Aber den Pikten, von dem ich dies hier habe«, dabei zeigte er auf sein neues Kettenhemd, »hat weder der schnelle Anmarsch noch sein Eisenhemd geschützt.«

Aller Sorgen ungeachtet marschierten sie den Tag über eine große Strecke, mal im Regen, mal in Sonne und Staub, immer weiter auf der endlosen Via Erminia Richtung Cair Ebrauc.

Ceretic ritt meist direkt bei Vortigern und den übrigen Ratgebern. Am Straßenrand entdeckte er mehrfach Ruinen und Trümmer verbrannter Gehöfte und Dörfer. Diesen Weg musste auch das piktische Heer gezogen sein, verbittert darüber, von den hohen Mauern Eboracums abgewiesen worden zu sein. Sie marschierten so rasch sie konnten. Obwohl die Männer von der Schlacht am Vortag noch geschwächt sein mussten, ließ Vortigern ihnen nur eine knappe halbe Stunde zur Mittagsrast. Bald schon drängte er weiter. Bis spät in den Abend hinein trieb er das Heer unbarmherzig vorwärts.

»Hier bleiben wir für die Nacht. Morgen bei Sonnenaufgang brechen wir wieder auf«, verkündete Vortigern schließlich, als die Sonne hinter dem westlichen Horizont versank und die ersten Sterne am Himmel erschienen.

Erschöpft ließen sich die Männer neben der Straße fallen. Doch die Unterführer brachten sie wieder auf Trab. Zelte aufstellen, Feuerholz suchen, Wachen einteilen. Eigentlich war es schon viel zu spät, um geordnet zu lagern, und Ceretic vermutete, dass sie auf dem Gewaltmarsch eine nicht unerhebliche Zahl von Ausfällen und Nachzüglern hinter sich gelassen hatten.

»Herr, wenn wir weiter so marschieren, kommt nur die Hälfte von uns in Eboracum an«, wandte er sich daher an den König.

Doch der schüttelte unnachgiebig den Kopf. »Wir müssen Eboracum morgen unbedingt erreichen.«

»Aber weshalb auf einmal diese Eile? Vor der Schlacht nahmen wir uns Zeit, die Toten zu begraben und nun, wo Eboracum keine Gefahr mehr droht, hetzen wir nach Norden?« Ceretic war verwirrt.

»Er hat recht«, pflichtete ihm zu seinem Erstaunen Vortimer bei, der gemeinsam mit den übrigen Ratsmitgliedern am Feuer saß. »Müssen wir so lange marschieren? Das Heer ist erschöpft und gestern haben wir die Schlacht gewonnen.«

»Und die Sachsen haben sogar gestern und vorgestern gekämpft«, stimmte Ceretic zu.

»So hart kann das wohl nicht gewesen sein, die Pikten sind doch gleich geflohen«, warf Vortimer mit säuerlicher Mine ein.

Hätte mich auch gewundert, wenn er seine Haltung gegenüber den Sachsen grundsätzlich änderte, dachte Ceretic mit so etwas wie Befriedigung.

Doch Vortigern beachtete weder die Einwände seines Beraters, noch die des Sohnes. »Wir müssen nach Eboracum, bevor die Nachricht unseres Sieges dort eintrifft. So können wir Ahearn überraschen und dann wird er es nicht wagen, mir den Gefolgschaftseid zu verweigern. Die nördlichen Kleinkönige sind zu sehr auf ihre Eigenständigkeit bedacht, aber der einzige Hochkönig bin und bleibe nun mal ich! Auch Ahearn und der Norden müssen sich mir beugen.«

Tatsächlich lag bereits am frühen Nachmittag des nächsten Tages Cair Ebrauc vor ihnen in der Sonne. Die Regenwolken hatten sich gänzlich aufgelöst. Die mächtigen römischen Mauern ragten grau und drohend aus der hellen Sommerlandschaft. Ceretic konnte das Rechteck des alten Militärlagers im Norden der Stadt, zwischen den beiden Flüssen Ouse und Foss gelegen, von ihrem erhöhten Standort aus gut erkennen. Eboracum selbst erstreckte sich inzwischen über die Ufer beider Flüsse hinweg und die Mauern reichten im Süden fast bis an den Zusammenfluss. Das Umland der großen Stadt dagegen lag eigentümlich leer und verlassen zu ihren Füßen.

»Sie beobachten uns voller Sorge. Vermutlich halten sie uns für Kolomans siegreiche Pikten«, kommentierte Vortigern mit hämischem Grinsen. »Schwärmt aus und lasst unsere Banner wehen!«, ordnete er dann an und die Kolonne marschierte in ganzer Breite auf. Die Britannier entfalteten ihre Flaggen. Heilige, Kreuze, Tiere und Drachen flatterten auf bunten Tüchern über ihnen.

»Vorwärts!«, befahl der Hochkönig und die britannische Streitmacht marschierte mit breiter Front auf das große Torgebäude im Südwesten von Eboracum zu. Die Fahnen knallten im Wind und in Ceretics Brust machte sich ein erhabenes Gefühl breit, zu dieser siegreichen Macht zu gehören. Und nicht nur das. Er selbst, Ceretic ap Ruohim, hatte all dies überhaupt erst ermöglicht!

Schließlich kamen sie bis auf Rufweite an die abweisenden Mauern heran. Mächtige Türme flankierten das doppelte Tor. Zwischen den Zinnen auf der Mauerkrone sahen sie dicht gedrängt die Krieger des Nordens.

»Wer seid ihr?«, rief ihnen ein Mann mit dröhnender Stimme entgegen.

»Wer fragt?«, hielt Vortigern mit lauter Stimme dagegen. Er wollte sich offensichtlich nicht wie ein Bittsteller ausfragen lassen.

»Ich bin Ahearn, König von Elmet und Herr in Cair Ebrauc«, erhielt er zur Antwort.

»Und ich entbiete dir und den Kriegern des Nordens meinen Gruß. Ich bin Vortigern, euer Hochkönig und führe die Macht Britanniens herauf, um euch von den Pikten zu befreien!«

Einen Atemzug lang herrschte Stille, dann brandete lauter Jubel von den alten Mauern Eboracums auf. Bald öffnete sich das Tor und allen voran eilte Ahearn dem Hochkönig entgegen.

»Ihr habt die Pikten umgangen?«, fragte er staunend, als er Vortigern und einige britannische Edle erkannte.

»Ich habe sie vernichtet«, antwortete Vortigern stolz. »Prinz Koloman liegt erschlagen am Ufer des Abus. Ihr Krieger des Nordens könnt getrost in eure Weiler und Höfe zurückkehren. Euer Hochkönig hat euch Frieden gebracht und eure Feinde zertreten.«

Ahearn starrte ihn mit offenem Mund an, während seine Begleiter wiederum in Jubel ausbrachen. Schließlich fasste er sich. »Seid uns umso mehr willkommen … König Vortigern.«

Ceretic hatte die etwas zu lange Pause im Satz bemerkt. Der König von Elmet hatte sich noch nicht dazu durchgerungen, Vortigern als Hochkönig anzuerkennen. »Seid uns willkommen in Cair Ebrauc. Du und deine Krieger aus dem Süden.« Neugierig ließ er den Blick über Vortigerns Heer schweifen. »Viele deiner Banner kenne ich«, bemerkte er, »doch wer sind die Riesen mit den runden Schilden und blonden Bärten?«

Vortigern schaute grinsend zu den Sachsen hinüber, die nun zu seiner Rechten Aufstellung bezogen hatten. Dann spielte er den nächsten Trumpf aus. »Das sind Sachsen, sie leisten mir Gefolgschaft, wie bald auch schon die Pikten«, behauptete er listig.

Ahearn erbleichte und das aufgeregte Geplauder seines Gefolges erstarb augenblicklich. »Du hast diese Geißel Gottes tributpflichtig gemacht?«, fragte er erschrocken.

Gut, dass der stolze Hengist das nicht versteht, dachte Ceretic, während er gespannt die Unterredung verfolgte.

»Im Kampf sind sie ganz nützlich«, bemerkte Vortigern mit einer wegwerfenden Handbewegung. »Nicht wahr, Ceretic?« Dabei sah er ihn Bestätigung heischend an. »Ceretic ist einer meiner Ritter. Er versteht ihre Sprache und befehligt sie«, erklärte er.

Ceretic reckte stolz die Brust. »So ist es, Herr«, bestätigte er.

Hinter ihm sog Vortimer fauchend die Luft ein und als Ceretic sich kurz umwandte, sah er, dass der Prinz ebenfalls zum Platzen gespannt war, wenn auch nicht vor Stolz, sondern vor Neid.

Doch Ahearn lenkte seine Aufmerksamkeit wieder nach vorn. »Mein Hochkönig«, brachte er hervor und sank auf die Knie. »Willkommen im Norden deines Reiches. Wenn es dir gefällt, kannst du in die Stadt einziehen, aber gewähre uns eine Bitte: Lass deine Sachsen draußen vor den Toren!«

Eboracum, Juni 441
Ordulf

Eboracum war mit Mauern befestigt, die denen von Londinium glichen. Bewundernd glitt Ordulfs Blick über die Ecktürme des Tores. Achteckige Steinsäulen von unglaublicher Größe. Wie hatten diese sagenhaften Römer den Stein in solch eine Form gezwungen?

Ceretic hatte ihnen erklärt, dass sie vor der Stadt lagern sollten. Ordulf war enttäuscht, er hätte gerne auch die Gebäude im Inneren dieser Stadt bestaunt. Thiadmar dagegen war erleichtert. »Mir sind diese Steinklötze nicht geheuer«, gestand er.

Gerolf, der sich seit dem Tode Ypwines bei den beiden jungen Männern hielt, schnaufte zustimmend: »Das ist eine unnatürliche Art zu leben, hinter diesen Steinklötzen.«

Zwei Wochen später befanden sie sich wieder in Thanet. Vortigern hatte sie auf Pferden zurück nach Londinium geschickt, wo sie ihre wartenden Schiffe bestiegen. Diesmal ruderten sie die

Schiffe direkt in das Fleet hinein, das Ypwine vor ihrem Marsch nach Norden entdeckt hatte.

»Endlich können wir den armen Ypwine beisetzen«, sagte Gerolf zu seinen beiden jungen Freunden, als sie die Heritog aufs Land zogen. »Wir wollen ihm einen Hügel aufschichten, hier, wo er sich einen Hof bauen wollte.«

Das Fleet war tatsächlich ein hervorragender Winterhafen und Hengist entschied sich, ein dauerhaftes Lager zu errichten, für welches sich bei den Sachsen bald der Name »Ypwinesfleet« durchsetzte.

Auf Vortigerns Befehl hin organisierte Ceretic britannische Handwerker, die den Sachsen beim Fällen der Bäume und beim Häuserbau zur Hand gingen und noch bevor sich die Blätter verfärbten, stand Hengists Halle. Das frisch geschlagene Holz leuchtete weiß bis weit auf die See hinaus und diente den Sachsen als Landmarke für die Ansteuerung des Ypwinesfleets, wenn sie mit ihren Schiffen ausfuhren, um neues Baumaterial, Kleidung oder Nahrung vom Festland zu holen. Ordulf bemühte sich stets auf solchen Fahrten dabei zu sein, denn die Seefahrt gefiel ihm besser als die Arbeit auf der Baustelle und er zeigte großes Geschick beim Steuern eines Schiffes. Hengist, der Ordulf inzwischen zu einem seiner wichtigsten Unterführer gemacht hatte, vertraute ihm bald die Heldir an. Ordulf wunderte sich manches Mal, warum ihm gerade der einäugige Halvor, der bis vor kurzem doch sein ärgster Feind war, hilfreich zur Seite stand. Halvor war bereits in Dithmarschen zum Fischen aufs Meer gefahren und kein unerfahrener Seemann.

So kam es, dass er eines Herbsttages zusammen mit Ordulf am Strand unterhalb von Rutupiae stand, wo sie Versorgungsgüter für die kleine sächsische Ansiedlung auf Thanet luden, als sich Ceretic raschen Schrittes näherte.

»Ceretic, alter Freund«, begrüßte ihn Ordulf. »Wie schön dich zu sehen!«

»Wie geht es dem Priester Tallanus?«, wollte Halvor wissen.

Ceretic schüttelte beiden die Hände. »Gut, gut«, erwiderte er. »Prächtig, dass ich euch beide hier antreffe. Gerade zu euch wollte ich.«

Die beiden Sachsen sahen Ceretic erstaunt an, als dieser fortfuhr: »Vortigerns Rat, also ich und die übrigen Ratgeber, haben überlegt, dass es doch sehr unpraktisch ist, wenn nur ich allein zwischen euch Sachsen und uns Britanniern übersetzen kann. Daher hat mir Vortigern befohlen, einigen Sachsen die britannische Sprache zu lehren. Und Tallanus hatte eine hervorragende Idee: Er möchte zwei Sachsen bei einem Freund unterbringen und unterrichten lassen, einem heiligen Mann in Londinium. Da dachte ich an dich, Ordulf, denn du hast dich schon in Durovernum rasch zurechtgefunden und Tallanus schlug dann noch dich vor, Halvor. Im Frühjahr, wenn wir wieder gegen die Pikten ziehen, kehrt ihr zu Hengist zurück.«

Ordulf schaute zu Halvor hinüber. »Ich für meinen Teil würde gerne ein bisschen mehr von Londinium sehen«, antwortete er. »In Ypwinesfleet wird im Winter ohnehin nicht viel los sein.«

Halvors Gesichtsausdruck hatte während des Gespräches zwischen Erstaunen und Unglauben geschwankt. »Zu einem heiligen Mann, so wie Tallanus?«, fragte er, als könne er das Gehörte nicht richtig einordnen.

»Ja, ja«, antwortete Ceretic eifrig.

»Genau darüber habe ich in den letzten Wochen nachgesonnen«, behauptete Halvor.

Nun war es an Ordulf und Ceretic, ihn erstaunt anzustarren. Der Ebbingemanne erwiderte ihren Blick ebenso ratlos, sodass Ordulf sich ein Lachen verkneifen musste. »Wie meinst du das, du hättest darüber nachgedacht? Wusstest du etwa, dass Ceretic uns diesen Vorschlag machen würde?«, fragte er spöttisch.

Halvor schüttelte den Kopf. »Tallanus hat mir damals am Abus einiges erzählt. Von seinem Gott und … anderen Dingen.« Verlegen wandte er den Blick von Ordulf ab. »Jedenfalls habe ich mir sehr gewünscht, noch einmal mit ihm über diese Dinge sprechen zu dürfen. Und nun fragt Ceretic, ob ich nicht den gesamten Winter bei solchen heiligen Männern, wie Tallanus einer ist, verbringen will.« Langsam verwandelte sich der erstaunte Ausdruck auf seinem Gesicht in ein Grinsen. »Dafür will ich nicht nur Britannisch, sondern auch lesen und schreiben lernen, wenn das nötig ist.«

Nun war es an Ceretic zu lachen. »Das wird wohl fürs Erste nicht notwendig sein. Schreiben tut man in Latein und das kann nicht einmal ich!«

»Wir müssen aber Hengist um Erlaubnis fragen. Schließlich ist er unser Herr und Herzog und muss uns ziehen lassen«, wandte Ordulf ein.

»Das ist richtig, doch bin ich guten Mutes, dass er seine Zustimmung gibt«, nickte Ceretic. »Wer sollte sonst für ihn die Wünsche des Hochkönigs übersetzen, falls mir mal etwas zustößt?«

Am Abend, nachdem sie in Ypwinesfleet die Ladung aus dem Bauch der Heldir in den neuen Scheunen verstaut hatten, unterbreitete Ceretic Hengist seinen Vorschlag.

»Nach Londinium sollen die beiden?«, fragte er zurück. »Warum nicht? Das ist allemal besser als Willerichs Plan. Der will mit seinen Männern nach Keydingen zurückkehren. Als würden wir hier nicht mehr gebraucht!«

»Mein Entschluss steht fest, Hengist«, entgegnete Willerich störrisch. »Wenn du uns brauchst, kommen wir im nächsten Frühjahr wieder, doch nun wird es höchste Zeit, zu Hause die Ernte einzubringen. Nicht jeder hat auf seinem Hof so viele Knechte wie du.«

»Und ich danke dir für deine Treue diesen Sommer. Du wirst nicht mit leeren Händen nach Sachsen heimkehren«, bestätigte der Held.

So waren die Dinge beschlossen. Willerich rüstete seine Selah für die Fahrt nach Sachsen. Die meisten Keydinger und einige der Dithmarscher folgten ihm. Hengist machte zwar ein saures

Gesicht, doch verließ ihn niemand, ohne reich aus der piktischen Beute und Hengists Silberhort entlohnt zu werden.

»Ihr sollt in Sachsen nicht mit leeren Händen ankommen. Alle Welt soll erfahren, dass Hengist ein glücklicher und großzügiger Heerführer ist!«, rief er, als die Ruder der Selah bereits den Bug des Schiffes gen Sonnenaufgang wendeten.

Ordulf und Halvor packten ihre wenigen Habseligkeiten zusammen und ließen sich zusammen mit Ceretic nach Regulbium übersetzen. Vor Ordulfs geistigem Auge erschienen die Erinnerungen an seine ersten Tage in diesem neuen Land und ihren Ritt nach Durovernum. Und tatsächlich besorgte Ceretic ihnen in Regulbium wieder drei Pferde. Auf der flachen Römerstraße staunte Ordulf einmal mehr über dieses seltsame Volk, welches all diese Dinge gebaut hatte und dann von der Erdoberfläche verschwunden war.

Pert Acaiseid, November 441
Álainn

Álainn riss sich vom Anblick der wilden grauen See los und eilte zurück. Sie schlüpfte unter dem niedrigen Türstein durch und vorbei an dem schweren schmierigen Ledervorhang, der Regen und Wind notdürftig außerhalb des Hauses hielt. Der beißende Qualm des Torffeuers trieb ihr die Tränen in die Augen. Sie unterdrückte ein Husten. Jetzt durfte sie bloß keinen Lärm machen, sonst bemerkte die alte Hexe, dass sie schon auf gewesen war. Aber die Hoffnung war vergebens.

»Wo hast du dich wieder rumgetrieben?«, schnarrte die verhasste Stimme hinter ihr.

Sie wandte sich um und noch stechender als der Torfrauch blies ihr der stinkende Atem der Alten ins Gesicht.

»Wo du dich rumgetrieben hast, habe ich gefragt«, fauchte sie.

»Ich wollte nach den Schafen ...«, begann Álainn, doch da spürte sie schon einen brennenden Schmerz auf der Wange.

»Lüg mich nicht an. Du hast dich wieder rumgetrieben, um irgendeinen Mann zu bezirzen!«, zischte Nara erbost. »Das werde ich dir noch austreiben!«

Schon wieder durchzuckte Álainn der brennende Schmerz. Sie spürte, wie etwas Warmes an ihrer Wange herablief und wusste nicht, ob es Tränen oder Blutstropfen waren. Sie drehte sich um und rannte wieder hinaus, verfolgt vom Gezeter ihrer Widersacherin.

Álainn wandte sich zum Schafspferch und drückte sich hinein. Die Tiere blökten erschrocken, beruhigten sich aber gleich wieder, als sie ihre Hirtin erkannten. In der vorübergehenden Sicherheit des Schafstalls kauerte sich Álainn hin und weinte hemmungslos. Fürs Erste war sie weiteren Schlägen entronnen, aber sie konnte ja nicht bis in alle Ewigkeit bei den Tieren bleiben. Wenn sie Dinge fallen ließ, beim Weben einen Faden verpasste oder ihr beim Spinnen das Garn riss, dann waren die Schläge vielleicht gerechtfertigt, aber in letzter Zeit wurde es immer schlimmer. Früher, vor dem Tode Kilians und des Prinzen Koloman, hatte Nara auch nie eine Weidenrute benutzt, sondern nur mit der Hand zugeschlagen und ohne Grund eigentlich nur, wenn sie besoffen war. Das kam damals vielleicht ein- oder zweimal in der Woche vor. Nun war sie jeden Tag volltrunken und eben war sie gerade erst aufgestanden und Álainn hatte keine ihrer zahlreichen Pflichten versäumt.

XI. Viele Dinge haben zwei Seiten, aber jedes seine Zeit

Londinium, November 441
Ordulf

Tallanus' Freunde in Londinium pflegten seltsame Gebräuche. Sie lebten zusammen auf dem ummauerten Gelände eines alten römischen Patrizierhauses am Nordrand des ehemaligen Stadtbezirks. Eigentlich wohnte vor allem ein Mann dort: der Eremit Dagomar. Die übrigen Bewohner – Männer, Frauen waren nicht unter ihnen – betrachteten ihn offenbar als eine Art Halbgott. Selbst Tallanus, der ja auch so etwas wie ein britannischer Priester war, nannte ihn ehrfurchtsvoll Meister. Dagomar selbst bewohnte eines der wenigen noch intakten Zimmer in dem römischen Steinhaus. Sonst standen eigentlich nur noch eine kleine Halle, oder besser ein umfriedeter Innenhof, der von einem überdachten Säulengang flankiert wurde, und die hohe Außenmauer des Anwesens. Die zehn Jünger – so nannten sich jene, die von Dagomar etwas lernen wollten – bewohnten kleinere, selbst gezimmerte Hütten, die auf dem Gelände verstreut standen.

Der Meister und seine Jünger versammelten sich zu den Mahlzeiten und regelmäßigen Lobgesängen, auch bei kaltem und regnerischem Wetter, im offenen Säulengang. Das erste Mal bereits früh morgens und zuletzt noch mitten in der Nacht. Dann sangen sie ihre Lieder und beteten. Wunderschöne Gesänge, wie Ordulf gestehen musste, aber doch zu sehr seltsamen Zeiten.

Dagomar selbst war ein Mann, der bereits mehr als fünfzig Winter erlebt hatte. Sein wirres graues Haar rasierte er sich genau wie Tallanus aus der Stirn, der sächsischen Haartracht nicht unähnlich.

Zu ihrer seltsamen Lebensweise erklärte Dagomar einmal: »Wir folgen dem Beispiel Pater Germanus', des Bischofs von Autessiodurum in Gallien. Er gründete bereits vor Jahren, kurz nachdem er aus Britannien nach Gallien heimgekehrt war, mit einer Schar von Jüngern ein claustrum nach dem Vorbild des großen Eremiten Antonius. Ich selbst durfte diese Art zu leben kennenlernen, als ich Pater Germanus bei seiner Rückkehr nach Gallien begleitete.«

Es war einer der wenigen Momente, in denen so etwas wie Stolz in der sanften Stimme des Eremiten mitklang. Halvor hing wie üblich an seinen Lippen. Er verschlang die Geschichten und Weisheiten, die die Britannier über ihren Gott und seine Heiligen, allen voran Germanus und einen gewissen Albanus, der jedoch nichts mit Tallanus' gleichnamigen Herrn zu tun zu haben schien, erzählten.

Ordulf dagegen erlernte die britannische Sprache aus Nützlichkeit, wirklich begeistern konnte er sich nur für die Hinterlassenschaften der Römer. Die große Stadt faszinierte ihn. Oft verließ er das claustrum, um die alten Straßen zu erkunden. Anfangs hatte Dagomar das zu verhindern versucht, sich aber doch schließlich gefügt. Er hatte Ordulf eine Kutte mit Kapuze gegeben, wie er selbst und seine Jünger sie trugen.

»Damit du nicht auffällst. Augen und Ohren darfst du öffnen, aber halte dich von den Menschen fern. Niemand in der Stadt weiß, dass zwei Sachsen bei uns wohnen.«

Ordulf streifte gehorsam die Kutte über sein Kettenhemd und wandelte dann meist gegen Abend schweigend durch die Straßen. Es waren nicht die belebten Viertel mit ihren Händlern, Dirnen und Bierschänken unten am Hafen, die ihn anzogen. Seine Begeisterung galt ganz den steinernen Zeugnissen der sagenumwobenen Römer, die doch von Wurd dem Starken bezwungen, für immer von dieser Insel verschwunden waren. Im Geiste feilte er an einem Gedicht, welches seinen Gefühlen Ausdruck verlieh:

Das Werk ist wunderlich, Wurd hat es zerbrochen,
das Pflaster der Höfe zerschlagen; zerfallen die Arbeit von Giganten.
Dächer in Trümmern, Türme zerstört,
Reif auf dem Tor, die Türen voll Frost,
Abgeplatzte Ziegel zerschlagen und gefallen,
Vom Alter gefressen. Der Griff der Erde hält
die vermögenden Erbauer, verschwunden und vergessen
Bis hundert Generationen von Menschen geschwunden
hat dieser breite Wall, von Flechten grau und oft
befleckt mit Rot, einen Sieger nach dem anderen
überdauert, und Stürmen widerstanden.
Das hohe weite Tor ist gefallen, nur das Mauerwerk,
geschliffen vom Wind gereinigt vom Regen,
hielt es stand, Wurd dem Starken.

Eines Abends, es war kurz nach dem Festtag, den seine Lehrer einem gewissen Martinius weihten, verließ Ordulf wieder das claustrum. Nach dem sonnigen Tag war es kalt geworden. Er zog seine Kutte fröstelnd enger um die Schultern. Dagomars claustrum lag in der Nähe des neuen Tores. Außerhalb der mächtigen Mauer zog ein Fleet zum Thamesa-Strom hinunter. Nebel stieg daraus und vom Fluss her auf und wallte durch die Gassen.

Ordulf schlug zunächst den Weg in Richtung des Forums ein, schlenderte dann aber ziellos durch die sich leerenden Straßen. Als es zu regnen begann, wandte er sich zurück in Richtung des neuen Tores. Um nicht völlig durchnässt zu werden, entschied er, nicht auf der breiten Straße zu marschieren, sondern eine der schmalen Nebengassen zu wählen. Der rechtwinklig angelegte Grundriss der Stadt machte es einfach, sich zu orientieren. Einmal mehr bewunderte Ordulf die geplante Anlage der Stadt. Bald zögerte er, der Regen nahm rasch an Heftigkeit zu. Sollte er sich nicht einfach in einem der verlassenen Gemäuer unterstellen und abwarten? Er sah sich um, niemand war auf der Straße zu sehen. Und was war mit den Geistern der alten Römer? Würden sie nicht gerade in solch einem Wetter die Gräber verlassen und durch ihre alten Gemäuer streifen?

Inzwischen durchrauschte der Regen die Straßen. Ordulf gab sich einen Ruck. Rasch zwängte er sich durch eine Bresche in einer alten Umfassungsmauer. Das Grundstück vor ihm war dicht mit Sträuchern und Büschen überwuchert. Er drückte sich hindurch, um zu dem Haus im hinteren Teil des Gartens zu gelangen, und erstarrte, als er vor sich einen leisen Ruf hörte.

War das bereits einer der römischen Wiedergänger, der seine kalten Hände nach ihm ausstreckte? Beinahe wäre er umgedreht und fortgelaufen. Sofort schämte er sich seiner Furcht. Tallanus hatte ihm berichtet, einige Britannier mieden die verlassenen Teile der Stadt nach Einbruch der Dunkelheit. Der kleine Britannier selbst fürchtete sich dagegen offenbar nicht, auch wenn Ordulf die Geschichten in Nacht und Regen nicht so unglaubwürdig schienen wie im friedlichen claustrum.

Er spürte, wie sich seine Nackenhaare aufstellten. Oder war es nur der kalte Regen, der ihn frösteln ließ? Da war schon wieder etwas zu hören, aber nun waren es eindeutig Männerstimmen. Er erinnerte sich nur zu gut, wie Dagomar ihm und Halvor eingeschärft hatte, kein Aufsehen zu erregen und sich von den Bürgern fernzuhalten. Ihre Anwesenheit in Londinium könnte bei den eigenwilligen Städtern leicht zu einem Auflauf oder Schlimmerem führen. Doch was sollte er jetzt tun? Andernorts Schutz suchen, da ihn die Stimmen nichts angingen? Aber die Neugier hatte ihn gepackt und ein wenig Abwechslung konnte er gut gebrauchen. Außerdem wollte er sich ja nur unterstellen.

Ordulf schlich weiter zu dem verlassenen Haus. Er drückte sich an die Mauer, die von einem überhängenden Dach notdürftig gegen den Regen geschützt war. Da hörte er von drinnen einen ärgerlichen Aufschrei. Diesmal ganz eindeutig ein Mann und kein Geist. Vorsichtig tastete sich Ordulf bis zu einer Tür vor, die in erstaunlich gutem Zustand war. Er schob sie langsam auf und spähte hindurch. Nicht einmal die Scharniere quietschten.

Hinter der Tür war ein leerer Raum. Der Regen hämmerte auf den noch intakten Teil des Daches und aus einer Türöffnung auf der anderen Seite des Raumes drang das flackernde Licht einer Kerze. Ordulf schlüpfte durch die Tür und tastete sich vorsichtig weiter. Er hörte das gedämpfte Gemurmel immer noch genau vor sich. Die Fremden mussten in einem der angrenzenden Räume sein. Hatte man ihn bemerkt? Nein, die Stimmen aus dem Inneren klangen unverändert. Nun verstand er einzelne Brocken.

Ein Mann redete auf jemanden ein, die Antworten, wohl von einer Frau, konnte er jedoch nicht verstehen. Ordulf beschloss, einen Blick durch die nächste Tür zu wagen. Vorsichtig spähte er um die Ecke des rissigen Mauerwerks. Den Anblick, der sich ihm bot, hatte er nicht erwartet.

Er blickte einer Frau mittleren Alters direkt in die Augen. Sie hatte ihn auch gesehen, denn er bemerkte, wie sich ihre Pupillen weiteten. Ihre Kleidung war aufwendig, wenn nicht sogar kostbar. Doch das Seltsamste fiel ihm erst auf, als er sich wieder hinter dem Mauervorsprung in Sicherheit befand. Sie hatte nicht geschrien.

Er versuchte die Aufregung niederzukämpfen, die ihm fast den Atem verschlug. Schließlich hatte er sich wieder im Griff und atmete tief durch. Vorsichtig neigte er sich zu der Kante und dann ganz kurz nach vorn. Diesmal erkannte er mehr. Die Frau konnte nicht schreien, denn ihr Mund war geknebelt und sie selbst auf einer Art Stuhl gefesselt. Deshalb hatte Ordulf auch die Antworten nicht verstanden. Er riskierte einen weiteren Blick.

Zwei Männer standen vor der gefesselten Frau und wandten ihm den Rücken zu. Einer war offenbar ein einfacher Knecht oder Tagelöhner. Der andere hingegen schien reicher zu sein. Zwar war sein Oberkörper, wohl wegen des schlechten Wetters, in einen einfachen dunklen Mantel gehüllt, doch steckten die

Füße in teuren Sandalen. Es war seine eindringliche Stimme, die Ordulf gehört hatte. Die Frau war schön, vermutlich einige Jahre älter als er selbst. Sie starrte ihn mit großen dunklen, vor Angst geweiteten Augen an.

All das hier geht dich nichts an und du solltest nun verschwinden, hörte Ordulf die mahnende Stimme seines Gewissens, aber um sich aus der ganzen Sache herauszuhalten, war es schon zu spät. War es Wurd, der ihn in den Raum zog, oder ließen ihn die dunklen Augen nicht los?

Ordulf spürte Wut in sich aufsteigen. Diese beiden Kerle waren doch elende Wichte. Sie sollten sich lieber mit einem Mann schlagen, anstatt diese arme, schutzlose Frau zu überfallen! Vorsichtshalber tastete er in seinen linken Ärmel und seine Finger erspürten den Griff des Saxes, den er dort versteckt ständig bei sich trug. Entschlossen trat er in den Raum.

»Was soll das bedeuten?«, fragte er in die Runde.

Die beiden Männer fuhren herum. Da traf ihn ein Schlag an der Schulter. Ordulf fuhr herum. Ein dritter Mann stand hinter ihm und hatte mit einem Dolch nach ihm gestoßen, doch das Kettenhemd des piktischen Prinzen hatte den Stich abgelenkt. Ordulfs Wut wuchs zu roter Glut. Er riss den blanken Stahl aus dem Ärmel und stieß seinem unverhofften Gegner die Klinge in die Kehle. Ein fingerdicker Blutstrahl spritzte auf, während das Gesicht seines Gegners innerhalb eines Augenblickes erst Überraschung, dann Schmerz zeigte und schließlich erstarrte. Ordulf überließ ihn seinem Schicksal und fuhr herum.

Der edel gekleidete Kerl trug ein kurzes Schwert, aber der Überraschungseffekt war auf Ordulfs Seite. Er holte wieder aus, um auch den Reichen zu erledigen, doch sein noch unverletzter Begleiter überkam den Schreck und riss seinen Herrn am linken Arm nach hinten, sodass der Sax dessen Hals verfehlte und nur die rechte Schulter traf. Die beiden Gegner nahmen die Beine in die Hand. Ordulfs Wut floh so schnell wie seine Widersacher.

Einen Augenblick musterte er verwirrt, wie das Blut seines ersten Opfers zwischen den Mosaiksteinen dahinrann. Die alten Römermauern waren einmal mehr mit rotem Blut befleckt worden.

Ein unterdrückter Schrei rief ihn zurück in die Gegenwart. Die gefesselte Frau versuchte etwas zu sagen und zerrte an ihren Fesseln. Ordulf zerschnitt ihre Bande mit dem blutigen Sax.

»Na, das wurde auch langsam Zeit, ich dachte schon, du hättest vergessen, weshalb du hergekommen bist!«, platzte sie verärgert heraus, als sie sich ihren Knebel schließlich selbst entfernt hatte. »Wer bist du überhaupt und wie kommst du hierher?«, fragte sie dann in befehlsgewohntem Ton. Den Toten auf dem Boden beachtete sie nicht.

Ordulf war zu verdutzt, um sich über die herrische Ansprache zu ärgern. So eine Reaktion hätte er von der hilflosen, hübschen Fremden nicht erwartet. Da fiel ihm Dagomars Warnung wieder ein, sich nirgends einzumischen. Er überlegte kurz, ob er nicht einfach davonlaufen und niemandem etwas verraten sollte. Doch die Neugier war zu groß und auch die gerade noch schreckgeweiteten Augen der Frau machten ihn neugierig. Im Zorn funkelten sie nun gerade so bunt wie die achtlos zertretenen Mosaiksteine am Boden.

»Das Gleiche könnte ich dich fragen«, entgegnete er missmutig.

Die Frau stutzte. »Du bist nicht von hier. Du sprichst Britannisch wie ein Fremder«, stellte sie fest.

»Dir entgeht aber auch gar nichts«, bemerkte Ordulf bitter. Erst einen Satz hatte er gesagt – wie er glaubte, sogar fehlerfrei –, doch die Britannierin hatte in ihm gleich den Fremdling erkannt. »Ich gehöre zu den heiligen Männern um Dagomar, deshalb trage ich auch diese Kutte«, brummte er.

»Aber nicht das Schwert«, bemerkte die Frau spitz. »Also, wenn du nicht verraten willst, wer du bist, ich bin Dìorhail, die Tochter des Patriziers Publius Caellach, aber vermutlich weißt du das ja schon.«

»Woher sollte ich das wissen?«, fragte Ordulf verwundert. »Steht das irgendwo geschrieben?«

Dabei sah er suchend an ihrem Kleid herunter. Die heiligen Männer der Britannier hatten ihn zwar nicht lesen gelehrt, aber er erkannte ihre Schrift doch, wenn er sie sah. Nun musste Dìorhail lachen.

»Du bist wirklich ein merkwürdiger Fremder. Nein, das steht nirgends, aber da du mich gerade befreit hast, ging ich davon aus, du wüsstest, was du tust. Immerhin hast du meinetwegen einen Mann getötet.« Dabei nahm sie naserümpfend zum ersten Mal von der Leiche zu ihren Füßen Notiz. »Der Mann, den du gerade verletzt hast, war übrigens ein gewisser Kermit. Er ist der Sohn von Drusus, einem der Magistrate, und glaubt, dass ihm daher alles gehört. Ich fasse es immer noch nicht, wie dreist er geworden ist. Er hat mich mitten in Londinium entführen lassen! Die Tochter eines Patriziers! Als ob die Barbaren, die Vortigern ins Land gebracht hat, auch in Londinium wären.«

»Vortigern kenne ich, der hat auch uns Sachsen gerufen, aber von Barbaren weiß ich nichts. Meinst du die Pikten? Dann brauchst du dir keine Sorgen zu machen, die haben wir besiegt!«

Dìorhail fuhr erschrocken zurück. »Du, du gehörst auch zu denen?«

»Nein, sag ich doch. Ich bin kein Pikte! Ich bin Ordulf, Swæns Sohn, Thane von Hengist Witgissunu«, antwortete er stolz.

Die Dame schien zwar hübsch, aber nicht besonders schnell von Begriff zu sein, denn sie sah ihn immer noch zweifelnd an. »Na, wenn das so ist, kann mir ja nichts mehr passieren«, antwortete sie gedehnt. »Weißt du, dass du dir gerade einen mächtigen Feind gemacht hast?«, fragte sie dann.

»Und eine sehr schöne Frau zur Freundin«, antwortete er galant und spürte, wie ihm die Röte in die Wangen stieg. Dìorhail lachte wieder und Ordulf wusste nicht, ob über seine Antwort oder seine Verlegenheit.

»Wir sollten hier jedenfalls schnellstens verschwinden. Kermit lässt sich so leicht nicht unterkriegen. Er holt sicher Verstärkung und kommt bald zurück.« Dabei griff sie seine Hand und zog ihn mit sich.

Sie verließen das Gebäude durch ein Gewirr an Zimmern mit teils eingestürzten Dächern und einem Lichthof mit längst versiegtem Brunnen. Endlich waren sie wieder auf der Straße. Es regnete immer noch, aber nicht mehr so heftig. Dìorhail führte Ordulf mit raschen und bestimmten Schritten in eine Seitenstraße. Gerade waren sie einen Häuserblock entfernt, da hörten sie hinter sich Waffengeklirr und gedämpfte Rufe. Dìorhail drückte Ordulf gegen eine Mauer.

»Was …?«, setzte er an, doch sie schnitt ihm das Wort ab.

»Scht!«

Er spürte ihren heißen Atem und die Wärme ihres Körpers und beschloss, ihr ihren Willen zu lassen. Dann sahen sie in der Straße hinter ihnen eine Bande von vielleicht einem Dutzend Männern mit Lanzen und Fackeln zu dem Gebäude eilen, aus dem sie gerade entkommen waren. Als die Männer in dem Haus verschwunden waren, zog Dìorhail Ordulf weiter. Sie liefen um etliche Gebäude herum. Ordulf verlor völlig die Orientierung. Schließlich erreichten sie einen bewohnten Teil der Stadt und Ordulf erkannte die großen Gebäude des Forums zu ihrer Linken. Doch Dìorhail zog ihn weiter, bis sie schließlich ein großes Anwesen erreichten, welches sich hinter einer gut gepflegten Mauer verbarg.

»Du versteckst dich heute am besten in unserem Haus. Mein Vater weilt gerade nicht in Londinium. Hier draußen werden dich Kermits Männer suchen, aber unser Haus ist sicher. Das zu überfallen, so weit würde selbst er nicht gehen. Warte hier«, beschied sie. Dann lief sie zur Pforte des Anwesens und klopfte dreimal kräftig an. Sofort öffnete ein älterer Mann ein Fensterchen in der Pforte. »Ich bin's, Dìorhail. Lass mich ein!«, befahl sie. Sofort öffnete sich die Tür.

»Was ist Euch denn zugestoßen, Herrin?«, fragte der alte Türhüter.

Dìorhail ging nicht gleich darauf ein. »Richte mir heißes Wasser fürs Bad. Ich bin mit knapper Not einem Überfall entgangen und vom Regen völlig durchnässt. Ich brauche nun Ruhe und Entspannung, um mich wieder zu sammeln!«

»Ihr seid überfallen worden? Hier im Schutze der Mauern unserer Stadt?«, rief der Alte erschrocken.

»Ja, und nun lauf und richte das Bad«, befahl sie barsch. Ordulf hörte, wie sich die Schritte des Dieners eilig entfernten. Dann wandte sich Dìorhail um. »Los, komm rein«, winkte sie ihm zu. Gehorsam folgte er ihr in den Garten. Sie verschloss die Tür hinter ihm. »Du versteckst dich am besten dort hinter den Bäumen.« Damit wendete sie sich um und folgte dem alten Diener in das Haus.

»Ich dachte, ich soll mich im Haus verstecken, nicht im Regen im Garten«, murmelte Ordulf missmutig, trat aber doch in den Schatten eines großen Busches. Es war nass und kalt. Setzen konnte er sich nicht, da der Boden noch nasser und vermutlich auch kälter war. Unschlüssig trat er von einem Bein auf das andere. In was war er da nur wieder geraten? Wenn sein Jähzorn nur nicht immer mit ihm durchginge!

Ich warte noch eine Stunde, dann hau ich ab. So lange werden die Leute von diesem Kermit bei diesem Sauwetter wohl kaum durch die Stadt streifen, beschloss er schließlich.

Doch so lange musste er nicht warten. Nach etwa einer halben Stunde öffnete sich im hinteren Teil des Hauses ein Fenster. Matt von Kerzenschein beleuchtet, quoll Dampf daraus hervor. Ordulf blieb hinter seinem Busch und schaute angestrengt in Richtung des Fensters.

»Na, wo bleibst du denn? Es wird kalt hier drinnen!«, hörte er Dìorhails gedämpfte Stimme.

Er eilte zu dem Fenster und blieb schon wieder erstaunt stehen. Der Anblick, der sich ihm bot, war genauso unwahrscheinlich, wie der, als er in dem verlassenen Haus um die Ecke gespäht hatte. Sie sah ihn wieder mit diesen bernsteinfarbenen Augen an. Dampf wallte an ihr vorbei und durch ihr offenes Haar und von hinten flackerten mehrere Kerzen. Diesmal war sie nicht gefesselt, es sei denn, man hätte das Tuch, welches sie eng um ihren sonst nackten, schlanken Körper geschlungen hatte, als Fessel bezeichnet.

»Komm herein oder ist dir nicht kalt? Das Badewasser ist fertig.«

»Wasser zum Baden in einem Haus? Und dann noch warm? So habe ich noch nie gebadet«, antwortete Ordulf mit belegter Stimme. Das waren zu viele Eindrücke auf einmal.

»In deinem Leben noch nicht, Sachse«, antwortete sie mit einem herausfordernden Lächeln.

Ordulfs Abwesenheit über Nacht hatte in dem sonst so stillen claustrum für große Unruhe gesorgt.

»Wo hast du gesteckt?«, empfing ihn Tallanus, den Dagomar offenbar zu Hilfe gerufen hatte, als er sich im Morgengrauen zurück schlich. Das Gesicht des kleinen Mannes war rot und seine Stimme zitterte vor mühsam beherrschtem Zorn. So hatte Ordulf den jungen Diakon noch nie erlebt. »Wir haben uns große Sorgen gemacht und die halbe Stadt abgesucht!«

»Außerdem gab es einige unerfreuliche Ereignisse«, fügte Dagomar, der hinter ihm stand, mit finsterer Miene hinzu.

Direkt hinter Ordulf verriegelte einer der Jünger die Tür der äußeren Ummauerung des claustrums und führte ihn in den Säulengang. Dort waren auch Halvor und die meisten der übrigen Jünger versammelt. Alle blickten ihn ernst an. Ordulf schluckte, das hatte etwas von einem Tribunal.

»In der Stadt wurde eine junge Patrizierin überfallen. Ein junger Edler, der Sohn eines der Magistrate, kam mit zweien seiner Gefolgsleute gerade rechtzeitig, um Schlimmeres zu verhindern. Einer seiner Gefolgsleute ist nun tot, er selbst schwer verwundet.

Sie waren unbewaffnet und der Verbrecher trug ein Schwert. Das arme Mädchen ist komplett verwirrt. Es behauptet, der Sohn des Magistrates, eigentlich ihr Retter, habe sie angegriffen!«, kam Dagomar gleich zu Sache. »Es heißt, der Angreifer sei groß und hellhaarig gewesen, und«, hier machte er eine Pause und sah Ordulf wenn möglich noch finsterer an, »er habe eine Kutte getragen.«

»Zeig uns dein Schwert!«, forderte Tallanus leise, aber mit fester Stimme.

Ordulf war wie vor den Kopf gestoßen. »Aber das war ganz anders …«, brachte er schließlich heraus.

»Zeig ihnen einfach deinen verdammten Sax. Du hast doch nicht wirklich etwas mit dieser Geschichte zu tun, oder?«, fiel ihm Halvor ins Wort.

Ordulf überlegte fieberhaft. Was sollte er nur tun? »Natürlich habe ich etwas damit zu tun!«, rief er und versuchte seiner Stimme einen empörten Klang zu geben. Dagomar stieß pfeifend die Luft aus und sah Ordulf erstaunt und etwas weniger feindselig als zuvor an. »Was denn?«, entfuhr es ihm. »Hier ist mein Sax. Blutig, wie ihr ihn sehen wollt. Beschmiert mit dem verfluchten Blut eines Verbrechers«, schimpfte Ordulf.

Halvor schlug sich die Hände vors Gesicht. »Nicht schon wieder«, stöhnte er.

Ordulf sah ihn irritiert an. Aufgeregtes und wütendes Gemurmel füllte die Luft.

Tallanus wandte sich an die Versammlung: »Jetzt seid einmal ruhig! Sagt unser Gesetz nicht zu recht audiatur et altera pars?«

Die Unruhe legte sich und Dagomar sah Tallanus fest in die Augen. Dann nickte er langsam, ohne den Blick abzuwenden.

Tallanus atmete tief durch: »Was ist passiert? Erzähle uns bitte genau, was du erlebt hast.«

Ordulf sah in lauter ernste Gesichter, mit Ausnahme von Halvors. Der einäugige Sachse hielt seines immer noch hinter beiden Händen verborgen. Hier hilft, wenn überhaupt, nur die Wahrheit, erkannte er. Alle Augen ruhten auf ihm, aber nicht mehr nur finster und feindselig, Ordulf erkannte auch Spannung in den Blicken. Umständlich erzählte er seine Geschichte. Als er geendet hatte, herrschte tiefes Schweigen.

»Und dann hast du dich im Hause von Dìorhail versteckt?«, wollte Tallanus wissen.

»So ist es«, bestätigte Ordulf und errötete bis an die Haarwurzel.

»Cucullis non facit monachum«, bemerkte Tallanus und konnte sich ein Grinsen nicht verkneifen. Die Brüder antworteten mit Lachen und das Eis war gebrochen, auch wenn Ordulf nichts von dem verstand, was Tallanus gesagt hatte.

Plötzlich ertönte ein schweres Poltern an der Pforte der Umfassungsmauer.

»Aufmachen im Namen des Magistrates!«

»Dieser Kermit wird inzwischen herausgefunden haben, dass wir Gäste von jenseits des Meeres beherbergen«, bemerkte Tallanus erschrocken.

»Und da sein Gegner wie wir eine Kutte trug, wird er wohl zwei und zwei zusammengezählt haben«, ergänzte Dagomar.

Er selbst, Tallanus, Halvor und zwei weitere Brüder eilten zur Pforte und Ordulf horchte mit klopfendem Herzen an der Tür des Saales.

»Wir suchen einen Riesen mit blondem Haar und leuchtenden Augen. Er trägt eine Kutte, wie ihr sie tragt und ein Schwert. Er hat gestern eine Patrizierin überfallen und mich selbst verwundet. Ich habe gehört, dass ihr hier einen sächsischen Barbaren beherbergt? Gebt ihn heraus, das muss der Übeltäter sein!«, hörte er die Stimme des Fremden, den er gestern überrascht hatte.

»Riesengroß, mit hellem Haar und leuchtenden Augen. In einer Kutte, wie sie heilige Männer tragen und mit einem Schwert?«, kam eine Rückfrage. Das war Halvor.

Ordulf erschrak, den hatte er ganz vergessen. Was für eine Gelegenheit, Rache zu nehmen, ganz ohne sich die Finger schmutzig zu machen. Da würde Halvor auch nach ihrem scheinbar guten Einvernehmen in den letzten Monaten nicht widerstehen können.

»Das muss dann wohl der heilige Erzengel Michael gewesen sein, von dem mir hier berichtet wurde. Ich selbst bin der Sachse, der hier im claustrum lebt, und wie ihr seht, bin auch ich nur einen halben Kopf größer als die meisten Britannier.« Nach einer kurzen Pause setzte er noch nach: »Wenn ein Engel einschreitet … Vielleicht ist die Geschichte, die das Mädchen erzählt, doch nicht ganz falsch?«

Ordulf traute seinen Ohren kaum. Halvor, sein alter Feind, hatte gerade gelogen, um ihm den Kopf zu retten! Wie leicht hätte er ihn den aufgebrachten Bürgern ausliefern können.

»Dann hat ein Wunder das Mädchen gerettet?«, fragte der alte Dagomar gedehnt.

»Ihr spinnt ja tatsächlich, ihr komischen Einsiedler!«, rief Kermit erbost. »Ihr werdet mein Wort doch wohl nicht anzweifeln? Los, wir suchen woanders weiter. Hier haben wir nichts mehr verloren, die Spinner haben offensichtlich keine Ahnung von der Sache!«, fauchte er und Ordulf hörte mit großer Erleichterung, wie sich unter lautem Rufen, Waffenklirren und schweren Schritten eine ganze Horde Menschen entfernte.

Londinium, November 441
Tallanus

Halvor, der wissbegierige Sachse, hatte seinem einstmaligen Feind das Leben gerettet! War das nicht ein geradezu unglaublicher Erfolg christlicher Nächstenliebe und Vergebung? Tallanus überlief eine Welle von warmer Dankbarkeit und Stolz. Wie groß war doch die

Veränderung, wenn er an den Mann dachte, den er zerknirscht am Abend nach jener Schlacht am Ufer des Abus angetroffen hatte. Damals sah Halvor keinen anderen Ausweg, als sich selbst das Leben zu nehmen und nun hatte er seinem ehemaligen Feind das Leben gerettet! Es stimmte doch. Vergebung half nicht nur dem Sünder, sondern gab auch dem Geschädigten wieder Luft zum Atmen. Und all das wurde möglich, wenn man bedachte, wie viel mehr einem selbst von Christus vergeben wurde.

Doch was sollte nun geschehen? Ordulf musste unbedingt aus der Stadt gebracht werden. Aber auf gar keinen Fall durften ihn die Bürger Londiniums dabei zu Gesicht bekommen. Also wäre es am besten, wenn er sich für eine oder zwei Wochen hinter der Mauer des claustrums versteckte, während sich die Gemüter etwas abkühlten. Tallanus erwartete, dass Kermit und sein Vater, der Magistrat, alle Stadttore streng bewachen ließen. In einigen Tagen oder Wochen könnte er die Sachsen hoffentlich ungefährdet aus der Stadt und nach Ruohim zu ihren Landsleuten bringen. Britannisch hatten sie ohnehin ausreichend gelernt, um nun ihrerseits Vortigern als Dolmetscher zu dienen. Um gar keinen Verdacht aufkommen zu lassen, würde er sich mit Halvor in der Stadt zeigen. Der passte so überhaupt nicht auf die Beschreibung dieses Kermit, dass sein öffentliches Auftreten helfen könnte, jeden Verdacht zu zerstreuen.

So kam es, dass von nun an Ordulf bei den heiligen Männern bleiben musste, während Tallanus Halvor durch die Stadt führte. Doch diese Zeit wurde den beiden nicht lang, denn Tallanus nutzte die Gelegenheit, um mit dem Sachsen über seinen Glauben und eine große Hoffnung zu sprechen.

»Sünde? Was ist das?«, wollte Halvor einige Tage später wissen, als sie sich auf einem ihrer Spaziergänge der Thamesa näherten.

Es war einer der seltenen schönen Tage, die Londinium im November erlebte. Ein leiser Wind kräuselte die Wellen der Thamesa und die Sonne spiegelte sich darin.

»Alles, was in den Augen Gottes nicht richtig und gerecht ist«, antwortete Tallanus und blickte mit zusammengekniffenen Augen auf den Fluss. Das gleißende Sonnenlicht blendete ihn.

»Aber die Götter sind doch selbst oft ungerecht!«, begehrte Halvor auf.

»Eure Götter schon. Sie sind auch nicht allmächtig, sondern werden einmal im letzten Kampf dem Bösen unterliegen«, triumphierte Tallanus. »Mein Gott dagegen ist allmächtig und vollkommen gut. Für ihn gibt es keine Götterdämmerung. Er kann Ungerechtigkeit nicht ausstehen. Und die Sünde, also all das, wo wir Menschen fehltreten, ist wie ein Sund, der uns von dem gerechten Gott trennt.«

»Ein Sund, wie er Thanet von Cantium scheidet?«, fragte Halvor.

»Genau, ein Sund, nur stürmischer, oder vielleicht auch ein Strom wie die Thamesa hier, nur reißend und gefährlich. Niemand kann hinüber, aber Gott lässt uns nicht allein. Er hat seinen einzigen Sohn geschickt und der hat unter Einsatz seines Lebens eine Brücke gebaut. Ganz wie die Römerbrücke dort die Thamesa überspannt. Wer sich an die Brücke hält, kommt heil hinüber über den Sündenstrom. Aber wer versucht, mit eigener Kraft hindurchzuschwimmen, muss scheitern und kläglich ersaufen. Wir Christen haben die Aufgabe, andere zu dieser Brücke zu führen. Du selbst könntest deinem Volk helfen, die Brücke zu finden.«

Halvor antwortete nichts. Er blieb auch den Rest ihres Spaziergangs in sich gekehrt und zog sich, kaum im claustrum angekommen, in die Kammer zurück, die man ihm und Ordulf geräumt hatte. Tallanus ließ ihn gewähren in dem Wissen, dass Halvor nun Zeit brauchte, das Gehörte zu überdenken. Aber er machte große Fortschritte im Glauben und Tallanus fühlte eine tiefe innere Freude. Was er hier tat, war richtig. Solch ein Gefühl hatte ihm sein Streben nach Priesterweihe und Bischofsstab nie beschert. Er schüttelte still den Kopf. Immerhin belästigte sie niemand mehr Ordulfs wegen. Die Stimmung in der Stadt beruhigte sich allmählich. Doch die Episode um Ordulf und Dìorhail war noch nicht überstanden.

Am frühen Abend des nächsten Tages klopfte es einmal mehr an die Pforte der Umfassungsmauer. Tallanus, der in dieser schwierigen Zeit im claustrum blieb, um seinem Lehrer und Freund Dagomar und den Sachsen beizustehen, öffnete die Tür.

Zu seinem Erstaunen stand sein eigener Herr, Bischof Albanus, vor ihm. Und er war nicht allein, er wurde von Prinz Vortimer und etwa einem Dutzend Bewaffneter begleitet. Tallanus bat seinen Herren erstaunt und erschrocken in den Innenhof, während er sich fieberhaft fragte, was es mit diesem Besuch bloß auf sich hatte. Der Bischof hatte sich noch nie für Dagomar und sein claustrum interessiert.

Doch Albanus kam gleich zur Sache: »Mir ist zu Ohren gekommen, dass diese so genannten Auxiliares, oder sollte ich besser sagen Barbaren, nachts in den Gassen von Londinium herumschleichen, um ihren sündigen Trieben nachzugehen?«

Dabei warf er einen raschen Seitenblick auf Vortimer. Der Königssohn blickte finster auf Tallanus hinab. Mit was hatten die Sachsen nur den Hass des Prinzen auf sich gezogen, fragte der sich im Stillen?

»Man sollte diese Brut bestrafen, ganz so wie es den Feinden Gottes gebührt«, bestätigte Vortimer düster.

Tallanus schluckte. Diesmal würde es kein gutes Ende nehmen. Was würde Ceretic sagen und was erst der stolze Hengist?

»Es sind keine Barbaren mehr. Wir haben die Sachsen nicht nur in unserer Sprache, sondern auch in der christlichen Lehre unterwiesen. Bei den Anschuldigungen muss es sich um böse Verleumdungen handeln«, beteuerte er. Die Zunge schien ihm am Gaumen zu kleben, so trocken war sein Mund plötzlich.

»So, in der christlichen Lehre unterrichtet ihr diese Heiden?«, fragte Bischof Albanus mit drohend zusammengezogenen

Brauen. »Sie sollen für sich selber sprechen, dann werden wir ja sehen«, verlangte er. »Führt uns zu ihnen.«

Doch das wurde Tallanus abgenommen, denn gerade in diesem Augenblick trat Ordulf in den Hof.

Gütiger Himmel, warum nicht der andere? Dieser hat doch nie zugehört. Herr, unternimm doch etwas. Irgendwas, schrie Tallanus in Gedanken auf.

Doch es war zu spät, der Bischof hatte Ordulf bereits erblickt.

»Du da, komm her!«, befahl er barsch. Der Gerufene trat mit fragendem Blick näher. Albanus stutzte. »Was ist das?«, wollte er wissen und zeigte auf Ordulfs Hals.

Der blickte ihn noch immer erstaunt an. Dann leuchtete Verstehen in seinen Augen auf und er griff nach Ceretics kleinem Bronzekreuz, das ihm immer noch an einer Lederschnur um den Hals hing.

Der Bischof beäugte es misstrauisch. »Was bedeutet es?«, fragte er scharf.

»Es erinnert mich an jemanden, der sein Leben eingesetzt hat, um meines zu retten«, antwortete Ordulf in fehlerfreiem Britannisch.

Tallanus klappte die Kinnlade herunter. Woher wusste der Heide von Jesu Opfertod? Im Gesicht des Bischofs kämpften einen Augenblick widersprüchliche Gefühle.

»Gut geantwortet«, sagte er schließlich langsam und sah zwischen Tallanus und Vortimer hin und her. Dann schlug er Ordulf auf die Schulter. »Gut geantwortet«, wiederholte er laut. »Es scheint mir, mein secretarius leistet auch hier ganze Arbeit. Vielleicht sind wir doch nur bösen Verleumdungen aufgesessen. Lass uns wieder gehen, ich habe noch zu tun.« Damit wandte er sich von einem immer noch völlig verdatterten Ordulf und einem breit grinsenden Tallanus ab.

Danke, Herr, du bist unglaublich, betete der Diakon still und sah, noch immer grinsend, dem vor Wut kochenden Vortimer nach, der dem Bischof widerwillig auf die Strasse folgte.

»Wer hat dir denn das Kreuz gegeben?«, fragte Tallanus schließlich, als die Tür hinter den ungebetenen Besuchern zugefallen war.

»Ceretic, kurz vor seinem Holmgang, in dem er sein Leben wagte, um meines zu retten«, beantwortete Ordulf Tallanus' ausgesprochene und unausgesprochene Fragen.

Doch dann kam Tallanus ein erschreckender Gedanke: Bischof Albanus und Vortimer wussten, dass sie zwei Sachsen im claustrum zu Gast hatten. Ihm wurde plötzlich eiskalt. Wenn sie nun noch einmal mit Drusus Primus, dem Magistrat, sprachen, würde ihre ganze Geschichte auffliegen. Ordulf war nur so lange sicher, wie die Bürger von Londinium glaubten, Halvor sei der einzige Sachse im claustrum.

XII. Ein Ausweg?

Pert Acaiseid, Dezember 441
Álainn

Álainn schauderte bei dem Gedanken, wie lang dieser Winter noch anhalten würde. Die Sonne war kaum über den Horizont gestiegen, da begann sie schon wieder zu sinken. Zusammengedrückt wie die steinernen Radspeichenhäuser selbst, oder eher noch wie die Räucherfische unter den niedrigen Dächern aus grob gezimmerten Balken und Torf, hockten die Menschen von Pert Acaiseid aufeinander. Die eingezogenen Wände der Radspeichenhäuser erlaubten es kaum, sich zurückzuziehen. Durch Wanddurchbrüche und Gänge in den Mauern konnte man praktisch die gesamte Siedlung erreichen, ohne einen Fuß vor die Tür zu setzen. Der Rauch der Torffeuer und der Gestank der Tranlampen, die mit Seehundfett oder Fischöl befeuert wurden, drangen in jeden Winkel.

Das alles wäre vielleicht noch erträglich gewesen, wenn nicht auch die alte Hexe Nara unter ein und demselben Dach gewohnt hätte. Im Sommer hatte Álainn vor allem ihre Trunkenheit gefürchtet. Inzwischen hatte sich die Situation geändert. Seit Kilians Tod war Álainn nur noch vor ihren Anfeindungen sicher, wenn die Alte im Rausch besinnungslos vor sich hin dämmerte. Wie sollte sie nur einen Ausweg finden? Einmal mehr betete sie im Stillen zu ihrem Gott, von diesem Ort fortgebracht zu werden, doch sie erwartete nicht mehr, dass sie erhört würde.

Am besten waren die Tage, an denen Gwen gebraut hatte. Und so war eine Idee in Álainn gereift. Warum sollte sie immer auf diese Tage warten? Sie fasste schließlich allen Mut zusammen und wandte sich an Gwen: »Zeig mir doch auch, wie man Bier braut. Ich denke, damit kann ich deiner Mutter zeigen, dass ich doch zu etwas nütze bin.« Das war noch nicht einmal gelogen, auch wenn Gwen vielleicht nicht die volle Wahrheit erfasste.

»Du willst Bier machen? Ich glaube nicht, dass du das Zeug dazu hast«, schnauzte sie Álainn an. »Das können nur richtige Frauen und nicht so schwächliche Mädchen wie du. Aber schön, du kannst schon mal Gerste zum Keimen auslegen.«

Álainn merkte bald, warum Gwen sie überhaupt gewähren ließ. Bierbrauen war harte Arbeit. Doch damit hatte Álainn wenigstens einen Sinn für ihr trostloses Dasein gefunden und so stürzte sie sich wissbegierig und mit großem Eifer in die neue Aufgabe. Álainn erlernte das Brauhandwerk rasch. Entgegen Gwens Unkenrufen brachte sie sogar einiges Talent mit. Nun konnte sie Naras Aggressionen steuern. Selbst Eòghann trank bald lieber ihr Bier als Gwens und auch die übrigen Männer von Pert Acaiseid waren jedes Mal voll des Lobes, wenn Eòghann ausschenkte.

Gwen war diese neue Bevorzugung der jungen Sklavin natürlich ein Dorn im Auge, zumal sich Eòghann auch immer lieber von der Britannierin bedienen ließ.

»Setz dich zu mir, Mädchen«, forderte er sie eines Abends auf, als er beim Bier mit den übrigen Männern zusammensaß.

Was für ein Affront gegenüber Gwen! Álainn hatte bereits in den vergangenen Wochen bemerkt, dass, je mehr sich Eòghann für sie erwärmte, seine Zuneigung zu Gwen abkühlte. Doch warum sollte sie diese Gunst nicht nutzen? Als Sklavin könnte sie es kaum besser treffen, als einen angesehenen Krieger wie Eòghann zu umgarnen.

Eine mahnende Stimme in ihrem Inneren riet dagegen, doch wieso sollte sie sich an die Gebote halten, die ihr die Priester in Britannien einst beigebracht hatten? Hatte ihr Gott sie nicht verlassen und in die Hände dieser Barbaren gegeben? Wie oft hatte sie darum gebetet von diesem Ort erlöst zu werden? Immer ohne

Erfolg. Daher war es nur gerecht, wenn sie nun mit ihren eigenen Mitteln ihr Schicksal selbst in die Hand nahm.

Doch wie sollte sie vorgehen? Sie setzte sich geziert neben ihren Herrn, sorgsam darauf achtend, ihn beim Hinsetzen scheinbar versehentlich mit den richtigen Stellen ihres Körpers zu streifen.

Londinium, November 441
Ordulf

Seitdem Ordulf die Mauern des claustrums nicht mehr verlassen durfte, wurden ihm die Tage in Londinium lang. Dìorhail wohnte nur einige tausend Schritte entfernt, doch war für ihn derzeit unerreichbar. Ob sie sich freuen würde ihn wiederzusehen? Ob sie ihn vermisste? Wenigstens war sie in Sicherheit. Dieser Kermit würde es nicht wieder wagen, sich an ihr zu vergreifen. Sicherlich blieben bei einigen Bürgern Zweifel an seiner Geschichte und auch seine Schulter würde ihn an die Lektion erinnern, die ihm Ordulf erteilt hatte. Er verzog sein Gesicht bei diesem Gedanken zu einem grimmigen Grinsen. Und dann war heute noch dieser seltsame Auftritt von Prinz Vortimer und dem britannischen Oberpriester gewesen. Er selbst konnte weder den Prinzen noch den Oberpriester besonders gut leiden.

Tallanus' Laune dagegen schien sich durch ihren Besuch deutlich gehoben zu haben. Später wurde er dann aber sehr nachdenklich. Als einer der jungen Brüder von Verrichtungen in der Stadt zurückkehrte, fing Tallanus ihn sofort ab. Ordulf und Halvor befanden sich gerade im Hof und traten neugierig dazu.

»Was gibt es Neues in der Stadt?«, fragte Tallanus.

»Leider nichts«, entgegnete der junge Bruder. »Seit dem Aufruhr vor einer Woche werden die Stadttore immer noch streng bewacht. Nicht einmal eine Maus kommt da ungesehen durch. Es heißt, der Sohn des Magistrates habe das Wundfieber bekommen. Sein Vater Drusus Primus scheint außer sich vor Wut.«

»Und wie geht es Dìorhail, hast du von ihr gehört?«, fragte Ordulf dazwischen.

Tallanus sah ihn mit gerunzelten Brauen an. »Du musst so schnell wie möglich aus der Stadt verschwinden. Am besten noch heute Nacht. Ich habe so ein Gefühl, dass du sonst eine Dummheit anstellst. Eine weitere Dummheit, meine ich«, bemerkte er, ohne dem Novizen Gelegenheit zu geben, auf Ordulfs Frage zu antworten.

»Aber ich konnte die arme Frau doch nicht diesen feigen Räubern überlassen«, begehrte Ordulf auf. Räuber war eigentlich nicht das Wort, das er suchte, aber ihm fiel auf britannisch kein passenderer Ausdruck ein.

»Deshalb wollen wir dich ja auch retten«, entgegnete Tallanus spitz.

»Aber wie kann ich aus der Stadt entkommen? Nachts sind die Tore verschlossen und tags werden sie scharf bewacht«, stellte Ordulf fest.

»Habt ihr nicht vor einem Monat beim Essen eine Geschichte vorgelesen, in der der Heilige Paulus aus einer Stadt fliehen musste?«, meldete sich Halvor zu Wort.

Tallanus sah ihn überrascht an. »Vor einem Monat, sagst du, und du erinnerst dich noch, was da aus der Schrift gelesen wurde? Das ist erstaunlich.«

»Könntet ihr mir vielleicht auch erklären, wie das mit diesem Heiligen war? Ich erinnere mich nämlich nicht daran«, unterbrach ihn Ordulf verstimmt. Es ärgerte ihn, dass Halvor so eindeutig das bessere Gedächtnis hatte.

»Das war kurz nachdem Paulus den Herrn gesehen hatte. Er predigte in einer fremden Stadt und bewies öffentlich, dass Jesus der Christus war und einige Einwohner der Stadt wollten verhindern, dass er weiter so predigte. Sie stellten ihm nach und bewachten die Tore der Stadt«, führte Halvor aus.

Ordulf wurde ungeduldig. »Und wie ist er nun herausgekommen? Ich meine, aus der Stadt, deren Tore bewacht wurden? Das ist doch der springende Punkt der Geschichte.«

»Nein, ich glaube der wichtigste Punkt hierbei war die Predigt«, widersprach Halvor.

»Willst du mich auf den Arm nehmen? Wie ist dieser Paulus entkommen?«, schrie Ordulf erbost.

Halvor grinste breit. »Na gut, wenn du dich wirklich nicht erinnerst …«

»Nein!«

»Dann will ich es dir sagen.« Er holte tief Luft. Ordulf erkannte plötzlich, dass ihn der Ebbingemanne absichtlich aufzog. Einen Augenblick war er zu verdutzt, um etwas zu sagen. Dann traf er eine Entscheidung. Er lachte laut und schlug Halvor auf die Schulter. »Also gut, du hast gewonnen. Ich habe keine Ahnung mehr. Verrate mir bitte, wie dieser Paulus entkommen ist.«

Halvor grinste breit. »Seine Freunde haben ihn in einem Korb über die Stadtmauer gelassen. Vermutlich an einer unbeobachteten Stelle.«

»In einem Korb?«, meinte Ordulf gedehnt. »Über die Mauer? Aber die von Londinium ist doch mehr als vier Mann hoch.«

Noch in derselben Nacht machten sich Ordulf, Halvor und Tallanus auf den Weg. Tallanus schlich als erster durch die schmale Pforte auf die Gasse hinaus. Er schaute prüfend in alle Richtungen, dann winkte er seinen Begleitern, ihm zu folgen. Ordulf und Halvor waren in dunkle Wollmäntel gehüllt. Der Tag war gut gewählt. Der Mond war zwar fast voll, doch eine dichte Wolkendecke verschluckte sein Licht. Die Luft war schneidend kalt und der Atem der drei Männer kondensierte in hellen Wolken vor ihren Mündern.

Tallanus folgte den schmalen Gassen. Immer wieder hielt er inne, um zu horchen, ob ihnen jemand folgte. Doch alles blieb still. Das Einzige, was sie hörten, war das mürrische Knurren von wilden Hunden, die aus dem Schlaf schreckten, als die drei Gestalten durch den wüsten Stadtteil huschten. Schließlich sah Ordulf die große Mauer vor sich aufragen. Zunächst erkannte er nur einen Streifen, der sich schwarz vom ohnehin dunklen Himmel abhob. Heute Nacht schien sie ihm noch höher zu sein als damals, als er mit Hengist auf der Heritog die Thamesa hinaufgerudert kam und er sie zum ersten Mal erblickte. Er schluckte. In einem Korb aus dünnen Weiden!, musste er immer wieder denken.

Dann erreichten sie eine der Rampen, die auf die Mauer hinauf führten. Die Treppenstufen waren ausgetreten und die hölzernen Geländer längst zerbrochen und in die Tiefe gestürzt. Vorsichtig tastete sich Ordulf hinter Halvor und Tallanus her. Er bemühte sich, dicht an der Mauerseite zu bleiben, um nicht an der brüchigen Kante abzustürzen. Endlich waren sie oben. Jenseits der Mauer erstreckte sich ein schwarzer Abgrund. Die Mauer schirmte das wenige Licht, das aus der Stadt zu ihnen heraufdrang, vollständig ab und außerhalb gab es keine einzige Lichtquelle. Ordulf trat trotz der Kälte der Nacht der Schweiß auf die Stirn.

»Wer da?«, hörte er plötzlich hinter sich eine leise Stimme. Er fuhr erschrocken herum, die Hand am Sax. Doch es waren nur die fünf jungen Eremiten-Brüder, die mit dem Korb und einem Seil bereits vor ihnen aufgebrochen waren. Sie würden Halvor, Tallanus und ihn auf der Außenseite der Mauer herablassen. Misstrauisch schaute Ordulf zu, als die Brüder ein Hanfseil an einen großen Weidenkorb flochten. Dann legten sie das Seil einmal um einen alten Balken und hoben den Korb über die Brüstung.

»Na los«, zischte einer Ordulf zu.

Ordulf schluckte hart. Es gab nichts weiter zu sagen, der Zeitpunkt war gekommen, an dem sein Leben an einem einzigen Hanfseil hing. Umständlich stieg er auf die Brüstung. Der Korb hing etwa eine Elle tiefer an der Mauer, darunter versank alles in bodenloser Finsternis. Ordulf setzte einen Fuß voran. Der Korb bog sich unter seinem Gewicht und er zog ihn wieder zurück.

»Das geht so nicht, der Korb ist viel zu schwach«, flüsterte er heiser.

»Rede keinen Mist, rein mit dir«, fauchte Halvor.

Ordulf sah ihn erstaunt an. Wieso war der so mutig?

Doch der Gedanke lenkte ihn von der Finsternis ab und er versuchte es erneut. Diesmal legte er sich bäuchlings auf die Brüstung und trat mit beiden Füßen zugleich in den Korb. Der gab etwas nach, schien aber zu halten. Langsam ließ sich Ordulf weiter sinken. Seine Hände und Arme hatte er um eine Mauerzinne geschlungen und so angespannt, dass sie schmerzten. Dann war er plötzlich im Korb und ließ langsam los. Einen schrecklichen Augenblick hatte er das Gefühl, in die Schwärze der Nacht zu stürzen, doch der Korb hielt. Er war frei.

Die Brüder auf der Mauer ließen ihn langsam herab und Ordulf stieß den Korb mit den Händen vorsichtig von der Mauer ab. Langsam pendelte er zurück und er versuchte einen kräftigeren Stoß. Nun machte die Sache sogar Spaß, doch da war er auch schon am Boden angekommen. Er kletterte aus dem Korb und gab das vereinbarte Zeichen, das leere Geflecht wieder hinaufzuziehen: drei Rucke am Seil.

Bald darauf standen auch Halvor und Tallanus neben ihm. Wortlos lief Tallanus voran, mitten hinein in das undurchdringliche Dunkel. Nach einigen hundert Schritten pfiff er leise, doch es folgte keine Antwort. Tallanus ließ sich aber nicht beirren und sie schritten weiter in die Nacht hinaus. Bald pfiff er erneut und diesmal kam eine Antwort von schräg vor ihnen. »Na also«, murmelte der junge Diakon zufrieden und wandte sich in Richtung des Pfiffs.

Bald fanden sie einen Bauern, der mit drei gesattelten Pferden auf sie wartete. Tallanus machte über ihm das Zeichen des

Kreuzes. Dann saßen sie auf. Auch wenn die Dunkelheit es ihnen nicht erlaubte, schneller als im Schritt zu reiten, konnte Ordulf nichts mehr von der Stadt erkennen, als vor ihnen ein trüber Mond über den Horizont kletterte und die Welt mit kaltem Licht erfüllte. Sie waren entkommen.

Sie ritten in gemütlichem Tempo die Thamesa entlang. Noch waren sie auf der falschen Seite und die Brücke von Londinium lag weit hinter ihnen, doch Tallanus blieb zuversichtlich. »Weiter im Süden finden wir sicher einen Fischer, der uns für ein paar Münzen hinüber ans andere Ufer bringt«, vermutete er hoffnungsvoll.

Bereits drei Tage später erreichten sie unbehelligt Thanet.

Sie hatten die letzten schönen Tage des Jahres erwischt. Kaum dass sie in Ypwinesfleet angekommen waren, änderte sich das Wetter zum Schlechten. Regen und Graupelschauer jagten über die Häuser und prasselten auf das frische Reet der Dächer von Ypwinesfleet. Die See knurrte wild und die Fluten leckten am Strand, doch niemals stieg das Wasser über das Ufer des Fleets hinaus. Die Heldir und Heritog lagen hoch und trocken unter einem dicken Wachstuch in ihrem Winterschlaf und Vortigern hielt sein Versprechen. Nahrung, Kleidung und Met strömten über Regulbium in die neue Wahlheimat der Seesachsen.

Lediglich die Langeweile plagte sie. Die meisten Männer hatten nichts zu tun, doch die Britannier hielten sich und vor allem ihre Frauen wohlweislich von der Siedlung fern. Immer wieder kam es daher zu bösen Worten und manchmal auch dem ein oder anderen Faustschlag.

Nur der alte Gerolf stand voll beschäftigt in der neu eingerichteten Schmiede und schwang den Hammer. Schon in Beufleet hatte er für Witgis' Söhne Winter für Winter als Schmiedemeister geschuftet. Es galt, all die Reparaturen und Dinge zu richten, die übers Jahr angefallen und liegengeblieben waren. In Ypwinesfleet gab es zwar keine verbogenen Pflugscharen, dafür aber jede Menge schartige Waffen und zerschlagene Schilde.

Ordulf ging dem alten Freund gern zur Hand, blies mit dem mächtigen Blasebalg in die Glut bis die Funken stoben oder saß einfach in der warmen, rauchigen Schmiede, rieb sich die Augen und sah dem Meister zu, wie er Schilde mit Eisenreifen fasste, Scharten und Schrammen in den Klingen von Speeren, Schwertern und Äxten auswetzte oder glättete, bis ihm der Schweiß in Strömen von der Stirn rann.

Dann kamen die kürzesten Tage und das Fest Uuodens heran. Hengist ließ es in aller Pracht feiern. In seiner neuen Halle drehte sich ein Ochse am Spieß und Met und eigens gebrautes, besonders kräftiges Bier gab es, soviel man trinken wollte. Um Mitternacht ließen sie das prächtige Holzrad, welches extra zu diesem Zweck gefertigt und reichlich mit Stroh und allerhand brennbarem Material umwickelt worden war, von einer Anhöhe über Ypwinesfleet ins Tal rollen. Hengist selbst entzündete es im letzten Augenblick und unter dem schon leicht angetrunkenen Gejohle der Krieger rollte es in einem feurigen Reigen fast den ganzen Hang hinab, bevor es schließlich umstürzte. Ein gutes Omen für das neue Jahr.

Dennoch wollte bei diesem Fest nicht die rechte Stimmung aufkommen. Viel zu viele der Männer waren in Gedanken in ihrer Heimat und bei den Angehörigen in den sächsischen Marschen. Auch Ordulf erging es nicht anders. Was Agill, Swæn und Vater wohl trieben? Ob sie durch Willerich von seinem neu erworbenen Ruhm gehört hatten? Und war die Mutter stolz auf ihren Jüngsten? Er trank zu viel und schlief schon früh ein.

Später kam es zu einer großen Schlägerei. Die Männer waren gereizt, Müßiggang und die Abwesenheit jeglicher Frauen machten ihnen zu schaffen. Doch Hengist griff diesmal hart gegen die Übertreter seiner Ordnungen durch. Von da an übte er mit seiner Mannschaft jeden Tag den Angriff im Keil und die Verteidigung im Schildwall, Einzelkämpfe und Marschieren, bei jedem Wetter in Schlamm, Regen, Sturm und Brandung. Zunächst ereiferten sich die Krieger darüber, doch das Gemurre erstarb nach und nach.

Pert Acaiseid, Januar 442
Álainn

»Du hast Naras Nachttopf noch nicht ausgeleert«, schimpfte Gwen. »Und wenn du ihr weiter so viel Bier gibst, wird sie das noch umbringen!«

Fast hätte Álainn gelacht. Das wäre vielleicht das Beste für die alte Säuferin, dachte sie bei sich. Und du wirst dich auch noch wundern, fügte sie in Gedanken an Gwen gerichtet hinzu.

Inzwischen versuchte auch Gwen sie zu schikanieren, wo sie nur konnte, doch sie stellte sich dabei so ungeschickt an, dass Álainn gar nichts unternehmen musste, um den Zorn Eòghanns auf sie zu lenken. Außerdem nörgelte sie ständig an ihrem Ehemann herum und machte ihm Vorhaltungen, er würde der britannischen Sklavin hinterherschauen und sie zu lasch behandeln.

Eigentlich lief alles wie von selbst. Eòghann mochte Álainns Bier, die Vorhaltungen seiner Frau konnte er dagegen nicht leiden. Sie musste nur noch mit großen runden Augen zu Eòghann aufblicken und schon wies er sein Weib zurecht. Dabei war Álainn stets bedacht, keusch und zurückhaltend zu erscheinen. Sie hielt jederzeit einen gewissen Abstand zu Eòghann ein, während sie gleichzeitig dafür sorgte, dass er immer wieder einen Blick auf ihre Rundungen erhaschen konnte.

Als Eòghann am Abend einige der anderen Männer aus der Siedlung mit Álainns frischestem Gebräu bewirtete, löste sich, gerade als sie sich vorbeugte, um ihm Bier nachzuschenken, die

Fibel ihres Gewandes und gewährte dem Krieger freien Einblick in ihr Dekolleté. Befriedigt stellte sie fest, wie sein Blick erstarrte.

»Glotz dieses durchtriebene Stück nicht so an. Das hat meine Gwen nicht verdient!«, zeterte da plötzlich die alte Nara.

Álainn errötete und fragte sich, ob ihr Bier diesmal zu schwach war. Doch Nara hätte lieber den Mund halten sollen, anstatt Eòghann vor den anderen Männern zu kritisieren.

»Du versoffene alte Ziege hältst dein unverschämtes Maul, solange du deinen Rausch unter meinem Dach ausschlafen willst!«, donnerte er.

So etwas hatte er noch nie zu ihr gesagt, schon gar nicht in aller Öffentlichkeit. Ihr Bier war wohl doch nicht zu schwach geraten.

Ypwinesfleet, Januar 442
Ordulf

Das neue Jahr begann, wie das alte geendet hatte. Sturm und Regen wurden nur für kurze Zeit von wallenden Nebeln unterbrochen. Allein Schnee und Eis blieben ihnen erspart.

Eines Morgens ließ Hengist Ordulf zu sich rufen.

»Du sprichst nun Britannisch?«, begrüßte er ihn.

Ordulf war überrascht, er hatte nach seiner Rückkehr aus Londinium bereits Bericht erstattet. Allein die Vorkommnisse um Dìorhail und den Sohn des Magistrates hatte er wohlweislich verschwiegen. Soweit er wusste, hatten auch Tallanus und sogar Halvor dichtgehalten.

»Ja, Herr«, antwortete er daher schlicht.

»Dann habe ich eine Aufgabe für dich. Du wirst mich und Horsa zu Vortigern begleiten. Wir müssen besprechen, was er uns in diesem Jahr aufträgt. Halte dich bereit, morgen in aller Frühe reiten wir.«

Am Folgetag saßen sie um die gleiche Uhrzeit bereits im Sattel. In Begleitung von fünf ausgesuchten Kriegern trabten sie auf der alten Römerstraße in Richtung Durovernum.

Wie seine Landsmänner steckte Ordulf in der besten Wollkleidung, aber in der schneidend kalten Morgenluft musste er sich doch beherrschen, nicht mit den Zähnen zu klappern. Das von Gerolf inzwischen reparierte Kettenhemd Prinz Kolomans glänzte im fahlen Licht. Er hatte es am Vorabend mit Thiadmars Hilfe und einigen Händen voll Sand sorgfältig gescheuert. Inzwischen besaß er auch einen passenden Helm mit prächtigen Bronzebeschlägen, die kämpfende Krieger zeigten, und einem breiten Kamm, der von dem eisernen Nasenschutz bis in den Nacken zog. Auch Hengist trug einen neuen Spangenhelm mit einer Gesichtsmaske, die allerdings kaum grimmiger dreinschauen konnte als der Held es gewöhnlich selber tat. Doch das Aufsehenerregendste waren die Fahnen. Hengist und Horsa hatten sich nach dem Vorbild des britannischen Heeres im Winter eigene Fahnen sticken lassen. Hengists Banner leuchtete in blutigem Rot und zeigte einen springenden weißen Hengst. Horsa hatte dasselbe Motiv gewählt, allerdings war sein Pferd ein Rappe auf weißem Grund. So wunderte es Ordulf nicht, dass sie bereits am Tor für großes Aufsehen sorgten.

»Ihr habt Glück, der Hochkönig weilt derzeit tatsächlich hier in Durovernum. Wir werden ihn sofort benachrichtigen«, versicherte der Wachführer.

»Die sollen uns verdammt noch einmal durchlassen«, knurrte Hengist ungeduldig, doch schließlich fand auch er sich ins Warten.

Nach etwa einer halben Stunde erschien dann Ceretic, vom raschen Lauf noch ganz außer Atem. »Hengist, Horsa! Welch eine Überraschung!«, rief er ehrlich erfreut. »Und Ordulf!« Er schlug dem Freund herzlich auf die Schulter. »Bitte kommt herein. Vortigern hat nicht mit eurem Besuch gerechnet, daher entschuldigt bitte, dass man euch nicht gleich vor ihn geführt hat. Er freut sich aber, seine treuen Vasallen hier bei sich begrüßen zu können. Ich hoffe, es mangelt euch in Ruohim an nichts?«

Hengist verneinte dies und der Zug setzte sich wieder in Bewegung. Bald kamen sie vor den Palast von Durovernum und Ceretic führte die Sachsen ohne Umschweife hinein. Wieder betraten sie den großen Saal, in dem Ordulf dem König zum ersten Mal gegenübergestanden hatte. Diesmal waren die Fensteröffnungen verschlossen und in mehreren bronzenen Becken brannten Kohlefeuer und an den Wänden Fackeln. Obwohl das dem prächtigen Saal einen düsteren und muffigen Anschein verlieh, kam es Ordulf so vor, als ob die bunten Steine des Mosaikfußbodens im Licht der Fackeln fast noch mehr funkelten als damals.

Vortigern hatte, in seinen purpurnen Mantel gehüllt, auf dem Hochsitz Platz genommen. Der niedrigere Sitz des Vasallenkönigs Gwyrangons von Cantium stand dagegen leer. Hengist und Horsa beugten ehrfürchtig die Knie vor ihrem Herrn.

»Edler König, erlaube uns, dir unsere Aufwartung zu machen!«, übersetzte Ordulf den Gruß seines Heerführers galant. Vortigern nickte gnädig. »Wir haben dir ein Geschenk mitgebracht, um unsere Treue zu bezeugen«, fuhr Hengist fort und winkte einem der Krieger.

Der trat vor und überreichte dem Hochkönig mit ehrfürchtig gesenktem Haupt ein Bündel. Ordulf wusste bereits, was es enthielt, denn er war dabei gewesen, als Gerolf dem Geschenk den letzten Schliff verliehen hatte. Es waren drei Büffelhörner, deren Ränder kunstvoll mit verschlungenen Mustern aus Gold- und Silberdraht verziert waren.

»Möge der Met, den du aus diesen Hörnern trinkst, immer bekömmlich sein«, übersetzte er die erklärende Bemerkung Hengists.

Vortigern nahm eines der Hörner aus dem groben Leinentuch und hob es prüfend zum Licht. Dann lächelte er Hengist und

Horsa freundlich an. »Holt ein paar Stühle für meine Gäste und bringt Wein«, befahl er.

Nach dem Austausch einiger Nichtigkeiten und nachdem Hengist bestätigt hatte, dass in Thanet alles zum Besten stand – wobei er die Abreise Willerichs mit keinem Wort erwähnte –, kam Hengist endlich zur Sache.

»Mir wurde berichtet, dass die Britannier nicht nur von den Pikten, die wir Sachsen bereits dreimal in die Flucht geschlagen haben, bedroht werden. Wir sind wenige. Wenn du wünschst, können wir in unsere Heimat senden und Krieger von den kampferprobten Männern unseres eigenen Volkes einladen, damit die Zahl derer, die für dich und dein Reich kämpfen, größer wird.«

Der Vorschlag gefiel Vortigern gut und er stimmte sofort zu. »Sende hin und hole mir weitere Krieger. Ihnen soll es, wie euch, an nichts fehlen. Dir selbst und deinem Bruder wird eine umso wichtigere Stellung in meinem Heer zukommen«, antwortete er und diesmal übersetzte Ceretic seine Worte für die Sachsen.

»Erlaube, dass ich die Sachsen wieder begleite, um zu sehen, dass deine Wünsche in die Tat umgesetzt werden«, wandte er sich dann an seinen König.

Ordulf, der ihn verstand, sprang gleich für seinen Freund ein: »Das wäre edel von dir, Herr. Wenige Männer sind so tapfer und so geeignet, deinen Ruhm zu verbreiten, wie Ceretic. Wenn er bestätigt, dass es dein Wille ist, werden wir umso leichter mutige Krieger für die Fahrt gewinnen.«

Und so wurde beschlossen, dass Ceretic die Sachsen begleiten sollte.

Am Abend ließ König Gwyrangon, der selbst erkrankt war, für die Gäste des Hochkönigs ein Festmahl bereiten.

»Vortigern hat mir auch für dich etwas mitgegeben«, bemerkte Ceretic, als sie am nächsten Morgen ihre Pferde sattelten. »Für deine guten Übersetzerdienste.« Er übergab Ordulf einen goldenen

Armreif. »Nun können wir beide uns diese Aufgabe teilen«, fügte er mit einem breiten Grinsen hinzu. »Du sprichst inzwischen wirklich gut Britannisch. Tallanus hat mir erzählt, dass du neben den Einsiedlern auch noch eine londinische Patrizierin als Lehrerin hattest.«

Ordulf errötete bei der Anspielung. »Ich danke dir«, murmelte er und wandte sich seinem Pferd zu.

Pert Acaiseid, März 442
Álainn

Endlich wurden die Tage auch auf den Sturminseln wieder länger und das Fest der Tag- und Nachtgleiche kam heran. Der Druide der Siedlung, ein weißhaariger Greis, dessen Bart ihm fast bis zum Gürtel reichte, begann die feierliche Zeremonie, die den Frühling einleitete.

Nach alter Sitte hatte er seine Augenlider mit dem Saft von Beeren schwarz gefärbt. Im Dämmerlicht der Tranfunzeln sah es so aus, als wären seine Augenhöhlen so leer wie die eines Totenkopfes, als er mit geschlossenen Augen und erhobenen Händen die heiligen Texte rezitierte. Auch sonst passte sein hageres Gesicht eher zu einem vertrockneten Schädel als zu einem gesunden Mann. Álainn schauderte. Die Lampen flackerten in einem Windhauch, der sich durch die Ritzen im Gemäuer des alten Broch gekämpft hatte.

Der Broch war ein runder Turm in der Mitte der Siedlung mit mächtigen, mehrere Schritte starken Mauern. Lange bevor die Pikten die Speichenhäuser errichteten, diente er ihren Vorfahren bereits als Wohn- und Fluchtburg. Nun wurde er vor allem für Versammlungen und Zeremonien wie dieser Feier der Tag- und Nachtgleiche zu Ehren des Sonnengottes Gruagach genutzt.

Eòghann hatte ihr erklärt, dass die Zeremonie die Sonne dazu bringen würde, weiter zu steigen und den Frühling einzuleiten. Hier im Norden bemerkte auch Álainn den täglichen Unterschied im Weg der Sonne. In Britannien war ihr das nie so deutlich aufgefallen, aber vielleicht herrschten hier im Norden ja auch tatsächlich andere Götter.

Die Kräuter, die der Druide verbrannte, verbreiteten einen beißenden Gestank, der sogar den der Seehundtran- und Fischöl-Lampen übertraf. Dann zog er einen blanken Dolch und schnitt sich über die linke Handfläche. Einige Tropfen dunklen Blutes rannen aus der Wunde in einen Kessel, der an einem Dreifuß über dem Feuer hing. Dampf wallte aus dem Topf auf und schließlich, nach mehrfachem Umrühren, schöpfte er den heiligen Met in ein Horn. Den ersten Schluck schüttete er zu Füßen des hölzernen Bildes von Gruagach dem Langhaarigen. Sein Haar versinnbildlichte die Strahlen der Sonne, deren Lauf nun den Frühling bringen sollte. Den Rest des Horns leerte er selbst in einem einzigen Zug. Das neu gefüllte Horn wurde sodann zwischen den Kriegern herumgereicht. Jeder, der einen Wunsch auf dem Herzen hatte, verschüttete einen Schluck zu Ehren des Götzen und nahm einen zweiten zur Bekräftigung des Bundes. Dann kamen auch die Frauen an die Reihe.

Álainn nahm das Horn mit zitternder Hand. Ihr Atem ging flach und kalter Schweiß stand auf ihre Stirn. Sollte sie sich diesem Götzen anvertrauen? Doch da stieß ihre Nachbarin sie ungeduldig an. Ein Schluck schwappte aus dem Horn.

Ich will Nara loswerden und Eòghann gewinnen, murmelte Álainn schon halb benommen von der Hitze und dem Gestank der Kräuter. Dann nahm sie einen tiefen Zug. Sie hatte ihren Teil getan, nun würde sich zeigen, ob Gruagach etwas für sie tun könnte.

Am nächsten Morgen stand Álainn in der Frühe auf. In der Hütte war es noch dunkel und die meisten Bewohner schliefen ihren

Rausch vom Fest aus und schnarchten laut. Sie tastete sich vorsichtig durch das Dunkel, bis sie die helleren Umrisse des Eingangs erkannte. Rasch lief sie hinaus. Es war noch dunkel, aber im Osten über der See erahnte sie einen Schimmer und die ersten Sterne verblassten im Grau des heraufziehenden Morgens. Vorsichtig ging sie bis an den Rand der Klippen. Gleich würde die Sonne aus dem Meer tauchen und die Wellen bis zum Horizont in silbernes Licht tauchen. Sie liebte diesen Augenblick. Es würde ein schöner Tag werden und endlich wieder wärmer.

Plötzlich hörte sie hinter sich ein Schnaufen. Sie fuhr herum und zuckte zusammen. Nara stapfte mit blutunterlaufenen Augen auf sie zu. Álainn schrie vor Schreck leise auf. Die Alte sah wirklich zum Fürchten aus.

»Du«, zischte sie und streckte ihr den Zeigefinger drohend entgegen. »Tranaich der Donnerer möge dich verfluchen!«

Álainn wich instinktiv zurück. Dabei merkte sie, wie unter ihrem Fuß die Kante der Klippe bröckelte. Sie ließ sich auf die Knie fallen und krallte die Hände ins Gras. Ihr Herz raste, fast wäre sie die Klippen hinabgestürzt. Doch Nara ließ nicht von ihr ab, sondern stolperte ungeachtet weiter auf sie zu.

»Warte, die …«, rief Álainn, um sie vor dem Abgrund zu warnen, doch dann biss sie sich auf die Zunge. Einen Augenblick sah sie, wie sich Naras ohnehin faltiges Gesicht zu einer entsetzten Grimasse verzog, dann war sie verschwunden.

Naras zerschlagener Körper wurde zwei Tage später am Strand zwischen den Steinen gefunden. Der Körper war bleich und aufgedunsen und die Möwen hatten die Augen ausgepickt. Niemand hatte bemerkt, wie sie die Hütte verlassen hatte und auch Álainns Wiederkehr war in der trunkenen Ruhe unbemerkt geblieben. Eine kalte Hand schien nach Álainns Herz zu greifen. Gruagach hatte den ersten Teil ihrer Bitte erfüllt! Sie spürte tief in ihrem Inneren, dass sie da einen Bund eingegangen war. Wenn der zweite Teil wahr wurde, wäre sie ganz und gar eine Piktin. Zuerst peinigte sie ein schlechtes Gewissen, sich an den Götzen gewendet zu haben, doch wenn ihr Gott sie nicht hörte? War es da nicht ihr gutes Recht, ihr Glück in andere Hände zu legen?

XIII. Alte Bekannte wieder vereint

Ypwinesfleet, April 442
Halvor

»Der Hochkönig hat mich beauftragt, weitere Krieger aus unserer Heimat zu holen, damit wir alle seine Feinde ringsherum in Angst und Schrecken versetzen«, eröffnete Hengist. Kurz nach seiner Rückkehr aus Durovernum hatte er alle Sachsenkrieger in seiner Halle versammelt. »Ordulf, ich habe dich für diese Aufgabe ausersehen. Sobald es das Wetter zulässt, segelst du mit der Heldir nach Beufleet, um weitere Männer zu werben. Ceretic wird dich begleiten.«

Das waren endlich Neuigkeiten und die versammelten Krieger begannen sofort laut zu debattieren, wer alles mit von der Partie sein sollte. Auch Halvor drängte es, die Heimat zu besuchen, doch er wusste nicht recht, wie man ihn empfangen würde. Immerhin gehörte er nun zu den Hengistmannen und damit stand er zwischen Hengist und seinem Sippenoberhaupt Hoger. Traurig sah er zur Stirnseite des Raumes, an der Hengist, Horsa, Ordulf und Ceretic ungeachtet des Tumults im Saal schon über die Einzelheiten der Fahrt berieten.

»Du solltest noch einen zweiten Steuermann mitnehmen, falls dir etwas zustößt«, wandte Horsa gerade ein.

»Und bringe mir so viele Krieger, wie du nur auftreiben kannst. Ich hoffe nur, Willerich hat aus meiner Großzügigkeit keinen Hehl gemacht«, brummte Hengist.

»Ich schlage Halvor als Steuermann vor«, hörte Halvor da Ordulf sagen. »Er ist ein erfahrener Seemann und hat zwar nur ein Auge«, dabei richtete er ein schiefes Grinsen auf sein ehemaliges Opfer, »aber damit sieht er schärfer als ich mit allen zweien.«

Halvor konnte kaum glauben, was er gerade gehört hatte! Endlich bekam er eine Gelegenheit zu beweisen, was in ihm steckte. Und dass der dickköpfige Swæn sogar seine eigene Kurzsichtigkeit eingestand, grenzte an ein Wunder. Dann wurde Halvor ernst. Also stimmte, was Tallanus und Dagomar behauptet hatten. Vergebung konnte alles verändern, wenn man sie nur wagte. Einmal mehr bestätigte sich all das, was Tallanus und Dagomar ihn gelehrt hatten. Halvor dämmerte, dass diese Erkenntnis sein ganzes Leben verändern würde.

»Kommst du nun oder nicht?«, unterbrach Ordulf seine Gedanken. »Wir sollten uns um die Ausrüstung und Bemannung der Heldir kümmern, Steuermann. Sobald das Wetter umschlägt, segeln wir los.«

Oceanus Germanicus, Mai 442
Ordulf

Der Wind stand günstig, als Ordulf schließlich einige Tage später die alte Heldir aus Ypwinesfleet heraussteuerte. Die Sandbänke hier kannte er inzwischen zur Genüge. Gelassen musterte er, wie sich das ablaufende Wasser über einer besonders tückischen Stelle kräuselte. Hier waren sie bei ihren Transportfahrten im letzten Jahr mehrmals aufgelaufen, aber inzwischen spürte Ordulf die Bewegungen von Schiff und Wasser am Ruderblatt und lenkte die Heldir geschickt im richtigen Vorhaltewinkel an der gefährlichen Stelle vorbei.

»Setzt das Segel«, befahl er dann. Dieses Kommando wurde von seiner Mannschaft mit lautem »Hurra« begrüßt, ersparte es ihnen doch das mühselige Rudern. Kaum hatte sich das Leinentuch im Wind entfaltet, zog es die Heldir mit unwiderstehlicher Kraft voran. Die See schäumte um den Bug und die Möwen kreischten hoch über ihren Köpfen.

Sie sichteten die belgische Küste gegen Nachmittag, doch Ordulf steuerte die Heldir weiter nach Osten. Schließlich versank die Sonne hinter ihnen als wunderbar roter Ball im Meer. Vor Ordulf stieg die Dämmerung vom Horizont empor, als habe jemand einen purpurnen Halbkreis auf den Himmel gemalt. Die Männer schauten ihren Anführer besorgt an, aber Ordulf lächelte spöttisch zurück, sodass sich niemand traute ihn anzusprechen. Eine Nacht auf See hatten die meisten von ihnen noch nicht erlebt. Aber Ordulf wollte den günstigen Westwind nutzen. Nach und nach rollten sich die Gefährten zwischen ihren Ruderbänken zusammen, nur wenige bevorzugten es, mit Ordulf zu wachen. Eine lange, sanfte Dünung rollte unter dem Schiff hindurch. In Steuerbord war die Küste als dunkler Streifen zu erkennen, in Backbord stand der Mond hell und klar über dem Meer. Er tauchte die Wellenkämme in weiches Licht, bis sie am Horizont mit dem Himmel verschwammen. Noch weiter in Backbord leuchtete unbeirrbar der Nordstern.

»Eine schöne Nacht. Das Mondlicht fließt wie ausgegossenes Silber über die Wellen«, hörte Ordulf plötzlich neben sich eine Stimme.

Halvor, der Einäugige, war neben ihn getreten. Er hatte offenbar eine poetische Ader, die Ordulf bisher noch nicht aufgefallen war.

»Ja, so fühlt es sich an«, bestätigte er. Er spürte keine Feindschaft mehr. Waren sie tatsächlich beide ganz und gar zu Hengistmannen geworden? Eine ungewöhnliche Wärme für den einstigen Feind durchdrang Ordulf und einer spontanen Eingebung folgend legte er Halvor die Hand auf die Schulter. Der sah ihn kurz erstaunt an, zog den Arm aber nicht weg und nickte.

Die Überfahrt nach Sachsen verlief ereignislos, der Westwind hielt beständig und Ordulf steuerte das Schiff bereits nach zwei Tagen in die Ælfmündung. Mit der nächsten Flut erreichten sie Beufleet.

Witiko, und natürlich allen voran die beiden Jungen Oisc und Ebissa, stürzten ihnen bis an die Knie ins Wasser entgegen. Eine Handvoll meist älterer Knechte, die Hengists Gut bewirtschafteten, standen im losen Halbkreis am Ufer. Witiko hatte die alte Heldir schon von weitem erkannt und daher herrschte unter den Männern eine ausgelassene Stimmung.

Ordulf sprang als erster an den Strand, wie es ihm als Schiffsführer gebührte. Er ergriff den Unterarm, den ihm Witiko entgegenstreckte.

»Bringt ihr gute oder böse Nachricht?«, wollte der alternde Verwalter wissen.

»Gute! Hengist ist inzwischen der wichtigste Feldherr des Großkönigs von Britannien. Wir haben die Pikten in drei Schlachten geschlagen und Silber und Ruhm gewonnen.«

Witiko nickte dazu. Soviel hatte Willerich offenbar schon berichtet.

»Nun schickt Hengist uns, um noch mehr Männer zu werben. Die Britannier selbst sind zwar viele, aber das Kämpfen ist nicht ihre Sache.«

Ordulfs blitzende Rüstung unterstrich seine Worte und als die Krieger, die mit ihm gekommen waren, aus dem Schiff sprangen – jeden von ihnen hatte Hengist mit einer eisernen Brünne und kostbarer Kleidung ausgerüstet – entlockte das sogar den alten Knechten ein anerkennendes Gemurmel.

»Und ist das nicht der Hengistsunu? Groß bist du geworden!«, begrüßte Ordulf den jungen Oisc und stellte innerlich belustigt fest, dass das in anderer Weise auch auf ihn selbst zutraf.

»Wo ist Rowena?«, fragte Ceretic und drängelte sich an den Knechten vorbei. Er errötete und fügte rasch hinzu: »Hengist macht sich größte Sorgen um ihr Wohlergehen.«

»Seit der Abreise ihres Vaters neigt sie zur Schwermut, aber sonst ist sie wohlauf«, antwortete Hengists treuer Verwalter. »Ihr werdet sie gleich treffen. Kommt mit, ihr beiden. Eure und meine Männer werden mit der Heldir auch alleine klarkommen.«

Damit drehte er sich um und zog Ceretic mit der Linken und Ordulf mit seiner Rechten hinter sich her. Am Tor der Palisade wurden die Neuankömmlinge von den Frauen und Kindern des Hofes voller Spannung erwartet. Ordulf bemerkte erstaunt, dass Rowena, die neben ihrer Tante Erkenhilde stand, den Neuankömmlingen mit blitzenden Augen entgegensah. Eine feine Röte überzog ihr Gesicht. So schlimm schien es mit ihrer Schwermut nicht zu stehen, entschied er. Aber wer verstand schon die Frauen?

»Wir bringen Grüße von Hengist, Eurem Vater!«, beeilte er sich zu erklären und verbeugte sich galant.

»Wie? Ach ja, wunderbar«, entgegnete Rowena und errötete noch mehr.

Ordulf hatte den Eindruck, sie sähe an ihm vorbei. Mit einem Auge suchte er selbst zwischen den Frauen bereits nach Gutha, aber er konnte sie nirgends ausmachen. Desto besser, dachte er sich mit einer seltsamen Mischung aus Erleichterung und Enttäuschung. Die Geschichte mit Dìorhail würde ihr vermutlich ohnehin nicht gefallen.

Witiko ließ sich durch all das nicht von seinem Kurs abbringen. Entschlossen zog er seine Gäste weiter in die große Halle, um sie gebührend zu bewirten und endlich ihre Geschichte in allen Einzelheiten zu erfahren. Darüber verging der Abend und ein hastig geschlachtetes Ferkel wurde zur Feier ihrer Heimkehr aus Britannien am Spieß gebraten.

Während des Mahls fragte sich Ordulf wiederholt, wo nur Gutha stecken mochte. Und er war sich immer noch nicht sicher, wie er sich ihr gegenüber verhalten sollte. Nun war er schließlich jemand ganz anders, als derjenige, der damals nach Britannien gezogen war. Kein geretteter Junge, sondern ein gefeierter Held und Thane Hengists! Doch diese Sorgen wurden ihm schließlich abgenommen.

»Ordulf«, hörte er eine bekannte Stimme hinter sich, als sie das Abendmahl gerade beendet hatten.

Er fuhr herum. Dort stand Gutha und lächelte ihn an. »Gutha«, rief er erfreut, was ihn selbst überraschte.

Sie griff entschlossen seine Hand. »Komm! Die Geschäfte haben sicher Zeit bis morgen.« Dabei grinste sie Witiko und die versammelten Männer breit an. Ganz selbstverständlich zog sie Ordulf an der Hand aus der Halle. Vor allen Augen, aber niemand schien sich daran zu stören. Ordulf errötete unter dem wissenden Grinsen der übrigen Männer. Es war ihm unsäglich peinlich, aber er traute sich auch nicht, Guthas Hand einfach loszulassen. So ging er mit ihr und jeder, der sich in Sachsen dafür interessierte, wusste von nun an, wie es zwischen ihm und der kleinen rothaarigen Magd stand. Sie hatte ihn als unerfahrenen Jungen verführt und nun einen Helden in der Hand – und im Bett. Den Auftritt heute Abend hatte sie sicherlich genau so geplant.

In den nächsten Tagen sandte Ordulf den Großteil der britannischen Veteranen in die umliegenden Gaue. Ihre Kettenhemden und prunkvollen Kleider würden ein beredteres Zeugnis vom Erfolg Hengists abgeben, als Worte es vermochten.

»Bringt Männer und Schiffe zurück. Ihr habt gesehen, wie fruchtbar Britannien ist und wie sehr man dort tapfere Krieger vermisst!« Er selbst ließ sich ebenfalls ein Pferd satteln. »Ich will in Keydingen weitere Männer werben und noch etwas in einem Dorf namens Stood erledigen«, erklärte er Ceretic und Witiko bevor er aufbrach.

Ungehindert erreichte er den Geestort Kanbarge, wo er vor dem Hof des Ältesten eine Ansprache hielt, um Krieger für die Fahrt nach Britannien zu werben. »Bleib die Nacht bei uns und erzähl uns von Britannien«, baten ihn mehrere junge Männer, doch Ordulf hatte es eilig. »Ich will auf dem Rückweg wieder bei euch vorbeikommen«, rief er und schwang sich in den Sattel. Er musste vor allem Schiffsführer gewinnen, junge Männer würden sich dann schon finden.

Diesmal nahm er die Fähre über die Oste. Am Ufer gab es eine Anlegestelle und er sah zwei Schiffe ruhig im Wasser dümpeln.

Vielleicht würde es ihm gelingen, einen der Steuerleute für Britannien zu gewinnen. Doch zuerst wollte er an die Schwinge. Die Keydinger ließen ihn jenseits der Oste frei passieren.

Noch am Abend des gleichen Tages erreichte er Stood. Für sächsische Verhältnisse war der Ort sogar ziemlich groß, auch wenn es sich natürlich nicht mit Durovernum oder gar Londinium messen konnte. Ein mit Palisaden gekrönter Wall und der Wassergraben gaben dem Ort aber trotz alledem ein wehrhaftes Aussehen. Der Graben speiste sich direkt aus der Schwinge, die unweit nördlich davon in die Ælf mündete. Ordulf überquerte den Fluss auf einer schwankenden Holzbrücke.

Welch ein Unterschied zu den Römerbrücken in Britannien, überlegte er.

»Ich bin Ordulf Swænsunu, Thane von Hengist Witgissunu«, stellte er sich bei dem Wachtposten am Tor des Ortes vor. Offenbar war ihm sein Ruf vorausgeeilt, denn diese Vorstellung brachte ihn umgehend zu Bodoberta, dem Sippenältesten und Häuptling des Ortes. Bodoberta war ein schwerer Mann mit grauem Bart und grauen Schläfen, das Haupthaar dazwischen fehlte ihm mittlerweile ganz.

»Von Hengists Abenteuern haben wir schon gehört und auch dein Name ist uns nicht unbekannt«, begrüßte er den Dithmarschen trotz seiner Jugend ehrerbietig. Als Ordulf seine dargebotene Rechte ergriff, zwinkerte ihm der Häuptling gut gelaunt zu. »Ich habe mich schon gefragt, ob ihr ganz ohne uns Keydinger auskommt.«

Der Abend wurde zu einem fröhlichen Gelage. Bodoberta versprach ein voll ausgerüstetes Schiff mit Kriegern in Monatsfrist nach Beufleet zu senden.

»Aber«, sprach ihn Ordulf schließlich an, »warum ich eigentlich zu euch komme, hat noch einen anderen Grund.« Gespannt neigte Bodoberta sein Haupt und Ordulf sprach mit gesenkter Stimme weiter: »Ich habe gehört, ihr habt die besten Schiffsbaumeister hier an der Schwinge. Ich möchte, dass ihr auch mir ein Schiff baut.

Es soll zwölf Ruder an jeder Seite führen und nur aus den besten Stämmen gezimmert werden. Ich zahle mit gutem britannischen Silber.«

Bodobertas Augen blitzten bei der Erwähnung des Silbers begierig auf.

Gleich am nächsten Morgen führte er den jungen Hengistmannen selbst über die Werft. An der Anlegestelle landeinwärts des Ortes lagen zwei unfertige Rümpfe auf den Hellingen. Die breiten Kielplanken ruhten auf armdicken Ästen, auf denen sie einmal ins Wasser rollen würden. Eines der Schiffe war bereits halb fertig. Geschwungene Steven reckten sich in den Himmel und die ersten drei Plankengänge auf jeder Seite waren schon angebracht. Drei Männer befestigten gerade eine vierte Planke mit eisernen Nieten und viel Lärm. Die Spanten würden sie erst am Ende einpassen, um das Schiff zu versteifen. Von dem zweiten Schiff war noch nicht mehr als die Kielplanke zu sehen. Ein Stevenschnitzer bearbeitete gerade einen großen, schön geschwungenen Ast. Ordulf nickte anerkennend. Hölzer, die in der rechten Form gewachsen waren, hielten besser als über dem Feuer gebogene Balken. Andere Männer waren damit beschäftigt, mächtige Eichenstämme mit Keilen zu spalten und zu Planken zu behauen. Es roch nach Birkenpech und frischem Holz und alles war von zielstrebiger Betriebsamkeit erfüllt.

»Das zweite Schiff dort wäre noch zu verkaufen«, bemerkte Bodoberta. »Es wird einmal zehn oder zwölf Riemenpaaren Platz bieten. Wie du siehst ist der Kiel aus bestem Eichenholz.«

Ordulf kniete nieder und sah am Kiel entlang. Gerade war er und so glatt wie die See bei absoluter Flaute. Er strich mit der Hand über das frisch gespaltene Holz.

»Wann wird sie fertig?«

»Im nächsten Frühjahr kannst du sie abholen. Ganz aus Eiche, mit Birkenpech gedichtet und neuen Riemen aus geteerter Esche.

Zwanzig eurer britannischen Silberscheiben jetzt und noch vierzig im Frühjahr.«

»Fünfundzwanzig jetzt und nochmal so viele wenn ich sie im Frühjahr abhole«, erwiderte Ordulf.

Der alte Mann schaute ihn einen Moment aus schmalen Augen an. »Fünfundzwanzig jetzt, dreißig im Frühjahr. Und ich werde selbst dafür Sorge tragen, dass nur die besten Stämme verbaut werden.«

Ordulf überlegte kurz. Dann spuckte er in seine Hand und Bodoberta schlug ein. Der Handel war abgeschlossen.

Als Ordulf zwei Tage darauf nach Beufleet zurückkehrte, erwarteten ihn bereits die ersten Krieger. Es waren überwiegend Ditmarscher und Halvor stellte sie ihm vor: »Männer vom Wittengeschlecht aus der Nordermarsch.«

Ordulf sah die Leute prüfend an. Kräftig sahen sie aus und die Dithmarschen waren für ihre harten Schädel bekannt. Er erkannte niemanden von ihnen, aber er war auch selten in der Nordermarsch gewesen und wenn Halvor sie kannte, dann reichte das wohl.

»Gut gemacht«, nickte er Halvor zu und klopfte ihm auf die Schulter. »Das ging schneller als gedacht.«

»Willerich und seine Mannschaft haben viel erzählt und die jungen Leute brennen darauf, nach Britannien zu fahren«, berichtete Halvor.

»Gut. Morgen beginnen wir mit den Waffenübungen«, entschied Ordulf. »Sorge dafür, dass unsere neuen Männer heute Abend ausreichend Speise und Trank bekommen.«

Doch der nächste Morgen brachte eine Überraschung. Ein kleines Boot wurde von der Flut in der Nähe der Beufleeter Wurt ans Ufer gespült. Darin lag ein völlig erschöpfter Mann. Halb verdurstet, alt und verdreckt war er, aber eindeutig ein Sachse. Er trug eine schmutzige Binde voll verkrusteten Blutes um sein weißes Haupt und stützte sich beim Gehen auf einen abgebrochenen Speer.

Der alte Mann wurde sofort in die Halle zu Ordulf gebracht. Ordulf schaute forschend in das hohlwangige Gesicht. Der Alte hatte nur ein Auge! Das andere war vernarbt, wie das des Uuoden, des mächtigen Göttervaters. Ein eiskalter Schauer rann ihm über den Rücken. Der Alte stieß ein kehliges Krächzen aus.

»Bringt heißen Met«, befahl Ordulf heiser. Es wäre nicht das erste Mal, dass sich der Gott in der Verkleidung eines Bettlers unter die Menschen begab. »Was führt euch zu uns?«, fragte Ordulf schließlich scheu.

Obwohl die Wangen des Mannes unter dem Einfluss des klaren Getränks etwas röter wurden, konnte er sich seines Unbehagens nicht erwehren. Endlich begann der Fremde mit rauer Kehle zu sprechen: »Ich komme von Ranfleet, einen Rudertag im Westen, noch jenseits der Mündung der Wirraha. Dicht am friesischen Land, aber wir sind Sachsen wie ihr auch. Etliche unserer Söhne und Enkel – ja bei Thunær, es sind inzwischen schon meine Enkel – sind Hengist nach Britannien gefolgt.« Hier holte der Alte tief Luft und die gutmütige Gutha nutzte den Augenblick, um ihm noch einen großen Schluck des heißen Honigweins einzuflößen. Nach einigem Husten fuhr der alte Sachse fort. »Auch die Friesen haben bemerkt, dass wir kaum noch junge Mannschaft im Ort haben und das ermunterte sie, frech zu werden. Das Nachbardorf haben sie überfallen, die Hunde. Alle Alten sind erschlagen, an den Frauen haben sie sich vergangen und die Kinder in die Sklaverei verschleppt. Und niemand ist da, der uns beschützen könnte.« Hier versagte seine Stimme in einem Schluchzen.

»Gib ihm noch etwas von dem Met«, befahl Ordulf. Es kam ihm komisch vor, in Hengists alter Halle zu gebieten. Der geheimnisvolle Fremde machte dies nicht besser.

Der alte Sachse trank wieder hastig. Dann fuhr er fort: »Ihr müsst uns helfen, alle jungen Männer sind in Britannien. Ein einziges Schiff wird ausreichen, um die feigen Räuber für die nächsten Jahre zu lehren, sich an uns Sachsen zu vergreifen. Sicher könnt ihr ihnen auch die Beute abjagen. So einfach kommt ihr nicht wieder an so viel Silber und rote Ringe.«

Ordulf sah den Greis nachdenklich an. Die westlichen Inseln kannte er nicht gut und Hengist hatte ihm aufgetragen, schnellstmöglich mit den neuen Kriegern nach Britannien zu kommen. Aber während sie täglich auf das Eintreffen weiterer Kontingente warteten, könnte er doch mit der Heldir und den bereits eingetroffenen Männern einen Abstecher in die friesische Mark machen. Dann könnte er endlich auch mit einem friesischen Abenteuer aufwarten, wie Hengist und Ceretic. Außerdem wäre es eine gute Gelegenheit zu sehen, wie sich die neuen Männer im Kampf schlugen. Hengist wäre sicherlich sehr zufrieden, wenn seine neuen Krieger bereits etwas Erfahrung mitbrächten.

»Wenn ich ein Schiff ausrüste, könnt ihr uns an den rechten Ort führen?«, fragte Ordulf.

Der Alte zögerte einen Augenblick. »Es ist ganz einfach, von hier nach Westen, viele eurer Männer kennen die Gegend. Da braucht ihr mich nicht.«

»Aber wo genau sich die Räuber aufhalten, weißt du doch wohl besser?«, fragte Ordulf überrascht davon, dass der Fremde nicht dabei sein wollte, wenn seine Dorfgenossen gerächt würden.

»Meine alten Knochen vertragen die See nicht und zum Kampf tauge ich auch nicht mehr. Wenn ich euch Jungen dabei zusehe, überfällt mich nur die Schwermut. Ich habe Verwandtschaft im Bardowig im Bardengau. Erlaubt mir, dass ich meine alten Knochen dorthin trage, ich will von den ganzen verdammten Friesen nichts mehr wissen!«

Ordulf zuckte mit den Schultern. Eigentlich sollte er ihn nicht gehen lassen. Aber insgeheim war es ihm nur recht, wenn der geheimnisvolle Fremde so schnell wie möglich verschwand. Ihn umgab eine Aura heraufziehenden Unheils. Ordulf würde es jedenfalls nicht wundern, wenn man morgen in der Nähe des Hofes die Spuren eines achtbeinigen Rosses fände.

Froh, sich anderen Dingen zuwenden zu können, rief er Halvor herbei: »Trommel die Witten zusammen. Mit ihnen können wir die Mannschaft der Heldir auffüllen.«

Als sich schließlich alle verfügbaren Krieger in der großen Halle eingefunden hatten, ließ Ordulf seinen Blick über sie schweifen. Nur acht seiner Britannien-Veteranen waren unter den Versammelten, auch Thiadmar, und dann noch Halvor als Neunter. Die übrigen waren unterwegs, um weitere Männer zu werben. Doch zusammen mit den Witten wären es genug Männer für ein Schiff. Und die Neuankömmlinge machten durchaus einen wehrhaften Eindruck. Er räusperte sich.

»Morgen früh machen wir einen Ausflug, damit ihr zeigen könnt, aus welchem Holz ihr geschnitzt seid. Ein paar Piraten machen in der Friesenmark unseren sächsischen Stammesbrüdern das Leben schwer. Und bei Thunær, das gedenke ich ihnen auszutreiben! Bei Sonnenaufgang seid ihr alle am Schiff und bereit zur Abfahrt. Also besauft euch heute Abend nicht. Wer morgen früh nicht mit Waffen und Ausrüstung bereitsteht, der fährt nicht mit gegen die Friesen und auch nicht nach Britannien!«

Nach dieser kurzen Ansprache suchte Ordulf selbst seine Sachen zusammen. Dann machte er sich missmutig auf den Weg zu Gutha. Einerseits wollte er diese Beziehung gar nicht weiterführen, andererseits war die Verlockung zu groß. Er hatte immer noch ein schlechtes Gewissen wegen Dìorhail. Wenn Hengist seine Tochter eines Tages nach Britannien holte, kam Gutha sicher mit und früher oder später erführe sie von der Geschichte. Das ärgerte ihn noch viel mehr. Was ging es Gutha an? Immerhin hatte er ihr nichts versprochen oder doch? Aber sich allein auf einem Strohsack zusammenzurollen … Bei dem Gedanken an

Guthas rotes Haar, ihren frechen Blick und noch andere Dinge schlug sein Herz schneller.

Beufleet, Mai 442
Ceretic

»Pass du auf den Hof und Hengists Familie auf«, hatte Ordulf ihm aufgetragen, als er sich am Morgen in den Sattel schwang, um nach Keydingen zu reiten.

Und wie er auf Hengists Familie achten würde. Besonders auf seine Tochter. Wie lange würde es dauern, bis Ordulf zurückkehrte? Drei, vier Tage, vielleicht eine Woche? Die Zeit musste er unbedingt nutzen, um sich mit Rowena zu treffen. Die Blicke, die sie ihm seit seiner Ankunft heimlich zugeworfen hatte, ließen ihn hoffen, dass ihre Leidenschaft noch nicht erkaltet war.

Doch der Morgen zog sich hin und es gelang ihm nicht, ein Wort mit der Angebeteten zu wechseln. Ohne wirkliches Interesse schlenderte Ceretic schließlich in den Pferdestall. Vielleicht stand das treue Reittier von damals noch immer hier? Doch wer beschreibt Ceretics Erstaunen, als er in der Box der besagten Stute ein junges rothaariges Mädchen antraf.

»Gutha«, rief er erstaunt.

»Pst!«, fuhr sie ihn an und legte den Zeigefinger gebieterisch über die Lippen. »Heute gegen Mitternacht in der großen Scheune hinter dem Haupthaus«, raunte sie dann.

Mehr musste sie nicht sagen. Ceretic hielt sich für den glücklichsten Mann an beiden Seiten des Germanischen Ozeans und das Herz schlug ihm bis zum Halse hinauf.

Er konnte den Abend und die Nacht kaum erwarten. Schließlich schlich er sich in die von Gutha bezeichnete Scheune und wartete. Er musste wohl kurz eingedöst sein, denn er schrak auf, als er plötzlich etwas hörte. Doch das waren nicht Rowenas Schritte. Was, wenn jemand anderes kam und ihn hier traf? Was, wenn just in diesem Moment Rowena auftauchte? Doch da erklang ein langgezogenes Miauen. Eine Katze! Nur eine einfache Katze. Ceretic, der beim ersten Laut aufgesprungen war, setzte sich wieder ins Heu.

Dann hörte er erneut Schritte. Menschliche Schritte diesmal. Das Herz wollte ihm vor Aufregung fast zerspringen. Knarrend öffnete sich die Tür und er sah für einen Augenblick vor dem sternenübersäten Himmel eine Gestalt, die sich rasch durch das Scheunentor hereindrückte. Dann war wieder alles dunkel.

»Rowena?«, fragte er zögernd.

»Ceretic? Bist du das?«, kam die Gegenfrage.

»Ja, ja, ich bin's«, antwortete er rasch.

Kurz standen sie sich schweigend im Dunkeln gegenüber. Was für eine absurde Situation, durchzuckte ihn ein Gedanke.

»Wie, äh, wie geht's dir denn?«, fragte er mit belegter Stimme und schalt sich einen Esel für seine plumpen Worte. Auf einmal war alle Leichtigkeit aus ihm verschwunden. Zögernd griff er nach ihrer Hand.

»Hast du mich auch nicht vergessen am Königshof in Britannien?«, wollte Rowena schließlich wissen. »Dort gibt es doch sicher Mädchen, die deine Dichtkunst besser zu würdigen wissen als eine Barbarin wie ich.«

Er hörte die Angst in ihrer Stimme und musste sich zusammenreißen, um nicht laut zu lachen. »Es gibt viele Mädchen am Hofe Vortigerns«, bestätigte er. Irrte er sich oder setzte ihr Atem einmal aus? »Aber wie könnte ich eine von ihnen anschauen, ohne dass mir dein Bild vor Augen träte und ich mir sagen müsste: Jenseits des Meeres lebt ein edles Mädchen, das viel, viel schöner und liebreizender ist als alle«, beeilte er sich zu sagen. »Nein, Rowena, dir gleicht unter allen Jungfern Britanniens nicht eine einzige.«

»Ach Ceretic«, seufzte sie und fiel ihm um den Hals. Lange standen sie in inniger Umarmung. Er drückte sie an sich und sog ihren Duft ein. »Du darfst nicht mehr fort von hier. Ich würde einen weiteren Abschied nicht ertragen!«

»Ich weiß auch noch nicht, wie es werden soll, aber immerhin hat mich der Hochkönig in den Ritterstand erhoben und ich bin nun ein geachtetes Mitglied seines Rates. Ich glaube, wenn es uns nun gelingt erfolgreich mit einigen Schiffen voller Kriegern heimzukehren, kann ich es wagen, deinen Vater um deine Hand zu bitten. Wer wäre würdiger und besser geeignet, um Hengists Allianz mit dem Hochkönig zu bekräftigen? Doch das ist Schnee von morgen, diese Stunde gehört jetzt uns.« Ihre Lippen fanden sich zu einem langen Kuss.

Oceanus Germanicus, Mai 442

Ordulf

Seit dem späten Vormittag waren sie nach Westen gerudert. Den Trichter der Wirraha-Mündung hatten sie inzwischen auf offener See passiert. Im Süden lag nun das Grenzgebiet zwischen dem Sachsen- und Friesenland. Eine Unzahl von Inseln wurde meerwärts von breiten Sunden, binnenwärts von immer schmaleren Prielen und Fleeten getrennt. Derzeit lag dieses Gewirr von Land, Wasser und Watt unter dem Dunst des heißen Tages verborgen.

Ordulf fluchte innerlich. Warum nur hatte er den Alten ziehen lassen? Wie sollte er in diesem Wirrwarr von Inseln und Sandbänken die überfallenen Sachsendörfer oder gar die friesischen Piraten auf ihren schnellen Booten finden?

Während er noch in Gedanken mit sich haderte, schreckte ihn Halvors Ruf auf. Ordulfs Blick folgte seinem ausgestreckten Arm nach Backbord. Unvermittelt war vor ihnen ein fremdes

Schiff aufgetaucht. Ordulf beschattete seine Augen mit der flachen Hand gegen die bereits tief im Westen stehende Sonne.

»Was ist das für ein Schiff?«, fragte er seinen zweiten Steuermann, dessen scharfem Auge er inzwischen blind vertraute.

Halvor kniff das gesunde Auge zusammen. »Schwer zu sagen. Ich denke, wir müssen näher heran. Oder lieber abdrehen?«, fragte er zurück.

»Nein. Bring uns näher ran«, entschied Ordulf. »Vielleicht sind es ja schon diese verdammten Friesen.« Das würde jedenfalls seine Navigationsprobleme lösen. Gespannt beobachtete er, wie sich das fremde Schiff langsam näherte. Von weitem sahen die Riemen, die sich im Takt hoben und senkten, aus wie die Beine eines Insektes.

»Weißt du eigentlich, wie friesische Schiffe aussehen?«, fragte er schließlich Halvor leise. Er wollte nicht von seiner gesamten Mannschaft gehört werden.

Halvor verzog ebenfalls ratlos den Mund. »Hab nie eins gesehen«, antwortete er knapp.

Ordulf zog die Brauen zweifelnd zusammen. »Auf dem Weg nach Britannien sind wir doch zweien begegnet. Aber ich habe sie nicht so genau erkannt. Ich glaube, die Steven waren nicht so hoch wie bei der Heritog oder unserer Heldir hier.« Die Begegnung schien vor einer Ewigkeit gewesen zu sein. »Erinnerst du dich nicht mehr daran? Du siehst doch schärfer«, bohrte er noch einmal.

»Ich war auf der Heldir weiter hinten. Wir haben eigentlich gar nichts von den Friesen gesehen.«

Schweigend starrten sie in Richtung der langsam näherkommenden Fremden.

»Sieht aus wie ein altes sächsisches Schiff. An der Egdora habe ich einige davon gesehen«, bemerkte Halvor nach einer Weile.

In der Dämmerung fiel es Ordulf noch schwerer als sonst, die Dinge klar zu erkennen, aber nun bemerkte auch er den altmodischen doppelten Steven. Jedenfalls handelte es sich nicht um ein neues, als »Kiel« gebautes Schiff wie die Heldir oder gar die Heritog. Wie ein Friese mit gerundetem, flachem Bug und Heck sah es aber auch nicht aus.

»Zumindest ist das Schiff kleiner als die Heldir. Wie viel Mann mag es fassen? Zwanzig?«, wandte er sich wieder Halvor zu.

»Wir haben fast dreißig Krieger an Bord. Kein Grund zur Besorgnis also«, bestätigte der zweite Steuermann nickend.

Trotzdem beschlich Ordulf ein mulmiges Gefühl. Die Gestalt am doppelten Steven der Fremden kam ihm irgendwie bekannt vor. Er gab sich einen Ruck, es konnte nicht schaden vorbereitet zu sein.

»Nehmt eure Waffen! Vielleicht sind das doch die verdammten Friesen«, forderte er seine Männer auf.

Trotz der Gefahr, von dem Gewicht in die Tiefe gezogen zu werden, griff er nach seinem Kettenhemd. Das unangenehme Gefühl in seiner Magengrube verstärkte sich und mahnte ihn zur Vorsicht. Als er den Kinnriemen seines Helms festzurrte, entzündeten die Fremden mehrere Fackeln. Auf einem Schiff, wo jeder Funke in einer Katastrophe enden konnte, war das derart ungewöhnlich, dass Ordulf zunächst glaubte, seine stumpfen Augen spielten ihm einen Streich. Doch ihm blieb keine Zeit darüber nachzusinnen, denn plötzlich erhob sich im Vorschiff der Heldir wildes Geschrei. Verärgert wandte er sich den eigenen Leuten zu. Diese Witten mussten noch einiges an Disziplin lernen. Entsetzt erkannte er, dass es mit einigen Lektionen wohl nicht getan wäre. Ein Teil seiner Männer hatte sich ohne jede Vorwarnung auf die eigenen Kameraden gestürzt.

»Verrat! Meuterei!«, schrie Ordulf. In der Dämmerung konnte er nicht klar erkennen, wer gegen wen kämpfte, doch die Überfallenen brauchten nicht lange, um sich von dem Schreck zu erholen. Schwerter klirrten und die Mannschaft löste sich in einzelne kämpfende Gruppen auf.

»Hengist zu mir!«, brüllte Ordulf über den Kampfeslärm. Hastig griff er einen Schild und zog das Schwert.

Nicht einen Augenblick zu früh, denn schon drangen zwei der neuen Witten auf ihn ein. Ordulf parierte einen Schwertstreich mit dem Schild und stach nach dem anderen Angreifer. Obwohl er ihn verfehlte, sank der plötzlich mit einem Schrei zusammen. Eine blutige Klinge ragte aus seiner Brust. Der einäugige Halvor trat neben ihn. Die anderen britannischen Veteranen folgten und bald scharrten sich alle Getreuen um Ordulf. Doch nur fünf Mann waren dem heimtückischen Angriff entronnen.

»Schildwall!«, schrie Ordulf. »Wir halten das Heck!«

Schon stiegen die Angreifer über die letzten Ruderbänke. Eine dunkle Wand aus Schilden schob sich ihnen entgegen. Dann kamen sie auf Schwerteslänge aneinander. Ordulf übermannte die Wut. Er sprang vor und sein Hieb spaltete scheppernd den Schildrand vor sich, doch noch ehe ihn die erste Klinge der überraschten Gegner erreichte, zogen ihn seine Kameraden zurück in den Schildwall. Langsam schlossen die Witten die Lücke und sofort entspann sich ein grimmiges Ringen. Die Heldir schwankte bedenklich unter den Füßen der kämpfenden Männer. Niemand dachte daran, das Schiff mit den Riemen zu stabilisieren.

Ordulf hieb auf einen neuen Schild ein, den sich sein Gegner von hinten hatte reichen lassen. Da ließ ihn ein brennender Schmerz in der linken Seite zusammenzucken. Die Klinge eines feindlichen Saxes war zwischen seinem und Halvors Schild hindurchgedrungen und hatte ihn an der Flanke gestreift. Mit neuer Wut schlug Ordulf zu und der Schild vor ihm zersplitterte mit lautem Krachen. Ein Schmerzensschrei zeigte ihm, dass seine Klinge nicht nur auf Holz getroffen war. Ordulf bekam einen Augenblick Luft und blickte um sich. Erschrocken erkannte, dass das fremde Schiff sich ihnen mit voller Fahrt näherte. Fast hätte er es im Eifer des Gefechts vergessen. In wenigen Augenblicken würde es die Heldir im Heck rammen.

»Festhalten!«, schrie er den Seinen zu. Dann stemmt er das Knie gegen die hinterste Spante und drückte mit der Schwerthand die Ruderpinne, die sich direkt vor ihm befand, herum. Die Heldir hatte kaum noch eigene Fahrt, aber unter der harten Ruderlage krängte sie doch nach Backbord und schwenkte ihren Bug mit dem letzten Schwung in die entgegengesetzte Richtung.

Das Manöver kam genau im richtigen Augenblick. Der Steuermann des anderen Schiffes hatte keine Zeit mehr zu reagieren und so krachte sein Steven nicht wie geplant in das Heck der Heldir, sondern traf zuerst auf die treibenden Backbordriemen, bevor er schließlich im spitzen Winkel das Vorschiff der Heldir rammte. Die ungesicherten Riemen wirbelten unter dem Druck des feindlichen Schiffes mit verheerender Kraft über die Ruderbänke, bis sie schließlich abrutschten oder mit lautem Krachen splitterten und zerbarsten. Obwohl dies die Fahrt des fremden Schiffes bremste, riss der Ruck des Rammstoßes Ordulf fast von den Füßen.

Aber seine Widersacher an Bord der Heldir traf es schlimmer. Diejenigen, die an der Backbordseite vordrangen, wurden von den Riemengriffen getroffen, einige stürzten, andere wurden zwischen den dicken Riemen und der Bordwand eingequetscht und das Knacken der Knochen mischte sich mit dem Lärm der berstenden Hölzer und dem Knirschen der Bordwand des treuen Schiffes. Jene, die sich in Steuerbord, also direkt vor Ordulf, befanden, hatten das andere Schiff im Rücken und konnten sich so nicht auf den Rammstoß vorbereiten, sodass auch von ihnen einige das Gleichgewicht verloren und über die Bänke stolperten. Selbst der Mann im Bug des feindlichen Schiffes, der Ordulf so bekannt vorkam, suchte mit der Rechten Halt am Steven. Seine Fackel fiel in den Bauch der angeschlagenen Heldir. Doch Ordulf hatte keine Zeit, sich um den Brand zu kümmern. Instinktiv nutzte er die Verwirrung der Gegner für einen eigenen Angriff.

»Mir nach Männer, werft sie ins Meer!«, rief er den Seinen zu und hoffte, dass noch genug übrig waren, um ihm zu folgen. Über blutverschmierte Ruderbänke kletterte er vorwärts, wild in alle Richtungen um sich schlagend. Einem Mann in Backbord hatte es den Unterleib zerquetscht. Er lag stöhnend in der Bilge und Ordulf wäre fast auf seinen hervorgequollenen Eingeweiden ausgeglitten.

Inzwischen erhielten seine Gegner Verstärkung von der Mannschaft des zweiten Schiffes. Noch bevor Ordulf den Mastfuß in mittschiffs erreichte, blockte eine dichte Wand aus Schilden seinen Vorstoß ab. Hinter ihnen, im Bug der Heldir, loderten Flammen auf und blendeten Ordulf. Im schaurigen Schein des Feuers erkannte er endlich seinen Gegner. Es war kein anderer als Hoger, der Ebbingemanne! Er also steckte hinter diesem Verrat. Die neuen Männer mussten seine Gefolgsleute gewesen sein. Er hatte seine Rache lange und gründlich vorbereitet.

Verzweifelt hackte Ordulf auf den Schildrand vor sich ein, aber die Übermacht drängte ihn unerbittlich zurück ins Heck. Unbarmherzig hieben die vermeintlichen Witten, unterstützt von der Mannschaft des fremden Schiffes, auf die wenigen »Britannier« ein. Ein kurzer Seitenblick zeigte Ordulf, dass inzwischen neben Thiadmar und Halvor nur noch zwei weitere am Leben waren.

»Da haben wir in Britannien die seltsamen Muster auf den Körpern der Pikten gesehen, aber unser Wurd ist es, in heimischen Gewässern durch gemeinen Verrat zu fallen«, jammerte Thiadmar.

Auch Ordulf war der Verzweiflung nahe. Er versuchte mit aller Kraft, eine Bresche in die Reihen der Angreifer zu schlagen, aber die undurchdringliche Wand aus festen Schilden gab keinen Handbreit Raum. Allein die Tatsache, dass die Heldir zum Heck hin spitz zulief, sodass hier nur noch drei Mann nebeneinander Platz hatten, ermöglichte es Ordulf und den Seinen, dem unausgeglichenen Kampf für einen Augenblick standzuhalten.

»Worauf wartest du noch, Halvor? Gib dem verdammten Swæn den Rest!«, hörte Ordulf da Hoger aus der zweiten oder dritten Reihe der Angreifer rufen. Erschrocken sah Ordulf zur Seite. Halvor war ja auch ein Ebbingemanne! Einen kurzen Augenblick trafen sich ihre Augen. Eines wurde von einer scheußlichen Narbe überzogen, die Ordulf in dem gespenstischen Flackern der Flammen im Bug viel auffälliger erschien als zuvor.

»Du auch?«, fragte er mit stockender Stimme.

Da traf ihn Halvors Schildrand hart an der Schläfe und es wurde dunkel um Ordulf.

XIV. Jenseits des Todes …

Oceanus Germanicus, Mai 442
Ordulf

Ordulf fühlte sich seltsam, nichts schien zu stimmen. Er schlug die Augen auf, doch um ihn blieb es dunkel. Erst beim Versuch Luft zu holen merkte er, dass er im Meer versank. Schlagartig setzte seine Erinnerung wieder ein. Halvor musste ihn über Bord gestoßen haben.

Er ließ Schwert und Schild fahren, aber das Kettenhemd zog ihn unbarmherzig weiter in die Tiefe. Ordulf versuchte verzweifelt, es abzustreifen, doch er fand den Haken nicht, der das Panzerhemd am Hals verschloss. Dann stieß er plötzlich auf den sandigen Grund. Die Luft wurde knapp, aber am Boden schaffte er es endlich, sich das Kettenhemd über den Kopf zu ziehen. Nur die Haare hingen fest. Wieso hatte er sie sich nur lang wachsen lassen? Er war schließlich nicht Hengist. Ordulf strampelte wild und riss an dem Eisen. Dann, mit einem schmerzhaften Ruck, war er frei. Mit letzter Kraft stieß er sich vom Grund ab und folgte den Luftblasen in Richtung Oberfläche. Das Wasser war nur wenige Schritte tief.

Die Schiffe waren etwas weitergetrieben und er tauchte direkt hinter dem doppelten Steven des feindlichen Langschiffes aus dem Wasser. Hustend klammerte er sich an den unteren Holzbalken des doppelten Stevens. Niemand hatte ihn bemerkt. Die Gegner waren damit beschäftigt, das Feuer auf der Heldir zu bekämpfen. Der Kampf war offensichtlich vorbei. Von seinen Gefährten war nichts mehr zu sehen.

Halvor, dieser verdammte Verräter! Trotz der Kälte kochte Zorn in ihm auf.

Plötzlich wurde das Geschrei vor ihm lauter. Die beschädigte Steuerbordseite der Heldir tauchte unter dem Gewicht der in ihr eigenes Fahrzeug übersteigenden Männer tief ins Wasser. Im gleichen Moment hob eine Welle das feindliche Schiff so hoch, dass die als Balken ausgearbeitete Kielplanke vorne, die den unteren Teil des doppelten Stevens bildete, sich über die Bordwand der angeschlagenen Heldir schob. Und schon war es passiert – die Welle schlug in die Heldir. Das Schiff legte sich vollends auf die Seite und kenterte. Die Ebbingemannen sprangen verzweifelt an Bord ihres eigenen Schiffes, während die Heldir mit einem schmatzenden Geräusch wegsackte. Einen Augenblick waren etliche Schwimmer im Wasser und die Ebbingemannen an Bord des überlebenden Schiffes hatten alle Hände voll zu tun, es mit ihren Rudern zu stabilisieren oder die Kameraden aus dem Wasser zu ziehen. Ordulf hatte genug gesehen und tauchte. Lieber ertrinken, als dem Feind in die Hände fallen, dachte er sich.

Als er wieder auftauchte, trennten ihn mehrere Wellenkämme von der dunklen Masse des Schiffes. In der hereinbrechenden Dunkelheit würden ihn die Ebbingemannen nicht mehr entdecken. Etwas Hartes stieß gegen seinen Hinterkopf. Erschrocken fuhr er herum, aber es war nur einer der zerbrochenen Riemen der Heldir. Ordulf klammerte sich daran fest und sah wieder zu dem feindlichen Schiff herüber. Salzwasser brannte in seinen Augen und der Wunde in seiner Seite, aber er erkannte doch, wie die Ebbingemannen schließlich ihre Ruder einlegten. Dann begannen sie langsam, sich zu heben, nur um sofort wieder im Gleichtakt in die schwarze See zu tauchen. Bald waren seine Feinde nur noch ab und an auf einem Wellenkamm zu erkennen.

Ordulf schwamm allein im Dunkeln an seinen Riemen geklammert im endlosen Meer. Ihm war kalt und es würde vermutlich nicht mehr lange dauern. Sollte er die Sache beschleunigen? Sich einfach sinken lassen? Er hatte inzwischen viel erlebt und gesehen. Der Gedanke an den Tod schreckte ihn nicht mehr so sehr, wie noch vor einem Jahr, als ihn Horsa fast im Sumpf versenkt hätte. Ordulf ließ den Riemen fahren und blies die Luft aus seinen Lungen. Stumm, ohne Zetern und Klagen, wie es einem Mann anstand, ließ er sich ins alles verschlingende Schwarz sinken.

Feddersen, Mai 442
Halvor

Wie er Hoger hasste. Der Mann hatte sein Leben nun zum zweiten Mal ruiniert. Wie sollte er je seine Schuld sühnen? Er wollte ein Bote für sein Volk werden und ihnen den Weg über den stürmischen Sund hin zum liebenden Gott zeigen.

Doch nun hatte er Ordulf zuerst angelogen, als er erzählte, die neuen Männer seien Witten. Natürlich wusste er, dass es Ebbingemannen und die junge Mannschaft befreundeter Geschlechter waren. Hoger hatte ihn durch einen Boten gebeten, sie als Witten auszugeben, damit sie nicht durch die »unerfreuliche Geschichte im letzten Jahr« von der Fahrt nach Britannien ausgeschlossen würden. Von dem Überfall hatte ihm niemand etwas gesagt!

Nun war er selbst zum Verräter an den Hengistmannen geworden und hatte Ordulf eigenhändig in die Flut gestoßen. Wie dieser Jünger, von dem Tallanus gesprochen hatte, der seinen Herrn verraten hatte. Judas. Das war der Name, der nun auch auf ihn zutraf. Ob Tallanus' Gott sich versöhnen ließe, wenn er Ordulfs Tod sühnte? Sicherlich, so etwas gefiel den Göttern immer. Aber ihm würde in Sachsen niemand mehr vertrauen! Grimmig blickte er auf. Vor ihm stand Hoger.

»Wieso hast du im Schildwall unserer Feinde gekämpft?«, fragte er vorwurfsvoll. »Und hättest du diesen Hund von einem Swæn nicht einfach bewusstlos schlagen können? Sicher, du hast das älteste Recht an ihm, aber ich hätte auch gern etwas Spaß gehabt!«

»Rache sollst du haben«, knurrte Halvor grimmig. Am liebsten hätte er sich gleich auf seinen ehemaligen Häuptling gestürzt. Der verstand aber glücklicherweise nicht, was Halvor meinte.

»Ja, dieser arrogante Hengist wird sich noch wundern. Wir nehmen Kurs auf Beufleet!«, rief er seinem Steuermann zu. Die Ebbingemannen teilten sich auf die Ruderbänke auf. »Wir werden den Ort im Handstreich nehmen und Hengists hübsche Tochter wird die Schmach büßen, die ihr Vater und Onkel mir angetan haben!«

Halvor erbleichte. War ein Verrat nicht genug? Wie er sich auch entschied, Hoger machte ihn selbst unweigerlich und ohne die geringsten Gedanken daran zu verschwenden, was er davon halten mochte, zum Erzverräter. Ebbingemannen oder Hengistmannen, zu wem gehörte er nun? Wem sollte er die Treue halten?

Die Kameraden aus Britannien, allen voran Ordulf, hatten ihm vertraut, wie auch die Ebbingemannen, von denen er viele aus frühster Jugend kannte. Jetzt wollte sich Hoger auch noch an Hengists Familie rächen. Während das Schiff langsam durch die Dunkelheit Richtung Küste ruderte, überschlugen sich Halvors Gedanken. Er suchte fieberhaft nach einem Ausweg, wie er sich aus dieser Zwickmühle der Gefolgschaften befreien und ein weiteres Unglück abwenden könnte. Schließlich kamen sie unter Land.

»Lasst uns am Strand den Morgen erwarten. Sonst laufen wir noch weiter draußen auf eine Sandbank«, befahl Hoger.

Während des Kampfes waren sie nach Osten getrieben, so müssten sie sich nun bereits wieder östlich der Wirraha-Mündung befinden, überlegte Halvor. Nicht weit von ihnen im Südwesten sahen sie Lichter leuchten. Dort musste sich ein Gehöft befinden. Wenn er mit seiner Vermutung bezüglich ihrer Position recht hatte, dann waren es sicherlich Sachsen.

»Halvor, du begleitest mich zu dem Gehöft dort drüben. Ihr anderen bereitet alles für die Nacht vor«, befahl Hoger, kaum dass sie an den Strand gesprungen waren.

Langsam bahnten sie sich ihren Weg durch den weichen Sand, den Lichtern entgegen. Vor dem Hintergrund des Himmels erkannte Halvor die tiefschwarzen Umrisse einer großen Dorfwurt. Noch bevor sie die Wurt selbst erreichten, rief sie ein Wachtposten an.

»Wir sind Sachsen, die auf See auf friesische Piraten getroffen sind«, gab Hoger Auskunft. »Wir möchten an eurer Küste bis zum Morgen lagern. Dann ziehen wir weiter, ohne euch irgend zur Last zu fallen.«

»Bleibt, wo ihr seid, ich hole Wago«, rief der Posten von der dunklen Wurt herunter. Es dauerte einen Augenblick und Halvor stellte sich vor, wie aus dem Dunkel vor ihnen Pfeile und Speere auf sie zielten. Er hätte es verdient, hier an Ort und Stelle zu sterben. Doch dann riss er sich zusammen. Ohne ihn wäre Hengists Familie der Rache Hogers hilflos ausgeliefert.

Plötzlich knarrten über ihnen Seile, die eine Pforte in den Angeln hielten und drei Gestalten näherten sich.

»Ich bin Wago, der Sippenälteste. Willkommen in Feddersen, der Wurt meines Geschlechtes!«, begrüßte sie eine hochgewachsene Gestalt.

»Wir sind Sachsen wie ihr. Dithmarschen vom Geschlecht der Ebbingemannen«, antwortete Hoger respektvoll. »Wir waren mit unseren Kameraden auf dem Rückweg von Britannien. Unser erstes Schiff – Hengists alte Heldir – wurde vor der Küste von friesischen Piraten überrascht und ist verbrannt und versunken. Wir selbst kamen mit der alten Nõdra nur langsam nach.« Er wies schulterzuckend auf den doppelten Steven seines Schiffes, der am Strand bereits vom Schein eines hellen Lagerfeuers beschienen wurde. »Nur wenige Überlebende konnten wir auffischen und auch die verdammten Friesen sind uns entkommen.«

»Zu Hengist gehört ihr?«, fragte der alte Wago. »Dann seid uns doppelt willkommen! Kommt herein in meine bescheidene Halle und genießt meine Gastfreundschaft.«

Halvor atmete scharf ein. Das war die Gelegenheit. »Gern, edler Herr …«, setzte er zur Antwort an. Wenn sie die Nacht oder auch nur den Abend auf dem Hof verbrachten, ergäbe sich vielleicht eine Möglichkeit, den Gastgeber unter vier Augen zu sprechen. Er könnte dann einen Boten nach Beufleet senden, um Ceretic zu warnen.

Doch Hoger schnitt ihm mit einem mißbilligenden Blick die Worte ab. »Nein. Du siehst, wie gern meine erschöpften Männer dein Angebot annehmen würden, nur müssen wir morgen in aller Frühe weiter, um Hengists Familie in Beufleet vor den Friesen zu warnen. Der Hof ist fast ungeschützt und wer weiß, was diese räuberischen Hunde aus unseren gefangenen Kameraden herausgepresst haben. Wir bleiben lieber am Strand und rudern im Morgengrauen nach Osten. Wenn du uns gewährst, die Nacht an deinem Ufer zu lagern, ist das alles, was wir begehren.«

Wago nickte ernst. »Das ist in der Tat eine schlimme Sache. Möge Thunær euren Riemen die nötige Kraft verleihen, größeres Unheil abzuwenden.«

Damit war alles gesagt und die Ebbingemannen zogen zum Strand zurück. In düsterer Vorahnung kauerte sich Halvor neben seine Kameraden von einstmals. Während er im beißenden Qualm des mit Treibholz und Tang genährten Feuers die einfache Hafergrütze appetitlos von einer Backe in die andere schob, starrte er verbissen auf die eigenen Füße. Er fürchtete, die anderen Männer könnten seine wahren Gefühle nur zu einfach in seinen Zügen lesen.

Nach einer einfachen Stärkung breitete Hoger seinen Plan aus. Im rötlichen Glühen des Feuers erschien er Halvor wie ein Abgesandter der Unterwelt. »Wir landen in Beufleet an und Halvor und die Männer, die sie bereits kennengelernt haben, ziehen in den Hof ein. Ihr berichtet, dieser Swæn sei in einen friesischen Hinterhalt geraten und nur unser rechtzeitiges Eingreifen konnte verhindern, dass ihr alle getötet wurdet. Bleibt auf jeden Fall nachts in der Halle. Tut, als hättet ihr zu viel getrunken oder sonst etwas, aber trinkt ja nicht wirklich zu viel. Denn die nächste Nacht soll die Nacht meiner Rache werden. Wir ziehen kurz nach Mitternacht gewappnet von unserem Schiff zur Wurt hinauf. Du, Halvor, und deine Männer, ihr öffnet uns das Tor. Dann bereiten wir Hengists Pack ein böses Erwachen. Bis dahin bleibe ich selbst im Schiff versteckt, damit mich niemand erkennt. Und ich habe gehört, dieser Britannier, Ceretic, so hieß der Angeber doch, ist auch in Beufleet?«

»Ceretic ist auch da«, bestätigte Halvor zwischen zusammengebissenen Zähnen und starrte weiterhin auf den Boden.

»Das ist wahrhaftig ein Geschenk der Götter! Mit dem habe ich auch noch eine Rechnung offen.« Hoger grinste bösartig und sein Plan fand begeisterte Zustimmung unter den versammelten Männern. »Lasst mir nur Hengists Tochter und diesen Britannier am Leben. Die will ich selbst haben. Und nun legt euch schlafen, morgen Nacht müsst ihr ausgeruht sein.«

Es wurden noch Wachen eingeteilt, dann rollten sich die Ebbingemannen in ihre Decken. Halvor tat, als würde er gleich schlafen, doch innerlich brodelte es in ihm. Sollte er Hoger gleich hier in der Nacht meucheln und fliehen? Aber wer wusste, ob die anderen dann nicht doch noch Beufleet überfielen? Langsam wurde es im Lager ruhig und ebenso langsam reifte in Halvor ein Plan.

Als alles still und das Feuer zu einem schwachen Glimmen heruntergebrannt war, schlug er die Decke zurück und sah sich um. Eine der Wachen konnte er erkennen – sie drehte ihm den Rücken zu. Wo war der zweite Mann? Egal, er musste es wagen! Halvor schlich sich lautlos hinter eine niedrige Sanddüne, während ihm der Sand trotz der abendlichen Kühle unter den Sohlen brannte. Einen Augenblick verharrte er still und wagte kaum zu atmen. Als nichts geschah, schlich er auf allen Vieren weiter. Plötzlich hörte er direkt vor sich Schritte. Jemand kam genau auf ihn zu. Über ihm verdunkelte eine Gestalt die Sterne und Halvor blieb fast das Herz stehen. Doch anstatt zu rufen, nestelte der Mann an seiner Kleidung herum und dann plätscherte es neben ihm. Lauwarme Pisse spritzte Halvor bis ins Gesicht. Doch er wagte nicht, sich zu bewegen, bis die schlaftrunkene Gestalt verschwand und es wieder still wurde. Halvor wischte sich Pisse und Schweiß von der Stirn. Er hätte sich vor Angst fast selbst in die Hosen gemacht. Langsam kroch er weiter. Erst als er mehrere Dünenkämme zwischen sich und die lagernden Ebbingemannen gebracht hatte, richtete er sich auf und lief gebückt zur Wurt von Feddersen zurück.

Beufleet, Mai 442
Ceretic

»Ein Schiff kommt die Ælf herauf!«

Ceretic zog verwundert die Augenbrauen hoch. Auch der alte Witiko schaute erstaunt auf Ebissa, der ihnen die Nachricht gebracht hatte. Der Junge war noch ganz außer Atem und stand mit vor Aufregung geröteten Wangen da.

Ceretic nickte. »Ist gut, wir kommen gleich und sehen es uns an.«

Ordulf und die Heldir waren erst am Vortag aufgebrochen. Sie konnten es also kaum sein. Er hoffte inständig, dass der heißblütige Ordulf diesmal vorsichtig zu Werke ging. In den unbekannten Gewässern könnten sie leicht Opfer eines friesischen Hinterhalts werden. Er selbst hatte keine Rechnung mit den Friesen offen. Daher war es ihm ganz recht, dass er die neuen Männer auf dem Hof in Empfang nehmen sollte. Zumal er darauf brannte, sich mit Rowena zu treffen. Den gesamten vorherigen Abend hindurch musste er Witiko und vor allem Oisc und Ebissa von Britannien erzählen. Wenigstens hatte Rowena dabei gesessen und immer, wenn sie sich unbeobachtet glaubten, tauschten sie innige Blicke. Ihre gegenseitige Liebe schien ungebrochen, auch wenn die Zukunft ihm trotz aller Hoffnung noch so ungewiss schien, dass er es manchmal kaum auszuhalten vermochte. Wie ungerecht es war, dass er ihr nicht so offen und schamlos begegnen konnte wie Ordulf der kleinen Gutha. Er hatte von Tallanus erfahren, dass Ordulf sich in Londinium mit einem Mädchen namens Dìorhail eingelassen habe. Aber was sollte man von diesen Heiden auch erwarten? Er jedenfalls würde Rowena immer die Treue halten. Ceretic riss sich von den Gedanken an Rowena los.

»Was kann das für ein Schiff sein?«, fragte er den alten Knecht.

Witiko setzte eine ernste Miene auf. »Ich rufe besser unsere Männer zu den Waffen. Wir haben doch gerade erst von friesischen Piraten gehört.«

Ceretic nickte zustimmend. Bald darauf stand er neben Witiko, Ebissa, Oisc und ihren fünf Knechten am Ufer. Angespannt blickten sie dem fremden Schiff entgegen, welches sich schwarz gegen den bereits leicht rosa verfärbten Abendhimmel abhob.

»Es ist nicht die Heldir«, bestätigte Witiko.

Dann bemerkte auch Ceretic den merkwürdigen doppelten Steven. Doch zu seinem Erstaunen sprang, als das fremde Schiff eine halbe Stunde später vor ihnen auf den Sand setzte, eine bekannte Gestalt vom Bug auf den Sand.

»Halvor«, rief er dem Neuankömmling entgegen.

Der Angesprochene hob die Hände zum Gruß. »Schreckliches ist geschehen, Freunde«, rief er ihnen zu. Ceretic fühlte, wie sich seine Bauchmuskeln verkrampften. Also doch. »Die Heldir ist zwischen den Inseln in einen friesischen Hinterhalt geraten. Die meisten unserer Männer sind tot, nur wir wenigen konnten entkommen, weil uns Thunær diese sächsischen Stammesbrüder geschickt hat.«

Ordulf und seine Männer erschlagen! Das hatte bei seinem Jähzorn ja irgendwann so kommen müssen. Ceretic war zwar bestürzt, aber eigentlich nicht überrascht.

»Kommt an Land und schlagt euer Lager auf. Ich lasse euch Proviant und Met bringen, wie es sich für die Retter und Rächer unserer Kameraden gehört«, antwortete Witiko düster. »Halvor, bringe bitte den Anführer eurer edlen Retter mit in die Halle. Ich muss hören, was genau vorgefallen ist.«

Entschlossen schritt er an der Spitze der wenigen Beufleeter dem Hofe zu. Als sie durch die niedrige Tür in den Halbschatten des großen Raumes traten, drängten sämtliche Bewohner der kleinen Siedlung mit hinein. Die Kunde vom geschehenen Unheil hatte sich wie ein Lauffeuer verbreitet.

»Die Sonne war bereits im Meer versunken und die Schatten begannen im Dunkel der Nacht zu verschwimmen, als sich überraschend von Osten her ein Schiff näherte«, begann Halvor seinen Bericht vom Überfall. »Ordulf dachte, es müssten wohl Sachsen sein, da sie aus Richtung unserer Heimat kamen. Und tatsächlich rief uns ein Mann auf Sächsisch an. Die Fremden gaben an, Keydinger zu sein, die ebenfalls von einem einäugigen Alten zur Rache an unseren Stammesbrüdern gerufen wurden. Ordulf glaubte nun fest, dass es der Uuoden gewesen war, der uns erschienen war. Auch wenn ich ihn drängte, unsere Männer die Waffen anlegen zu lassen, schlug er meine Warnung in den Wind. Schließlich waren die Fremden dicht heran. Plötzlich nahmen sie Fahrt auf und rammten uns mittschiffs. Dann sprangen sie voll gerüstet zu uns über. Es waren Friesen und ihre List war geglückt! Unsere Männer wehrten sich tapfer mit allem, was zur Hand war, Waffen, Riemen, Steine aus der Bilge. Am grimmigsten hieb Ordulf auf sie ein. Er brach den Holm vom Steuerruder und schlug wie ein Berserker um sich, ungeachtet der scharfen Waffen mit denen sie auf ihn eindrangen. Doch schließlich wurde auch er, nicht nur aus einer, sondern aus mehreren Wunden blutend, ins Heck gedrängt. Und als er sah, dass die meisten seiner Getreuen tot waren und es keine Rettung mehr gab, stürzte er sich todesverachtend über die Reeling in die grauen Fluten.«

Ein markerschütternder Schrei unterbrach Halvors Vortrag. Ceretic fuhr herum und sah, wie die kleine Gutha aus der Halle stürmte.

»Die Arme war so stolz auf ihren Helden.« Rowena, die sich neben ihn gedrängt hatte, standen Tränen in den Augen.

»Was ist dann geschehen?«, drängte der wenig sensible Witiko.

»Der Rest ist schnell erzählt. Ordulfs Heldentod muss Thunær gerührt haben, denn er ließ ab von seinem Grimm. Just in diesem Augenblick sah ich, gar nicht weit entfernt, den doppelten Steven der Nõdra durch die Wellen pflügen. Jenes Schiffes, welches nun hier am Ælfstrand liegt. Die Friesen ließen ab vom Kampf, sprangen auf ihr Schiff über und flohen. Als sich die Friesen von der Heldir lösten, zeigte sich, dass die Bordwand durch den Rammstoß völlig eingedrückt war und die zu Tode verwundete Heldir begann wegzusacken. Unseren Rettern blieb nichts übrig, als die Letzten von uns vom sinkenden Wrack abzubergen. Und als sie damit fertig wurden, verschwanden die Friesen bereits in der Dämmerung.«

An diesem Abend saß Ceretic mit den übrigen Männern brütend über seinem Bier. Er hielt die dumpfe Stimmung kaum aus. Wäre nicht Rowena gewesen, hätte er es der kleinen Gutha gleichgetan und wäre einfach davongelaufen. Unter dem Vorwand zur Latrine zu müssen verließ er die Halle.

Draußen atmete er die kühle Nachtluft tief ein. Doch er wandte sich nicht zur Latrine, sondern schritt zwischen den Ställen und Scheunen umher, um seine Gedanken zu ordnen. Plötzlich hörte er rasche Schritte hinter sich. Er bog um eine Ecke ins Halbdunkel und verharrte. Wollte Rowena ihn doch noch sehen? Aber die Schritte waren nicht ihre. Schon bog ein Mann um die Ecke und rannte ihn in seinem Ungestüm fast über den Haufen.

»Halvor? Was hast du denn hier verloren?«, rief Ceretic erstaunt und enttäuscht zugleich.

»Scht, sei ruhig und hör mir zu«, zischte der Einäugige, ohne auf Ceretics Frage einzugehen. »Ich habe nicht viel Zeit, sonst fällt meine Abwesenheit auf.«

In kurzen Worten schilderte er die wahren Ereignisse um den Untergang der Heldir. Dann berichtete er von Hogers Plan.

»Also eine Falle – und Ordulf ist blindlings hineingetappt!«, rief Ceretic empört. Dann schaute er Halvor aus zusammengekniffenen Augen an. »Wieso sollte ich dir eigentlich vertrauen?«, fragte er scharf. »Du gehörst doch auch zu dieser Sippe. Du hast Ordulf verraten! Du hast die Ebbingemannen in unsere Halle geführt!« Wild entschlossen, dem Judas ein Ende zu bereiten, griff Ceretic nach seinem Dolch.

Doch Halvor griff nicht ebenfalls zur Waffe. Er hob beschwörend die Hände und hielt Ceretics Blick stand. »Ich bin tatsächlich mitschuldig am Tode Ordulfs und der anderen Gefährten«, gestand er mit trauriger Stimme. »Ich habe ihm verheimlicht, dass die meisten der neuen Männer Ebbingemannen waren. Aber ich wusste nicht, dass sie einen Verrat planten. Ich bin nun ein Hengistmanne und«, er zog mit der linken Hand an einer Lederschnur, die er um den Hals trug, und brachte ein kleines Kreuz aus Horn hervor, »ich habe von deinem Freund Tallanus einiges über die Gerechtigkeit Gottes gelernt! Lass nun nicht ein Unheil zum anderen kommen, sondern höre an, was ich zu sagen habe.«

Ceretic verschlug es den Atem. Während er selbst mit Rowena nie über den wahren Glauben gesprochen hatte, stand er dem ersten bekehrten Heiden gegenüber. Tallanus war doch ein Teufelskerl. Oder eigentlich das Gegenteil davon.

»Um dieses Zeichens Willen werde ich dir glauben«, sagte er mit rauer Stimme. »Ich gebe Witiko Bescheid. Deine neuen Freunde überwältigen wir. Wenn es stimmt, dass die anderen diese Nacht angreifen, werden wir sie gebührend empfangen!«

Leise begaben sie sich auf getrennten Wegen wieder in die Halle zurück. Ceretic unterrichtete Witiko und bald verschwanden einige seiner Knechte unauffällig. Der fremde »Anführer«, bei dem es sich nicht um Hoger selbst, sondern um einen Ceretic unbekannten Ebbingemannen handelte, hatte sich inzwischen wieder zu seinen Leuten zurückgezogen. Es blieben also nur noch jene fünf Verräter, welche zusammen mit Ordulf und Halvor nach Westen aufgebrochen waren. Witiko ließ ihnen Met auftragen und die Ebbingemannen griffen, entgegen der ausdrücklichen Warnung ihres Häuptlings, gierig zu. Scheinbar arglos drängten sich einige der Knechte hinter sie. Dann, auf ein Zeichen Witikos hin, ging alles ganz schnell. Ohne Geschrei wurden alle fünf niedergeschlagen. Zwei waren sofort tot, die anderen wurden gebunden und geknebelt in einen Schafstall geworfen.

Nun rüsteten sich die Bewohner der Wurt für den Kampf. Witiko selbst verschloss das Tor in der Palisade mit dem alten mächtigen Querbalken. Speere wurden bereit gelegt, Bögen gespannt und die Schützen steckten die Pfeile vor sich in den Boden, um sie rasch greifen zu können. Eine lange Nacht stand ihnen bevor. Der Wind trieb Wolkenfetzen über den Mond und es wurde empfindlich kalt. Erkenhilde, Rowena und ihre Mägde brachten dampfenden, heißen Met, damit die Männer nicht auskühlten. Gutha dagegen blieb weiterhin verschwunden.

Schließlich, lange nach Mitternacht, stieß jemand Ceretic in die Seite. Er musste kurz eingenickt sein. Erschrocken fuhr er auf. Witiko stand neben ihm und zeigte auf eine lange Reihe dunkler Schatten, die sich von dem Schiff her auf die Palisade zubewegten. Ceretic schluckte und griff nach seinem Bogen. Er nahm den ersten Pfeil und legte ihn auf die Sehne. Dann spannte er langsam. Die Schatten kamen immer dichter. Die wenigen Verteidiger hatten verabredet, auf Witikos Zeichen zu warten. Doch da flog schon der erste Pfeil. Der junge Oisc hatte ihn zu früh losgelassen.

Als die Ebbingemannen erkannten, dass ihr Anschlag verraten war, erhoben sie ein wildes Geschrei und stürmten auf das Tor zu. Ceretic ließ seinen Pfeil fliegen, aber dann griff er zu Speer und Schild. Der Augenblick der Überraschung war verpasst. Von dem niedrigen Wall aus stieß er den Speer über die Palisade einem der Ebbingemannen entgegen. Er wusste nicht ob er traf, aber jemand riss an dem Eschenschaft, während die Klinge eines Beils sich neben ihn in das Holz der Palisaden bohrte. Ceretic ließ den Speer fahren und zog das Schwert. Wild schlug er auf die Schilde unter sich und parierte nur mit knapper Not den Stoß eines Saxes, der zwischen seinem eigenen Schildrand und der Palisade hindurchdrang. Dann fand er mit seinem Schwert eine Lücke in der beweglichen Bretterwand unter sich. Er spürte, wie es erst Leder, dann Fleisch und Sehnen durchstieß. Warmes Blut quoll über seine rechte Hand. Ein Schrei erklang und einer der Schilde sackte nach unten, als der Mann darunter zusammenbrach. Der Knecht, der neben Ceretic auf dem Wehrgang stand, stieß sofort seine Lanze in die Lücke. Ein weiterer Schrei und plötzlich war der Spuk aus splitterndem Holz, sausenden Klingen, surrenden Pfeilen und Geschrei vorbei. Die Ebbingemannen zogen sich zurück, um ihre eigenen Wunden zu lecken.

Ceretic sah sich um und merkte erst, als er keuchend Luft holte, dass er aus voller Kehle in das Siegesgeschrei der Beufleeter eingestimmt hatte. Doch gewonnen war nur ein Gefecht. Die entscheidende Schlacht stand ihnen noch bevor. Der Gegner hatte sich zurückgezogen, da sein Überraschungsangriff entdeckt worden war. Ob und wann er es erneut versuchen würde, blieb ungewiss. Von den Verteidigern waren zwei durch Lanzenstiche verwundet worden. Einer so schwer, dass er die nächsten Tage nicht überleben würde.

Den Rest der Nacht über verhielten sich die Ebbingemannen ruhig. An Schlaf war für die Verteidiger aber trotzdem nicht zu denken. Sie mussten auf der Hut bleiben und ständig die gesamte Wurt bewachen. Der Feind konnte die frühen Morgenstunden nur zu gut für einen neuen Angriff nutzen. Außerdem würde bald das Wasser knapp werden, sie waren hier auf der Wurt nicht auf eine Belagerung vorbereitet. Und zu Ceretics großer Sorge fehlte auch von Gutha immer noch jede Spur. Vielleicht war sie entkommen und holte Hilfe herbei? Oder war sie den Ebbingemannen in die Hände gefallen? Dieses Schicksal drohte ihnen allen. Oder hatte der Schmerz die Schwingen ihres Verstandes gebrochen und sie irrte hilf- und haltlos im Sumpf umher? Ordulf war ohnehin gefallen und wenn er nicht wachsam blieb, würde er dieses Los teilen. Und was würde dann aus Rowena?

Ceretic fasste seinen Schild mit neuer Kraft und spähte über die Palisaden in die hereinbrechende Dämmerung. Die Ebbingemannen hatten ein Feuer entzündet und er konnte zwei ihrer Wachtposten im schwachen Gegenlicht erkennen. Auch sie rüsteten sich für einen Überraschungsangriff.

Nach Sonnenaufgang kam Rowena und brachte ihm den Morgenbrei. Sie sah niedergeschlagen aus. Tiefe Ringe lagen unter ihren Augen, doch als sie ihn sah, lächelte sie und legte ihm die Hand auf die Schulter. Für diese kleine Geste allein hätte Ceretic ohne weiteres Nachdenken sein Leben gewagt. Er versuchte ebenfalls ein Lächeln.

»Bald werden unsere Boten mit weiteren Kriegern zurückkehren. In höchstens drei oder vier Tagen sind wir gerettet«, sagte er aufmunternd.

»Wir müssen erst einmal so lange durchhalten. Unserer Knechte sind keine jungen Krieger mehr«, antwortete sie ihm mit ernster Miene.

Ceretic blickte zu Witiko und seinen Männern hinüber. Rowena hatte recht, aber was sollten sie tun? Schlafen hieß, den Feinden freie Hand lassen.

»Und auch du siehst erschöpft aus. Du solltest ruhen, Liebster, bei einem Angriff brauchen wir deine ganze Kraft. Gib mir deinen Helm. Ich und die anderen Frauen werden des Tags wachen und euch warnen, wenn die Feinde nahen. Wenn die feigen Ebbingemannen die Helme hinter der Palisade auf und ab gehen sehen, trauen sie sich sicher nicht anzugreifen.«

Wenn er sie nicht bereits über alles geliebt hätte, wäre Ceretic Rowena spätestens in diesem Augenblick am liebsten um den Hals gefallen. Das war die Lösung, so würde es gehen! Wieso hatte er selbst nicht daran gedacht? Schnell kniete er hinter der Palisade nieder und löste den Halteriemen seines Helmes. Rowena kauerte sich ebenfalls nieder und er drückte ihr seinen Helm auf das goldene Haar. Dann sah er sich kurz um und küsste sie auf den Mund. Rowena errötete und griff seine Hand.

»Geh und erkläre den anderen Männern, was sie zu tun haben! Wenn wir sterben müssen, dann wenigstens gemeinsam.«

Vor Bewunderung sprachlos schaute Ceretic sie einen Augenblick an, dann wandte er sich widerwillig von ihr ab.

Tatsächlich ging Rowenas Rechnung auf. Ceretic fuhr mehrmals aus seinem leichten Schlummer auf, aber bis zum Nachmittag kam kein Angriff und Ceretic übernahm mit frischem Mut und neuer Kraft die Wache. Die Ebbingemannen rührten sich nicht.

Irgendwann brach die Dämmerung herein und schließlich versank die Sonne als blutroter Ball über der Ælfmündung. Ceretic döste vor sich hin, doch auf einmal hörte er hinter sich aufgeregtes Schnattern. Er fuhr herum und sah Rowena auf sich zugelaufen kommen. Sie winkte beschwichtigend. »Ich habe die Gänse aus dem Stall gelassen. Jetzt können sie auch etwas für ihr Futter tun.«

Ceretic sah sie bewundernd an. Schon wieder war sie ihm, dem erfahrenen Krieger, einen Gedanken voraus.

Als die Sonne gänzlich versunken war, erstrahlte der Abendstern hell und klar am Westhimmel. Sicherlich bedeutete das etwas, aber Ceretic kannte sich mit der Sterndeutung nicht aus. Angestrengt starrte er über die Palisaden. Die Dämmerung machte ihm am meisten zu schaffen. Der Himmel war noch immer in lichtes Grau gehüllt und blendete die Augen, während auf der Erde schon alles in tiefen Schatten lag. War da eine Bewegung? Oder doch nur eine Täuschung? Nein, da war nichts, aber dort drüben bei der Hecke? Die Ebbingemannen hatten noch keine Feuer entzündet und Ceretic hatte keine Ahnung, wo sie sich befanden. Schließlich leuchteten immer mehr Sterne am Firmament auf und endlich verblasste der letzte Schein der Dämmerung. Wo waren nur die Boten, die Ordulf in alle Himmelsrichtungen ausgesandt hatte? Warum führten sie keine neuen Krieger heran? Er richtete seinen Blick wieder auf das Land um die Wurt. Da hörte er hinter sich Schritte. Rowenas Schritte. Sie kam heran und stellte sich dicht hinter ihn.

»Ich bringe dir etwas warmen Met«, hörte er ihre Stimme. Er spürte ihre Nähe, die Wärme ihres Körpers und ihren sanften Atem. Seine Nackenhaare stellten sich auf. Doch da kamen noch andere Schritte näher und Rowena trat einen Schritt zurück. Die Empfindung ihres Körpers verblasste.

»Hast du etwas gesehen?«, erkundigte sich Witiko.

»Nein, hier ist alles ruhig«, entgegnete Ceretic.

Plötzlich schrie jemand auf der gegenüberliegenden Seite des Hofes. Wilde Rufe und Getrampel antworteten. Ceretic fuhr herum und sah den Widerschein von Feuer zwischen den Gebäuden herüberleuchten.

»Witiko, du bleibst hier und bewachst diese Seite, ich sehe nach, was drüben los ist.« Ceretic rannte zwischen die Scheunen. Vor ihm flackerte Feuer, nein, nur brennende Fackeln. Dann sah er zwei von Hengists Knechten an der Palisade, weitere rannten auf den Ort des Angriffs zu. Er eilte in dieselbe Richtung. Rechter Hand vernahm er das laute Geschnatter einer Gans. Er schaute in die Richtung des unerwarteten Lärms und sah abseits vom Schein der Fackeln, wie ein Mann einem weiteren beim Übersteigen der Palisade half.

»Feinde sind in den Hof eingedrungen!«, schrie er laut und rannte auf die beiden zu.

Der Mann im Inneren des Hofes ließ von seinem Kameraden ab und wandte sich mit erhobenem Schild gegen Ceretic. Ceretics Schwert traf scheppernd auf den Schildrand des Gegners. Knapp parierte er den Gegenschlag. Aus dem Augenwinkel sah er, dass der zweite Mann nun ebenfalls die Palisade überwunden hatte.

»Zu mir!«, schrie Ceretic verzweifelt und hieb wieder nach dem ersten Feind. Funken stoben und eine Latte des feindlichen Holzschildes riss ab. Doch der zweite Gegner hieb nun ebenfalls auf Ceretic ein und drängte ihn in die Defensive. Unvermittelt kam ihm ein Lanzenstich zu Hilfe. Einer seiner Gegner wurde an der ungedeckten Hüfte getroffen. Er hatte sich ganz auf Ceretic konzentriert und seinen herannahenden Feind im Eifer des Gefechts genauso wenig bemerkt wie Ceretic.

Mit einem triumphierenden Schrei schwang Ceretic sein Schwert noch einmal und zerschlug den Schild seines ersten Gegners vollends. Sein nächster Hieb spaltete ihm den Schädel. Der an der Hüfte verwundete Mann schrie in Panik auf, als er merkte, dass er nun allein zwei Gegnern gegenüber stand. Trotz seiner Verletzung sprang er in einem gewaltigen Satz über die Palisade. Draußen hörte man einen dumpfen Aufprall und verwirrte Rufe. Offenbar waren weitere Männer dabei, den Wall zu ersteigen. Ceretic eilte an die Brustwehr und hieb mit seinem Schwert über die Spitzen der Palisaden. Er traf auf einen weiteren Schild und der Träger ließ sich auf den Boden fallen und brach den Angriff ab. Ceretic sah drei Männer, die einen vierten stützten, in die schützende Dunkelheit verschwinden. Von diesem Mauerabschnitt ging keine Gefahr mehr aus. Rasch wandte sich Ceretic um, doch der Angriff der Fackelträger war ebenfalls abgeschlagen, allerdings mit einem Toten aus den eigenen

Reihen. Halvor und der junge Oisc waren rechtzeitig an die gefährdete Stelle geeilt und hatten den alten Knechten geholfen. Die Situation war gerettet. Mit knapper Not und dank der Gänse.

Doch wer war ihm selbst eigentlich zu Hilfe geeilt? Ceretic drehte sich weiter herum und die Kinnlade fiel ihm herab. Hinter ihm stand nicht etwa, wie er erwartet hatte, der alte Witiko. Nein, dort stand Rowena mit einer blutigen Lanze in der Hand. Sie lächelte ihn an und schüttelte stolz ihr Haar aus dem Gesicht.

»Meinst du etwa, Hengists Tochter könnte nur Wäsche waschen und Grütze rühren?«, fragte sie.

Oceanus Germanicus, Mai 442
Ordulf

Zum zweiten Mal an diesem Tag versank Ordulf in der schwarzen Flut. Diesmal zog ihn kein Kettenhemd hinab, aber er kämpfte nicht mehr verzweifelt gegen die See. Trotz der Hitze des vergangenen Tages fühlte sich das Meer kalt an, aber vertraut wie ein alter Freund. Seine Gedanken glitten zu den Menschen, die ihm etwas bedeuteten. Was würde Gutha sagen? Und was Dìorhail? Was Swæn, Agill und die Eltern? Würden sie je von seinem Tod erfahren? Er kam nicht weit mit seinen Gedanken. Der Grund war nur wenige Schritte unter seinen Füßen. Kein Wunder, hier waren sie über den Sanden vor der Wirraha-Mündung und es musste bald Niedrigwasser sein.

Da kam ihm eine Idee. Mit neu erwachtem Mut stieß er sich vom Grund ab und schwamm an die Oberfläche. Er holte tief Luft, vielleicht konnte er sich doch noch retten. Mit frisch gefüllten Lungen tauchte er wieder ab, diesmal mit dem Kopf voran. Unter Wasser schwamm er dicht über dem Grund in die Richtung, in der er die Heldir vermutete. Beim dritten Versuch fand er einen

Helm und dann eine Leiche im Kettenhemd. Die Heldir musste ganz in der Nähe liegen. Und schließlich fand er sie.

Unter Wasser hatte sie sich wieder aufgerichtet. Sie lag nun auf ihrer Kielplanke und ihre Steven reichten bis kaum zwei Schritte unter die Wasseroberfläche. Er tauchte hinab und zog sich mit den Händen am Schanzkleid ins Innere des Wracks. Vor ihm tauchte ein Decksbalken auf. Darunter befand sich sein Ziel – die Bilge. Er packte einen der großen Ballaststeine und wuchtete ihn über die Bordwand. Dann musste er auftauchen. Er rang nach Luft. So würde es nicht gehen. Es dauerte eine Weile, bis sein Atem wieder ruhiger ging, doch Ordulf ließ sich nicht entmutigen. Er holte wieder tief Luft und tauchte kopfüber. Diesmal fand er sein Ziel sofort. Er griff einen Stein und wuchtete ihn auf die nächste Ruderbank. Dann noch einen und schließlich einen dritten, bevor er wieder nach Luft keuchend auftauchte. Schließlich hatte er ein gutes Dutzend der Steine am Schanzkleid auf den Ruderbänken aufgetürmt. Von dort konnte er sie einfach über die Bordwand rollen. Er atmete tief durch und tauchte wieder ab. Es ging leichter als gedacht, fünf, sechs, sieben Steine. Dann holte er wieder Luft.

Dieses Spiel setzte er unermüdlich fort. Beim neunzehnten Stein kam plötzlich Bewegung in das Schiff und ehe sich Ordulf versah, stieg die Backbordseite an, wodurch die restlichen Steine, die er in Steuerbord bereits auf die Ruderbänke geschichtet hatte, hinabfielen. Der Auftrieb des hölzernen Schiffes riss ihn plötzlich mit unwiderstehlicher Kraft an die Oberfläche. Die Wellen gingen noch über die Heldir hinweg, aber der Großteil ihrer Bordwand und die hohen Steven schauten aus dem Wasser. Er war gerettet!

Ordulf wuchtete noch weitere Steine über Bord und die Heldir hob sich weiter und stabilisierte sich etwas. Erschöpft hockte sich Ordulf ins Heck und klammerte sich an den Steven, um möglichst weit aus dem Wasser zu kommen. Der Wind kam ihm schneidend kalt vor und umwehte ihn gnadenlos, während von Westen her eine endlose Reihe grauer Wellenkämme auf ihn zurollte. Er fror erbärmlich und zitterte am ganzen Körper, aber er wusste, im Wasser würde er noch viel schneller auskühlen. Widerwillig verließ er seinen Platz und fischte aus der Bilge des Schiffs ein Tauende heraus. Dann kehrte er an seinen Platz am Achtersteven zurück und band sich, so weit oben wie möglich, an das Holz.

Irgendwann musste er schließlich eingeschlafen sein. Am frühen Morgen weckte ihn ein Ruck. Die Heldir war auf eine Sandbank gelaufen. Ordulf wartete, bis das Wasser ganz abgelaufen war und die Heldir auf der Seite im Watt liegen blieb. Endlich floss auch das Wasser aus dem Rumpf des Schiffes heraus. Ordulf band sich los und besah das Wrack. Der Schaden im Bug war weniger schlimm als er befürchtet hatte. Lediglich zwei angebrochene Planken und eine geknickte Spante, dort wo der Rammstoß erfolgt war. Auch der Brandschaden würde sich ausbessern lassen. Außer ihm selbst befanden sich noch zwei Leichen im Wrack. Ein Fremder, offenbar ein Ebbingemanne, trug noch Kettenhemd und Helm. Zudem fand Ordulf drei Schilde, von denen aber nur einer noch zu gebrauchen war. Weiterhin lagen zwei Saxe, ein Langschwert und – unter den Ruderbänken verkeilt – Mast und Segel der Heldir im Schiff.

Er warf die Leichen über Bord und grub mit den Trümmern eines Schildes neben der Kielplanke der Heldir einen schmalen Graben. Vorsichtig schaufelte er den Sand unter dem Rumpf des angeschlagenen Schiffes weg. Nach einigen Mühen rutschte die Heldir in den Graben und richtete sich dabei halb auf. Zufrieden besah Ordulf sein Werk. Dann, nachdem er etwas verschnauft hatte, schaufelte er einige Schildladungen voll Sand in die Bilge, um den fehlenden Ballast auszugleichen. Als all dies verrichtet war, wartete er auf die nächste Flut. Doch trotz aller Erschöpfung überschlugen sich seine Gedanken.

Was führte Hoger im Schilde? Würde er nicht geradezu zwangsläufig den ungeschützten Hof Hengists überfallen? Und was geschah dann mit Gutha, Rowena, Ceretic, dem jungen Oisc …? All seine Freunde würden sterben und auch Hengist könnte er nimmermehr unter die Augen treten.

Und währenddessen saß er auf einer Sandbank. Hungrig, durstig und verwundet hatte Wurd ihn zur Untätigkeit verbannt und er wusste noch nicht einmal, ob er die nächste Flut überleben würde. Selbstmitleid drohte ihn zu übermannen und ein alter Reim kam ihm in den Sinn:

Ich trauriger Wanderer verbrachte den Winter auf See.
Auf den Pfaden der Verbannung, ohne Freunde und Verwandte
Mit Hagel umtobten mich der Stürme Ungestüm
Nichts hörte ich Armer als das Knurren der See.
Nur dünne Planken bargen mich vor eiskalter Wogen Grimm.

Schließlich, nach einer schier endlosen Zeit auf dem einsamen grauen Watt, kehrte das Meer zurück. Zunächst füllten sich Priele und Furchen und der Schlick begann zu glitzern, wo er sich voll Wasser sog. Dann rollten kleine Wellen auf die Heldir zu und ganz allmählich hoben sie das vermeintliche Wrack sanft aus dem Sandbett, gerade so, als habe das Meer Angst, das angeschlagene Schiff noch weiter zu beschädigen.

Ordulf hatte sich inzwischen ausgeschlafen. Aber Hunger und Durst quälten ihn mehr als zuvor und das Salz des Meeres brannte in seiner Flankenwunde, während die Heldir bedenklich schwankte. Aber sie schwamm in den Wellen der neuen Flut. Ordulf griff nach dem Steuerruder, doch er bemerkte keinerlei Druck auf dem Ruderblatt. Trotzdem schlug der schlanke Rumpf nicht quer, denn der Wind ging mit der Flut und drückte das Schiff immer wieder in Richtung Südost. Bald schon kam Land in Sicht.

Es handelte sich um eine Vielzahl einzelner Inseln. Das auflaufende Wasser und der herrschende Nordwestwind trieben ihn auf eine Gruppe von Wurten zu und schließlich schrammte der Bug der Heldir etwas östlich dieser Siedlung über den Strand. Die Küstenbewohner mussten ihn gesehen haben. Eine Gruppe bewaffneter Männer kam auf das Wrack zugelaufen. Ordulf hob die leeren Hände. Ihm blieb nichts anderes übrig, als sich auf Gnade oder Ungnade den Fremden zu ergeben.

Bald standen sieben Männer mit flachsblondem Haar und Bart im Halbkreis vor dem Wrack. Ordulf konnte sie kaum auseinanderhalten. Alle trugen bunt bemalte, runde Schilder, Speere und Streitäxte, aber keine Helme oder Brünnen.

»Ein sächsischer Kiel«, meinte er einen der fremden Blondschöpfe zu verstehen.

Friesisch!, schoss es Ordulf durch den Kopf. Warum musste er ausgerechnet bei diesen Erzrivalen der Sachsen landen? Er schüttelte resigniert das Haupt, während die Friesen ungerührt ihre Unterhaltung fortsetzten.

»Liegt ganz schön schief auf dem Sand«, bemerkte ein weiterer Mann abfällig.

»Da ist mir eine unserer Holcas lieber«, fasste ein Dritter die nautische Begutachtung zusammen.

Erst jetzt wandte sich ein Mann mittleren Alters mit breiten Schultern und einer roten Narbe auf der Stirn an Ordulf. »Wer bist du und was willst du hier an unserer Küste?«, fragte er in barschem Tonfall und einem Kauderwelsch aus Sächsisch und Friesisch, das Ordulf recht gut verstand.

»Und wie konntest du allein das Schiff steuern?«, mischte sich ein junger, bartloser Mann ein und Ordulf meinte, diesmal eine Spur von Neugier in der Stimme zu hören. Der Anführer sah den jungen Mann mit dem glatten Gesicht stirnrunzelnd an, ließ ihn aber gewähren.

»Ich bin Ordulf, Thane von Hengist dem Großen. Und das ist sein Schiff, die Heldir!«

Die Fremden wichen wie von einer Natter gebissen zurück.

»Hengist! Die Heldir«, rief ihr Anführer. »Und was willst du hier?«

Ordulf seufzte und entschied, dass er den Friesen genauso gut die Wahrheit erzählen konnte wie irgendeine Geschichte.

»Dann stimmt es also, dass Hengist in Britannien große Schlachten geschlagen und unermessliche Reichtümer erworben hat?«, wollte der vernarbte Friese wissen, als Ordulf seinen kurzen Bericht beendet hatte.

»Ja, und ich bin in die Heimat gefahren, um weitere mutige Männer zu werben, aber nun wurde ich mit einigen von Hengists Männern in einen Hinterhalt gelockt.«

Offenbar verstanden die Friesen sein Sächsisch ausreichend, denn sie begannen aufgeregt in ihrer eigenen Sprache durcheinanderzureden. Ordulf verstand allerdings nur wenige Bruchstücke ihres Idioms.

»Komm mit zum Häuptling«, entschied der Anführer schließlich. »Dein Onkel wird sich freuen von Hengist zu hören, Arfst.« Er nickte dem neugierigen Mann mit dem hübschen, glatten Gesicht zu. »Du behältst Irk, Kobers und Fulck hier. Ihr kümmert euch um das Schiff.«

Soviel verstand Ordulf. Dem Anführer der Fremden schien es egal zu sein, ob Ordulf ihm nun folgen konnte oder nicht. Ohne einen Blick zurückzuwerfen setzte er sich in Richtung der Wurt in Bewegung. Ordulf beeilte sich, über die Bordwand der gestrandeten Heldir ins flache Wasser zu steigen, um ihm zu folgen. Er wollte lieber nicht riskieren störrisch oder gar aufsässig zu erscheinen. Der Arfst genannte Friese hielt ihm grinsend die Hand hin und Ordulf griff nach einem Augenblick des Zögerns zu und ließ sich auf das Watt helfen. Freunde könnte er jetzt brauchen und so hätte er nach jedem Strohhalm gegriffen. Die übrigen Friesen dagegen hatten durchweg finstere Mienen aufgesetzt und musterten ihn und die Heldir kritisch. Zwei besonders große Männer mit roten Bärten folgten Ordulf auf den Fersen, während sich der Rest wie befohlen daran machte, die Heldir auf den Strand zu ziehen. Ordulf schwindelte und machte einen Ausfallschritt, um das Gleichgewicht wiederzuerlangen. Der Hunger nagte an seinem Magen und sein ganzer Körper schmerzte. Doch sein Leben hing an einem einzigen Faden und die Friesen hielten das Messer schon in der Hand. Nicht der richtige Zeitpunkt zum Ausruhen. Eilig bemühte er sich, den Abstand zu dem fremden Anführer wieder aufzuholen, sodass ihm Wasser und Schlick um die Knöchel spritzten. Schließlich erreichten sie einen weißen Sandstrand und hinter den Dünen lag eine saftige Salzwiese.

Sie führten Ordulf auf die größte der Wurten zu, die er bereits von See her gesehen hatte. Mehr als ein Dutzend kleinerer Katen gruppierten sich um einen gesondert stehenden Hof. Gegen Angreifer schützte eine Palisade, die im Vergleich zur Höhe der Wurt aber fast lächerlich wirkte. Diese Friesen schienen einzig das Meer zu fürchten. Hinter der Wurt erhaschte Ordulf einen kurzen Blick auf einen ausgedehnten Hafen, den ein Meeresarm im Westen mit der See verband. Auf der Wiese um die Wurt grasten fette Rinder und als Ordulf die Höhe der Wurt erreichte, entdeckte er einen riesigen Misthaufen. Ein untrügliches Zeichen, dass die Rinder des Hofes gesund, kräftig und zahlreich waren. Vor dem größten Gebäude hatten sich bereits etliche Bewohner zusammengefunden und starrten Ordulf neugierig, aber nicht feindselig entgegen.

»Los, rein mit dir in die Halle«, forderte sein Führer und einer der Bewaffneten schob ihn durch die niedrige Tür.

Innen mussten sich Ordulfs Augen zuerst an das Dämmerlicht gewöhnen, doch schon drückte ihn die Hand an der Schulter nach rechts herum und stellte ihn vor einen Hochsitz. Ordulf sah sich einem grauhaarigen Mann mit langem Bart gegenüber. Nicht nur der stolze Hochsitz, sondern seine ganze Haltung und Ausstrahlung verrieten den Häuptling. Mit der Rechten kraulte er gedankenlos den Kopf eines riesigen Hundes, der seinerseits jeder Bewegung Ordulfs mit wachsamen Wolfsaugen folgte. Anders als der Hund wandte sich der Häuptling dem Anführer des kleinen Trupps zu und ließ nicht erkennen, ob er Ordulf überhaupt wahrgenommen hatte. Sie wechselten einige schnelle Worte, von denen Ordulf nichts außer Hengists Namen verstand. Dann endlich richtete der Häuptling seine eisgrauen Augen auf den jungen Sachsen.

»Du bist also einer von Hengists Männern?«, fragte er in fehlerfreiem Sächsisch, aber mit starkem Akzent. Ordulf setzte zu einer Antwort an, doch da fuhr der Alte schon fort. »Ich kenne ihn gut, den Hengist. Damals in Finnsburgh haben wir so manches Methorn gemeinsam geleert.«

Ordulf erschrak. Wenn der Friese Hengist von damals kannte, dann waren sie als Feinde geschieden.

Doch der Alte blickte versonnen zu den rußigen Dachbalken empor. »Er ist nun in Britannien, habe ich gehört?«

Gehorsam erzählte Ordulf einmal mehr die Geschichte der Britannienfahrt.

»Dachte mir schon, dass Hengist mit seinem Hof in Haduloha nicht glücklich wird«, bemerkte der Friese als Ordulf ausgeredet hatte. »Und was hast du mit seinem Schiff angestellt? Mein treuer Poppa berichtete, du hättest es übel zugerichtet draußen auf den Sand gesetzt. Und noch dazu ganz allein. Wie hieß das Schiff doch gleich, Sieger oder so etwas?«

»Heldir«, beantwortete Ordulf die letzte Frage. Die erste war schwieriger zu beantworten. Zum einen würde man ihm sein Abenteuer ohnehin kaum abnehmen, zum anderen war es nie gut, Fremden – und schon gar nicht den Friesen – vom eigenen Zwist zwischen den Sachsen zu berichten. Doch ihm fiel keine auch nur halbwegs glaubwürdige Geschichte ein. Also erzählte er von der Falle, die ihm die Ebbingemannen gestellt hatten. Lediglich die Tatsache, dass die Piraten, welche er zu jagen ausgelaufen war, Friesen sein sollten, verschwieg er wohlweislich.

Der Friesenhäuptling hörte mit gefurchter Stirn zu. Bei einigen Punkten, die er nicht richtig verstand oder die ihm besonders merkwürdig erschienen, hakte er nach, doch im Großen Ganzen ließ er Ordulf in Ruhe berichten.

»Das soll ich dir glauben?«, fragte er schließlich mit hochgezogenen Brauen.

Hilfesuchend schaute sich Ordulf um, aber sein Blick fiel auf lauter blanke Gesichter. »Ich denke, du solltest deine Geschichten beweisen«, forderte der Alte nach einer Pause.

»Wie soll ich sie denn beweisen?«, jammerte Ordulf niedergeschlagen. »Deine Männer haben die Heldir doch selbst gesehen.«

Der Friese drehte sich, anstatt ihm zu antworten, halb um. »Bringt die Becher und Met!«, rief er hinter sich. Dann wandte er sich wieder Ordulf zu. »Du wirst es beweisen müssen«, wiederholte er. »Das trifft sich gut, denn einen Abschiedstrunk ist er mir schuldig geblieben, dein Hengist. Nun wirst du an seiner statt zechen.«

Eine Becherprobe! Ausgerechnet nun, wo ich völlig ausgehungert und erschöpft bin, dachte Ordulf bestürzt. Doch dann gewann sein guter Mut die Oberhand. Mehr als umbringen können sie mich ohnehin nicht, überlegte er. Selbst das wird schwierig, nachdem ich schon zweimal draußen im Meer ertrunken bin. Betrunken oder ertrunken – die Schicksalsfrauen wollen meinen Lebensfaden wohl beenden. Mein Wurd ist fest beschlossen.

Die Erschöpfung ließ ihn all das mit einem Achselzucken hinnehmen. Der Friese war alt. Vielleicht gelänge es ihm doch beim Spiel sein Leben zu retten? Jemand rückte ihm einen Hocker heran und Ordulf setzte sich dem Häuptling gegenüber an den Tisch. Mit neuem Mut griff er nach einem der Becher, die ihm der Häuptling nun entgegenhielt.

»Wähle du. Man soll nicht sagen, ich würde ein unehrliches Spiel treiben.«

Das silberne Gefäß war mit feinen Drähten verziert, die der Schmied in regelmäßigen Abständen platt geschlagen hatte, sodass sie den Eindruck von kleinen Perlen erweckten. Sein Antlitz spiegelte sich in dem blanken Metall. Eingefallene Wangen, tiefliegende Augen und ein drei Tage alter Bart.

Rasch wurden seine Betrachtungen unterbrochen. Eine junge Frau füllte beide Becher bis zum Überlaufen mit Met. Der Häuptling erhob den Seinen. In der Halle wurde es still. Die beiden Zecher setzten ihre Becher an die Lippen, dann stürzten sie sie geleert auf die Tischplatte. Wieder füllte die Magd. Erneut hoben die Streiter die Becher und stürzten sie leer auf die Platte. Ordulf fühlte, wie ihm der Met zu Kopfe stieg. Bloß nicht aufregen, sagte er sich, denn wem das Blut in Wallung geriet, der verlor dieses Spiel. Der Alte schaute ihn aus seinen klaren eisgrauen Augen an und Ordulf fragte sich, ob auch er bereits die berauschende Wirkung des klaren Getränks spürte. Noch zweimal füllte die Magd den Becher, noch zweimal leerten sie ihn schweigend.

Ordulf hatte das Gefühl, die Halle würde um ihn zusammenschrumpfen, nur der Becher stand groß und randvoll vor ihm. Die Augen des Friesen blinzelten höhnend. Wieder griff er zu und hob den Becher an die Lippen, doch plötzlich gab die Welt nach, die Halle drehte sich. Er versuchte aufzustehen und griff nach der Tischkante, um sich zu halten, verfehlte sie aber. Sein Becher fiel klirrend zu Boden. Um Ordulf wurde es schlagartig dunkel. Das letzte, was er von dieser Welt vernahm, war der johlende Jubel der Friesen.

Ordulf erwachte mit pochenden Kopfschmerzen. Seine Schläfen drohten zu bersten. Zuerst wusste er nicht, wo er sich befand. Als die Erinnerung eintrat, hoffte er einen Augenblick vergebens, sie würde ihn wieder verlassen. Vorsichtig hob er die Augenlider.

Er lag im Halbdunkel der großen Halle, nicht vor dem Hochsitz, sondern nahe der Mauer. Er drehte sich und bemerkte zu seinem Erstaunen, dass er nicht gefesselt war. Neben ihm rief ein Mädchen auf Friesisch. Es klang so ähnlich wie »Er ist aufgewacht« und nach einigem Nachdenken kam Ordulf zu dem Schluss, dass diese Übersetzung tatsächlich Sinn ergab. Er blinzelte in die Richtung der Stimme und sah eine Magd neben sich hocken.

Irgendetwas stimmte nicht, überlegte er. Dann fiel es ihm auf: Er hätte eher einen Krieger erwartet. Aber da kam auch schon der alte Friesenhäuptling in sein Blickfeld.

»Ich bin Eadgils, dein Gastgeber«, stellte er sich vor. Als er Ordulfs verwunderten Blick bemerkte, schmunzelte er. »Du hast dir den späteren Teil unserer Unterhaltung gestern nicht gemerkt, was?«

»Wir haben getrunken«, brachte Ordulf mühsam heraus. In seiner Kehle würgte es.

»Haben wir schon, aber du musst entschuldigen, ich habe dich betrogen, denn mein Becher wurde nie vollständig gefüllt. Dafür konnte ich mir nach unserem Trunk sicher sein, dass du nur noch die Wahrheit sagst. Deine merkwürdige Geschichte scheint tatsächlich zu stimmen.«

Ordulf wollte bei diesem Geständnis auffahren, aber schlagartig begann sich seine Umwelt zu drehen und sein Magen rebellierte entschieden gegen die plötzliche Anspannung. Die friesische Magd sah es kommen und hielt ihm eine Schale unter das Kinn, in die sich Ordulf würgend erbrach. Sanft, aber bestimmt drückte ihn die junge Frau auf sein Lager zurück. Eadgils überging die Episode ohne eine Miene zu verziehen.

»Wir werden dir helfen, junger Sachse«, stellte er schließlich fest.

»Ihr wollt mich ziehen lassen?«, fragte Ordulf erstaunt. Das war die erste gute Nachricht seit einer schieren Ewigkeit. »Einfach so?«

»Nein, natürlich nicht einfach so«, entgegnete der Friese und grinste, als er Ordulfs angespanntes Gesicht sah. »Wenn ich richtig verstanden habe, braucht Hengist dringend Männer. Zum einen, weil möglicherweise sein eigener Hof von diesen Ebbingemannen bedroht wird, zum anderen, um in Britannien noch mehr Ruhm und Silber zu erwerben. Ich werde dir zwanzig meiner jungen Männer mitgeben, damit sie mit dir und Hengist in den Krieg ziehen und Silber gewinnen!«

»Zwanzig wilde Friesen?«, staunte Ordulf und vergaß einen Augenblick lang, wie schlecht es ihm ging. Dann setzte der Kopfschmerz mit doppelter Macht wieder ein. Er stöhnte.

»Während du deinen Rausch ausschläfst und sich Ipe hier um dich kümmert, reparieren meine Männer bereits dein Schiff. Morgen in aller Frühe könnt ihr aufbrechen.«

Dankbar sank Ordulf zurück. Vielleicht kann ich die Ebbingemannen stellen und herausfinden, auf wessen Seite Halvor wirklich steht, dachte er noch, bevor es um ihn herum wieder dunkel wurde.

Am nächsten Morgen hatte sich Ordulf dank der guten Pflege tatsächlich weitgehend erholt und auch die Heldir war wieder bereit zum Ablegen. Zweifellos verstanden die Friesen ihr Handwerk. Die geknickten Planken waren ausgebessert und der Rumpf glänzte schwarz von frischem Birkenpech. Auch Ruder hatten sie besorgt. Ordulf musterte seine neue Mannschaft. Zufrieden stellte er fest, dass der Häuptlingsneffe Arfst Olufsen, der ihm bereits zwei Tage zuvor freundlich begegnet war, zu den zwanzig Mann gehörte.

»Berichte Hengist, was ich für dich und ihn getan habe, dass er meine Krieger gut aufnimmt«, rief ihnen Eadgils noch nach, als Ordulf den Bug des Schiffes schon in Richtung Osten lenkte.

»Was ist dein Plan, Steuermann?«, wandte sich der junge Arfst, der auf der Ruderbank ganz im Heck saß, an Ordulf.

»Nun, wir müssen an die Ælfmündung nach Beufleet. Wenn wir rechtzeitig kommen, ist euch Hengists Dank und eine ehrenvolle Aufnahme in Britannien sicher«, versprach der.

»Und wenn wir nicht rechtzeitig kommen, jagen wir den Ebbingemannen nach und rächen Hengists Leute«, behauptete der Friese zuversichtlich. »Dann wird uns der alte Folcwaldingsbanir schon sein Vertrauen schenken!«

Folcwaldingsbanir, der Folcwalding-Töter, übersetzte sich Ordulf. Dies war also Hengists friesischer Name.

»Besser wir kommen rechtzeitig«, entgegnete er. »Hengist liebt nicht viele Menschen, aber seine Tochter gehört mit Sicherheit dazu. Und wenn der etwas zustößt, hört er mit dem Töten nicht bei Folcwalding auf, das kann ich euch versprechen!« Einen Augenblick herrschte betretenes Schweigen. Erst nach einer Weile nahm Ordulf das Gespräch wieder auf: »Was wollt ihr eigentlich in Britannien?«

»Na, was wohl?«, antwortet Arfst. »Silber, Ruhm und …«

»Und natürlich eine Menge Weiber!«, wurde Arfst von seinem Nachbarn auf der Ruderbank grinsend unterbrochen und die übrigen Friesen antworteten mit schallendem Lachen. Ordulf meinte sich zu erinnern, dass ihn die anderen Fulck riefen. Fulck Harksen?

Arfst jedenfalls wurde rot. »Ihr seid ja nur eifersüchtig«, grummelte er.

Ordulf musste schmunzeln. Das waren also die »wilden Friesen«. Offenbar trieb sie auch nichts anderes um als junge Sachsen.

Die Friesen legten sich in die Riemen und so erreichten sie bereits gegen Mittag die Mündung der Wirraha. Doch von dem Schiff der Ebbingemannen sah Ordulf keine Spur. Dann tauchte vor ihnen eine Wurt auf und Ordulf sah Speere und Helme in der Sonne blitzen. Er überlegte, ob sie einfach weiterfahren sollten, doch dann entschied er, dass es besser wäre in Erfahrung zu bringen, ob Hoger und seine Mannen hier gesichtet worden waren.

»Wir werden die Sachsen, die hier leben, fragen, ob Hengists Feinde hier gewesen sind«, erklärte er den Friesen. »Lasst mich mit ihnen reden, damit sie uns nicht für Piraten halten.«

Vorsichtig steuerte Ordulf die Heldir an das fremde Ufer.

XV. … WARTET WIEDERUM DER TOD

Feddersen, Mai 442
Ordulf

Kaum kratzte der Kiel der Heldir auf den Sand der Wirrahamündung, da sprang Ordulf schon ins grün schäumende Wasser. Die Friesen dagegen blieben hinter ihren Schilden an der Bordwand hocken und schauten ihm voll Spannung hinterher. Die fremden Sachsen kamen ihm in Waffen bis an den Strand entgegen. Misstrauisch musterten sie ihn.

»Wer bist du, Sachse oder Friese? Und was ist das für ein Schiff?«, rief ihm ihr Anführer zu.

»Ich bin Ordulf, Thane von Hengist Witgissunu und das ist die Heldir«, antwortete er.

»Ein Toter in einem versunkenen Geisterschiff!«, rief einer der Sachsen. Erschrocken fuhren die fremden Krieger einen Schritt zurück.

»Noch nicht ganz tot, wenn auch fast«, entgegnete Ordulf mit schiefem Grinsen. Vorsichtig beäugten ihn die Sachsen hinter hochgehaltenen Schilden. »Wo bin ich hier und wer ist euer Anführer?«, fragte Ordulf schließlich, als sich niemand unter den Fremden rührte.

»Ich bin Wago und du bist in Feddersen«, entgegnete ein hochgewachsener älterer Mann. »Ich glaube, ich kenne einen Teil deiner Geschichte. Vorgestern landete ein fremdes Schiff hier an und ein Mann namens Hoger, auch ein Dithmarscher, berichtete, ihr wäret von friesischen Piraten überfallen worden.«

»Das ist eine Lüge …«, brauste Ordulf auf.

Wago hob beschwichtigend die Hände. »Mitten in der Nacht kam noch ein Mann, ein einäugiger.«

»Halvor«, stieß Ordulf zornig aus, doch Wago sprach schon weiter.

»Der Einäugige erzählte uns eine andere Geschichte. Der Dithmarscher soll Hengist und ihn verraten und sein Schiff in der See versenkt haben. Ein Ordulf, hieß es, sei dabei ertrunken. Doch nun sehen wir das Schiff mit dir an unserem Strand! Und ein Haufen verdammter Friesen noch dazu. Was hat das alles zu bedeuten?«

Während dieser Geschichte verwandelten sich Ordulfs zornige Züge. Erstaunen zeichnete sich darauf ab. »Halvor«, wiederholte er, doch diesmal in einem ganz anderen Tonfall. »Dann ist er gar kein Verräter – und er hat mich nur ins Wasser gestoßen, um mir die Schmach zu ersparen, meinen Feinden in die Hände zu fallen!«

Als er bemerkte, dass Wago ihn verständnislos anschaute, berichtete Ordulf in kurzen Worten wie er überlebt und die Friesen getroffen hatte. Nachdem er geendet hatte, war es an Wago und seinen Männern zu staunen.

»Wenn du nicht die Friesen dabei hättest, glaubte ich nun doch, du wärest ein Geist!«, rief Wago. »Der Einäugige hat uns gedrängt, Hengists Leuten zu Hilfe zu eilen, denn dieser Hoger plant, den Witgishof zu überfallen. Der Einäugige selbst versprach, Hengists Knechte in Beufleet zu warnen. Daher habe ich mein Geschlecht zusammengerufen. Ich habe hier inzwischen an die zwanzig Männer, die Waffen tragen. Ein Dutzend will ich mit dir senden, um die Nachbarn aus der Hand ihrer Feinde zu erretten. Mein Sohn Eppo wird sie anführen.«

»Wir folgen einem Geist«, bemerkte der Genannte grinsend.

»Geist, ja, für Hoger und die Ebbingemannen will ich ein böser Geist sein! Sie wollen Hengists Hof überfallen? Hengists Sohn und Tochter befinden sich noch dort. Wenn sie ihnen auch nur ein Haar krümmen, dann schwöre ich beim Hammer Thunærs, dass ich sie eigenhändig zerreiße!«, drohte Ordulf grimmig.

Eppo sah ihn mit offenem Mund an. »Das ist ein glänzender Einfall«, rief er. »Du bist ein rächender Geist!«

Ordulf verstand nicht gleich, worauf er hinaus wollte. Fragend sah er den jungen Mann an.

»Wir reiben dich mit Kohlen ein und der schwarze Bug der Heldir wird ein Übriges tun. Diese Ebbingemannen werden sich vor Angst in die Hosen pissen, wenn sie dich an der Spitze einer Rotte von Geistern aus dem Totenschiff steigen sehen, denn sie können ja nicht wissen, wie du ihre Falle überlebt hast.«

Einen Augenblick blieben alle stumm, dann beantwortete schallendes Gelächter den Vorschlag.

»Und einen Drachenkopf zimmern wir obendrein an den Steven«, rief Ordulf übermütig. Ganz so, wie er es bei der Lusorie auf der Thamesa gesehen hatte.

Eppo und seine Männer stürmten gleich los, um ihre Sachen für die Abfahrt zu richten. Derweil erklärte Ordulf den Friesen ihren Plan. Während noch einige Sachsen das Schiff beluden, zimmerten die Friesen gemeinsam mit ihren alten Feinden am Bug der Heldir einen Drachenkopf. Ein wenig Farbe vervollständigte das Werk. Als Ordulf schließlich zurücktrat, um ihr Werk zu betrachten, lief unwillkürlich ein Schaudern durch seine Glieder. Die Heldir sah tatsächlich zum Fürchten aus. Mit rollenden weißen Augen und blitzenden Zähnen sah das Schiff aus wie die Weltenschlange selbst.

»Wir haben genug Zeit verloren. Los jetzt«, drängte er die Künstler schließlich ungeduldig. Friesen und Sachsen schoben die verwandelte Heldir gemeinsam in die Flut. Wenn nur Halvor Ceretic rechtzeitig warnen konnte, dann hätten sie eine Chance, auf der Wurt durchzuhalten. Und wenn nicht? Daran wagte Ordulf kaum zu denken.

»Saxnot, leihe meinem Arm die Kraft zur Rache«, murmelte er düster.

Beufleet, Mai 442
Ceretic

Der Tag war heiß und es fehlte ihnen an Wasser. Einen der älteren Knechte traf am Nachmittag der Hitzschlag. Dazu kam der Tote aus dieser Nacht. Einer der Verwundeten vom Vortag lag auf dem Sterbebett. Voller Sorge blickte Ceretic auf die verbleibenden Krieger. Da waren nur noch Witiko, Halvor, der junge Oisc und sein ebenso alter Cousin Ebissa, die beide gerade einmal dreizehn Winter zählten. Dazu noch ein verwundeter und ein ziemlich alter Knecht. Rowena, Erkenhilde und ihre Mägde wollte er trotz der bewiesenen Tapferkeit in der letzten Nacht nicht mitzählen. Wenn heute nicht einer der ausgesandten Boten mit weiteren Kriegern zurückkehrte, würde ihnen kein Ausweg bleiben, als sich auf Gnade oder Ungnade zu ergeben. Eine weitere Nacht konnten sie unmöglich überstehen.

Die Ebbingemannen hatten ihre Notlage erkannt. Ausgelassen badeten und planschten sie im nahen Fleet, sicherlich um den Verteidigern den letzten Mut zu rauben. Jede Menge Wasser, so nah, aber für die Eingeschlossenen doch unerreichbar. Und dabei ließen sie es nicht bewenden. Nicht viel weiter als einen Pfeilschuss entfernt begannen sie damit, Leitern zu zimmern.

»Wenn sie heute Abend kommen, ist das unser Ende«, flüsterte Rowena. Sie war unbemerkt hinter ihn getreten.

»Solange wir noch leben, gibt es auch noch Hoffnung«, widersprach Ceretic.

»Ich habe von meinem Vater einiges über das Kriegshandwerk gelernt«, entgegnete sie. »Und ganz bestimmt, dass man mit einigen alten Knechten, halbwüchsigen Jungen und Weibern nicht dem Ansturm einer Horde geübter Krieger widerstehen kann.«

Ceretic hub an, um etwas zu sagen, doch Rowena fuhr unbeirrt fort. »Nein, unterbrich mich nicht. Die Götter haben uns nur eine kurze Zeit geschenkt und doch bin ich glücklich, diese wenigen Tage mit dir erlebt zu haben. Mein stolzer Vater hätte uns ohnehin niemals seinen Segen gegeben. Er beharrt auf einer alten Prophezeiung, die besagt, ich solle einen König heiraten.«

Erschrocken sah er sie an. Vor Schmerz und Weh vermochte er kein Wort herauszubringen.

Sie lachte leise. »Aber vielleicht meint es mein Wurd gar nicht so schlecht mit mir. Ich jedenfalls will lieber gemeinsam mit dir sterben, als mit irgendeinem König zu leben.«

»Rowena«, hauchte er, von widersprüchlichen Gefühlen übermannt. Sie sah ihn liebevoll an und zu seinem Entsetzen bemerkte er, wie Tränen in den sonst so klaren Augen glänzten.

»Versprich mir, dass du mich nicht lebend in ihre Hände fallen lässt.«

Ihre Worte trafen Ceretic wie ein Messerstich. »Ich werde niemals …«, begann er, doch dann besann er sich eines Besseren und nickte. Sie hatte recht. Auf Gnade durften sie nicht hoffen. »Du hast mein Wort. Ich werde dir bis in den Tod treu sein, wann immer das ist«, antwortete er mit belegter Stimme. Beide sahen sich tief in die Augen und was Ceretic dort erblickte, hätte ihn unter anderen Umständen zum glücklichsten Mann der Welt gemacht.

»Ich weiß«, hauchte sie und wandte sich abrupt ab.

Heute schienen die Ebbingemannen nicht einmal bis zur völligen Dunkelheit warten zu wollen. Hoger versammelte seine Krieger in der tief stehenden Nachmittagssonne. Ceretic zählte dreiundzwanzig Mann, die dort zum letzten Sturm auf die schwachen Palisaden des Hofes antraten. Der Ebbingemannenhäuptling ordnete sie in aller Ruhe. Nun meinte er es ernst und es fiel Ceretic nicht schwer zu erkennen, was in der nächsten Stunde geschehen würde. Drei Bogenschützen würden dafür sorgen, dass die Verteidiger hinter ihrer Palisade Deckung suchen mussten, während die übrigen Ebbingemannen, von ihren eigenen Schilden gedeckt, die Leitern bis an den Wall trugen.

Schon erhoben die Fremden ihre Schilde. Gleich würde es losgehen. Ceretic spannte die Sehne seines Bogens. Pfeile hatten sie genug, vielleicht würde es ihnen doch gelingen, einige der Feinde noch vor der Mauer zu erwischen. Da gellte plötzlich ein Ruf zu ihnen hinüber.

»Haltet durch, ein Schiff, ein Schiff!«

Ceretic fuhr herum. Eine einsame Gestalt kam vom Ælfufer auf die Palisaden zugelaufen. Sie schwenkte wild die Arme. Beim Näherkommen erkannte er ihre fliegenden roten Haare. Es war niemand anderes als die treue Gutha! Ceretic ließ die angehaltene Luft pfeifend entweichen. Sie kam, um ihnen im letzten Augenblick die nahende Rettung anzukündigen. Wenn sich die neue Hoffnung nur bestätigte. Doch als sein Blick die Ælf hinab glitt, sah er nichts. Die tief stehende Sonne ließ ihn blinzeln.

Geschrei vor der Palisade ließ ihn wieder herumfahren.

»Schnappt euch die Hure!«, schrie Hoger und einige der Ebbingemannen rannten los. Gutha versuchte zu fliehen, aber sie stolperte und schon waren die Angreifer um sie. Unsanft zerrten sie sie zu ihrem Häuptling.

»Du bist doch Ordulfs Flittchen«, begrüßte er sie so laut, dass man ihn von der Palisade aus gut hören konnte. »Wie nett, dass du vorbeigekommen bist. Wenn wir mit dir fertig sind, lassen wir dich zu ihm.« Raues Lachen folgte seinen Worten. »Nehmt ihr sie euch, ich will meine Lendenkraft lieber für Hengists Töchterchen aufsparen«, wandte er sich dann so laut an seine Männer, dass ihn jeder auf den Palisaden hören musste.

»Oh nein, nicht das«, hauchte Rowena, die hinter Ceretic an die Palisade getreten war.

Ceretic wandte die Augen ab, aber die Schreie des jungen Mädchens gellten ihm in den Ohren. Gutha war nur einige Steinwürfe entfernt, aber er war vollkommen machtlos. Rowena barg ihren Kopf an seiner Schulter und schluchzte leise, während das Schreien am Fuße der Palisade in ein Gewimmer überging.

Plötzlich gellte ein neuer Schrei von den Angreifern herauf. »Seht nur dort! Die Schlampe hatte recht!«

Noch immer benommen vom gerade Erlebten blickte Ceretic auf. Sein Blick folgte dem ausgestreckten Arm des jungen Ebbingemannen, der die Warnung gerufen hatte. Und tatsächlich. Vor dem blutroten Himmel erhob sich drohend schwarz der Bug eines Schiffes. Gutha hatte sie nicht umsonst gewarnt.

Wenn das Freunde wären, überlegte Ceretic, hätte ihr Opfer den Eingeschlossenen die entscheidenden Augenblicke gewonnen.

Noch war nicht sicher, um was für ein Schiff es sich handelte. Gebannt starrten Hengist- und Ebbingemannen gleichermaßen zu dem geheimnisvollen Fahrzeug, das sich mit schäumender Bugwelle näherte. Der Rumpf wirkte noch immer bedrohlich schwarz oder war das nur das Gegenlicht?

Beim Näherkommen erkannte Ceretic schließlich, dass es sich tatsächlich um ein vollkommen schwarzes Schiff handelte. Doch war das überhaupt ein Schiff? Vom Steven grüßte sie ein schauriger Drachenkopf mit rollenden weißen Augen und gebleckten Zähnen. Einen Augenblick lang fragte sich Ceretic, ob es sich nicht um ein scheußliches Seeungeheuer handelte. Dann schüttelte er den Kopf. So etwas gab es doch gar nicht, welches Seeungeheuer wurde schon mit Rudern bewegt?

Auch die Ebbingemannen schienen sich zu fragen, was da auf sie zukam. Der geplante Angriff war jedenfalls vergessen. Im Gleichtakt bissen die Riemen zu beiden Seiten des schwarzen Schiffes in das träge Wasser der Ælf, während es nur so heranrauschte. Schon schwenkte der Bug aufs Land zu und glitt direkt vor der Wurt auf den Schlick.

»Es ist die Heldir«, hörte er neben sich Witiko mit erstickter Stimme sagen. Nun erkannte auch Ceretic den geschwungenen

Steven. Kein Zweifel, es war die Heldir. Eine schwarze Gestalt sprang auf den Strand.

»Ordulf!«, entfuhr es Ceretic entsetzt. Er bekreuzigte sich wild.

»Sein Geist«, hauchte Halvor neben ihm. »Er kommt, um die Geliebte zu rächen.«

Beufleet, Mai 442
Ordulf

Sie sahen die Wurt mit Hengists Hof schon von weitem.

»Vorwärts Männer, pullt was ihr könnt!«, feuerte Ordulf Sachsen und Friesen an.

Wenig später konnte er die einzelnen, wohlbekannten Gebäude des Hofes unterscheiden. Dann sah er den dunklen Schatten des ebbingemannischen Schiffes an der Schiffslege. Fast blieb ihm vor Angst das Herz stehen. Die Feinde waren vor ihnen eingetroffen. Er wollte vor Aufregung brüllen, doch dann biss er sich auf die Zunge. Rasch beschmierte er sein Gesicht mit Ruß, Rüstung und Schild hatte er bereits vorher auf diese Weise präpariert. Vor ihm schwitzten Friesen und Sachsen gemeinsam an den Riemen.

Ordulf knirschte mit den Zähnen. »Wenn ich die Freunde schon nicht retten kann, will ich sie wenigstens rächen.«

»Da ist ein Schildwall vor dem Hof angetreten«, rief Arfst, der inwischen mit drei anderen Männern als Freiwache im Bug stand.

»Und hinter den Palisaden sehe ich Helme und Speerspitzen in der Sonne blinken«, ergänzte Poppa.

»Das kann nur eines bedeuten«, rief Ordulf. »Sie leben noch! Vorwärts Männer, nun gilt's!« Er konnte sein Glück kaum fassen.

Dann besann er sich, wer da vor ihm auf den Ruderbänken saß. »Zeigt den feigen Hunden, ob auch die Friesen wissen, wie man kämpft!«, fügte er hinzu.

Grimmiges Schnaufen antwortete.

»Achtung, gleich setzen wir auf«, schrie er seinen Männern zu. Dann drückte er die Pinne von sich weg und setzte die Heldir direkt vor der bedrängten Wurt auf den Schlick. Noch bevor die Männer von ihren Ruderbänken aufspringen konnten, rannte er bereits den Mittelgang bis in den Bug und sprang ins seichte Wasser. Mit lautem Platschen folgten ihm Sachsen und Friesen Seite an Seite.

Die Ebbingemannen erstarrten, als sie Ordulf an der Spitze der so unverhofft aufgetauchten Gegner erkannten. Auf halbem Weg zum Feind sah er vor den Ebbingemannen eine einzelne Gestalt auf dem Boden liegen. Als sie sich mühsam aufrichtete, rammte ihr einer der fremden Krieger den Speer zwischen die Schultern.

»Gutha!«, schrie Ordulf entsetzt. Er eilte heran und beugte sich über die Geliebte. Sie war leichenblass, ein dünner Faden Blut rann aus ihrem Mund und auch an ihren Beinen und dem zerrissenen Gewand klebte Blut. Sie griff nach seinem Arm, doch ein erneuter Hustenanfall erschütterte ihren schlanken Körper. Blut spritzte Ordulf auf die Hände und ins Gesicht.

»Du bist aus deinem Grab noch einmal zu mir zurückgekommen, mein Held!« Wieder hustete sie. »Wie Helgi zu Sigrun. Nun werden sie uns gemeinsam in einem Hügel zur Ruhe betten«, hauchte sie, ihre Stimme verlor mehr und mehr an Kraft. Mit einer letzten Anstrengung drückte sie ihren Kopf an Ordulfs Schulter.

Er schloss sie fest in seine Arme. Es dauerte einen Augenblick, bis er merkte, dass er eine Tote an sich drückte. Ordulf sah in das hübsche Gesicht mit den großen starren Augen herab. Zerzauste rote Haare umrahmten die bleiche Haut, um den Mund klebte frisches rotes Blut. Das Rot nahm Überhand und füllte sein Blickfeld. Ein gurgelnder Laut entrann seiner Kehle, bevor er einen gellenden Schrei ausstieß: »SAXNOT!«

Beufleet, Mai 442
Ceretic

Ceretic verfolgte gebannt das Geschehen von den Palisaden aus. Er konnte sich nicht entscheiden, ob er Geister vor sich hatte oder Menschen aus Fleisch und Blut. Zuerst nahm Ordulf – denn es konnte kein anderer sein – die verwundete Gutha direkt vor den Füßen seiner Feinde in die Arme und diese Geste wirkte zutiefst menschlich. Einen Augenblick lang herrschte Stille, selbst die Ebbingemannen starrten wie gebannt auf die umschlungenen Körper. Dem Lanzenstoß, der Gutha niedergestreckt hatte, war kein weiterer gefolgt. Dann legte Ordulf das Mädchen vorsichtig zu Boden und plötzlich ging alles ungeheuer schnell.

Ordulf stürzte sich mit einem schaurigen Schrei auf seine Feinde. Eine wilde Horde Krieger folgte ihm und alles ging so rasch und so blutig, dass Ceretic einen Augenblick wieder zu der Überzeugung gelangte, es handle sich bei der schwarzen Gestalt doch um einen Geist, einen zornigen Rachedämon. Dann siegte jedoch seine Vernunft.

»Halvor, Witiko, kommt mit, wir wollen hier nicht untätig stehen, während dort unten Männer ihr Leben für uns wagen«, rief er und eilte zum Tor. Auch Ebissa und Oisc folgten sofort, doch als die fünf den roten Marschenboden am Ufer des Fleets erreichten, war das Gefecht bereits vorbei.

Etliche Ebbingemannen lagen in ihrem Blute, andere stöhnten unter den erlittenen Verwundungen. Doch Ordulfs Männer kannten keine Gnade. Ordulf selbst stand mit erhobenem Haupt über einem verwundeten Feind. Seine Schwertspitze schwebte drohend über dem Hals des Ebbingemannen.

»Ich bin wehrlos. Du kannst mich nicht töten«, stammelte der mit angstverzerrtem Gesicht. Es handelte sich um jenen Mann, der Gutha den Todesstoß versetzt hatte. Einen Augenblick war Ceretic versucht, den Tod des Feindes zu fordern, doch da erinnerte er sich an das, was sein Freund Tallanus immer predigte.

»Vergebung«, rief er laut. Ja, das war das einzige was diesen grausamen Bruderzwist zwischen Ebbingemannen und Swænen beilegen könnte. Bei Halvor hatte es schließlich auch funktioniert. Ordulf reagiert nicht. »Lass ihn …«, begann Ceretic von neuem, doch Ordulf war ganz auf seinen Feind konzentriert und der las in Ordulfs Augen das Unvermeidliche.

»Nein«, wimmerte er.

»Und wenn es nur für Gutha wäre«, fauchte Ordulf und stieß sein Schwert hinab. Der Schreckensschrei ging in einem Gurgeln unter, als das Schwert die Luftröhre seines Gegners durchbohrte. Er wand sich unter der Klinge, blutiger Schaum trat aus seinem Mund. Dann sprudelte ein heller, dicker Strahl Blut aus der schrecklichen Wunde. Der Ebbingemanne verendete unter wilden Zuckungen. »Das ging viel zu schnell für so einen Hund«, sagte Ordulf mit vor Zorn bebender Stimme.

Ceretic klebte die Zunge am Gaumen. Der Mann hatte den Tod verdient, daran bestand kein Zweifel. Aber es war grausam, einen am Boden liegenden Feind einfach abzustechen wie ein Schwein. Doch wie konnte man von einem Heiden wie Ordulf Barmherzigkeit oder gar Vergebung erwarten? Da fiel ihm Halvor ein. Er biss sich auf die Lippen. Auch die Heiden konnten erfahren, was Vergebung hieß.

»Lasst ihn zum Fraß für die wilden Tiere liegen«, grollte Ordulf, während er sein Schwert an den Kleidern des Toten abwischte. »Wo ist eigentlich unser Erzverräter Hoger?«

Unter den Leichen fand er sich nicht. Der Ebbingemannen-Häuptling war im Eifer des Gefechtes ein weiteres Mal entkommen.

Sie verbrannten Guthas Leichnam am folgenden Tage. Ordulf warf als letzten Gruß einen Bund der blauen Sandglöckchen, die sie sich so gern ins Haar geflochten hatte, in die Glut.

Am nächsten Morgen füllten sie ihre noch warme Asche in eine kleine Urne und Ordulf ließ einen Hügel darüberschichten.

»Mischt Sand unter den Klei und pflanzt alle Sandglöckchen, die ihr finden könnt, obendrauf. Die hat sie so geliebt«, forderte er mit erstickter Stimme. Ceretic blickte in das tränenüberströmte Gesicht seines am Vortag noch so unerbittlich harten Freundes. »Ich habe immer erst im Nachhinein gemerkt, was ich an ihr hatte. Damals, als sie mich vor dem Sumpf errettete und nun auch jetzt. Ich vermisse sie«, schniefte er. »Nie habe ich es ihr gesagt und nun ist es zu spät!«

Ohne Vergebung stand diese bittere Erkenntnis am Ende von allem, dachte Ceretic. Aber ihm fielen keine passenden Worte ein, um seinen Freund zu trösten. So legte er ihm den Arm um die zuckenden Schultern und hielt den Trauernden. Wenn Tallanus nur hier wäre. Der wüsste immer das Richtige zu sagen, dachte er wehmütig.

Beufleet, Mai 442
Ordulf

Seine Rache an den Ebbingemannen hatte Ordulf vollstreckt, Saxnot, der grimmige Kriegsgott, hatte ihn erhört. Doch wie er nun vor dem kleinen Hügel stand, der sich über Guthas Asche wölbte, fühlte er keinerlei Befriedigung. In den Heldengesängen seines Volkes wurden die Rache für erlittene Schmach und der Sieg im Kampf stets als höchstes Glück des Kriegers besungen. Hatte nicht Saxnot selbst seine rechte Hand einstmals in dem rachsüchtigen Rachen des Wolfes verloren? Es war das Wurd eines Kriegers zu kämpfen und wenn möglich zu siegen und zu vergelten. Doch warum fühlte er sich dann so leer? Hatte es mit all den Geschichten, die die Einsiedler in Londinium erzählten, doch etwas auf sich? Dort stand am Ende niemals die Rache. Kannten diese seltsamen Menschen etwa eine tiefere Wahrheit, die ihm verborgen blieb?

Er zuckte mit den Schultern. Es brachte nichts, sich den Kopf darüber zu zermartern. Im letzten Jahr hatte er dem Tod oft ins Angesicht geblickt, vielleicht zu oft. Konnte es wirklich sein, dass erst ein einziges Jahr vergangen war, seitdem er als junger Kerl, zusammen mit seinem Bruder und voller Abenteuerlust, hier angekommen war? Es schien eine Ewigkeit her. Und auch wenn jetzt die Erde vor ihm frisch aufgeworfen war, würde doch allmählich Gras darüber wachsen.

Er wandte sich um und schritt langsam zur Wurt zurück. Ceretic, Rowena und selbst Erkenhilde kümmerten sich rührend um ihn und versuchten ihn zu trösten. Dabei war er in seiner Tollkühnheit doch schuld an der ganzen Misere.

Am Abend schlich sich Ordulf aus der Bierhalle, er wollte in Ruhe seinen Gedanken nachhängen. Da bemerkte er vor sich eine Gestalt.

»Halt, wer da?«, rief er den Fremden an.

Es war Halvor. Einen Augenblick stand der starr, als überlege er, einfach fortzulaufen, aber dann drehte er sich Ordulf zu. »Es bringt ja sowieso nichts, wenn ich mich verstecke«, murmelte er. Ordulf sah ihn erstaunt an. Wieso war denn auch Halvor so niedergeschlagen? Ceretic hatte bestätigt, was Ordulf schon von dem alten Wago in Feddersen erfahren hatte. Halvor war der

Retter von Beufleet und eigentlich auch seiner. Er hatte wieder einmal über sein eigenes Schicksal vergessen, anderen zu danken.

»Entschuldige, Halvor. Ich habe dir noch gar nicht für das, was du getan hast, gedankt.« Fest sah er dem Gegner von einst in das unverletzte Auge.

Halvors Gesicht nahm den Ausdruck größten Erstaunens an. Er räusperte sich. »Wie, du verdammst mich nicht?«, fragte er dann mit zittriger Stimme. »Mich, das Werkzeug von Hogers Arglist? Mich, der dich über die Herkunft der Ebbingemannen betrogen hat? Und dann habe ich dich in die See gestürzt, anstatt mich selbst schützend vor dich zu stellen, wie es meine Pflicht als dein Mann gewesen wäre? Ich verdiene deinen Dank nicht.«

»Aber Halvor.« Ordulf schluckte, dann fasste er ihn am Arm. »Mein treuer Freund Halvor«, fügte er ruhig hinzu. »Ich weiß nun, dass du nichts Arges im Sinn hattest, als du die Ebbingemannen als Witten ausgabst. Verzeih du mir, dass ich in der See an deiner Treue gezweifelt habe. Der Sturz ins Meer war meine Rettung. Und du musstest dein Leben und deine Freiheit bewahren, sonst wäre Hengists Familie schutzlos in Halvors Hände gefallen. Ich, und ich denke auch Hengist, können dir gar nicht genug danken.«

In den nächsten Tagen trafen endlich die ersten der so sehnsüchtig erwarteten Krieger aus den umliegenden Ländern ein. Und wenn es auch lange gedauert hatte, so übertraf der Zustrom von tatendurstigen Kriegern selbst Ordulfs kühnste Träume. Drei Schiffe kamen aus Keydingen, fünf von der Egdora, weitere aus dem Bardengau, von der Wirraha und den Marschen an der Friesenmark. Zusammen mit der Heldir und dem erbeuteten Fahrzeug der Ebbingemannen lagen schließlich sechzehn Schiffe am Ufer des Beufleet.

Zu Ordulfs besonderer Freude befand sich sein Bruder Agill auf einem der Schiffe von der Mündung der Egdora. Als er ihn erkannte, fiel er ihm mit einem Freudenschrei in die Arme.

»Mein Bruder! Wie geht es unseren Eltern?«, rief er.

»Wir haben Großes von dir gehört! Mutter spricht von wenig anderem und selbst Vater ist unglaublich stolz auf dich. Einzig Swæn ist nicht so voll Begeisterung. Ich glaube, er grämt sich, dass er nicht selbst mit nach Britannien gezogen ist.«

»Und dein Arm ist wieder geheilt?«, erkundigte sich Ordulf mit einem Anflug von Schuldgefühlen.

»Vollständig. So leicht wie damals würdest du mich heute nicht mehr schlagen können«, bestätigte Agill lachend und stieß seinem jüngeren Bruder als Beweis die Faust in die Seite.

Einige Tage später nahm Ceretic Ordulf und Witiko zur Seite. »Ich glaube, wir haben nun genügend Krieger beisammen«, eröffnete er ihnen. »Wir sollten nach Britannien zurückkehren. Doch es scheint mir, dass Ypwinesfleet mit all diesen Kriegern ein sicherer Ort sein wird als Beufleet. Die Ebbingemannen haben das nur zu deutlich gezeigt. Ich schlage daher vor, dass wir Erkenhilde und Rowena mit nach Britannien nehmen. Hengist und Horsa wird es freuen und den Frauen tut es sicher auch gut, nicht allein auf dem halb verlassenen Hof zu sitzen.«

Ordulf war überrascht, doch nach einigem Nachdenken erschien ihm der Plan durchaus vorteilhaft. Sie waren diesen Winter in Britannien geblieben. Vielleicht würden die Brüder Hengist und Horsa auch den nächsten und übernächsten Winter auf Thanet verbringen. Und was sollte dann aus den Frauen werden?

»Wenn wir auch das Schiff der Ebbingemannen nutzen, bleibt in der Heldir genügend Platz. Wir könnten sogar einige von Hengists Pferden mitnehmen. Das wird ihn über den Verlust unserer Kameraden trösten«, überlegte er laut.

Und so wurde die Sache beschlossen. Als Stellvertreter Hengists sah Ordulf sich verpflichtet, diese Nachricht den Frauen selbst zu überbringen. Er traf Rowena bei der Arbeit in der Küche. Behutsam nahm er sie zur Seite und erklärte sein Anliegen.

»Es war Ceretics Einfall und ich glaube, er hat recht. Hier auf dem Hof seid ihr nicht sicher. Zudem ist es völlig unklar, wann dein Vater heimkehren wird«, erklärte er.

Zu seinem großen Erstaunen fügte sich Rowena ohne jede Überredung in den Vorschlag. »Ich glaube, du hast recht«, bestätigte sie. »Ich bin fast vor Angst gestorben, als die Ebbingemannen uns eingekreist haben. Und was sie meiner armen Gutha angetan haben, weißt du ja selbst …« Sie brach jäh im Satz ab, vermutlich weil ihr bewusst wurde, was Ordulf bei der Erinnerung empfinden mochte. Doch entgegen ihrer düsteren Worte schien sie bei dem Gedanken mit nach Britannien zu kommen sogar regelrecht aufzublühen.

Eine knappe Woche später war es so weit und die stolze Flotte richtete ihre Steven nach Sonnenuntergang. Ein schwacher Westwind blies ihnen entgegen, doch die Ebbe hatte gerade eingesetzt und zog die Schiffe aufs Meer hinaus.

Sie erreichten Ypwinesfleet nach vier Tagen. Voller Stolz lenkte Ordulf die Heldir an der Spitze der Flotte in das Hafenfleet. Zwei der Schiffe liefen in der Einfahrt auf Grund, doch das Wetter war so mild, dass man sie problemlos bei der nächsten Flut freibekommen würde. Hengist staunte nicht schlecht und Ordulf fragte sich insgeheim, ob er sich am meisten über die große Zahl der Krieger, die seinem Ruf folgten, über seine Tochter oder seinen treuen Hengst freute. Horsa war es einfacher anzumerken. Innig nahm er seine Frau in die Arme und Ordulf bemerkte, wie ihm die Freudentränen in die Augen stiegen.

»Zur Feier dieser Ereignisse müssen wir ein Fest geben und nicht irgendein Gelage. Ich werde den Hochkönig selbst zu Gast bitten!«, rief Hengist überschwänglich. »Ceretic, ich will, dass du gleich morgen nach Durovernum reitest und Vortigern als Gast nach Ypwinesfleet bringst. Die Ankunft dieser Kriegerschar und meiner Tochter muss gefeiert werden!«

XVI. Ungeahnte Herausforderungen

Ypwinesfleet, Juni 442
Ceretic

Am Morgen nach ihrer glücklichen Heimkehr aus Sachsen machte sich Ceretic in aller Frühe auf den Weg nach Durovernum. Vortigern würde zufrieden mit ihm sein. Nun musste er keine Angriffe von Pikten und Scoten mehr fürchten. Und auch Hengist zeigte sich ihm gegenüber höchst wohlgesonnen. Ordulf hatte ihm, unterstützt von Rowena, alle Einzelheiten von den Ereignissen um Beufleet berichtet und beide hatten seine entscheidende Rolle wahrheitsgetreu dargestellt. Auf dem Fest würde er es endlich wagen, um Rowenas Hand anzuhalten. Als er sein Pferd im Galopp über die Römerstraße trieb und ihm die frische Morgenluft ins Gesicht wehte, musste er sich zusammenreißen, nicht laut zu Jauchzen. Er war der glücklichste Mann der Welt.

In Durovernum wurde er sogleich vor den König gebracht. Vortigern wirkte erfreut, ihn zu sehen. Die finsteren Blicke seines ebenfalls anwesenden Sohnes ignorierte Ceretic.

»Sechzehn Schiffe!«, stieß Vortigern erstaunt hervor, als Ceretic seinen Bericht vollendet hatte. »Auf den gesamten nördlichen Inseln gibt es kein Heer mehr, welches mir widerstehen könnte!«

»Aber du willst doch sicher nicht zu diesen heidnischen Barbaren auf ihre abgelegene Insel reisen und mit ihnen feiern?«, warf Vortimer mit trotziger Stimme ein.

Sein Vater enttäuschte ihn schon wieder. »Und ob ich die Einladung Hengists annehme. Schließlich will ich mir meine neuen Truppen ansehen.«

Schon am nächsten Tage brachte Ceretic die gute Nachricht zurück nach Ypwinesfleet.

Zwei Tage später traf Vortigern mit seiner Eskorte ein. Hengist ließ als Gastgeber nichts auf sich kommen. Er führte Vortigern zu dem Ehrenplatz zur Rechten des Gastgebers. Auf der anderen Seite saß sein Bruder Horsa und Ceretic bekam den Platz neben seinem Hochkönig. So konnte er zwischen ihnen dolmetschen, außerdem war der Platz aufgrund seiner Leistungen angemessen, befand Ceretic selbst. Kaum hatten sie Platz genommen, kam Rowena an der Spitze der Mägde herein und reichte ihrem Vater ein bis zum Rand mit süßem Met gefülltes Büffelhorn.

Hengist nahm einen tiefen Schluck und reichte das Horn zurück. »Danke, mein Mädchen.«

Rowena brachte das Horn nun dem vornehmsten der Gäste, wie es in Sachsen Sitte war. Vortigern griff nach dem Gefäß und hielt Rowenas Hand einen Augenblick fest, bevor er das Horn an die Lippen setzte und ebenfalls einen tiefen Zug tat. Sein Blick folgte der jungen Sächsin, als sie das Horn weiter trug.

Tja, selbst den Alten beeindruckt ihre Schönheit, dachte Ceretic mit einem Anflug von Eifersucht. Und in ihrem edlen blauen Wollgewand mit dem doppelten Gürtel um die schlanke Taille geschwungen sah sie heute auch besonders schön aus. Er hatte nur Augen für sie. Endlich kam sie zu ihm. Ihr Lächeln hätte selbst Steine zerfließen lassen. Auch Ceretic trank aus dem dargebotenen Horn.

Das Fest ließ sich gut an. Es gab Wildschwein und gemästeten Ochsen, teils aus den Zuteilungen, die die Sachsen jeden Monat erhielten, teils aus ihrer eigenen Jagdbeute. Auch jede Art von Fisch und Hühnern, Gänsen und Fasanen kam in schier unermesslichen Mengen herein. Vortigern spülte alles mit reichlich Met und Bier herab. Die Stimmung stieg und Ceretic hatte alle Mühe, das rasche Gespräch zwischen dem König und seinem

Vasallen zu übersetzen. Und immer wieder kam Rowena an ihren Tisch und brachte neue Köstlichkeiten.

»Meine Tochter«, bemerkte Hengist einmal mehr mit schon leicht belegter Stimme. Diesmal brauchte Ceretic gar nicht zu übersetzen.

»Ein bezauberndes Mädchen«, lachte Vortigern zurück.

»Ja, die Schönste im Sachsenland und auch in Britannien gleicht ihr niemand«, pflichtete Ceretic ihm stolz bei.

Da wurde der Hochkönig plötzlich ernst. »Sage Hengist, dass ich sie zur Frau nehmen will«, wies er seinen Dolmetscher an.

Ceretic verschluckte sich und musste husten. Er hatte sich wohl verhört. »Was? Was soll ich Hengist sagen?«, fragte er ungläubig zurück.

Der nächste Satz des Königs ließ ihn schlagartig nüchtern werden. »Ich will seine Tochter heiraten. Los, übersetze Hengist meinen Wunsch.«

»Sie ist doch viel zu jung …«, widersprach Ceretic mit vor Schreck heiserer Stimme.

»Willst du mich auf den Arm nehmen?«, fuhr Vortigern ihn an. »Ich bin der Hochkönig Britanniens. Wen sollte so ein junges Mädchen mehr begehren als mich?«

Ceretic wurde es heiß. Vortigern konnte es doch unmöglich ernst meinen. »Eine Barbarin, und eine Heidin noch dazu, als gäbe es nicht genügend britannische Mädchen von edlem Geblüt«, wandte er ein und fühlte sich für diesen Verrat an Rowena unendlich schuldig. Doch die Miene Vortigerns änderte sich nicht. »Was würde Bischof Albanus sagen? Und was erst dein Sohn Vortimer?«, rief Ceretic verzweifelt.

»Du sollst mir keine Predigt halten, sondern Hengist erklären, dass ich seine Tochter heiraten will«, donnerte Vortigern und schlug mit der flachen Hand auf die Tischplatte. Plötzlich wurde es still um den König und seinen Dolmetscher. Ceretic spürte, wie sich alle Augen auf ihn richteten. »Na los, erklär es ihm oder hat es dir auf einmal die Sprache verschlagen?«, fauchte Vortigern.

Auch Rowena war herangetreten. Besorgt blickte sie zu ihm herüber.

»Was gibt es? Hat etwas das Missfallen des Königs erregt?«, fragte Hengist besorgt.

»Nein, nein«, beeilte sich Ceretic zu antworten. »Ganz und gar nicht. Es ist nur ... es ist nur, dass ...« Seine Stimme verlor alle Kraft.

»Nun komm schon in die Gänge, du elender Hund«, fluchte Vortigern.

»Er, er will ...« Wieder brach Ceretic ab.

»Was gibt es denn nun? Hast du die Sprache verloren?«, fragte Hengist und seine Brauen zogen sich unwillig zusammen.

»Er mag deine Tochter«, flüsterte Ceretic schließlich.

»Und darum machst du so ein Aufheben? Wer würde meine Tochter nicht mögen?«, rief Hengist lachend.

»Er sagt ja?«, drängte Vortigern gespannt.

»Nein, äh, noch nicht. Ich habe ihn noch nicht gefragt. Du solltest dir das noch einmal in Ruhe überlegen, vielleicht morgen, wenn wir alle wieder nüchtern ...«, sprudelte es aus Ceretic heraus.

»Du fragst ihn jetzt auf der Stelle oder ich lasse dir den Kopf abschlagen wie einem verfluchten Pikten!«, explodierte Vortigern.

Ceretic gab sich geschlagen. »Der Hochkönig möchte dich um die Hand deiner Tochter bitten«, sagte er zerknirscht auf Sächsisch.

Hengist sah ihn durchdringend an. »Das ist eine ernste Sache«, meinte er schließlich nach einigem Zögern. »Bitte sage dem Hochkönig, dass ich die Ehre sehr wohl zu schätzen weiß.«

»Er soll bitten, was er will, bis zur Hälfte meines Königreichs will ich für sie geben«, dröhnte Vortigern schon mit leichtem Lallen in der Stimme und Ceretic übersetzte zähneknirschend.

»Über die genauen Umstände lass uns morgen in aller Ruhe beraten«, antwortete Hengist. »Heute feiern wir Verlobung! Rowena, setz dich zu deinem zukünftigen Bräutigam!«

Rowena lief dunkelrot an. Ceretic traute sich kaum, zu ihr aufzuschauen, aber sie sah ohnehin an ihm vorbei.

Nachdem Ceretic seinem Herrn alles übersetzt hatte, schob der ihn mit dem Arm grob von der Bank. »Mach Platz, ich verstehe mich mit der Schönen auch ohne dein Gebrabbel.«

Ceretic stand auf und lief in die Nacht hinaus. Er hatte am Vortag davon geträumt, Hengist in dieser Nacht um die Hand Rowenas zu bitten, aber doch nicht für einen anderen!

Außerhalb der Halle schlug ihm die kühle Seeluft ins Gesicht. Ceretic atmete tief durch. Wie hatte das alles nur geschehen können? Der eigene König hatte sein Leben innerhalb weniger Augenblicke ruiniert. Vernichtet. Er eilte weiter in Richtung Fleet. Er wollte allein sein, bloß keinem Menschen begegnen.

Am nächsten Morgen erwachte Ceretic unter einem umgedrehten Boot. Der Rücken schmerzte ihm und er wusste einen Augenblick lang nicht, wo er sich befand.

Dann traf ihn die Erinnerung wie ein Hammerschlag. Rowena. Für immer verloren.

Mühsam zwängte er sich unter dem kleinen Holzboot hervor und schlich in Richtung der Halle. Vermutlich würden Hengist und Vortigern noch ihren Rausch ausschlafen.

»Herr Ceretic«, riss ihn da eine Stimme aus seinen Gedanken.

Es war Rowenas Stimme, aber diesmal schneidend und kalt. Dass sie ihn »Herr« nannte, versetzte seiner Seele einen weiteren Stich. Schmerzlich wurde ihm die Parallele zu ihrer ersten Begegnung bewusst. Er drehte sich langsam um.

»Du hast für deinen König geworben. Die ganze Zeit hast du mich betrogen! Verschwinde, ich will dich nicht mehr sehen«, rief sie und ihre Augen sprühten zornige Blitze.

Ceretic wollte antworten, doch ihm stockte der Atem und er konnte einfach keinen Laut herausbringen.

»Und nun sagst du nichts mehr«, fuhr sie nach einem Augenblick fort. Ihre zuvor klaren Augen bekamen einen trüben Schimmer. Sie wandte sich ab und war verschwunden.

Ceretic wusste, dass die Pikten fürchteten, der Himmel könne ihnen dereinst auf den Kopf fallen. Und genau das war ihm gerade passiert.

Ypwinesfleet, Juni 442
Ordulf

Es war ein gutes Fest gewesen und Ordulf ging es dementsprechend schlecht. Es besserte seine Laune auch nicht, dass Ceretic ihn in aller Frühe weckte. Vermutlich ging es dem Britannier auch nicht besser, dachte er sich. Jedenfalls sah er schrecklich aus, mit zerzaustem Haar und Bart, blass und die Kleidung voller Sand. Statt einer Begrüßung oder gar einer Erklärung, warum er ihn zu dieser Unzeit aus dem Schlaf riss, brachte Ceretic gleich sein Anliegen vor.

»Ich gehe fort, ab nun musst du zwischen Vortigern und Hengist übersetzen.«

»Aber warum denn jetzt? Hat das nicht noch Zeit bis heute Nachmittag oder Morgen? Wo willst du denn so dringend hin?«, fragte Ordulf mürrisch.

»Weiß ich auch nicht«, erwiderte Ceretic ebenso kurz angebunden. »Wenn du etwas wie Freundschaft oder Dankbarkeit mir gegenüber empfindest, denk dir irgendwas aus.«

Diese Worte ließen Ordulf aufhorchen. Er bemühte sich, seine Kopfschmerzen einen Augenblick in den Hintergrund seines scheinbar riesigen Schädels zu verbannen. »Was ist denn passiert?«, fragte er, doch Ceretic antwortete nicht. Es erschien Ordulf, als sähe er mitten durch ihn hindurch.

Dann drehte der Britannier sich abrupt um. »Ich muss jetzt weg«, wiederholte er. Im Gehen wandte er sich noch einmal Ordulf zu. »Das kleine Bronzekreuz, welches ich dir vor meinem Holmgang gab. Ich habe dich einst gebeten, es Rowena zu übergeben, falls ich sterben sollte. Gib es ihr am Tage ihrer Hochzeit.« Leiser fügte er noch hinzu: »Das wird mein Tod sein, auch wenn ich scheinbar noch unter den Lebenden weile.«

Ordulf war nun hellwach. »Was ist los? Was willst du tun? Sprich mit mir!«

Doch der Britannier hatte bereits die Kammer verlassen. Ordulf sprang auf, um ihm zu folgen, doch das war für seinen angestrengten Magen zu viel. Er schaffte es gerade noch vor die Hütte, bevor er sich im Schwall übergab. Bald hörte Ordulf Hufgetrappel und dann wurde es wieder still im Lager. Er beschloss, sich wieder schlafen zu legen. Ceretic war inzwischen ohnehin über alle Berge.

Als gegen Mittag das Lager zum Leben erwachte, ließ Hengist ihn zu sich rufen. Ordulf eilte in die Halle, so rasch es sein Zustand erlaubte. Horsa, Gerolf und ein Großteil der übrigen Unterführer waren bereits versammelt. Zu Ordulfs großem Erstaunen befand sich auch Erkenhilde unter ihnen.

Hengist klärte die Anwesenden rasch über den Sinn der Versammlung auf: »Vortigern, der Hochkönig von Britannien, hat um die Hand meiner Tochter Rowena angehalten.«

Schlagartig wurde Ordulf der Sinn dessen, was er nachts erlebt hatte, bewusst. Betroffen griff er nach dem kleinen Bronzekreuz an seinem Hals.

Hengist fuhr fort: »Das ist natürlich eine große Ehre für sie. Doch ich denke, es steht mir zu, einen angemessenen Brautpreis zu fordern. Ich habe euch zusammengerufen, um mir zu raten, was ich fordern soll, denn das will gut überlegt sein. Rowena ist schließlich nicht irgendein Mädchen, sondern die Tochter von Hengist Witgissunu.«

Die Beratung dauerte nicht lange. Silber, Gold, Lebensmittel und Kleidung, selbst Frauen wurden vorgeschlagen. Doch dann stand Horsa auf und wischte alle bisherigen Vorschläge mit einer Handbewegung weg.

»Lass uns Land fordern«, schlug er vor. »Am besten Cantuguoralen, das die Britannier Cantium nennen. Es liegt Thanet direkt gegenüber und sein Boden ist fruchtbar wie die Marsch, aber so hoch, dass selbst die höchsten Winterfluten es nicht überschwemmen.«

Nach einem Augenblick des Nachdenkens stimmten alle einhellig zu. Auch Hengist nickte zufrieden.

»Dein Rat ist weise, Bruder. Ich will von Vortigern das Land Cantuguoralen als Brautpreis fordern.«

Als Hengist Vortigern seinen Brautpreis nannte, zeigte der sich sofort einverstanden. Ordulf wunderte sich, denn eigentlich hatte es in Durovernum doch geheißen, der alte Gwyrangon sei König von Cantium, und der sah das sicherlich anders.

Aber schon ergriff Hengist wieder das Wort. »Lass uns die Kämpfe dieses Sommers beenden. Wenn wir im Herbst hierher zurückkehren, will ich dir meine Rowena nach Durovernum bringen«, bestimmte er.

Vortigern war damit zunächst nicht einverstanden, denn er wollte Rowena sofort besitzen, doch schließlich willigte er ein, da er selbst sah, dass noch zu viele Einzelheiten geklärt werden mussten. Ordulf übersetzte und die beiden Männer gaben sich die Hand zum Zeichen, dass sie sich einig waren.

Vortigern blieb drei Tage in Ypwinesfleet und verbrachte die meiste Zeit in der Gesellschaft seiner Verlobten. Rowena verhielt sich standesgemäß, freundlich, sogar zuvorkommend, aber stets keusch und zurückhaltend was Vortigerns Avancen anging. Erkenhildes strenge Augen hätten vermutlich auch gar nichts anderes zugelassen. Doch Ordulf schien es, als fache diese Zurückhaltung Vortigerns Liebesglut sogar noch an. Schließlich ritt der Hochkönig nach Durovernum zurück, um sein eigenes Haus auf die bevorstehende Hochzeit vorzubereiten.

Auch für die Sachsen galt es, Vorbereitungen zu treffen. Es war nämlich beschlossen worden, dass Hengist wieder in den Norden ziehen sollte, um die piktische Grenze zu beunruhigen. Doch nicht alle Sachsen würden mit ihm ziehen.

»Für dich habe ich eine besondere Aufgabe«, eröffnete er Ordulf noch am selben Abend. »Du hast mit der alten Heldir in Friesland einiges erlebt, wie mir zu Ohren gekommen ist. Steht dir der Mut immer noch nach Seeluft?«

»Gewiss, Herr, Schiffsbruch ist schließlich eine einfache Übung in Seemannschaft«, antwortete er schlagfertig.

Hengist lachte laut. »Ja, mir scheint, du bist der rechte Mann und mir soll niemand vorwerfen, ich wüsste den Wert eines Mannes nicht zu schätzen.«

Ordulf lief bei dieser Bemerkung rot an, doch Hengist ging nicht weiter darauf ein. »Wir wollen die Pikten lehren, unseren Hochkönig, meinen Schwiegersohn, nicht noch einmal zu belästigen. Um die Grenze werde ich mich kümmern, aber sie sollen auch von ihren räuberischen Fahrten über See ablassen. Du wirst mit der Heldir an der Küste entlang bis zu den Pikten segeln. Dort wirst du ihre Boote verbrennen und Angst und Schrecken verbreiten. Kein Pikte soll sich mehr auf die See hinauswagen ohne zuvor ängstlich nach den hohen Steven unserer Schiffe zu spähen! Suche dir eine Mannschaft, aber pass diesmal besser auf als bei deiner Frieslandfahrt«, lachte Hengist.

Ordulf wurde wieder rot, wenn auch aus anderen Gründen als zuvor. Aber die Spitze konnte seine gute Laune nicht nachhaltig trüben. Ein eigenes Seeabenteuer, das ihn an Orte führen würde, zu denen sich niemals zuvor ein sächsisches Schiff gewagt hatte. Das brächte ihn endlich auf andere Gedanken, als an die arme Gutha.

Pert Acaiseid, Juli 442
Álainn

Das Frühjahr war vergangen und die Arbeit auf den wenigen steinigen Feldern und Weiden der Sturminseln ließ wenig Zeit zum Bierbrauen. Allerdings waren Eòghann und auch die meisten anderen Pikten dieses Jahr nicht ausgezogen, um in Britannien Beute zu machen. Zu viele Männer waren im letzten Jahr mit Prinz Koloman gefallen und die übrigen mussten mit anpacken, um den kargen Feldern der Heimat das Lebensnotwendige abzuringen. Auch saß der Schock des letzten Jahres zu tief. Niemand wollte sich mit den sagenhaften blonden Riesen anlegen, die den Britanniern so unerwartet zur Hilfe geeilt waren.

Abends am Feuer munkelten die Männer, woher diese rätselhafte Rasse von Riesen wohl kommen mochte. Angeblich waren sie vor kurzem sogar im Süden in piktisches Land eingedrungen.

Auch Álainn, die die britannischen Verhältnisse gut kannte, konnte sich auf diese Geschichte keinen Reim machen. Aber was kümmerte sie all das? Ohne Nara und unter der ständigen Protektion Eòghanns war das Leben wesentlich leichter, auch wenn Gwen sich inzwischen vor ihr in Acht nahm. Sie ließ Álainn nun fast nicht mehr aus den Augen. Das erfüllte Álainn mit einer Art grimmiger Befriedigung.

Die nächste Ernte kommt bestimmt, sagte sie sich, und mit ihr die Zeit, Bier zu brauen. Dann werde ich deinen Platz einnehmen.

Ypwinesfleet, Juli 442
Ordulf

Die Sonne war gerade aufgegangen und langsam kenterte der Strom. In einer halben Stunde würde der Ebbstrom mit voller Gewalt einsetzen. Ordulf steuerte die Heldir bereits zum zweiten Mal in diesem Jahr an den gefährlichen Sandbänken vor Ypwinesfleet vorbei auf die offene See. Seine Mannschaft bestand aus den Friesen, Wagos Sachsen und natürlich Halvor als Steuermann. Sein Bruder Agill hatte sich nach kurzer Bedenkzeit dagegen entschieden ihm zu folgen. Insgeheim war Ordulf darüber dankbar. Es fühlte sich merkwürdig an, seinen älteren Bruder zu kommandieren.

Ein kräftiger Westwind wehte, den sie für ihre Fahrt nach Norden jedoch nicht nutzen konnten. Die nur flach ausgearbeitete Kielplanke der Heldir erlaubte es nicht am Wind zu kreuzen, da ihr flaches Relief dem Wind nur wenig Widerstand entgegensetzte. Unter Segel wären sie unweigerlich auf die offene See hinausgetrieben. So mussten die Männer rudern, doch sie waren ausgeruht und frohen Mutes. Niemand murrte über die schwere Arbeit.

Nach sechs Tagen erreichten sie die Mündung des Abus, die Ordulf schon von ihrer Expedition im Vorjahr kannte. Wenige Tage später zeigte sich ein weiterer tiefer Einschnitt in der Küste, eine Förde. Seekundige Britannier hatten Ordulf erklärt, dahinter läge das Land der Pikten und damit Ordulfs Jagdrevier für diesen Sommer. Und tatsächlich trafen sie bald auf die ersten Pikten. Fischer in ihren einfachen schwarzen Kähnen.

»Rudert was ihr könnt!«, rief Ordulf seiner Mannschaft zu und steuerte direkt auf die Ansammlung von Curachs zu.

Doch die kleinen Boote ließen ihre Netze fahren und stoben in alle Himmelsrichtungen auseinander. Aufgrund der höheren

Geschwindigkeit des langgestreckten Rumpfes der Heldir, gelang es Ordulf ein Boot zu überfahren. Die beiden Fischer darin überließen die Sachsen der See und ihrem eigenen Wurd. Die übrigen Boote waren inzwischen schon zu nah am Ufer, um sie noch angreifen zu können.

»So ein Mist!«, schimpfte Arfst, der auf der ersten Ruderbank direkt vor Ordulf saß. »Wie sollen wir die verdammten Pikten so jemals erwischen?« Mit dem Handrücken wischte er sich den Schweiß von der Stirn. Kobers, der ihm gegenübersaß, beugte sich keuchend über seinen Riemen.

Auch wenn es ihnen nicht gelang, viele der wendigen Curachs auf See zu stellen, trafen ihre Überfälle die Pikten doch völlig unvorbereitet. Ordulf freute sich insgeheim, die Friesen dabeizuhaben. Sie waren nicht nur gute, ausdauernde Ruderer, sie verstanden sich auch auf das Piratenhandwerk.

»Wir sollten sie an Land überfallen. Hinter diesen unglaublich hohen Felsen hier«, Arfst zeigte auf das Steilufer, welches sich, unterbrochen von wenigen Buchten, bis zum Horizont hinzog, »kann man ein Schiff einfacher verstecken als einen Mann im Wald. Wir schlagen schnell zu und verschwinden ebenso schnell wieder.«

Ordulf hörte aufmerksam zu, ließ sich aber nichts anmerken. »Klar, so muss man das machen«, bestätigte er nickend.

Rasch lernte er, die Küste zu nutzen, um die Heldir erst im letzen Augenblick hinter einem Kap oder einer der zerklüfteten Inselchen auftauchen zu lassen und langsam wuchs die Spur aus verbrannten Booten und Fischerkaten nach Norden.

Leider nahmen die Bewohner dieser ärmlichen Fischersiedlungen beim Anblick der Sachsen meist ihr gesamtes bewegliches Gut mit sich. Die Beute blieb dementsprechend mager. Einige Schafe oder Hühner, ein paar eiserne Kessel und Töpfe, ein ums andere Mal eine silberne Fibel oder ein Schwert. Doch Ordulf hatte sich nach seinem friesischen Abenteuer fest vorgenommen, bei den Pikten vorsichtiger zu agieren. Er steuerte die Heldir immer ins sichere tiefe Wasser zurück, bevor die Pikten aus dem Hinterland Verstärkung rufen konnten.

Nur ein einziges Mal gelang es Ordulf und seinen Männern eine der größeren Siedlungen einzunehmen. Mehrere Steinhäuser thronten, umringt von einer Palisade, hoch über der See auf einem Felsen. Eppo war es, der den Ort am Vorabend von der Landseite ausgespäht hatte, während die Heldir unweit davon in einer kleinen Bucht versteckt lag.

»Wir können bis direkt unter die Palisade rudern«, verkündete er mit leuchtenden Augen, als er lange nach Einsetzen der Dunkelheit zum Schiff und seinen wartenden Kameraden zurückkehrte.

»Lasst uns die Riemen mit nassen Lappen umwickeln, damit sie nicht knarren, dann schleichen wir uns verdeckt von der kleinen Insel heran. Dem Wachtposten werden nur wenige Augenblicke bleiben, um Alarm zu geben«, griff Arfst den Plan begeistert auf.

Ordulf wiegte bedenklich das Haupt. »Wie viele Krieger mögen in dem Dorf leben?«, fragte er.

»Ich habe nicht mehr als zwanzig Männer gezählt. Lass es insgesamt dreißig sein«, antwortete Eppo eifrig.

Ordulf rang sich schließlich dazu durch, einen Überfall zu wagen.

Im Morgengrauen verließen sie ihr Versteck und ruderten, wie geplant von einer kleinen Insel vor dem natürlichen Hafen der Siedlung verdeckt, bis dicht unter Land. Die mit nassen Lappen umwickelten Riemen quietschten leise. Das Gurgeln und Plätschern des Wassers am Rumpf der Heldir erschien Ordulf dagegen unnatürlich laut. Er konnte sich kaum vorstellen, dass sie unentdeckt blieben. Doch der junge Morgen blieb still. Kein Mann, kein Hund, kein Hahn, der einen Mucks von sich gegeben hätte.

Nun erschien die Silhouette des Dorfes hinter den Felsen der Insel.

»Los jetzt, legt euch in die Riemen!«, rief Ordulf und die Heldir sprang förmlich aus dem Wasser, als die Männer ruckartig anpullten.

Sie schossen auf den Strand zu. Noch kein Laut, kein Alarm. Die Männer ruderten so schnell sie konnten und die Gischt spritzte auf, als ein Riemen unsauber in die Wellen tauchte. Endlich hatte die Heldir die Distanz bis zum Strand zurückgelegt. Der Bug rutschte knirschend auf Sand

»Auf sie, Männer!«, schrie Ordulf, ließ das Steuer fahren und griff nach dem Schild. Inmitten seiner Männer stürmte er mit erhobenem Schild den schmalen Zugang zum Dorf hinauf.

Der piktische Wachtposten musste geschlafen haben, denn sein Alarmruf erscholl erst unmittelbar bevor die Angreifer die Palisaden erreichten. Einige Pikten stellten sich ihnen entgegen, teils mit den kleinen runden Lederschilden, teils auch nur mit Speer oder Axt bewaffnet. Zu Ordulfs großem Erstaunen griffen auch die Frauen zu den Waffen. Doch ihre Gegenwehr hielt dem Ansturm der See-Germanen nicht stand.

Allerdings hatten die wenigen Verteidiger die Sachsen so lange aufgehalten, dass es den übrigen Pikten gelang, sich in eine Art steinernen Turm in der Mitte ihrer kleinen Burg zu flüchten. Nun standen die Sachsen außen, während die Pikten zitternd, aber unerreichbar für die sächsischen Speere, hinter den Steinmauern hockten.

Ordulf und seine Männer drangen plündernd in die runden Häuser ein. Eilig rafften sie alles Metall und die gesamten Nahrungsmittelvorräte zusammen. Die meisten Pikten hatten nichts als ihr nacktes Leben hinter der hohen Mauer geborgen.

»Sieh dir das an«, rief Arfst von einem der steinernen Rundhäuser herüber.

Ordulf lief neugierig zu ihm herüber. Der Friese stand hinter seinem erhobenen Schild, denn die Pikten hatten gerade begonnen von der Oberkante ihres Bollwerks Pfeile zu schießen.

Noch ziemlich aufgeregt und ungezielt, aber Ordulf schätzte, dass sie schnell zielsicherer würden. Arfst stand fasziniert vor einer Art Säule. Sie war ganz anders gearbeitet als die römischen Säulen Britanniens. Dieser sah man sofort an, dass sie mal ein gewöhnlicher Felsbrocken gewesen war. Der Stein war über und über mit merkwürdig verschlungenen Mustern bedeckt. In der Mitte sah man Figuren. Ordulf betrachtete sie interessiert und befühlte den Stein.

»Merkwürdig. Das muss doch eine ungeheure Arbeit sein, so etwas in den Stein zu meißeln. Warum nehmen sie nicht einfach Holz?« Er fuhr die Figuren mit dem rechten Zeigefinger ab.

»Vielleicht haben sie nicht genug Holz, hier wächst ja nicht so viel wie auf der Geest, und selbst die Boote bauen sie aus Leder«, antwortete Arfst.

»Sieh mal, dieses Zeichen muss doch irgendetwas bedeuten, das haben wir schon öfter in den runden Steinhäusern gefunden.«Ordulf strich über einen nach unten offenen Halbmond, über den ein V-förmiges Zeichen eingemeißelt war.

Ein Schrei beendete seine Überlegungen. Einer der Sachsen war von einem Pfeil in die ungeschützte Wade getroffen worden.

»Wird Zeit zu verschwinden«, mahnte Arfst.

»Schade, ich wüsste zu gern, was das hier bedeutet. Schau nur, das sind Reiter und sie haben die Männer hier unten erschlagen …« Widerwillig riss sich Ordulf von der Betrachtung los und widmete sich näherliegenden Dingen. »Zurückfallen zur Heldir«, rief er, seinen Schild als Schalltrichter an die Lippen haltend.

Langsam lösten sich die Sachsen und Friesen vom Feind, bepackt mit allem, was nicht niet- und nagelfest war.

»Setzt die Dächer in Brand, das wird sie aufhalten«, befahl Ordulf.

Am Strand zählte Ordulf hastig seine Männer. »Los, weg hier, bevor sie von den Felsen auf uns schießen«, rief er über das Rauschen der Feuer hinweg.

Wenige Augenblicke später schoss die Heldir hinaus auf die glatte See.

Später musterte Ordulf den Himmel. Der Feuerschein des Dorfes war längst hinter der Kimm zurückgeblieben. Sein Zeitgefühl sagte ihm, dass es bereits Abend sein musste, doch die Sonne, die zwar in Richtung Horizont sank, weigerte sich, dahinter zu verschwinden. Stattdessen zog sie ihren Kreis immer weiter nach Norden.

»Das ist doch nicht normal«, bemerkte er besorgt. »Die Tage werden immer länger, obwohl sie jetzt nach der Sommersonnenwende doch kürzer werden sollten. Ich habe die Sonne noch nie so lange und noch nie so weit im Norden gesehen.«

»Wir sollten uns nicht mehr weiter nach Norden wagen«, stimmte Kobers ihm zu. »Wer weiß, ob die Welt hier nicht bald endet.«

Ordulf starrte fasziniert auf das flach über dem Horizont stehende Tagesgestirn. »Am Ende der Welt müsste es doch wohl eher dunkler werden, oder?«

Pert Acaiseid, August 442
Álainn

Álainn saß an einen großen Steinbrocken gelehnt, starrte zum vollen Mond hinauf und wartete. Sie hatte eine warme Wolldecke eng um ihre schmalen Schultern geschlungen.

Heute Nacht war sie mit der Schafherde auf der Außenweide geblieben und nicht nach Pert Acaiseid zurückgekehrt. Das geschah selten, aber Eòghann hatte es so befohlen. Und sie ahnte warum, seine Blicke hatten ihn verraten. Endlich stand sie vor dem Ziel ihrer Bemühungen. Über ein Jahr hatte sie gebraucht, Eòghann dazu zu bringen sein Eheversprechen gegenüber Gwen zu vergessen. Heute würde sie Gwens Platz einnehmen.

Sie horchte in die Dunkelheit. Nichts außer dem fernen Rauschen der See und dem Rascheln des Windes in dem niedrigen Gebüsch hinter ihr. Doch sie hatte keine Eile. Er würde kommen.

Ihr schlechtes Gewissen plagte sie immer noch ein wenig. Eine Tote und eine zerstörte Ehe, das war die Bilanz ihres Bündnisses mit Gruagach. Doch wie oft hatte sie zu ihrem eigenen Gott gefleht, er möge sie von hier fort bringen? Hinaus aufs Meer, das ihr Freiheit versprach. Vielleicht sogar darüber hinweg, heim nach Britannien, doch das hatte sie nicht einmal wirklich zu hoffen gewagt. Aber nichts war geschehen.

Plötzlich hörte sie hinter sich ein Knacken. Sie erstarrte kurz, doch dann entspannte sie sich und ließ die erschrocken hochgezogenen Schultern wieder sinken. Nun würde alles so geschehen, wie sie es geplant hatte. Einige der Schafe erwachten und blökten ängstlich, als sie weitere Menschen witterten.

Merkwürdig, dachte Álainn, sie kennen Eòghann doch eigentlich.

Oceanus Germanicus, August 442
Ordulf

Am Folgetag bog die Küste, der sie zuerst nach Nordosten, dann nach Westen und in den letzten Tagen wieder in Richtung Nordosten gefolgt waren, erneut unvermittelt nach Westen ab.

»Lass uns heimkehren, das Ende der Welt muss nahe sein«, warnte Kobers nicht zum ersten Male.

»Die beste Zeit des Jahres liegt hinter uns und vor dieser steinigen Küste sollten wir keinen Sturm abwettern«, pflichtete Halvor ihm bei.

Ordulf schaute seine Männer missmutig an. Die karge Landschaft, die sich unter den flach einfallenden, bleichen Sonnenstrahlen ausbreitete, faszinierte ihn. Nur zu gern wäre er immer weiter nach Norden gerudert. Aber die Gefährten hatten recht. An der feindlichen und rauen Küste konnten sie nicht überwintern und auch keinen Sturm auf offener See überstehen. Die Pikten würden sie früher oder später finden und grausame Rache üben.

Er ließ seinen Blick über die See schweifen. Trotz seiner stumpfen Augen schien ihm im Norden neues Land zu liegen. Vielleicht wären sie die Ersten, die es jemals erreichten. Jedenfalls die ersten Sachsen.

»Lasst uns von diesem Kap noch einen Tag nach Norden rudern. Ich glaube, dort hinter den Wolkenbänken liegt Land«, drängte er. »Vielleicht finden wir Inseln, welche noch nie ein Fuß betreten hat. Ein Land, in dem die Sonne nie untergeht. Seid ihr denn gar nicht neugierig?«

»Was soll schon noch kommen? Die Leute hier sind so arm wie die ärmsten Moorbewohner in unserer Heimat«, entgegnete Eppo unwillig.

Doch in Arfsts Augen blitzte es ebenfalls. »Neugierig schon. Aber wer weiß, wie sich hier am Rande der Welt das Wetter entwickelt?«

»Also gut. Wenn wir bis Mittag noch nicht unter Land sind, kehren wir um«, entschied Ordulf missmutig.

Als er den Bug auf das offene graue Meer hinauswandte, überlief ihn ein Schauer. Gleichzeitig bemerkte er eine starke Gezeitenströmung, die ihn quer zur Küste versetzte. Leicht beunruhigt änderte er den Kurs der Heldir entsprechend, sagte seinen Gefährten aber nichts, aus Sorge, sie könnten sich weigern weiter zu rudern.

Zu seiner Freude erkannte er bereits nach einer guten Stunde, dass tatsächlich Land vor ihnen lag und sie ihm merklich näher kamen. Es schien sich allerdings um mehrere zerklüftete Inseln zu handeln. Eine Verbindung zum Festland war nirgends zu erkennen.

Noch vor Ablauf der gesetzten Frist erreichte die Heldir eine felsige Küste, die von grünen Hügeln überragt wurde.

»Dort ist eine Rauchsäule«, stellte Halvor fest, der neben Ordulf stand und die unwirtlichen Eilande mit seinen Blicken absuchte.

Wenig später erkannte auch Ordulf hoch auf einem Felsvorsprung, der kühn in den Ozean hinein ragte, eine piktische Burg. Darunter stürzten die Klippen nahezu senkrecht in die schäumende Brandung.

»Ruder halt! Diese Burg können wir unmöglich von See her angreifen«, behauptete er, während seine Blicke an den steilen Klippen hinaufglitten. »Die Felsen sind viel zu hoch und schroff. Wir gehen heimlich an Land und sehen uns die Sache nachts von dort aus an.«

Vorsichtig steuerte er die Heldir aus dem Blickfeld der Burg. Hoffentlich hat uns noch niemand bemerkt, dachte er sich. In solch einer großen Siedlung lebten fraglos viele Krieger und an Land konnten sie nur zu leicht in einen Hinterhalt geraten.

Doch Thunær schien ihm immer noch hold gesonnen. Als er die Heldir auf die Küste zusteuerte, tat sich direkt vor ihrem Bug eine Lücke zwischen den hohen Felsen auf. Am Ende des Einschnitts leuchtete ein heller Strand. Ordulf lenkte die Heldir geschickt zwischen den Felsen auf den Sand.

»Arfst, Halvor, Odilgard«, rief Ordulf. »Ihr kommt mit. Wir sehen uns oben ein wenig um.«

Schweigend folgten ihm die Männer an Land und dort einen schmalen gewundenen Pfad hinauf auf die Klippen. Vorsichtig setzte Ordulf einen Fuß vor den anderen, jeden Laut vermeidend, jeden Felsvorsprung als Deckung nutzend. Trotz aller Aufmerksamkeit löste sich plötzlich unter seinen Füßen ein Stein und rollte polternd den Abhang hinab.

»He, Achtung!«, rief Odilgard. Ordulf warf ihm einen bösen Blick zu. Schuldbewusst verstummte der schwere Mann.

Als Ordulf sich wieder umwandte, sah er im Augenwinkel eine Bewegung vor sich. Erschrocken riss er den Schild hoch. Auch Arfst hatte etwas gesehen.

»Bei Inguz, was war das?«, flüsterte er.

Halvor beruhigte sie. »Nur ein Vogel, macht euch nicht gleich in die Hosen.«

»Erstaunlich, was du alles siehst«, murmelte Ordulf verlegen und wollte seinen Weg fortsetzen, doch beim nächsten Schritt begann plötzlich die Luft vor ihm zu schwirren. Hunderte Seevögel stoben von der gegenüberliegenden Felskante auf. Das Gekreische war ohrenbetäubend. Ordulf kniete nieder und hob gerade noch rechtzeitig den Schild, als eine unglaublich große Möwe im Sturzflug direkt auf ihn herabstieß. Es folgten weitere und einige hackten tatsächlich mit dem Schnabel in das Lindenholz oder mit hohlem Dröhnen auf den metallenen Schildbuckel.

»Was ist denn das?«, rief Ordulf, das Gekreische übertönend, seinen Gefährten zu. Als er sich umsah, hatten auch sie hinter ihren Schilden Deckung gesucht.

Es dauerte eine Weile, bis sich das Federvieh beruhigte. Vorsichtig spähte Ordulf unter dem Schild hervor, den die dämlichen Viecher vollgeschissen hatten. Sie hatten es doch gar nicht auf ihre Eier abgesehen. Vorsichtig erhob sich Ordulf, immer noch misstrauisch in den Himmel spähend. Geduckt schlich er weiter, bis er das Ende des Pfades an der Abbruchkante der Uferfelsen erreichte. Von dort spähte er in alle Richtungen. Im Norden, wo er die Burg vermutete, erstreckte sich eine weite Torflandschaft. Heidekraut, bunte Moose und Flechten wechselten sich ab und bildeten einen Teppich aus changierenden Grüntönen. In der Nähe ihres Verstecks weideten einige zottelige Schafe, wie sie sie im gesamten Piktenland angetroffen hatten.

»Zumindest Proviant finden wir hier«, bemerkte Odilgard zufrieden. Die Gedanken des Hünen schienen ausschließlich ums Essen zu kreisen.

»Dort drüben ist jemand«, bemerkte Halvor ruhig und zeigte in Richtung der Schafe.

Arfst beschattete seine Augen gegen die im Westen stehende Sonne. »Das stimmt, da sitzt ein Schäfer am Rande des Gebüschs«, bestätigte er überrascht.

Ordulf kniff die Augen zusammen, konnte aber niemanden erkennen. Doch daran war er inzwischen gewöhnt. »Scheinbar hat ihn der Radau der verdammten Vögel nicht weiter aufgeregt. Wir bleiben besser hinter den Felsen versteckt. Entweder der Kerl verschwindet in der nächsten Stunde von selbst oder wir greifen ihn uns nach Einbruch der Dämmerung«, entschied er. »Vielleicht kann er uns verraten, wie wir in die Burg gelangen und wie viele Schwerter sie dort haben. Halvor, du hast die, äh, das schärfste Auge, du bleibst hier und beobachtest den Kerl. Nach Sonnenuntergang kommen wir wieder und kümmern uns um diesen Schäfer!«

Auf dem Rückweg blieben sie glücklicherweise von weiteren Attacken der Raubmöwen verschont. Schließlich, etwa eine Stunde nachdem die Sonne viel zu weit im Norden und viel zu spät hinter dem Horizont versunken war, schlichen Ordulf, Arfst und Odilgard wieder den schmalen Felsenpfad hinauf. Auch diesmal ließ sie das Federvieh friedlich gewähren und wenn nicht sein vollgeschissener Schild gewesen wäre, hätte Ordulf fast geglaubt, den unheimlichen Angriff lediglich geträumt zu haben.

»Der Schäfer sitzt immer noch an seinem Platz. Ich glaube, er bleibt heute Nacht draußen«, begrüßte Halvor sie, als sie sich der Felskante näherten. Mit der Hand deutete er in Richtung des niedrigen Gebüschs.

»Hervorragend«, schnaufte Ordulf. Er war von dem steilen Anstieg noch außer Puste. »Den knöpfen wir uns jetzt vor.«

Nach einer kurzen Verschnaufpause lief er tief gebückt zu einigen Steinen, die ihm Deckung bieten sollten. Endlich erkannte er auch selbst die einsame Gestalt am Gebüschrand. Es war nicht schwer an sie heranzukommen. Sie schien völlig in ihren eigenen Gedanken versunken und der federnd weiche Torfboden verschluckte die Geräusche seiner Tritte. Schließlich erreichte er das Gebüsch im Rücken des Fremden. Offenbar handelte es sich um ein Kind, höchstens einen Jugendlichen. Seinen Sax würde er also nicht brauchen, um die Gestalt zu überwältigen. Und eigentlich wollte er dem zierlichen Geschöpf auch gar kein Leid zufügen. Lautlos schob er sich in das Gebüsch und hielt den Atem an. Er war nun so dicht, dass er den Jungen mit der Hand erreichen konnte, doch seine Schultern hoben sich völlig ruhig und gleichmäßig. So ein Träumer, dachte Ordulf tadelnd. Dann griff er zu. Eine Hand drückte er dem Jungen auf den Mund, mit der anderen riss er ihn ins Gebüsch und presste ihm die Arme an den Leib. Erst als seine inzwischen herangekommen Gefährten ihn mit großen Augen anstarrten, merkte Ordulf, dass etwas nicht stimmte. Er sah genauer hin. Und tatsächlich. Das war gar kein Junge, er hatte ein Mädchen gefangen!

»Da hast du dir aber etwas Hübsches geangelt«, kommentierte Arfst grinsend.

»Na so was«, murmelte Ordulf verlegen.

Inzwischen wand sich das junge Mädchen in seinen Armen und schleuderte ihm ihre langen roten Haare ins Gesicht. Als er ein wenig fester zupackte, gab sie auf und sackte förmlich in sich zusammen.

»Álainn?«, ertönte da ein heiserer Ruf von der anderen Seite der Weide.

Ordulf fuhr herum.

»Halt, wer da?«, rief Odilgard.

»Leise, du Trottel«, zischte Ordulf, doch der fremde Rufer schien schnell von Begriff zu sein. Ordulf hörte etwas, das vermutlich einem piktischen Fluch entsprach und die Schritte eines rennenden Mannes.

»Ihm nach, er darf die Burg nicht erreichen!«, rief Ordulf.

Arfst und Odilgard sprangen auf und rannten hinter dem Flüchtenden her. Nach kurzer Zeit kehrten sie unverrichteter Dinge zurück.

»In der Dunkelheit haben wir keine Chance. Der Pikte kennt sich hier aus«, berichtete Arfst.

»Dann kehren wir zum Schiff zurück«, entschied Ordulf. »Arfst, Odilgard, ihr nehmt zwei von den Schafen mit. Immerhin haben wir die hier. Und jetzt müssen wir so schnell wie möglich weg von der Steilküste. Die Pikten brauchen nur von oben mit Steinen zu schmeißen um die Heldir und uns zu vernichten.«

XVII. Auf hoher See und in Gottes Hand

Oceanus Germanicus, August 442
Álainn

Ein wenig stürmisch, dachte Álainn, als große Hände sie von hinten packten. Eine verschloss ihren Mund und verhinderte jeden Laut. Die andere riss sie von den Schafen weg, als wöge sie nicht mehr als eines der Lämmer. Dann erkannte sie zu ihrem Entsetzen nicht Eòghann, sondern Hünen mit blonden Bärten. Der Mann, der sie von hinten gepackt hielt, rief in einer unverständlichen Sprache Befehle. Álainn versuchte sich zu befreien, doch der Druck der Arme, die sie hielten, nahm ihr den Atem und sie sackte hilflos zusammen. Starr vor Angst ließ sie sich zu den Felsen tragen. Was waren das für Männer und was wollten sie von ihr?

Sie hatte auf Eòghann gewartet und der war auch tatsächlich gekommen, allerdings einen Augenblick zu spät. Sie hatte seinen Ruf vernommen. Wer sie eigentlich gepackt hielt, konnte sie immer noch nicht erkennen, jedenfalls trug er sie mit einer erstaunlichen Leichtigkeit und in schwindelerregendem Tempo den Felsenpfad zum Meer hinab. Voll Entsetzen erkannte sie plötzlich, dass sie direkt auf ein Ungeheuer zueilten. Riesige rollende Augen und blanke weiße Zähne starrten ihr entgegen. Diese Riesen kamen direkt aus der Hölle! Dann erkannte sie, dass das Ungeheuer nur ein hölzerner Kopf am Steven ihres Schiffes war.

Álainn war in diesem Moment froh, nicht selber laufen zu müssen, zu weich waren ihre Knie und sie zitterte am ganzen

Körper. Ihr Peiniger warf sie schließlich wie ein loses Bündel Reisig einem Kameraden an Bord zu und so konnte sie zum ersten Mal einen Blick auf ihn erhaschen.

Er war tatsächlich ein wahrer Hüne. Sein blondes Haar fiel ihm bis auf die Schultern herab und anders als die meisten Männer trug er nur einen kurzen Stoppelbart. Er sah kurz zu ihr hinüber, so als wollte er sich vergewissern, dass seine Männer das wertvolle Gepäckstück auch nicht beschädigten, dann wandte er sich seiner Mannschaft zu und gab in einer unheimlichen, zischenden Sprache Befehle. Das musste einer der gefürchteten Riesen sein, die Prinz Koloman auf dem Gewissen hatten.

Gegen ihren Willen musste sie die Gewandtheit bewundern, mit der sich der Anführer nun an Bord schwang. Und ehe Álainn sich versah, befand sie sich auf dem Meer. Ausgerechnet jetzt, wo sie ganz andere Pläne gehegt hatte. Und diese arroganten Kerle befanden es noch nicht einmal für nötig, sie zu fesseln. Wütend sprang sie auf. Der Kerl, der sie geraubt hatte, stand ganz im Heck. Sie stürmte auf ihn zu, schrie ihn an und schlug mit beiden Händen nach seiner Brust.

»Du stinkender Heide, was fällt dir eigentlich ein?«

Der Fremde schaute sie verdutzt an, dann nahm er eine Hand vom Ruder, packte sie am Kragen ihres Gewandes und hob sie in die Höhe. »Von wegen stinkend, du riechst ja selbst schlimmer nach Seehundtran und Fischöl als eine Öllampe«, lachte er.

»Wie kannst du es wagen …«, setzte sie an, verstummte aber plötzlich. Irgendetwas passte nicht. Wieso verstand sie, was der Riese sagte? »Du sprichst Piktisch?«, fragte sie erstaunt.

»Zumindest Britannisch und dein Piktisch klingt ziemlich ähnlich. Aber das macht die Sache einfacher. Entweder du versprichst mir, auf dem Schiff zu bleiben und dich zu benehmen, oder ich lasse dich fesseln und zu den Ballaststeinen in die Bilge werfen.«

»Du, du, Widerling, Seehundgedärm …« Sie starrte in die offenen blauen Augen des Fremden und suchte nach weiteren

Schimpfwörtern, doch zu ihrem eigenen Ärger fiel ihr nichts mehr ein.

»Na also«, lachte der überhebliche Riese. Offenbar sah er ihr Schweigen als Zeichen des Einlenkens an, was ihre stille Wut nur noch vermehrte. »Jetzt setz dich dort hin, wenn wir gleich ein bisschen weiter von den Klippen weg sind, unterhalte ich mich mit dir.«

Bald konnten sie von See her den Felsen von Pert Acaiseid erkennen. Auf der Burg brannten nun etliche Lichter, offenbar hatte Eòghann die Bewohner alarmiert. Für sie kam jedoch jede Hilfe zu spät. Langsam wich ihre Wut wieder der Angst. Wo war sie hineingeraten? Ihre Welt wurde gerade zum zweiten Mal innerhalb eines einzigen Jahres aus allen Fugen gerissen. Immerhin hatte sie der fremde Riese bisher recht ordentlich behandelt.

Verstohlen schaute sie an der aufragenden Gestalt des Steuermanns hinauf. Verärgert riss sie sich zusammen. Von diesen Männern brauchte sie nichts Gutes zu erwarten, es waren vermutlich Sklavenhändler, die sie nur gut behandelten, solange sie Gewinn versprach. Da gewahrte sie ein Blitzen am Hals des fremden Anführers. Kein Zweifel, es war ein kleines Metallkreuz.

Da fiel es ihr wie Schuppen von den Augen. War nicht gerade das passiert, wofür sie das gesamte letzte Jahr über gebetet hatte? Sie war auf dem wilden, freien Meer, unerreichbar für die Pikten und Gwens Nachstellungen für immer entzogen. Ihre Angst machte einem schlechten Gewissen Platz. Ihr Pakt mit dem gruseligen Gruagach war im letzten Augenblick zerplatzt und die Fremden brachten sie übers Meer, vielleicht sogar heim nach Britannien. Nur ein einziges Jahr hatte sie in Geduld auf die Erfüllung ihres Gebetes warten müssen und währenddessen ihrerseits gründlich versagt. Doch Gott war nicht nur stärker, sondern auch so gnädig, sie nichtsdestotrotz im letzten Augenblick zu retten.

Oceanus Germanicus, August 442
Ordulf

Der Versuch, die Burg Pert Acaiseid zu überfallen, war gescheitert. Eine einzige junge Piktin und zwei Schafe waren ihre gesamte Beute. Und dafür hatten ihm riesige Möwen seinen besten Schild von oben bis unten vollgeschissen. Mit sanftem Ruderdruck lenkte er die Heldir nach Süden. In der Dunkelheit würden sie ohnehin keinen Ankerplatz finden. Da konnten sie auch gleich über den offenen Meeresarm rudern, um so rasch wie möglich wieder unter das piktische Festland zu kommen, bevor sich das Unken der Kameraden bewahrheitete und das Wetter umschlug. Halvor, Eppo und Odilgard hatten recht. Bald würden die ersten Herbststürme über diese ungastlichen Gefilde hereinbrechen und vor dieser rauen und felsigen Küste wollte auch Ordulf keinen Sturm abwettern.

Sie waren etwa eine halbe Stunde schweigend im fahlen Licht der Sterne gerudert, als er plötzlich in Steuerbord direkt vor ihrem Bug eine merkwürdige Erhebung aufblitzen sah. Ein grauer Buckel ragte vielleicht einen oder einen halben Schritt aus der See. Erschrocken riss Ordulf das Ruder nach Backbord, doch die Steuerbordriemen schlugen mit einem dumpfen Klatschen gegen das treibende Etwas. Die Ruderer im Bug schrien erschrocken auf, bevor einen Moment lang alles ruhig erschien.

Mit einem schmatzenden Geräusch versank das graue Etwas in den Wellen. Einen Augenblick später teilte sich die See unter den Steuerbordriemen. Starr vor Entsetzen erkannte Ordulf einen gezackten Rücken, der aus dem plötzlich brodelnden Meer tauchte. Dann hob sich eine mächtige Flosse aus der dunklen Flut. Später erinnerte sich Ordulf, dass die Flosse quer stand, also eher wie die Fluke eines Meriswæns, nur von unglaublicher Größe, doch in diesem Moment beobachtete er mit einer

Mischung aus Faszination und sprachlosem Entsetzen, wie sich die vermeintliche Flosse des Ungeheuers hoch über die Bordwand der Heldir hob. Ungläubig starrte er zu ihr auf. Dann verschwand sie schlagartig in der See und zertrümmerte dabei zwei der armdicken Steuerbordriemen aus massivem Eichenholz.

»Ein Seeungeheuer!«, schrie Eppo. Er hatte als Erster die Sprache wiedergefunden. Panisch sprangen einige der Ruderer von ihren Bänken in Steuerbord. Die Heldir schwankte bedenklich und es dauerte einen Augenblick bis Ordulf sich wieder Gehör verschaffen konnte.

»Ruhe im Schiff!«, schrie er. »Alle an ihre Riemen. Ihr anderen schnappt euch Wurfspeere!«

Gespannt warteten die Männer mit erhobenen Speeren, ob sich das Ungeheuer wieder zeigte. Ordulf horchte in den Rumpf der Heldir hinein, doch das Einzige, was er vernahm, war das aufgeregte Rauschen seines eigenen Blutes. Plötzlich schäumte das Meer wieder, allerdings mehrere hundert Schritte entfernt vom Schiff.

»Da, das Ungeheuer hebt den Kopf!«, schrie Arfst und wies mit seiner Hand dorthin, wo eine unförmige, dunkelgraue Masse auftauchte. Mit einem Mal spie das Untier eine Fontäne von Gischt und Wasser schräg nach vorn.

»Seht nur, es speit Feuer!«, rief Eppo.

»Wohl eher Wasser«, antwortete Arfst, starrte aber genauso gebannt zu dem Ungeheuer hinüber. Ein Modergeruch wehte zu ihnen hinüber.

»Tatsächlich, ein Seeungeheuer«, kommentierte Ordulf.

»Es taucht wieder!« Arfst war vom Rufen ganz heiser.

Der Kopf des Untiers verschwand und es zeigte nochmals seinen buckligen Rücken, bevor wieder die riesige Fluke erschien.

»Das glaubt uns in Ypwinesfleet keiner«, stammelte Eppo.

»Los Männer, anrudern«, befahl Ordulf mit rauer Stimme. »Wir sollten lieber verschwinden, bevor das Ungeheuer doch noch Appetit bekommt. Ihr übrigen legt die Speere nicht aus der Hand!«

Rasch wurden die zwei zerstörten Riemen ausgetauscht. Langsam nahm die Heldir wieder ihre Fahrt nach Süden auf. Da fiel Ordulfs Blick auf die Piktin. Sie starrte mit großen Augen zurück.

»Gibt es viele solcher Ungeheuer hier oben?«, fragte er sie auf Britannisch.

»So ein großes Tier habe ich noch nie gesehen. Kleine schwarzweiße Wale sind hier oben häufig, aber wenn die Alten von den ganz großen erzählten, hielt ich das bisher immer für Übertreibung«, stammelte sie.

»Wale?«, fragte Ordulf zurück. »Du meinst das sind ganz normale Tiere wie …« Er wollte Meriswæn sagen, also wörtlich Meerschwein, was die im Germanischen Ozean häufigen Schweinswale meinte, doch ihm fiel kein passender britannischer Ausdruck dafür ein. »Ganz normale Tiere?«, beendete er seinen Satz.

Die Piktin schaute ihn nun leicht spöttisch an. »Nicht ganz normale Tiere. Große Tiere.«

Ordulf wunderte sich einmal mehr, wie rasch sich die gefangene Piktin in ihre neue Situation gefunden hatte. Sie musste über eine erstaunliche Auffassungsgabe verfügen. Vermutlich hatte sie den heimatlichen Felsen noch nie weiter als einige tausend Schritte hinter sich gelassen. Dennoch wirkte sie völlig ruhig und gefasst, obwohl die Heldir sie mit jedem Ruderschlag und gezogen durch die unheimlichen Gezeitenströmung, die Ordulf bereits am Vortag bemerkt hatte, immer weiter von ihrer bekannten Welt forttrug. Eigentlich hatte sie nicht viel zu fürchten. Die Erinnerung an die kleine Gutha, die mit blutverschmiertem Gesicht zu seinen Füßen lag, reichte völlig aus, um ihn bei dem bloßen Gedanken, dem Mädchen irgendwelche Gewalt anzutun, mit Abscheu zu erfüllen. Aber das konnte sie doch gar nicht wissen.

»Wenn du mir dein Wort gibst, keinen Fluchtversuch zu wagen, dann verzichte ich auch weiterhin darauf, dich anzubinden«, schlug er ihr am nächsten Morgen vor.

Sie hatten inzwischen den Sund überquert und befanden sich wieder in Sichtweite der piktischen Ostküste. Ordulf wollte bald eine einsame Bucht als Ankerplatz suchen und da wollte er nicht riskieren, dass das Mädchen über Bord sprang und versuchte an Land zu schwimmen. »Wie heißt du überhaupt?«, schob er noch nach.

Sie sah ihm furchtlos, fast heiter in die Augen und er musste sich zwingen, ihrem Blick standzuhalten. »Ich heiße Álainn und ich bin einverstanden«, nickte sie schließlich. »Aber unter einer Bedingung: Du garantierst mir, dass deine Männer mich in Frieden lassen.«

»Ja, selbstverständlich«, nickte er. »Álainn«, wiederholte er ihren Namen mit einem versonnenen Lächeln. Dann ging ihm auf, wie absurd die Situation war. Er ließ sich von seiner eigenen Gefangenen Bedingungen diktieren. Verlegen schaute er sich um. Glücklicherweise sprach keiner der Männer Britannisch. Lediglich Halvor mochte sie verstanden haben. Der fand aber offenbar nichts Seltsames an ihrem Gespräch. Erleichtert atmete Ordulf auf. »Du hast hier überhaupt nichts zu fordern«, wies er die Piktin zurecht.

»Aber ich habe dein Wort«, lachte sie triumphierend.

Ordulf blickte hilfesuchend zu Halvor hinüber, doch der grinste in seinen Bart und zuckte mit den Schultern. »Das hast du dir selbst eingebrockt, also sieh zu, wie du klarkommst.«

Das Mädchen schenkte dem Einäugigen ein dankbares Lächeln.

»Heh, Moment mal. Ich habe immer noch das Sagen hier«, schimpfte Ordulf, doch er musste sich zusammenreißen, um nicht selbst zu schmunzeln. Was für eine absurde Situation!

»Wie kannst du dir so sicher sein, dass ich meine Meinung nicht ändere?«, fragte er sie und versuchte, einen finsteren Gesichtsausdruck aufzusetzen, was ihm aber so gründlich misslang, dass zuerst Álainn und dann auch Halvor laut lachen mussten.

Die übrigen Männer schauten interessiert herüber.

»Was scherzt du da mit der Kleinen?«, wollte Arfst eifersüchtig wissen.

»Nichts, was dich etwas anginge«, wies Ordulf den Friesen zurecht. Langsam wurde es ihm zu bunt. »Hab ich irgendetwas davon gesagt, dass ihr langsamer rudern sollt?«, fragte er herausfordernd in die Runde und seine Männer senkten die Köpfe wieder über die Riemen. Arfst grinste noch immer anzüglich.

»Und wenn du mit dem Blödsinn weitermachst, lasse ich dich auch noch rudern. Das schadet euch groben Piktenweibern vermutlich nicht einmal«, wandte er sich wieder auf Britannisch Álainn zu.

Doch das Mädchen ließ sich nicht so leicht unterkriegen. »Mädchenhände sind nicht für eure groben Riemen geeignet«, entgegnete sie noch immer ziemlich unbesorgt.

»So?«, fragte Ordulf gedehnt. »Ich erinnere mich an mehr als eine Gelegenheit, wo ich Piktenmädchen sogar habe zu den Waffen greifen sehen.«

»Nur, wenn manche Männer so feige sind, sich an schwachen Frauen zu vergreifen«, antwortete sie schlagfertig und Ordulf gab sich mit einem verächtlichen Schnaufen geschlagen.

Auf dem Weg nach Süden vermied Ordulf es in der Nähe von Orten anzulanden, die sie auf dem Hinweg überfallen hatten. Hier war man gewarnt und würde die Gelegenheit vermutlich nur zu gern zur Rache nutzen. Nach drei Tagen Rudern erreichten sie schließlich den ersten großen Einschnitt im Festland, hinter dem die Küste in Richtung Osten abzweigte. Hier konnten sie endlich die Ruder gegen das Segel vertauschen. Vor dem Wind rauschte die Heldir durch die See und an Steuerbord flog die Landschaft nur so vorüber.

Im Laufe der nächsten zwei Tage nahm der Wind kontinuierlich an Stärke zu. Schaumkronen bedeckten die graue See, über der drohend eine ebenso dunkle Wolkenmasse hing. Innerlich verfluchte sich Ordulf dafür, dass er nicht früher die Heimreise angetreten hatte. Während die Heldir vom Wind vor sich her gepeitscht wurde, glaubte er endlich in der Ferne das Kap zu erkennen, hinter dem die Küste wieder nach Süden bog.

»Halvor, Arfst«, rief er die beiden Gefährten. »Erinnert ihr euch an unseren Herweg? Ich glaube, dort vorne bei den Felsen kommen wir an die Stelle, an welcher die Küste nach Süden abzweigt.«

Die beiden Seeleute musterten angestrengt die Küste zu ihrer Rechten. Zwischen einzelnen Wolkenfetzen, die der Sturm auf die offene See trieb, erschien immer wieder die dunkle Kontur des felsigen Ufers.

»Ich glaube, du hast recht«, meinte Arfst schließlich. »Wird auch Zeit, dass wir eine Leeküste erreichen. Lange halten wir hier draußen nicht mehr durch.« Mit zusammengekniffenen Augen schaute er zu dem zum Platzen gespannte Segel.

Auch Halvor brummte zustimmend. Im Windschatten der Klippen wären sie zumindest etwas gegen den aufziehenden Weststurm geschützt. Es kam nun darauf an, ob sie dicht hinter dem Kap unter Land kamen.

Derzeit lag das Kap etwa eineinhalb Meilen voraus in Steuerbord. Wenn Ordulf dorthin gelangen wollte, müsste er das Segel bergen und die Heldir mit der Kraft der Ruder direkt auf die Küste zusteuern, sonst würde das Schiff mit seiner flachen Kielplanke vom Wind rasch auf die offene See abgetrieben. Riskant war es allemal, denn mit der Breitseite zum Wind lag die Heldir weder stabil, noch konnte sie heranrauschende Wellen mit den hochgezogenen Steven abfangen, doch je länger Ordulf mit dem Manöver wartete, desto schwieriger würde es werden.

»Macht die Riemen klar«, schrie er gegen den Sturm. Seine Mannschaft gehorchte sofort. »Die stärksten Männer an die Riemen!«, befahl er. »Ihr anderen holt das Segel ein und legt den Mast um. Los jetzt, wir haben keine Zeit zu verlieren!«

Eigentlich war die Mannschaft so auf die beiden Wachen verteilt, dass die Besetzungen etwa gleich stark waren, doch nun kam alles auf die Kraft und Ausdauer der Ruderer an.

»Bergt das Segel«, befahl Ordulf, als endlich alle Männer ihre Plätze eingenommen hatten. Er selbst zog die Ruderpinne kräftig zu sich heran. Das Ruderblatt drehte sich nach Steuerbord und das Schiff folgte dem Druck. »Anrudern!«, schrie er. »Volle Kraft!«

Kaum hatte die Heldir die relativ ruhige Position vor dem Wind verlassen, begann sie heftig zu stampfen und je weiter Ordulf nach Steuerbord drehte, desto mehr ging die Bewegung in ein Schlingern und schließlich Rollen über. Erschrocken bemerkte er, dass er einen uralten seemännischen Fehler begangen hatte: Vor dem Wind hatte er die wahre Stärke des Sturms durch den entgegenstehenden Fahrtwind weit unterschätzt! Sie hätten längst unter Land Schutz suchen müssen. Nun, da der Wind von der Seite kam, traf er die Heldir mit voller Wucht. Die Männer hatten Mühe, die Riemen in der unruhigen See zu halten, immer wieder tauchten die Ruderblätter aus dem schäumenden Wasser und der plötzliche Widerstandsverlust ließ einige Männer fast von ihren Bänken stürzen. Krachend schlug der erste Brecher mittschiffs über das Schanzkleid.

»Lenzen!«, befahl Ordulf der Freiwache. »Und ihr an den Riemen, lasst bloß nicht nach, rudert was ihr könnt. Und eins, und zwei, und drei ...«, zählte er die Schläge an, um den Männern an den Riemen zu helfen, trotz des ruppigen Seegangs im Rhythmus zu bleiben.

Die Freiwache fing an, Wasser aus der Bilge zu schöpfen. Der Druck auf dem Steuerruder war viel stärker, als Ordulf erwartet hatte. Offenbar bot das Vorschiff der Heldir mit seinem hohen Steven dem Wind genügend Angriffsfläche, um das Schiff mit Macht vor den Wind zu drehen. Mit aller Kraft stemmte er sich gegen den Druck, um die Heldir auf Kurs zu halten. Wenn es ihm nicht gelang, das Schiff auf Kurs zu halten, müsste er den Männern in Steuerbord befehlen, nur mit halber Kraft zu rudern, um die Heldir so zu drehen, doch sie brauchten alle Geschwindigkeit, um das rettende Ufer zu erreichen. Es war ein Wettlauf gegen die Zeit, denn zu der Erschöpfung der Ruderer kam ständig neues Wasser über. Ordulf schaute wieder nach vorn.

Sie waren der Küste näher gekommen, doch gleichzeitig ein gutes Stück nach Lee abgetrieben. Er änderte den Kurs, sodass sie nun leicht gegen See und Sturm anruderten. Zu seiner Erleichterung stabilisierte sich die Heldir etwas, die Wellen trafen sie in einem günstigeren Winkel, mehr am hochgezogenen Bug, und auch der unglaubliche Druck auf dem Steuerruder schien ein klein wenig nachzulassen. Da fiel Ordulfs Blick in das Schiff hinein. Auch die piktische Gefangene half mit aschfahlem Gesicht beim Lenzen.

Gut so, dachte er. Offenbar hatte sie verstanden, worum es ging.

»Durchhalten!«, schrie Ordulf wieder und stemmte sich nochmals mit aller Kraft gegen das Ruder, das ihm eine wilde See zu entreißen drohte. Wenn bloß der Schaft nicht brach. Sie hatten ein Reserveruder dabei, aber bis sie das ausgetauscht hätten, würde der Wind sie so weit abgetrieben haben, dass sie niemals mehr unter Land kämen.

Er peilte über den Vordersteven zum Kap, welches sich inzwischen als dunkle Masse aus dem Grau von Wind und Wetter hob. Die Richtung stimmte nun, er musste nur den Kurs halten. Doch das war einfacher gedacht als gemacht. Seine Arme schmerzten und sein linkes Bein begann unkontrolliert zu zittern. Es dauerte einige Augenblicke, bis er es wieder unter Kontrolle hatte, doch jeder war so mit seiner eigenen Aufgabe beschäftigt, dass es niemandem aufgefallen war. Verzweifelt klemmte sich Ordulf nun mit dem rechten Fuß gegen die Backbordwand. Wenn sie nur noch ein wenig durchhielten, könnten sie den Windschatten der Leeküste erreichen.

Wieder schaute er ins Schiff hinab und der Schreck lähmte ihn für einen Augenblick. Das Wasser stand bereits höher als die Bilgensteine. Hastig korrigierte er den Kurs, als die Heldir im

Moment seiner Unachtsamkeit nach Lee krängte. Das zusätzliche Gewicht des aufgenommenen Wassers drückte sie tiefer in die See und ließ ihre Freibordhöhe schwinden. Dadurch schlugen die Brecher immer leichter und häufiger in das in allen Fugen ächzende Schiff. Außerdem hemmte dieser Ballast auch noch ihre Fahrt. Die Männer an den Riemen keuchten bereits vor Erschöpfung. So ging es nicht weiter. Irgendetwas musste er unternehmen. Doch wenn er wieder vor den Wind drehte, gewännen sie zwar für den Augenblick etwas Luft, würden aber die Küste verfehlen und ohne Hoffnung auf Rettung in die Weiten des Britannischen Ozeans hinausgetrieben.

»Ruderer auswechseln. Mann für Mann, einen nach dem anderen«, schrie er.

Inzwischen konnte er sich über das Heulen des Windes hinweg kaum noch verständlich machen, aber Halvor blickte auf und nickte. Er trat an den ersten Ruderer in Steuerbord und griff nach seinem Riemen. Erschöpft kippte der Mann nach mittschiffs, sobald Halvor die Hände an den Riemen legte. Andere hatten sie beobachtet und folgten dem Beispiel. Mit neuer Kraft schoss die Heldir voran.

»Nicht ausruhen, ihr müsst lenzen«, herrschte Ordulf die entkräfteten Männer an. Die Gefangene machte es ihnen vor und nach und nach ergriffen auch die abgelösten Ruderer mit müden Armen die Ösfässer.

Unvermittelt spürte Ordulf, wie der Druck auf der Ruderpinne nachgab. Fast wäre er nach vorne gestürzt, so sehr hatte er sich dagegengestemmt. Im ersten Augenblick dachte er, der Ruderschaft sei gebrochen, doch gleichzeitig wurde die See ruhiger und das Schiff schoss voran, als endlich wieder alle Ruder zugleich in die sich glättenden Wogen bissen und die Wellenberge vor dem Bug in sich zusammenfielen. Ordulf blickte nach Steuerbord. Der Wind kam nicht mehr genau von Westen, sondern hatte in der letzten halben Stunde, ohne dass er es in ihrer

Not bemerkt hatte, etwas nach Südwest gedreht. So hatten sie die Landabdeckung früher erreicht als gedacht. Ein Blick in die Bilge verriet Ordulf, dass es aber keineswegs zu früh gewesen war. Das Wasser erreichte in mittschiffs fast die Decksbalken. Doch fürs erste waren sie gerettet. Er ließ die Ruderer noch eine Weile mit voller Kraft weiterarbeiten, um näher unter Land zu kommen.

»Halbe Kraft, ruhig einsetzen und lang durchziehen«, befahl er dann, als das Kap endlich querab lag.

Seine Männer jubelten, als die Anspannung der gerade überstandenen Gefahr von ihnen abfiel, doch Ordulf plagte schon die nächste Sorge. Der Wind war innerhalb weniger Stunden zum Sturm angeschwollen. Wenn er die dunklen Wolkenfetzen, die dicht über die drohende dunkle Wand der Steilküste in Steuerbord heranjagten, richtig deutete, war das aber noch nicht das Ende. Sie mussten dringend einen Schutzhafen anlaufen. Doch zum einen konnte er keinen Einschnitt in der Felsenküste erkennen, zum anderen hatten sie diesen Küstenstrich vor wenigen Wochen geplündert. Wenn der Sturm sie nun an Land zwang, waren sie der Rache der Pikten fast schutzlos ausgeliefert.

»Halvor«, rief Ordulf seinen zweiten Steuermann heran.

Der Ebbingemanne ließ sich erneut ablösen und trat zu Ordulf ins Heck. »Das war knapp«, kommentierte er. »Ich hätte nicht gedacht, dass du das Ruder so lange halten kannst.«

Ordulf nickte das Kompliment ab, leider gab es noch kein Ausruhen. »Du hast die …«, ‚schärferen Augen', hatte er sagen wollen und verschluckte sich fast. »Du siehst schärfer als ich und wir müssen einen Hafen finden. Geh in den Bug und melde mir, sobald du eine Möglichkeit erspähst.«

Halvor nickte knapp und lief über die schlingernde Mittelplanke nach vorn. Ordulf blinzelte die Gischt aus den Augen. Das Salz brannte und der Wind trieb Regen und Gischt so schnell vor sich her, dass es sich auf der ungeschützten Haut seines Gesichtes und der Hände wie Nadelstiche anfühlte. In den Augen schmerzte es noch mehr, aber anders als die Ruderer konnte er sich nicht einfach vom Wind und der Küste abwenden.

Er fluchte leise, als er hoch auf den Klippen einen der piktischen Wohntürme erkannte. Wie ein drohendes Untier trotzte er dem Sturm und beäugte die Heldir argwöhnisch, so erschien es Ordulf jedenfalls. Hoffentlich beobachtete sie nicht wirklich jemand von dort oben.

Hinter den Felsen senkte sich die Küstenlinie. Dort lag ein sicherer Hafen, aber in Sichtweite der Pikten konnten sie es unmöglich wagen, an Land zu gehen. Da bevorzugte Ordulf die Weiten des Ozeans.

Nach einer weiteren halben Stunde winkte Halvor im Bug und gestikulierte wild nach Steuerbord. Ordulf starrte in die hereinbrechende Dämmerung. Hatte Halvor etwas entdeckt? War dort ein Einschnitt in der schroffen Küste? Und lag dort eine weitere Burg? Schwankend kam Halvor nach Achtern geschlittert.

»Das dort vorn könnte eine Anlegestelle sein!«, rief er über das Heulen des Sturms. »Bring uns näher heran. Wenn es erst einmal dunkel wird, haben wir kaum noch eine Chance.«

Ordulf grinste säuerlich. Halvor hatte recht. Das war ihre letzte Chance. Entschlossen legte er das Ruder nach Steuerbord. »Volle Kraft, Männer!«, brüllte er wieder.

Die Heldir nahm mehr Fahrt auf und arbeitete sich auf die Steilküste zu. Dort, wo die Wellen gegen die Klippen schlugen, zeigte sich ein breiter Streifen weißer Gischt. Doch Halvor hatte recht. Direkt vor ihnen wurde dieser Streifen unterbrochen, das konnte eine Bucht sein.

»Geh wieder in den Bug und beobachte Gischt und Wellen genau. Wenn du ein Riff oder einen Strudel entdeckst, gib mir mit dem Arm sofort die Richtung an, wo wir daran vorbeikommen können.«

Halvor nickte ernst. Nur zu leicht konnten vor dieser zerklüfteten Küste weitere Felsen dicht unter der Wasseroberfläche lauern. Ordulf hielt auf die Südseite des Einschnitts zu. Der Wind hatte nun vollends auf Südwest gedreht und wenn er sich an die Luvseite der Bucht hielt, bliebe ihm mehr Raum zum Manövrieren. Immer dichter kamen sie der Zone, in der die Brandung wild gegen den Fuß der Klippen schäumte, und noch konnte er nicht sicher sagen, ob sich hinter dem Einschnitt nur eine schmale Felskluft oder wirklich eine Bucht verbarg. Die Augen tränten ihm heftig, doch je näher sie den drohenden Felsen kamen, desto mehr machte sich ihr Windschatten bemerkbar und so schlugen ihm Gischt und Regen nicht mehr waagerecht ins Gesicht.

Plötzlich erkannte er die Einfahrt. Am Ende des Einschnitts lag tatsächlich ein steiniger Strand. Die Einfahrt selbst war viel zu schmal für diese Wellen, doch was bliebe ihm sonst übrig? Geräuschvoll zog er die Luft ein. Dann starrten die Klippen von oben auf sie herab. Mit einem flüchtigen Blick erkannte Ordulf die weißen Streifen Kot der Seevogelkolonien auf dem dunklen Fels über sich. Das war zumindest ein gutes Zeichen. Die Vögel mieden Orte mit vielen Menschen. Dann erblickte er in der Bucht zahlreiche Seehunde, die genau wie sie vor dem rauen Seegang Schutz suchten. Das war noch besser.

Halvor wies mit dem Arm nach Steuerbord. Ordulf folgte der Anweisung und die Heldir glitt durch fast ruhiges Wasser die letzte Bootslänge zum Strand. Mit unendlicher Erleichterung registrierte Ordulf das Knirschen der Kielplanke auf dem Strand.

Doch noch war die Heldir nicht in Sicherheit und noch konnte er den erschöpften Kameraden keine Ruhe gönnen. Auch in der Bucht waren die Wellen noch gefährlich hoch und konnten dem festsitzenden Schiff erheblichen Schaden zufügen.

»Alle Mann ins Wasser, wir müssen die Heldir höher auf den Strand tragen«, schrie er. Zweimal atmete er durch, dann ließ er das Ruder fahren und sprang als erster in die zornige See. Müde folgten die Gefährten einer nach dem anderen.

»Alle zugleich. Jetzt, hau ruck!«, gab Ordulf den Takt vor, als die Männer der Heldir mit ihrer letzten Kraft die Schultern gegen den schwarzen Rumpf stemmten.

»Können wir nicht nachsehen, ob irgendwo ein Dorf ist, wo wir Hilfe finden?«, fragte der Mann direkt hinter Ordulf.

Ungläubig fuhr er herum, doch der Fluch blieb ihm beim Anblick von Odilgards unschuldiger Miene im Halse stecken.

»Weißt du«, sagte er müde, »die Pikten mögen nicht besonders, was wir hier tun und werden uns sicher nicht helfen. Und jetzt streng dich noch einmal an. Los jetzt, zugleich!«

Ganz langsam, bei jeder Welle ein bisschen weiter, rutschte der schwere Rumpf der Heldir auf den Sand. Endlich lag das Schiff so hoch, dass die auslaufenden Wellen ihm keinen Schaden mehr zufügen konnten. Mit schmerzenden Armen und zitternden Beinen trat Ordulf einen Schritt zurück. Sie hatten es tatsächlich geschafft.

Doch noch immer konnte er sich nicht dem Verlangen auszuruhen hingeben.

»Halvor, Arfst, ihr kommt mit mir«, befahl er nach kurzer Verschnaufpause. »Wir müssen die Landseite sichern. Vielleicht hat unser Freund Odilgard recht und es gibt hier ein Dorf.«

Rasch griff er einen Wurfspeer aus dem Schiff. Eigentlich sollte er auch einen Schild nehmen, aber seine Arme fühlten sich an wie Blei und so würde ihm der Schild ohnehin nicht viel nützen. Dann wandte er sich dem Steilufer zu. Keine fünfzig Schritte vor ihm endete der steinige Strand und die Klippen stiegen steil zur Felskante hinauf. Mit zusammengekniffenen Augen erkannte er einen schmalen Pfad, der auf die Felsen zu führen schien.

»Müssen wir da hoch?«, fragte Arfst missmutig. »Ist ein gemütlicher Platz hier im Windschatten. Das Dorf kann doch bis morgen warten.« Schon hatte er seine unerschütterlich gute Laune wiedergefunden.

»Nur dass wir wie die Ratten in der Falle hocken, wenn dort oben die Pikten auftauchen«, antwortete Ordulf verdrießlich.

Arfst blickte ihn erschrocken an. »Daran habe ich gar nicht gedacht«, gestand er kleinlaut.

»Dafür hast du ja auch einen Steuermann«, kommentierte Ordulf. »Und jetzt Ruhe, wir wollen die Pikten nicht auf uns aufmerksam machen.« Ordulf wartete, bis zwei weitere Männer das Ufer erreicht hatten. »Ihr kommt auch mit«, befahl er knapp. »Wir erkunden jetzt das Steilufer da oben. Aber vorsichtig. Kein Laut, verstanden?«

Müde und stolpernd erklommen die fünf Krieger den schmalen Felsenpfad. Die Felsen waren nicht so hoch und steil, wie es Ordulf vom Strand aus erschienen war. Bald erreichten sie die Abbruchkante der Klippen. Zu Ordulfs großer Erleichterung zeigten sich aber weder Pikten noch die Spuren einer Siedlung. Erleichtert trat er auf das frische Grün hinaus und unversehens traf ihn die volle Gewalt des Sturms. Er nahm sich vor, Thunær ein Dankopfer zu bringen. Dann sah er sich genauer um.

Die Länge des Grases und verstreuter Schafskot ließen darauf schließen, dass das Land bei besserem Wetter beweidet wurde. Weiter ab von der Küste begann dichter Wald. Die inzwischen bunt gefärbten Wipfel der höchsten Bäume schwankten in den Böen und der Regen peitschte ihm wieder ins Gesicht. Er drehte sich zu seinen Gefährten um und zog unwillkürlich den Kopf zwischen die Schultern. Er musterte seine Männer. Alle waren sie Friesen. Sie hielten sich auch bei diesem Scheißwetter bewundernswert und Ordulf beglückwünschte sich einmal mehr, sie mitgenommen zu haben.

»Arfst, Kobers, ihr folgt der Küste nach Süden. Fulck und Redbad, ihr beide übernehmt den Norden. Ich will wissen, ob es im Umkreis von zwei Meilen irgendwo eine Siedlung gibt. Aber lasst euch bloß nicht erwischen«, befahl er seinen erschöpften Männern. »Wir müssen hier wahrscheinlich ein paar Tage aushalten, bis sich der Sturm legt.«

Murrend und gähnend, aber ohne Widerworte setzten sich die Männer in Bewegung und bald verschwammen ihre Gestalten im eintönigen Grau zwischen Regen und Dämmerung. Langsam stieg Ordulf wieder hinab zum Strand, wo die Gefährten gerade dabei waren, aus Riemen, Tauen und Schilden einen Unterstand zu improvisieren.

Nach nicht mal einer Stunde kehrten Fulck und Redbad zurück. Im Norden hatten sie niemanden entdeckt und waren schließlich durchnässt und erschöpft umgekehrt. Arfst und Kobers ließen länger auf sich warten. Als schließlich die Sonne unterging – was sich eigentlich nur durch eine weitere Verdunklung der Umgebung bemerkbar machte, da das helle Gestirn ohnehin den ganzen Tag von Wolken verdeckt geblieben war –, drang plötzlich von den Klippen ein Geräusch zu den wartenden Sachsen herab. Augenblicklich verstummten alle Gespräche. Ordulf horchte mit angehaltenem Atem in die Nacht hinaus. Da war es noch einmal. Und diesmal erkannte Ordulf das Wort. Jemand hatte ganz eindeutig »Hengist« gerufen. Erleichtert ließ Ordulf die Luft entweichen. Mit zusammengekniffenen Augen musterte er den Rand der Schlucht. Mit Mühe erkannte er die Gestalten der beiden Friesen, die sich als schwache Silhouetten gegen den etwas helleren Himmel absetzten. Bei ihm in der Bucht herrschte bereits vollkommene Finsternis. Kein Wunder also, dass die beiden Friesen versuchten sich mit Rufen anzukündigen.

»Ja, wir sind hier unten«, antwortete er so laut er es wagte.

Es dauerte eine ganze Weile, bis die beiden Friesen endlich wohlbehalten in dem Lager der Sachsen ankamen. Vermutlich hatten sie sich nur am Krachen der Wogen, die sich an den Felsen brachen, und dem Rauschen des über den Strand strömenden Wassers orientieren können.

»Was habt ihr so lange da oben getrieben?«, platzte Halvor gleich heraus.

»Vielleicht zwei oder drei Meilen weiter südlich liegt ein Piktendorf. Jede Menge runde Häuser, die sich um einen dieser Türme drängeln. Menschen habe ich zwar keine gesehen, aber ein paar Schafe blökten und es roch nach Rauch«, berichtete Arfst knapp.

»Also leben dort Menschen«, schlussfolgerte Ordulf. »Habt ihr eine Vorstellung, wie viele es sind?«

»Es schien mir ein ziemlich großer und gut befestigter Ort. Wieder auf so einem Felsvorsprung vor der Küste. Aber mehr gesehen haben wir nicht. Als es dunkel wurde, sind wir umgekehrt.«

Ordulf nickte. Was Arfst berichtet hatte, klang nicht so, als könnten sie einen Überraschungsangriff auf das Dorf wagen. Nicht solange sie ohne Fluchtmöglichkeit hier in der Bucht fest saßen.

»Wir brauchen oben auf dem Felsrand einen Wachtposten«, entschied er schließlich. »Bardo, du gehst als Erster rauf. Alle zwei Stunden schicke ich eine Ablösung. Ich glaube, wir können es bei diesem Wetter wagen, hier unten ein kleines Feuer zu entzünden. Und wir alle können etwas Warmes im Bauch gebrauchen.«

Trotz der allgemeinen Müdigkeit brutzelten bald die letzten Stücke des von den Sturminseln geraubten Schafes über dem Feuer und der Duft von gebratenem Fleisch breitete sich aus, während der Sturm über die Klippen heulte und die See an den Strand gischtete.

Ordulf wickelte sich behaglich in eine Decke und drückte den Rücken gegen die rauen Felsen. Irgendwie fühlte er sich in dieser Bucht, umgeben von Sturm und feindlichen Pikten, doch unerklärlich geborgen. Sein Blick glitt über die Gesichter seiner Männer und auch ihre harten Züge strahlten neben Müdigkeit und Erschöpfung Zufriedenheit und vielleicht sogar Glück aus. Kein Wunder nach all den bestandenen Abenteuern.

Er drehte den Kopf weiter und sah die gefangene Piktin. Auch sie hatte ein ordentliches Stück Fleisch erhalten und nagte eifrig daran herum. Er nutzt die Gelegenheit, um sie sich genauer anzusehen. Ohne das spöttische Grinsen im Gesicht wirkte sie nicht mehr wie ein kleines Mädchen. Sein Blick blieb an dem nassen Obergewand, welches ihr eng am Körper klebte, haften. Nein, das war eine junge Frau. Beschämt richtete er die Augen auf das von nassem rotem Haar eingerahmte Gesicht, als ihm bewusst wurde, wohin er gerade gestarrt hatte. Auch ihr Gesicht war schön und die Haare erinnerten ihn an … ja, an Gutha. Schuldbewusst wandte er sich der schäumenden See zu.

Die Nacht über stürmte es weiter und am nächsten Tag schien die See sogar noch heftiger zu wüten. An eine Weiterfahrt war nicht zu denken. Ordulf schüttelte besorgt den Kopf. Einzig die Seehunde, die sich in der Bucht tummelten, schien das Wetter nicht zu stören. Unbekümmert schaukelten ihre kugeligen Köpfe auf den Wellen. Ordulf kam es so vor, als erwiderten sie seine neugierigen Blicke. Täuschte er sich oder waren es noch mehr Tiere als Tags zuvor? Da tauchte einer ab. Ordulf versuchte, ihm mit den Augen zu folgen. Und tatsächlich erschien er gleich darauf wieder. Etwas weiter draußen diesmal.

»Wenn es noch lange so weitergeht, müssen wir uns eines der Schafe aus dieser Siedlung stehlen, von der Arfst berichtet hat«, unterbrach Odilgard seine Gedanken.

Ordulf fuhr verärgert herum. »Du spinnst wohl! Wir können von Glück reden, wenn uns die verdammten Pikten nicht so schon erwischen. Du bleibst hier unten in der Bucht, bis ich dich zum Wacheschieben hochjage und dem Dorf wirst du dich ganz bestimmt nicht nähern!«

Das fehlte gerade noch. Sie saßen wie die Karnickel in der Falle und ausgerechnet der trotteligste seiner Männer wollte das nächste Piktendorf berauben.

»Wir könnten einen Seehund fangen«, schlug Arfst vor, der die Bemerkung Odilgards aufgeschnappt hatte.

»Einen Seehund?«, fragten Ordulf und Halvor wie aus einem Munde.

»Einen Seehund?«, echote Odilgard mit kurzer Verzögerung.

Arfst sah sie erstaunt an. »Ja, einen Seehund. Ihr wisst schon, die Tiere da draußen mit Flossen statt Beinen.« Dabei zeigte er unmissverständlich in die Bucht.

»Es bringt Unglück, sich an den Tieren zu vergreifen«, behauptete Halvor und Ordulf nickte zustimmend. Kein Sachse aß jemals Seehundfleisch.

»So ein Unsinn«, wehrte Arfst ab. »Im Winter fangen wir oft Seehunde. Schmecken ganz gut.«

Ordulf schüttelte abwehrend den Kopf. »Ihr Friesen seid schon komische Leute.«

»Aber was ist nun? Wollt ihr etwas zu beißen oder nicht?«, hakte Arfst nach.

»Mach doch, was du willst«, knurrte Ordulf. Er hatte ein schlechtes Gefühl bei der Sache, aber Odilgard hatte recht. Sie brauchten Proviant. Und so lange sie hier festsaßen, kam ein Überfall auf eine der Küstensiedlungen nicht in Frage.

So machte sich Arfst, begleitet von Redbad und Kobers, auf die Jagd. Und tatsächlich brachten sie bald eines der neugierigen Tiere zur Strecke.

Gegen Mittag kam Fulck, der gerade Wache stand, aufgeregt den Felsweg hinabgeklettert.

»Macht das Feuer aus. Pikten!«, rief er atemlos.

Sofort warfen Arfst und seine Männer, die gerade dabei waren, den Seehund zu braten, Sand und Steine aufs Feuer. Es erlosch zischend, doch der Gestank des Seehundtrans hing weiter in der Luft. Ordulf hoffte, dass man ihn jenseits der Bucht nicht würde wahrnehmen können.

»Wie viele Pikten sind es? Haben sie dich gesehen?«, wandte er sich wieder an Fulck.

Es dauerte einige Atemzüge, bis der ihm Rede und Antwort stehen konnte. »Drei Reiter. Sie kommen von Süden, wohl von der Siedlung, die Arfst und Kobers gestern entdeckt haben.«

»Und haben sie dich gesehen?«, hakte Ordulf nach.

»Nein, das glaube ich nicht. Sie waren noch ziemlich weit entfernt.«

Ordulf nickte knapp. »Halvor, komm mit!«, rief er dann. »Dein scharfes Auge wird gebraucht.«

»Ich hab doch gleich gesagt, das mit dem Seehund bringt Unglück«, schnaufte der verärgert, folgte aber Ordulfs Aufforderung.

Die drei eilten den Pfad wieder hinauf und hielten dicht unter der Kuppe.

»Und was siehst du?«, drängte Ordulf, während Halvor vorsichtig über die Grasnarbe spähte.

Eine Weile antwortete er nicht und Ordulfs Ungeduld wuchs. Er war drauf und dran, seine Frage zu wiederholen, als Halvor endlich seine Beobachtungen mit ihm teilte.

»Es waren drei Reiter. Als ich gerade über den Rand spähte, hielten sie etwa eine halbe Meile entfernt und blickten in unsere Richtung. Nach einer Weile sind sie dann ins Landesinnere geritten und schließlich im Wald verschwunden.«

»Was soll das nur bedeuten?«, rätselte Ordulf. »Haben sie dich vielleicht doch bemerkt, Fulck?«

»Nein, ganz sicher nicht, ich bin doch nicht dämlich«, verteidigte sich der Friese empört.

»Auf jeden Fall müssen wir nun doppelt aufmerksam sein. Außerdem wird ab sofort aller Krempel, den wir nicht unbedingt an Land brauchen, im Schiff verstaut. Ich will, dass wir im Notfall sofort ablegen können«, entschied Ordulf.

In der folgenden Nacht wälzte er sich unruhig von einer Seite auf die andere. Die Angst davor, von den Pikten überrascht zu werden, vertrieb den Schlaf. Und auch der arme Seehund lag ihm schwer im Magen. Schließlich sank er doch in einen leichten Schlummer.

Plötzlich befand sich Ordulf auf See. Seehunde schwammen um sein Schiff, doch es war kein Schiff, es handelte sich um eines der wackligen Piktenboote und die Seehunde waren groß und kamen näher. Da erkannte er entsetzt, dass sie bemalt waren wie die Pikten. Und ihre Köpfe waren Menschenköpfe mit verkalkten, zurückgekämmten Haaren. Oder war das Seehundfell? In ihren Mündern blitzten die spitzen Zähne der Meeresräuber. Sie kamen immer näher. Hinter dem Floß tauchte ein Untier mit einer riesigen Fluke auf. Und auf seinem Rücken ritt eine Meerjungfrau. Ihr Gesicht war abgewandt und er konnte es nicht erkennen, doch dann schüttelte sie das rote Haar und lachte gellend.

Schweißgebadet fuhr Ordulf aus seinem Traum auf. Ich brauche dringend einen Drômskêtho, einen Traumdeuter, dachte er noch halb benommen. Doch der kühle Wind, der bis in die entlegenen Winkel der Bucht reichte, weckte ihn rasch vollends auf.

Es war gerade Ebbe und die Heldir lag wie am Vortag hoch und schwarz auf dem Strand. Wenn zufällig ein Pikte über den Rand der Schlucht spähte, würde er sie unweigerlich sehen. Missmutig wandte sich Ordulf ab. Heute entdeckte er keinen der lustig kugeligen Seehundköpfe mehr, aber das war ihm nach seinem Traum auch fast lieber so. Und fürchterlich tranig war das Fleisch auch gewesen. Betrübt blickte er auf die leere Wasserfläche der Bucht. Hoffentlich behielt Halvor mit seinem Unken nicht recht.

Erschrocken hielt er inne und rieb sich die Augen. Genau in der Mitte der Einfahrt hatte er zwei scharfkantige Felsen entdeckt, die wie gebleckte Zähne aus dem Meer ragten. Die waren ihm bei Niedrigwasser am Vortag nicht aufgefallen. Aber es näherte sich der neue Mond und als Wurtmanne wusste Ordulf nur zu gut, dass die Gezeiten zu Neu- und Vollmond besonders hoch- beziehungsweise tiefgingen. Wenn er die Heldir bei ihrer Einfahrt in die Bucht nicht so dicht an den leewärtigen Felsen gesteuert hätte, hätten ihr die tückischen Felsen unweigerlich den

Bauch aufgeschlitzt. Vielleicht hätten sie sich schwimmend zum Strand retten können, überlegte er schaudernd. Aber dann wären sie den Pikten völlig hilflos ausgeliefert gewesen. Und das Piktenmädchen? Konnte sie überhaupt schwimmen? Wo war sie eigentlich? Suchend blickte Ordulf sich um.

Als er sie nirgendwo entdecken konnte, packte ihn die Erkenntnis mit eisigem Entsetzen. Sie war geflohen! Aber er hatte doch ihr Wort, versuchte er sich zu beruhigen, während er im Laufschritt zurück zum Lager eilte. Doch auch dort konnte er ihre zierliche Gestalt nirgends entdecken. Plötzlich erinnerte er sich wieder an seinen Traum. Hatte der nicht genau das vorhergesagt?

Erschrocken blickte Ordulf zum Klippenrand hinauf. Keine Pikten. Erleichtert ließ er die Luft entweichen. Doch wo war der Wachtposten? Erneut schrak er zusammen. Am Ende des Felsenpfades war niemand zu erkennen. Ob Pikten und Seehunde in einer geheimnisvollen Beziehung zueinander standen?, schoss es ihm durch den Kopf. Lebte hier ein Clan, dessen Totemtier der Seehund war und konnten seine Druiden mit den klugen Meeresbewohnern Kontakt aufnehmen? Und hatte ihm der weise Uuoden, der über die Träume der Menschen wachte, seinerseits eine Warnung zukommen lassen?

Forschend blickte er wieder zum Meer hinaus. Immer noch schäumte die Gischt hoch an den Klippen hinauf, aber weiter draußen zeigten sich nur vereinzelt Schaumkronen. Vermutlich rührte die starke Brandung von den Resten der Dünung her, die sich in den Vortagen aufgebaut hatte. Es würde noch ein oder zwei Tage dauern, bis sich das Meer beruhigte, aber der Wind hatte offenbar nachgelassen.

»Aufgewacht Männer! Vielleicht bekommen wir gleich Besuch. Macht die Heldir fertig und bringt sie ins Wasser«, rief er.

Einige der Krieger sprangen sofort auf. Andere wälzten sich nur träge murrend in ihren Decken. Ordulf gab dem ersten der Säumer einen Tritt ins Kreuz. »Aufstehen, du fauler Hund«, brüllte er ihn an und lief weiter, während hinter ihm ein erschrockener Sachse hochfuhr.

»Was gibt es denn?«, fragte Arfst, der wie meistens zu den Schnelleren zählte.

»Die Piktin ist verschwunden«, antwortete Ordulf. »Sicherlich ist sie unterwegs zu ihren Stammesgenossen an Land, um uns ans Messer zu liefern! Und unseren Wachtposten kann ich auch nirgends entdecken.«

Arfst bückte sich und griff nach einem Schild. »Dann sollten wir uns wohl lieber auf Ärger gefasst machen«, bemerkte er. »Vielleicht hätten wir sie doch lieber anbinden sollen …«

»Du brauchst mir nicht zu sagen, was ich deiner Meinung nach vielleicht lieber hätte tun sollen«, brauste Ordulf auf. »Kümmere dich darum, dass die Heldir ins Wasser kommt. Und gib mir den Schild, ich will sehen, was unser Wachtposten macht.«

Arfst reichte ihm den Schild und Ordulf drehte um und hastete den schmalen Felspfad hinauf. Schon auf halbem Weg entdeckte er Odilgard. Er stöhnte innerlich. Der stämmige Krieger fiel eher durch Kraft als Klugheit auf. Nun hockte er seelenruhig im Windschatten eines Steinbrockens in der Sonne.

»Was machst du da oben?«, blaffte Ordulf noch bevor er die Abbruchkante der Klippen erreichte. »Jeder Pikte kann dich sehen!«

Der schwerfällige Sachse blinzelte Ordulf an.

»Hast du die Piktin gesehen?«, fragte der weiter, ohne eine Antwort abzuwarten.

Odilgard grinste nur verlegen und rieb sich ein Auge.

»Hast du etwa geschlafen?«, fuhr Ordulf ihn an.

In dem Moment erreichte er die Felskante. Ungläubig starrte er einen Moment landeinwärts. Eine Horde blau bemalter, bärtiger Männer war aus dem Wald getreten.

»Pikten!«, schrie er in die Bucht hinunter. »Bringt die Heldir ins Wasser und nichts wie weg!« Unsanft stieß er Odilgard mit dem

Schild in die Seite. »Runter mit dir, hilf den Gefährten. Über die verschlafene Wache reden wir noch.«

Er selbst stellte sich mit leicht gespreizten Beinen auf den schmalen Pfad. Ein schneller Blick hinunter zeigte ihm, dass die Heldir noch immer auf dem Strand lag. »Macht schneller«, rief er Odilgard hinterher.

Dann blickte er wieder zu den Pikten. Auch sie hatten sein Geschrei gehört und ließen nun alle Vorsicht fahren. Im Laufschritt kamen sie heran. Ordulf schluckte. Er würde die Heldir nicht mehr rechtzeitig erreichen, aber vielleicht konnte er die Feinde so lange aufhalten, dass seine Gefährten aus der Falle entkamen.

»Thunær!«, rief er grimmig, als sein Langschwert mit einem Fauchen aus der Scheide fuhr. Vor ihm stürmten die Pikten heran. Er konnte über dem Schnurrbart des vordersten Mannes mit blauer Farbe aufgetragene spitze Zähne erkennen. Und auch die mit Kalkwasser zurückgekämmten Haare passten zum grauen Fell eines Seehundes. Ordulf hob den linken Arm, um den Schild mit dem ganzen Unterarm zu stützen und setzte einen Fuß leicht zurück, um den Aufprall abzufangen, wenn sich der Pikte gleich mit seinem ganzen Gewicht gegen ihn warf.

Schon war der Anführer der Feinde heran. Er grinste Ordulf böse an und schwang sein Schwert in einem mächtigen Hieb nach Ordulfs Kopf, doch der duckte sich hinter seinen Schild. Die Klinge des Pikten schlitterte heftig, aber doch wirkungslos, an dem eisenbeschlagenen Rand entlang, bevor sie abglitt. Er selbst hatte geplant, sein Schwert von unten in die Brust seines Gegners zu stoßen, doch dessen Wucht trug ihn so nah an Ordulf heran, dass dem nicht mehr ausreichend Raum für die lange Klinge blieb. Stattdessen schlug er ihm den Schwertknauf ins Gesicht. Es knirschte und warmes Blut spritzte Ordulf bis ins Gesicht. Der Gegner ging stöhnend zu Boden.

Rückhands schwang Ordulf sein Schwert nach dem nächsten Angreifer, doch der war, gewarnt durch den Misserfolg seines

Anführers, zurückgesprungen und so klapperte Ordulfs Eisen harmlos gegen den kleinen piktischen Lederschild. Schon prallte von links ein Hieb auf Ordulfs Schild und einen Lanzenstich, der auf seine Leiste zielte, konnte er nur mit Not parieren. Wütend schlug er nach dem dicken Lanzenschaft und durchtrennte das Holz mit einem einzigen Hieb. Der Pikte sprang erschrocken zurück, als er statt einer Lanze plötzlich nur noch einen Stock in den Händen hielt. Ordulf gewann dadurch einen Augenblick Raum. Er wagte einen schnellen Blick über die Schulter und sah die Heldir endlich im Wasser schwimmen. Doch er hatte sich verrechnet. Der Mann vor ihm erholte sich schneller von dem Schreck als gedacht. Er sprang vor und der Lanzenschaft traf Ordulf mit einem dumpfen Krachen am Hinterkopf. Der Pikte hatte seine zerschlagene Lanze als Keule genutzt und Ordulf schwanden die Sinne.

Er erwachte mit fürchterlichen Kopfschmerzen. Der ganze Schädel schien verzogen und selbst das Öffnen und Schließen des Mundes verursachte ziehende Schmerzen. Außerdem war ihm speiübel. Und es roch nach Schaf. Nach Schaf?

Er öffnete probehalber die Augen. Doch er sah nichts mehr von der Heldir und auch keine bemalten Pikten, sondern nur eine steinerne Wand. Nein, er lag auf dem Rücken, also musste das über ihm ein steinernes Dach sein. Nicht hoch, aber doch anderthalb Schritte über ihm. Vorsichtig drehte er den Kopf zur Seite. Er lag auf verschimmeltem Heu. Also befand er sich in einem piktischen Schafstall. Er war schon zu wach, um nicht die richtigen Schlüsse aus diesen Beobachtungen zu ziehen. Die Pikten hatten ihn gefangen. Leise stöhnend schloss er wieder die Augen. Was sie wohl mit ihm anstellen würden? War die Heldir noch entkommen? Und was war aus der verdammten, verräterischen, kleinen Piktin geworden?

XVIII. Eine Landpartie

Piktenland, August 442
Álainn

Als sie erwachte, war die Sonne noch nicht aufgegangen. Obwohl noch Spätsommer war, drang eine feuchte Kälte unter ihre Decke. Sie spannte die Schultern an, um ein Zittern zu unterdrücken, aber es half nicht. Bei dieser Kälte konnte sie nicht mehr einschlafen. Mühsam rollte sie sich aus ihrer Decke und stand auf. In der Bucht stand das Wasser ruhiger als am Vortag. Kleine Wellen leckten am Strand. Weiter draußen dröhnte die Brandung. Genauso rauschte es zwischen Álainns Schläfen. Schon wieder stand ihre Welt Kopf. Sie konnte es immer noch kaum fassen, dass ihre Gebete so wörtlich erhört worden waren, und das, wo sie selbst schon lange aufgegeben hatte, darauf zu hoffen.

Gestern, während sie auf See im Sturm um das Überleben des Schiffes kämpften, hatte sie geglaubt, nun treffe sie Gottes Zorn über ihren Bund mit Gruagach. Tallanus hatte ihr einst die Geschichte von einem Mann namens Jona erzählt. Auch er hatte Gottes Zorn herausgefordert und war auf einem fremden Schiff in ein Unwetter geraten. Die Parallelen waren unübersehbar. Sie erinnerte sich noch gut daran, dass die Seeleute den armen Jona über Bord warfen, um den Sturm zu besänftigen. Sie hatte schreckliche Angst gehabt, die fremden Riesen könnten zu demselben Schluss gelangen. Doch ihr Anführer – von dem sie inzwischen wusste, dass er Ordulf hieß – verfügte über ungeheure Kräfte. Er hatte sie nicht nur mühelos getragen – und wie ein Stück Gepäck geworfen –, sondern der wilden See selbst getrotzt.

Doch was waren das für unnütze Gedanken, tadelte sie sich selbst. Knapp war es gewesen und ein guter Seemann hätte sicherlich rechtzeitig Schutz gesucht. Ein kleineres Boot wie eine Curach wäre sicherlich versunken. Sie musste unbedingt wieder mit dem wahren Gott ins Reine kommen. Vielleicht ließ er sich besänftigen, wie auch damals bei diesem Jona. Doch hier zwischen den fremden Männern, von denen sie nicht einmal wusste, ob es Christen oder Heiden waren, würde sie schwerlich Ruhe zur Andacht finden.

Sie sah sich um. Am Strand gab es keinen Ort, an dem sie mit Gott für einen Augenblick allein sein könnte. Also musste sie hoch auf die Klippen. So machte sie sich daran, den schmalen Felsenpfad zu erklimmen. Die Steine waren nass und glitschig, aber sie war an die Felsen von Pert Acaiseid gewöhnt und zögerte nicht. An den Wachtposten erinnerte sie sich erst, als sie ihn schlafend an einen Stein gelehnt fand. Sie trat auf das Grasland jenseits der Klippen hinaus. Hier, ohne schützende Felsen, zerrte der Wind heftig an ihrer Kleidung und ihrem Haar, daher wendete sie sich in Richtung des nahen Waldes. Dort würde sie für einige Augenblicke Ruhe finden und noch bevor ihre Retter erwachten, wäre sie wieder zurück.

Doch was war das? War da nicht eine Bewegung am Waldrand? Mit gefurchter Stirn blieb sie stehen. Ein Tier? Sicherlich, das musste es gewesen sein. Entschlossen trat sie durch die niedrigen Büsche am Waldessaum. Da erkannte sie aus dem Augenwinkel wieder eine Bewegung. Bevor sie sich umwenden konnte, wurde ihr eine Hand auf den Mund gepresst und sie selbst unsanft gepackt.

Nicht schon wieder, war ihr erster Gedanke, bevor die Furcht wie eine dunkle Welle über ihr zusammenschlug.

Plötzlich wimmelte es um sie herum von bärtigen Männern. Die in weißen Strähnen zurückgekämmten Haare und die blauen Muster auf Gesichtern und Oberkörpern verrieten Álainn mit wem sie es zu tun hatte. Pikten!

Einer der Männer hielt ihr ein Schwert unter das Kinn. »Wenn du schreist, dann murks ich dich ab«, drohte er.

»Sie versteht dich sowieso nicht«, unterbrach ihn ein jüngerer Mann.

»Das hier wird sie schon verstehen«, grollte der ältere und drückte die Spitze seiner Klinge an Álainns Hals.

Sie starrte mit schreckgeweiteten Augen von einem zum anderen.

»Siehst du, das hat sie verstanden«, lachte der Ältere wieder. »So, nun kannst du die Hand von ihrem Mund nehmen, Even.«

Kaum ließ der Druck auf Álainns Mund nach, sprudelte es aus ihr heraus: »Ich bin eine von euch. Die Fremden haben mich bei einem Überfall auf Pert Acaiseid auf den Sturminseln im Norden gefangen genommen!«

Der ältere der beiden Männer vor ihr glotzte sie erstaunt an.

»Sie ist eine Piktin von den Sturminseln«, wiederholte der Jüngere unnötiger Weise.

»Das hab ich gehört«, blaffte der Alte. »Wie bist du den Seewölfen entkommen?«, wandte er sich wieder an seine Gefangene. »Und wie viele sind es?«

»Seewölfe?«, fragte Álainn verblüfft. Dann fiel ihr ein, dass sie die fremden Riesen meinen mussten. »So um die dreißig, glaube ich. Und sie schlafen und haben nicht auf mich geachtet.« Für diesen Verrat fühlte sie sich unsäglich schäbig. Aber eigentlich hatte sie doch gar nichts Unrechtes getan. Nur weil die Pikten sie zuvor verschleppt hatten, hatten diese fremden Riesen kein Recht, sie schon wieder zu rauben. Sie schuldete ihnen jedenfalls nichts.

Der Mann vor ihr nickte. »Wir werden diese reißenden Wölfe vernichten, die unsere Dörfer überfallen, töten, plündern und verbrennen. Du wartest hier am Waldrand auf uns. Aber versuch nicht fortzulaufen. Dies Land gehört den Uerturio und deshalb wirst du tun, was ich dir sage.«

Álainn nickte eingeschüchtert. Wohin sollte sie auch fliehen?

Nach einigen letzten knappen Befehlen traten die Pikten schließlich aus dem Wald. Erschrocken erkannte Álainn, dass es mindestens fünfzig waren. Gebannt schaute sie ihnen nach, wie sie langsam und lautlos auf die Bucht zuschlichen.

Plötzlich ertönte vom Klippenrand her ein Ruf. Der schlafende Wachtposten schreckte hoch. Álainn konnte sehen, wie er sich aufrichtete, aber er schaute nicht in Richtung der drohenden Gefahr. Sie biss sich vor Aufregung auf die Finger der rechten Hand. Sollte sie rufen? Aber würde man sie hören? Und was würden die Pikten mit ihr anstellen, wenn sie den Überraschungsangriff vereitelte?

Da trat plötzlich Ordulf auf das Plateau hinaus. Einen Augenblick erstarrte er. Dann brüllte er etwas in die Bucht herunter. Plötzlich war der Wachtposten verschwunden und Álainn sah nur noch, wie sich die wütende Horde der Pikten ohne weitere Vorsicht auf den fremden Anführer stürzte. Den Kampf selbst konnte sie nicht beobachten, da ihr die nachdrängenden Pikten die Sicht verstellten. War es das etwa schon mit ihrer neuen Freiheit gewesen? Und sie war sich so sicher gewesen, dass Gott ihre Gebete nun doch noch erhört hatte.

Am Klippenrand schien das ungleiche Gefecht beendet, sie sah, wie die Pikten sich am Eingang des schmalen Felspfades drängten. Bald erscholl ihr wütendes Gebrüll. Der Schall wurde von den Wänden der engen Bucht seltsam verzogen zurückgeworfen. Es klang wie das Schreien des verborgenen Volkes weit unter der Erde. Álainn fröstelte. Vorsichtig trat sie aus dem Waldrand und schritt langsam auf die Bucht und den Schauplatz des ungleichen Kampfes zu. Noch bevor sie den Klippenrand erreichte, entdeckte sie draußen auf dem Meer ein Schiff. Die Fremden waren den wütenden Pikten entkommen. Und noch etwas entdeckte sie beim Nähertreten. Zwei Männer lagen am Eingang des Pfades, der in die Bucht herabführte. Ein weiterer Mann bewachte sie.

Ihr Herz schlug schneller, als sie zu den Gefallenen trat. Einer war der ältere Anführer der Pikten, der sie im Wald überrascht hatte. Der andere war der Anführer der Fremden. Ihr Herz schien einen Schlag auszusetzen. Sie war selbst erstaunt über ihre heftige Reaktion auf diesen Anblick. Sie hätte weinen können, aber warum nur? Unter Aufbietung ihrer gesamten Willenskraft riss sie sich zusammen und trat zu dem jungen Pikten, der auf den gekürzten Schaft einer Lanze gestützt bei den beiden Wache hielt.

»Sind sie tot?«, fragte sie mit zittriger Stimme.

Der Wachtposten, der bisher in die Bucht hinabgestarrt hatte, fuhr erschrocken herum. »Ach so, du bist es nur. Hast mir einen ganz schönen Schrecken eingejagt.«

»Was ist denn passiert?«, hakte Álainn nach.

»Die verdammten Seewölfe sind entwischt! Nur den einen hier habe ich niedergestreckt. Und nein, weder der Seewolf noch Talorc sind tot. Beide werden sich wieder berappeln, auch wenn Talorc ein paar seiner Schneidezähne eingebüßt hat. Wird ihm nicht gefallen.«

Álainn spürte geradezu körperlich wie eine Welle der Erleichterung sie überrollte. Sie musste unwillkürlich lächeln, doch der Pikte schaute bereits wieder in die Bucht hinab.

»Da kommen sie unverrichteter Dinge zurück«, kommentierte er.

Als die Pikten schließlich wieder das Plateau erreichten, wirkten sie enttäuscht und verärgert. Álainns Blick glitt zu dem fremden Schiff auf dem Meer. Da fuhr sie hin, ihre Freiheit. Währenddessen erwachte der Anführer der Pikten unter dem unsanften Schütteln seiner Männer. Zusammen mit seinen aufgesprungenen, blutverkrusteten Lippen wirkten die mit Waid aufgemalten Reißzähne noch viel echter, befand Álainn, doch sie behielt diese Gedanken wohlweislich für sich. Ordulf wurde von vier Kriegern unsanft an Armen und Beinen gepackt und aufgehoben. So marschierte der Trupp in Richtung Süden.

Bald erreichten sie eine Siedlung. Álainn fiel gleich die große Zahl an Reitpferden auf, die hinter einem mit Palisaden gekrönten Schutzwall angebunden waren.

»Ihr habt aber viele Pferde hier«, bemerkte sie leise zu dem jungen Krieger neben ihr.

»Die gehören den Männern, die unser Häuptling Talorc aus dem Landesinneren herbeigerufen hat, um die Eindringlinge zu vernichten.«

Álainn überdachte das Gehörte. Sie waren also schon am Vortag oder gleich bei ihrer Ankunft entdeckt worden. Die Pikten hatten in aller Heimlichkeit aus dem Umland Männer zusammengerufen, um die Fremden zu überfallen.

Sie erreichten die kleine Burg. In dem allgemeinen Getümmel fiel nicht weiter auf, dass Álainn draußen wartete. Verstohlen beobachtete sie, wie der immer noch bewusstlose Ordulf in einen Schafpferch geworfen wurde. Offenbar vertrauten die Pikten auf ihre Riegel, denn eine Wache ließen sie nicht davor. Dann trat sie zusammen mit den letzten Kriegern durch die niedrige Tür in ein piktisches Speichenradhaus. In dem herrschenden Halbdunkel und dem beißenden Qualm eines Feuers brauchte sie einen Augenblick, um sich zu orientieren. Etwas war ganz anders als in Pert Acaiseid. Dann wusste sie, was es war. Das Feuer in der hinteren Nische des Hauses. Das Brennmaterial war Holz, kein Torf und auch kein Seehundtran. Bei dem Geruch erschienen Bilder vom heimischen Herdfeuer in Britannien vor ihrem geistigen Auge. Regulbium und ihre Mutter. Sie musste gegen die Tränen ankämpfen.

Gerade in diesem Moment trat eine ältere Frau auf sie zu. Sie musterte Álainn scharf, aber offenbar hielt sie die Tränen für ein Produkt der rauchigen Luft.

»Anstatt einer ordentlichen Beute also noch ein Maul mehr zu stopfen«, schimpfte sie den jungen Krieger, der etwas hinter ihr ging.

Álainn fuhr erschrocken zurück. Die Alte sprach genauso mit ihr wie die verhasste Hexe Nara und zudem roch sie genauso. Álainn musste gegen eine Welle Übelkeit ankämpfen.

»Glaub ja nicht, dass du hier umsonst durchgefüttert wirst«, fauchte sie Álainn an, bevor sie sich unwirsch abwandte.

»Meine Mutter«, erklärte der junge Krieger mit einem entschuldigenden Schulterzucken und grinste blöd.

»Wie … wie nett«, stammelte Álainn, während sie noch versuchte, die Panik, die sie ergriffen hatte, abzuschütteln. Doch es wollte ihr nicht recht gelingen.

Auf einmal stand ihr ein Gedanke ganz klar vor Augen: Ich muss hier fort. So schnell wie möglich.

Schon wieder von sich selbst überrascht, versuchte sie den Gedanken loszuwerden. Erst einmal einen klaren Kopf bekommen, redete sie sich ein. Doch der Gedanke blieb, groß und klar verdrängte er alle anderen Wünsche. Wenn sie sich heute wegen ihres Sieges besaufen, dann ist die beste Gelegenheit, meldete sich eine andere Stimme in ihr. Und da war etwas Wahres dran. Zwei Pferde und bis zum Morgengrauen wären sie weit, weit weg. Unwillkürlich musste sie schmunzeln, als sie bemerkte, dass sie Ordulf ganz selbstverständlich in ihre Pläne mit einbezog. Ja, sie würde nicht nur selbst entfliehen, sondern auch den gefangenen Hünen mit dem christlichen Kreuz am Hals retten.

Der Abend ließ sich günstig an. Nachdem man sie gründlich über ihre angebliche Heimat auf den Sturminseln ausgefragt hatte, ließen die Pikten sie in Ruhe. Am Abend begannen Met und Bier zu kreisen, während sich draußen langsam die Dunkelheit über das Land senkte. Noch waren die letzten Sturmwolken nicht verzogen und so herrschte bald eine tiefe Dunkelheit, während die Krieger drinnen ihren Sieg über die Seewölfe immer ausgelassener feierten und mit ihren Heldentaten prahlten. Die Unternehmung vom Vormittag wurde bald von einem einfachen

Erfolg zu einem wahren Triumph stilisiert. Je mehr Bierhumpen die stolzen Pikten leerten, desto größer und schrecklicher wurden ihre Feinde und desto größer der errungene Sieg.

Álainns Hoffnung, aber auch ihre Spannung wuchsen gleichermaßen. Sie erhob sich und verließ ihre Nische, in der sie von dem Ebenbilde Naras mit einem Schüsselchen voll Grütze abgespeist worden war. Wenn sie jemand vor der Hütte erwischte, könnte sie einfach vorgeben einmal austreten zu müssen. Und das gar nicht zu Unrecht, denn plötzlich empfand sie das dringende Bedürfnis, ihre Blase zu entleeren. Als sie durch den schmierigen Ledervorhang ins Freie trat, sog sie die herrlich kühle und frische Luft gierig ein. Der Westwind trug den Duft der Wälder mit sich, den Duft der Freiheit. Sie ging in Richtung der Latrinen. Die Orientierung fiel nicht schwer, denn von dort schlug ihr ein ganz anderer Geruch entgegen.

Plötzlich tauchte vor ihr eine Gestalt auf. Fast hätte sie vor Schreck aufgeschrien, doch sie zwang sich zur Ruhe. Immerhin hatte sie noch nichts Verwerfliches getan. Es war nur ein angetrunkener Krieger, der sie grunzend begrüßte. Wenn sie direkt zum Schafstall gelaufen wäre, hätte er sie womöglich ertappt. Sie musste sich zusammenreißen, wachsam und vorsichtig sein. Nach dem Besuch des Abortes blickte sie sich daher prüfend in alle Richtungen um. Derzeit war außer ihr selbst niemand im Freien zu entdecken. Entschlossen und doppelt erleichtert trat sie zu den Schafpferchen hinüber. Nicht weit davon, an der Innenseite der Palisade, erkannte sie die dunklen Schatten der Pferde. Zu denen käme sie später, zuerst musste sie Ordulf befreien.

Einen Augenblick blieb sie reglos im Schatten vor dem betreffenden Pferch stehen und lauschte. Da war die Brandung der nahen See. Weniger laut, aber immer noch klar vernehmbar die Stimmen der feiernden Pikten. Hin und wieder hörte man einen dumpfen Huftritt oder ein Schnauben von einem der

Pferde. Und ihr eigenes Herz. Aus dem Schafspferch drang kein Laut nach draußen. Zum ersten Mal überkamen sie Zweifel. Was, wenn der fremde Riese nicht mehr am Leben war? Oder immer noch bewusstlos? Sie schluckte ihre Zweifel hinunter. Es gab nur einen Weg das herauszufinden. Entschlossen trat sie zum Eingang und untersuchte mit tastenden Fingern den Verschlussmechanismus. Es war zum Glück nur ein einfacher Riegel.Vorsichtig zog sie ihn zurück.

»Psst, ist da jemand drin?«, flüsterte sie auf Britannisch in das Dunkel hinein. Keine Antwort. »Ordulf?«, fragte sie vorsichtig.

»Ja, wer ist da?«, kam schließlich die zögernde Antwort.

»Ich bin es, Álainn. Komm schnell, wir müssen fliehen!«

»Wir müssen fliehen?«, fragte Ordulf aus dem Dunkel ungläubig zurück. »Ach, jetzt willst du fliehen? Warum sollte ich dich mitnehmen? Wieso sollte ich überhaupt glauben, dass du mich nicht den Pikten auslieferst?«

Bei so viel Dreistigkeit blieb Álainn fast die Luft weg. »Als ob das für dich einen Unterschied macht. Wenn du bleibst, schlagen sie dir den Kopf ab«, antwortete sie. Wie meiner armen Mutter, fügte sie in Gedanken bitter hinzu. »Außerdem habe ich dir die Tür aufgemacht. Also komm schon, bevor ich es mir anders überlege.«

Und offenbar überlegte es sich zumindest Ordulf anders, denn plötzlich stand er an der Tür. Einen Augenblick starrte er sie an, ohne dass sie seinen Ausdruck zu deuten wusste. Eine Gänsehaut lief über ihren Rücken und der Moment schien sich endlos zu dehnen. Doch dann trat er lautlos zu ihr hinaus.

»Dort vorne stehen Pferde. Lass uns zwei davon nehmen«, schlug sie vor.

»Und wie kommen wir raus? Steht am Tor eine Wache?«

»Das weiß ich nicht«, gestand Álainn. »Ich glaube nicht. Ich habe so etwas hier noch nie gemacht.«

Trotz ihrer misslichen Lage lachte Ordulf leise.

»Was ist daran denn so witzig?«, verteidigte sich Álainn beleidigt. »Ich schleiche mich sonst eben nicht nachts an irgendwelche Feinde oder unschuldige Mädchen an.«

»Nein, nein. Ich lache nur, weil ich auch noch nie als Gefangener aus einer piktischen Burg ausbrechen musste. Das ist auch für mich etwas Neues.«

Gebückt liefen sie zu den Pferden hinüber. Ein graues Pony wandte sich zu ihnen um. Es schnaufte aber nur sanft und schlug keinen Alarm.

»Wir nehmen die zwei direkt beim Tor. In der Dunkelheit kann man ohnehin nicht erkennen, welches die besten dieser Zwergpferde sind«, behauptete Ordulf und stöhnte dann leise. »Du wartest hier einen Augenblick. Ich sehe mir das Tor an.«

Damit verschwand er und Álainn blieb alleine zwischen den warmen Pferdeleibern zurück. Vorsichtig strich sie am Hals des ersten Tieres entlang. Ein zähes, braunes Pony. Sie streichelte sanft Stirn und Hals. Das Pferd hob wieder den Kopf und blies ihr aus den Nüstern den warmen Atem ins Gesicht. Ja, mit dem würde sie klar kommen. Daneben stand das graue Pony und blickte sie weiterhin neugierig an. »Und du bist ein ganz Schlauer, was?«, fragte sie.

In dem Moment kehrte Ordulf zurück. »Da ist tatsächlich niemand am Tor. Die Kerle sind doch total verrückt. Wenn Halvor wüsste, wie es hier steht, würde er sicherlich in der nächsten Bucht anlegen und diesem Haufen Schlafmützen ein böses Erwachen bereiten. Aber lass uns jetzt verschwinden. Du hast die Pferde bereits aufgeweckt? Gut so.«

Vorsichtig drängte sich der große Mann unter dem Hals des Braunen durch und richtete sich langsam vor dem Grauen auf. Er machte es gut, fand Álainn. Offenbar verstanden sich die Riesen nicht nur auf Schiffe, sondern auch auf Pferde.

»Wie sieht es eigentlich mit Zaum und Zügel aus?«, fragte Ordulf.

Álainn zuckte nur mit den Schultern. Sie wusste genauso viel wie er.

»Und wenn wir gerade dabei sind, wie steht es mit Waffen, Proviant, Feuerzeug, Kochgerät, Decken …? Nein?« Er stöhnte, als sie erneut die Schultern zuckte.

»Hier liegen ein paar Pferdedecken und die Stallhalfter werden uns einstweilen genügen müssen«, bemerkte sie. »Kannst du etwa nur mit Sattel reiten?«

Anstelle einer Antwort verdrehte er nur die Augen. Sie nahmen einige Pferdedecken und banden die Tiere los. Wenige Augenblicke später standen sie mit ihren Reittieren vor dem Tor. Schweigend führten sie die beiden Ponys auf den dunklen Waldrand zu. Álainns Braunes wollte sich zuerst nicht von der Burg und seinen Artgenossen fortzerren lassen, doch sobald Ordulf seinen kleinen Grauen vorbeiführte, folgte auch Álainns Pony willig.

Im Dunkeln wirkte der Wald viel unheimlicher als am Tage. Als neben ihnen ein Uhu seinen nächtlichen Jagdruf ausstieß, schrak Álainn zusammen. Auch die Pferde tänzelten unruhig auf die Gegenseite des Weges. Álainns Braunes drängte sich ängstlich an das Hinterteil des Grauen.

»Jetzt könnten wir eigentlich aufsitzen«, schlug Ordulf vor.

Seine Stimme hatte für Álainn in der völlig fremden Umgebung eine unglaublich beruhigende Wirkung. Geschickt sprang sie bäuchlings auf den Pferderücken und hob ihr rechtes Bein auf die andere Seite. Ordulf stieg vor ihr einfach mit einem Fuß über das kleine Pony. Schon saß er oben und lenkte das Tier im Schritt tiefer in den Wald.

Piktenland, August 442
Ordulf

Die Nacht über waren sie einem kleinen Waldweg in Richtung des Landesinneren gefolgt. Ordulf war überrascht, wie gut die junge

Piktin reiten konnte, wohingegen er sich selbst aufgrund der heftigen Kopfschmerzen nur mit Mühe im Sattel hielt. Die meiste Zeit ritt er im Schritt. Wegen der herrschenden Dunkelheit und um die Pferde – und vor allem seinen Kopf – zu schonen.

Er versuchte, die Zeit zum Nachdenken zu nutzen. Zuerst kehrten seine Gedanken immer wieder zu dem Mädchen hinter sich zurück. Sie war ihm ein größeres Rätsel als je zuvor. Hatte sie ihn und seine Männer nicht gestern noch an die Pikten verraten? Doch nun befreite sie ihn ebenso zweifellos aus deren Hand. Wie passte das zusammen? Was sollte das Ganze?

Mit Gewalt drängte er seine Gedanken in eine andere Richtung. Viel wichtiger war jetzt, wie er wieder nach Britannien gelangen könnte. War Hengists Heer noch immer im Norden, vielleicht sogar ganz in ihrer Nähe? Konnten sie es vielleicht aufspüren und sich ihm anschließen? Aber nichts im Verhalten der Pikten hatte darauf schließen lassen, dass sich Feinde in der Nähe befänden. Und wie weit waren sie überhaupt von der Grenze Britanniens entfernt? Zu Lande war er niemals weiter als bis Eboracum nach Norden vorgedrungen. Doch wenn er die Entfernungen, die sie zur See zurückgelegt hatten, richtig einschätzte, dann waren sie fast noch einmal so weit im Norden.

Irgendwann bog Ordulf nach Süden ab. Einige kleinere Ortschaften und Gehöfte hatten sie in der Dunkelheit umgangen. Doch nun begann im Osten der Tag zu dämmern. Bald würde man ihre Flucht entdecken und die Verfolgung aufnehmen. Sollten sie weiterreiten in dem Versuch, ihren Vorsprung vor den Verfolgern zu halten? Oder sollten sie besser nur bei Nacht und im Verborgenen reiten? Die Erschöpfung und sein pochender Kopfschmerz machten Ordulf die Entscheidung leicht. Er zügelte sein Pferd und wartete, bis Álainn zu ihm aufschloss.

»Wir brauchen einen sicheren Lagerplatz«, erklärte er und lenkte das graue Pony mit einem Druck des linken Schenkels vom Weg.

Sie waren während der Nacht die meiste Zeit leicht bergauf geritten und hatten mehrere Bäche überquert. Einem solchen schmalen Wasserlauf folgte Ordulf nun weiter in das dichte Unterholz hinein. Bald zwang sie das Dickicht abzusteigen und die Pferde zu führen. Doch erst als sie etwa eine halbe Stunde später eine tiefe Bodenmulde fanden, gab sich Ordulf zufrieden. Sie koppelten ihre Pferde zusammen und richteten sich mit den mitgebrachten Pferdedecken so bequem wie möglich ein. Kaum hatte sich Ordulf in die von Pferdeschweiß warme und feuchte Decke gewickelt, da fielen ihm auch schon die Augen zu.

Als er aus seinem tiefen, traumlosen Schlaf erwachte, war es bereits heller Tag. Über sich konnte er durch das bunte Blätterdach des herbstlichen Waldes den immer noch bewölkten Himmel erkennen. Er fühlte sich viel besser. Die Kopfschmerzen waren zwar immer noch da, aber nur noch als dumpfer Schmerz im Hintergrund. Mühsam richtete er sich zum Sitzen auf. Álainns Decken lagen zusammengeknüllt neben ihm. Erschrocken blickte er sich um. Er konnte sie nirgends entdecken, aber es beruhigte ihn einigermaßen, dass die beiden Pferde noch immer friedlich nebeneinanderstanden. Er seufzte.

Neben Bäumen und dem wenigen frischen Gras um ihn herum gab es nichts, was seinen Augen irgendeine Abwechslung bot. Wo befanden sie sich nur und wie sollten sie jemals bis nach Britannien gelangen? Er lehnte sich an einen Baum und wartete auf Álainns Rückkehr. Er musste nicht allzu lange warten.

»Ich habe nach etwas Essbarem gesucht«, erklärte sie anstelle einer Begrüßung.

»Und hast du was gefunden?«, fragte er hungrig zurück und ärgerte sich im selben Moment, dass er gegenüber der Verräterin einen so freundlichen Ton anschlug.

»Ein paar Pilze. Zum Glück ist der Wald zu dieser Jahreszeit voll davon. Hier probier mal.« Sie reichte ihm einen großen Pilz, den er noch nie zuvor gesehen hatte.

Etwas misstrauisch beschnüffelte er das unbekannte Gewächs. Dann probierte er ein Stück. Es schmeckte gar nicht schlecht, etwas nussig. Er nickte knapp. »Und hast du Menschen getroffen?«, fragte er und schob sich gierig den Rest seines Pilzes in den Mund.

»In der Richtung dort liegt ein einsames Gehöft. Vielleicht können wir da noch andere Dinge bekommen, die wir brauchen.«

»Ohne Geld und ohne Waffen, mit einem ganzen Piktendorf auf den Fersen?« Er sah sie stirnrunzelnd an. Dann kam ihm ein Einfall. »Vielleicht, wenn wir uns als Pikten verkleiden? Du weißt doch bestimmt, woraus man diese blaue Farbe macht.«

Álainn schüttelte den Kopf und musste unwillkürlich schmunzeln. »Du willst dich wie ein Pikte anmalen? Die Pflanzen muss man im Sommer schneiden und daraus Farbe zu machen ist harte Arbeit. Außerdem bemalen sich die Pikten nur, um ihre Feinde zu erschrecken. Niemand bemalt sich, wenn er einen befreundeten Stamm besucht. Und«, fügte sie mit dem Ordulf bereits wohl bekannten spöttischen Grinsen hinzu, »du bist viel zu groß und dick für einen Pikten.«

Ordulf machte ein enttäuschtes Gesicht und zog unwillkürlich den Bauch ein, was Álainn wieder zum Schmunzeln brachte.

»Dann gehe ich mir diesen Hof einmal anschauen. Wir müssen irgendwie etwas zu Essen finden, die paar Pilze werden uns nicht für immer satt machen«, behauptete er, während er sich den nächsten einverleibte.

»Ja, dass du davon nicht satt wirst, kann ich mir vorstellen und wenn du alle alleine isst, werde ich auch nicht satt.«

Ordulf runzelte die Stirn. Die junge Frau verwirrte ihn und es fiel ihm schwer, nicht wieder zu dem unbekümmerten Ton zurückzukehren, in dem er an Bord der Heldir mit ihr gesprochen hatte. Doch dieses durchtriebene Stück hatte ihn und seine Kameraden den Pikten ans Messer geliefert, oder etwa nicht? Wenn er es nicht gerade am Vortag erlebt hätte, könnte er es selbst kaum glauben.

Und auch wenn du jetzt niedlich schaust und scherzt, bist du eine verräterische kleine Piktin, dachte er bitter.

Doch derzeit war er leider auf ihre Hilfe angewiesen und so antwortete er ernst und sachlich. »Ein paar weitere Dinge, wie zum Beispiel ein Messer und Feuerstein und Zunder, brauchen wir auch.«

»Ich zeige dir den Weg«, nickte Álainn ebenfalls ernst. Offenbar hatte sie Ordulfs düstere Laune bemerkt.

Unter Álainns Führung erreichten sie rasch eine kleine Lichtung. An einem munter sprudelnden Bach standen drei oder vier der piktischen Rundhäuser, von einer unscheinbaren Palisade umfriedet. Hinter dem Wald konnte man die drohende Kulisse des Hochmoors erkennen, welches weite Teile des Piktenlandes bedeckte. Zu dieser Jahreszeit milderte das bunte Kleid des Heidekrauts das düstere Bild. In sicherer Entfernung verharrten Ordulf und Álainn im Schatten der Bäume und beobachteten die kleine Ansiedlung. Doch in dem Gehöft blieb alles reglos.

»Ich werde mal nachsehen, was da los ist«, raunte Ordulf seiner Begleiterin zu.

Leise schlich er von Baum zu Baum, immer dichter heran an die schwachen Stämme der Einfriedung. Es blieb alles ruhig. Ordulf fasste Mut und verließ den Schutz des Waldes. Rasch lief er über die Lichtung bis dicht unter die Palisaden. Gerade wollte er über den schmalen, vom Regen der letzten Tage aufgeweichten Graben springen, um einen Blick über die angespitzten Pfähle zu wagen, da hörte er in seinem Rücken plötzlich das Geräusch von Hufen auf weichem Waldboden. Einen Augenblick erstarrte er, unfähig eine Entscheidung zu fällen. Sein Blick glitt zum Waldrand in Richtung der Geräusche. Erleichtert stellte er fest, dass noch niemand zu sehen war, doch die Pferde konnten nicht mehr weit entfernt sein. Einer plötzlichen Eingebung gehorchend, ließ er sich in den Graben fallen. Es war matschig und kalt und unglücklicherweise hatte er eine Stelle erwischt, an der sich allerhand Abfall und Unrat sammelte. Aber es war keinen Augenblick zu früh.

Als er vorsichtig über den Grabenrand spähte, kamen vier Reiter auf die Lichtung geritten. Er drückte sein Gesicht in den Dreck, damit die helle Hautfarbe ihn nicht verriet. Sein blondes Haar starrte ohnehin vor Schmutz und er hoffte inständig, dass es im verfaulenden Gras des Grabens nicht auffiel. Langsam wurde der Hufschlag lauter. Ordulf krallte die Hände in das faulige Gras und wagte kaum zu atmen. Seine Finger stießen dabei auf etwas Hartes in dem Müll, aber er achtete nicht darauf. Die Fremden waren nun so nah, dass er hören konnte, wie sie sich unterhielten. Sie sprachen Piktisch, von dem Ordulf aber nichts verstand. Das überraschte ihn irgendwie. Er zermarterte sein Gedächtnis, wieso es ein so seltsames Gefühl in ihm weckte. Irgendetwas stimmte nicht, aber er kam einfach nicht drauf, was es war. Wenigstens lenkte ihn dieser Gedanke von der drohenden Entdeckung ab. Die Stimmen wurden immer lauter und plötzlich antwortete eine Frau aus der umfriedeten Siedlung. Mehrere Stimmen fielen ein und mit lautem Knarren öffnete sich ein Tor. Dann verschwanden die Reiter hinter der dünnen Holzwand.

Ordulf atmete auf, aber er traute sich weiterhin nicht aufzustehen um die Sicherheit des Waldes zu erreichen, stattdessen blieb er reglos liegen. Er hatte immer noch dieses seltsame Gefühl in der Magengrube, aber vielleicht war es nur der Hunger. Er hob den Kopf und löste seine verkrampften Hände. Der linke Ringfinger blutete. Ordulf tastete verwundert im Abfall und fand unter einigen matschigen Kohlblättern das rostige Blatt einer Axt, an dem er sich geschnitten haben musste. Wie war es nur dorthin gelangt? Vermutlich ein Versehen. Wer warf schon Eisen fort? Egal, ihm würde es jetzt gute Dienste leisten.

Nach einiger Zeit wurde es wieder still hinter der Palisade. Ordulf hatte sich fest vorgenommen, kein Risiko mehr einzugehen und bis nach Sonnenuntergang im Graben auszuharren, aber die Zeit wurde ihm lang. Zunächst versuchte er, die Langeweile mit dem Rezitieren alter Lieder und Rätsel zu vertreiben, doch bald fielen ihm keine mehr ein und noch immer stand die Sonne hoch am Himmel. Es könnte auch jemand einen Blick über die Palisade werfen und ihn so entdecken, überlegte er. Und was, wenn die Pikten noch einmal ihr Gehöft verließen? Musste er ihnen dann nicht geradezu zwangsläufig in die Hände fallen? Das waren genug Argumente doch nicht bis zur Dunkelheit zu warten.

Mit neu erwachter Aufmerksamkeit horchte er in die kleine Siedlung hinein. Langsam kroch er aus dem Graben. Einen Augenblick lang schöpfte er Atem, dann sprang er auf und rannte zum nahen Waldrand. Hinter dem ersten Baum blieb er mit wild klopfendem Herzen stehen. Vorsichtig spähte er nach der Siedlung, doch die lag friedlich wie eh und je. Da bemerkte er vor sich ein Winken. Álainn. Offenbar sah Wurd für heute keine weiteren Prüfungen für ihn vor.

»Mein Gott, das war knapp«, begrüßte ihn Álainn. »Ich dachte, sie würden dich jeden Augenblick entdecken.«

»Ja, das war es allemal, aber in dem Gehöft befanden sich ohnehin zu viele Menschen, um einen Überfall zu wagen.«

Álainn nickte kurz. »Weißt du, wer die vier Reiter waren?«, fragte sie noch immer ganz aufgeregt.

»Pikten nehme ich an. Wer sollte sonst schon in dieser Einöde wohnen?«, gab Ordulf leicht genervt zurück. Er wusste einfach nicht, wie er mit dem Mädchen umgehen sollte.

»Das waren drei der Männer, die uns am Meer überfallen haben. Um ein Haar hätten sie uns doch noch erwischt!«

»Uns?«, fragte Ordulf säuerlich. »Dich haben sie ja wohl nicht überrascht.« Er biss sich auf die Lippe. Er brauchte sie, aber unausgesprochen konnte die Sache auch nicht zwischen ihnen stehen bleiben.

»Was meinst du damit, mich hätten sie nicht überrascht?«, fragte Álainn verwundert.

»Du bist doch zu ihnen ins Dorf gegangen, also das an der Küste meine ich.«

»Natürlich bin ich mit ihnen gegangen, was sollte ich auch anderes tun? Und wenn ich nicht mitgekommen wäre, hätte ich dich auch nicht befreien können«, antwortete sie und die ersten Falten erschienen auf ihrer Stirn.

»Ich meine auch nicht nach meiner Gefangennahme. Du bist am Morgen aus unserem Lager geflohen und hast den Pikten von uns erzählt.«

»Ich soll ihnen von euch erzählt haben?« Álainns Gesichtsausdruck wechselte von echter Überraschung zu Entsetzen. »Du denkst, ich habe euch verraten? Ich bin aus dem Lager gegangen, um alleine zu beten.«

Ordulf schnaufte verächtlich. »Und die Pikten? Wo sind die hergekommen? Haben die etwa deine Götter geschickt?«

»Die Pikten waren schon im Wald und haben auch mich gefangen«, beteuerte sie. »Und außerdem glaube ich nicht an die gräulichen Götter der Pikten. Ich glaube auch an den einen Gott!«

Nun klang ihre Stimme fast flehend. Ordulf schaute sie einen Moment grübelnd an. Diese junge Piktin erstaunte ihn immer wieder. Gab es Pikten, die an ihre alten Götter und solche, die an den Gott der Britannier glaubten? Waren das verfeindete Stämme und hatte sie ihn demnach wirklich nicht verraten? Dann hätte er ihr in Gedanken großes Unrecht getan.

»Hm, wie auch immer«, antwortete er, schon halb überzeugt. »Jedenfalls hat uns unser Wurd vor eine gemeinsame Aufgabe gestellt«, fügte er in versöhnlicherem Tonfall hinzu. »Irgendwie müssen wir uns nach Süden durchschlagen.«

»Wer ist denn Wurd?«, fragte Álainn verwundert zurück.

»Na, unser Leben. Also eher der Lauf des Lebens. Der Lebensfaden, den die Schicksalsfrauen für jeden von uns weben, wenn du so willst«, antwortete Ordulf.

»Aber das ist doch heidnischer Unsinn, du bist doch auch Christ!«, begehrte sie auf.

Ordulf schalt sich innerlich einen Narren. Natürlich wusste sie nicht wer Wurd war, sie hatte doch gerade behauptet, an den Gott der Britannier zu glauben. Und er wusste aus seiner Zeit bei Dagomar auch, dass die Britannier alles, was irgendwie mit seinen eigenen Göttern zusammenhing, strikt ablehnten. Glaubensfragen waren jedenfalls nicht geeignet, um ihr gegenseitiges Vertrauen zu festigen.

»Du meinst, ich glaube dasselbe wie die Eremiten in Londinium? Die kenne ich gut«, antwortete er daher besänftigend.

»Ja, wie die Menschen in Londinium. Welchen Eremiten meinst du?«

»Na Dagomar!« Ordulf war überrascht. Jeder Britannier schien ihn zu kennen. Doch da fiel ihm ein, das Álainn ja gar keine Britannierin sondern Piktin war, die, Uuoden mochte wissen warum, an den britannischen Gott glaubte. Wieder überkam ihn das seltsame Gefühl, dass etwas nicht stimmte, doch diesmal fiel ihm ein, was es war. Er blickte Álainn scharf an.

»Wieso verstehe ich eigentlich deine Sprache?«

»Wieso?«, fragte sie zurück. »Das musst du doch wissen.«

»Nein, warum ich Britannisch verstehe, weiß ich natürlich selbst. Ich war im letzten Winter in Londinium bei den Eremiten. Die haben mich die britannische Sprache gelehrt. Aber wieso verstehe ich dich, obwohl du aus dem höchsten Norden kommst und die Pikten hier, viel näher an Britannien, verstehe ich nicht?«

»Ach so«, sie lächelte enigmatisch. »Das kommt dir seltsam vor? Ich will es dir verraten, aber du musst mir vorher auch etwas sagen. Wie kam es, dass du zu unserem Glauben übergetreten bist? Der heilige Mann in Londinium hat dich neben der Sprache auch gelehrt, dem einzig wahren Gott zu folgen?«

Na gut, dachte Ordulf, wenn du unbedingt über Götter sprechen willst, dann von mir aus. »Die Eremiten haben in der Tat eine Menge von eurem einzigen Gott gesprochen, aber dann doch noch von einem anderen. Jesus hieß der, glaube ich. Aber der war auch gleichzeitig ein Mann. Ziemlich schwierig zu verstehen. Ich halte mich jedenfalls weiter an Thunær, Uuoden und Saxnot, wie meine Väter vor mir.«

»Das heißt, du glaubst gar nicht an Gott?«, fragte sie schrill. »Warum trägst du dann das da?« Anklagend richtete sie ihren Zeigefinger auf das Bronzekreuz an Ordulfs Hals.

»Das? Oh, das ist eine Erinnerung an einen Freund. Und was soll das heißen, ich glaube gar nicht an einen Gott? Ich habe den Göttern immer den nötigen Respekt gezollt und Thunær selbst hat mich schon mehrfach unter seinen besonderen Schutz gestellt.«

Ruckartig wandte sie sich von ihm ab und kehrte ihm den Rücken zu. Was hab ich ihr denn getan?, überlegte Ordulf. Immer waren die Britannier so empfindlich mit ihrem Gott. Vielleicht hat sie aber auch nur Hunger. Er zuckte die Schultern, dagegen konnte er im Moment auch nichts machen.

»Lass uns zu den Pferden zurückkehren«, schlug er schließlich vor. »Hier gibt es ohnehin nichts mehr zu tun.«

Zurück in ihrem improvisierten Lager wurden sie von den beiden Pferden mit freudigem Schnauben begrüßt. Offenbar hatten die braven Tiere gefürchtet, im Wald allein zurückgelassen zu werden. Ordulf machte sich daran, mit dem alten Axtblatt einen Stock zu bearbeiten, der ein Schaft für die Axt werden sollte. Álainn dagegen legte sich hin und hüllte sich wortlos in ihre Decken. Bald zeigten ihre gleichmäßigen Atemzüge, dass sie eingeschlafen war.

Was für ein friedliches Bild, dachte Ordulf, als er ihre im Schlaf entspannten Züge betrachtete. Und das hier mitten im Feindesland.

Etwa eine Stunde nach Einbruch der Dunkelheit weckte Ordulf sie, indem er sanft ihre Schulter drückte. Ihre Laune schien nur unwesentlich besser als am Nachmittag. Immerhin raffte sie gehorsam ihre wenigen Habseligkeiten zusammen. Bald führten sie die Pferde vorsichtig durch das Unterholz zurück auf den Weg. Ordulf traute sich nicht, das am Nachmittag so jäh beendete Gespräch wieder aufzunehmen und sie zu fragen, warum er ihren Dialekt denn nun verstehen konnte. Schweigend ritten sie an einer Abzweigung vorbei, von der Ordulf annahm, dass sie zu dem kleinen Gehöft führte. Er hatte keine Lust, seine Bekanntschaft mit den Piktenkriegern doch noch zu erneuern.

Bald ging der Wald in ein Moor über. Glücklicherweise erwiesen sich die beiden piktischen Ponys auch im Dunkeln als absolut trittsicher. Das einzige Problem, das Ordulf quälte, war die geringe Größe seines Reittiers. Auf dem schmalen Pfad durch das buschbewachsene Moor blieben seine Füße ständig in den Büschen hängen. Nachdem ihn eine der heimtückischen Fußangeln zum wiederholten Male fast zu Boden gerissen hatte, hatte er es satt und zog die Knie so hoch, dass seine Füße nicht seitlich seines Reittiers, sondern vor ihm auf dem Rücken des Pferdes zu liegen kamen. Damit saß er nicht mehr besonders stabil und bequem, aber die runde Rumpfform der piktischen Ponys kam ihm entgegen und eine schnellere Gangart wollte er dem armen kleinen Tier ohnehin nicht zumuten.

Eine gute Stunde später – er musste wohl kurz eingenickt sein – wurde ihm die ungewöhnliche Sitzweise zum Verhängnis. Sein Pferd sprang plötzlich und unerwartet zur Seite und Ordulf verlor das Gleichgewicht. Mit lautem Krachen fiel er in das dichte, stachlige Gebüsch. Fluchend kämpfte er darum, wieder auf die Beine zu kommen. Nicht weit vor ihm erklang ein langgezogenes Blöken.

»Ein Schaf hat ihn erschreckt«, rief Álainn von hinten und lachte kess, während sie versuchte, ihre kleine Stute zu beruhigen. »Brrr, das ist doch nur ein Schaf.«

Ordulf kam endlich auf die Beine. Glücklicherweise war sein Fall von den Heidebüschen gebremst worden und tief konnte er von so einem kleinen Pferd ja ohnehin nicht stürzen. Verärgert wandte er seine Aufmerksamkeit dem vermeintlichen Hindernis zu.

»Ein Schaf?«, fragte er. Das könnte ihrem Hunger abhelfen. Doch wo ein Schaf war, gab es oft auch einen Schäfer. Vorsichtig tastete Ordulf nach der alten Axt, die er sich in den Gürtel geschoben hatte. Schon erklang das grimmige Bellen eines Hundes. Ordulf umklammerte den grob geschnitzten Schaft seiner dürftigen Waffe mit beiden Händen.

»Komm nur her, du verdammter Köter«, knurrt er, immer noch peinlich berührt wegen seines Sturzes vom Pferd.

Und da war er schon. Ein großer schwarzer Köter, der ihm die Zähne entgegenfletschte. Doch er traute sich nicht anzugreifen und gab sich, laut bellend, damit zufrieden, den Eindringling in Schach zu halten. Zwei menschliche Gestalten eilten heran. Keine kleinen Mädchen oder Jünglinge, wie Ordulf insgeheim gehofft hatte, sondern zwei ausgewachsene Kerle. Der eine rief Ordulf an, was der aber nicht verstand.

»Kommt nur alle her, Hund und Herren«, antwortete er in mürrischem Sächsisch.

Die Fremden prallten erstaunt zurück. Dann zerschnitt ein zischender Laut die Stille der Nacht. Einer der Pikten hatte sein Schwert gezogen. Der andere schien mit einer Stange oder einem Speer bewaffnet, genau konnte Ordulf es in der herrschenden Dunkelheit nicht erkennen.

»Nicht doch«, stöhnte er. Er war hungrig, müde, nur mit einer uralten Axt bewaffnet und die beiden Kerle schienen zu wissen, was sie taten.

Sie näherten sich so, dass sie Ordulf gleichzeitig aus unterschiedlichen Richtungen her erreichen würden. Langsam kamen sie näher, während Ordulf besorgt zwischen ihnen hin- und herschaute. Weglaufen war keine Option. Der Köter wartete nur darauf, ihm an die Waden zu springen. Dann stände es sogar drei gegen eins. Plötzlich sprang der Mann mit dem Speer vor. Offensichtlich wollte er die größere Reichweite seiner Waffe ausnutzen. Mit verzweifeltem Trotz schwang Ordulf seine Axt in Richtung des Angreifers. Beinahe riss ihn sein eigener Schwung von den Beinen, als die Waffe mit einem Mal fast ihr gesamtes Gewicht einbüßte. Ungläubig starrte Ordulf auf den grob geschnitzten Stock in seiner Hand. Die Klinge war abgeflogen.

»Vorsicht, hinter dir!«, riss ihn Álainns Warnruf aus der Starre. Er fuhr herum und parierte mit dem Knüppel, der ihm von seiner Axt geblieben war, gerade noch den Schwerthieb des zweiten Gegners.

Warum greift der Mann hinter mir nicht an?, wunderte er sich.

Doch der Gegner vor ihm ließ ihm keine Zeit, weiter darüber nachzudenken. Ein zweiter Hieb fraß sich in Ordulfs Knüppel. Diesmal wich er zur Seite und stieß dann den Stock nach dem Hals des Gegners. Auch der wich zurück, war aber nicht so gewandt wie der Sachse und der ehemalige Axtschaft traf ihn an der Schulter. Ein piktischer Fluch erklang, doch Ordulf ließ seinem Gegner keine Zeit und schlug gleich wieder zu. Dieses Mal war es der Pikte, der nur mit knapper Not parierte. Ordulf kam langsam in Rage und drosch mit aller Kraft auf den Hirten ein. Der mochte ein wilder, grober Kerl sein, doch dem sächsischen Krieger war er allein nicht gewachsen. Ordulfs nächster Hieb traf ihn an der Schläfe. Der schwere Mann fiel um wie ein gefällter Baum.

Da entsann sich Ordulf seines zweiten Gegners. Erschrocken fuhr er herum, doch kein Speerstoß erwartete ihn. Der Angreifer war von der Erdoberfläche verschwunden. Unsicher trat Ordulf einige Schritte in die Richtung, aus der der Angriff gekommen war und stolperte fast über den zweiten Pikten. Erstaunt beugte er sich zu ihm hinab. Eine stark blutende Wunde klaffte an seiner Stirn. Einen Augenblick stand Ordulf ratlos. Er sah zu Álainn auf, die noch immer wie vom Donner gerührt auf ihrem Pony hockte.

»Hast du den erledigt?«, fragte er erstaunt.

Auf Ordulfs Frage hin schien endlich wieder Leben in sie zu kommen und sie starrte ihn aus weit aufgerissenen Augen an. Ordulf wiederholte seine Frage, aber Álainn schüttelte nur stumm den Kopf, noch immer zu erschrocken zum Sprechen.

Verwirrt kratzte sich Ordulf hinter dem Ohr, da fiel sein Blick auf das Blatt seiner Axt, was neben dem Pikten im Gras lag und er musste lachen. Das schwere Blatt hatte den Angreifer genau an der Stirn getroffen.

»Und du behauptest, die Götter wären nicht mit mir«, drehte er sich triumphierend zu Álainn um. »Ohne Thunærs Hilfe wäre das niemandem gelungen." Rasch raffte er den Speer des Hirten auf.

Der Hund hatte sich inzwischen wohlweislich verzogen, aber das Schaf, das den ganzen Ärger ausgelöst hatte, war noch da. Heute würden sie geröstetes Schaf speisen und die Ausrüstung der beiden kriegerischen Schäfer war eine willkommene Ergänzung ihrer spärlichen Habe.

In den folgenden Nächten ritten Ordulf und Álainn über verlassene, mondbeschienene Wege, während sie sich des Tags auf einsamen Plätzen im Moor oder Wald versteckten. Manchmal sammelte Álainn Pilze und wilde Beeren, die jetzt reichlich im Moor gediehen, dann und wann wagte sich Ordulf auch an eine Siedlung heran, um ein Huhn zu stehlen. Nach einigen Tagen führte sie ihr Weg schließlich wieder von den hohen Mooren hinab in dichte Wälder und auch die Anzahl an Gehöften und Dörfern nahm zu.

»Ich glaube, wir nähern uns einer großen Siedlung«, überlegte Ordulf.

Álainn nickte. »Das könnte der Königssitz der Uerturio sein. Forteviot nennen ihn die Pikten. Dann müsste hier irgendwo ein Fluss sein. Es heißt, Forteviot läge im Tal des Earn.«

Und tatsächlich sahen sie im ersten Morgengrauen durch die Baumwipfel vor sich ein breites Tal. In der Talsohle schlängelte sich ein Flusslauf an den Wällen einer großen Siedlung vorbei. Größer jedenfalls als alles, was sie in den letzten Wochen zu Gesicht bekommen hatten.

»Das muss Forteviot sein«, kommentierte Álainn.

Ordulf saß stumm neben ihr auf seinem kleinen Grauen und musterte das Land zu ihren Füßen. Der Fluss kam von den Bergen im Westen und zog Richtung Meer. Auf der gegenüberliegenden Seite stieg das Land wieder an und verlor sich schließlich im langsam verblassenden Dunkel der Nacht.

»Ich glaube, es ist zu spät, um uns noch an diesem Ort vorbeizuschleichen. Wir sollten das lieber morgen vor Mitternacht versuchen. Wenn die Hähne krähen, ehe wir den Wald auf der anderen Seite erreicht haben, entdeckt man uns bestimmt. Da unten müssen hunderte, vielleicht sogar tausend Menschen leben. Auch unseren Pferden wird die Rast guttun.«

Glücklicherweise fanden sie in der Nähe eine kleine Lichtung an einem der Waldbäche, die von der bewaldeten Höhe zum Earn hinabrauschten. Das frische Gras versprach den Pferden ein Labsal. Und sie hatten es bitter nötig. Ordulf schaute in die matten Augen seines kleinen grauen Hengstes, die noch vor einer Woche so lebhaft gefunkelt hatten. Bevor er ihn grasen ließ, fuhr er mit der Hand am struppigen Fell des rechten Vorderlaufs herunter. Brav gab ihm das Tier seinen Huf. Ordulf schaute besorgt auf das spröde, rissige Horn. Wie die Sachsen nutzten auch die Pikten keine der merkwürdigen Hufsandalen, die Ordulf bei einigen der Britannier beobachtet hatte, und so hatten sich die beiden treuen Tiere in den letzten Tagen auf den steinigen Wegen der piktischen Hochmoore die Hufe bedenklich abgewetzt. Wenn sie weiter in dieser Geschwindigkeit ritten, würden sie in einer Woche bis auf das Fleisch herunter sein. Und wenn es erst einmal blutete, wären die Pferde unbrauchbar für mindestens zwei oder drei Wochen, wenn nicht gänzlich ruiniert. Orduld klopfte dem treuen Pony, dem er inzwischen den Namen AppulgrÐ – also Apfelgrau – gegeben hatte auf den Hals und entließ es.

»Wir müssen den Pferden eine Rast gönnen«, bemerkte er, während sich AppulgrÐ in der frischen Wiese wälzte. Álainns Pferd, er hatte es Brðnaz, also einfach Braun, getauft, kaute bereits gierig auf den ersten Bissen Gras.

»Das wird Brunas gefallen«, pflichtete Álainn bei und trat neben ihn. Ihre britannische Zunge stolperte noch über die ungewohnten sächsischen Laute.

So verbrachten sie anstelle des einen, zwei volle Tage auf der kleinen Lichtung im Wald. Zu seiner großen Freude entdeckte Ordulf in dem Bach sogar einige Forellen. Er stieg ins Wasser und hielt die Hände unbeweglich hinein. Ganz langsam schob er sie über eines der schillernden Tiere. Es dauerte eine Ewigkeit, bis es sich endlich zwischen seinen Handflächen befand. Dann, mit einem Ruck, schaufelte er das nichts ahnende Tier aus dem Wasser und katapultierte es ans Ufer.

»Schnell, schlag sie tot, bevor sie wieder ins Wasser gleitet«, rief er Álainn zu, die gespannt am Ufer gewartet hatte.

Doch sie war so überrascht, dass ihr der Fisch aus den Händen glitt und unversehens wieder in den Bach fiel.

»Oh nein, das war unser Frühstück«, schimpfte Ordulf, triefend nass von seiner Jagd.

»Sie war so glatt«, behauptete Álainn schuldbewusst und machte dabei ein so betroffenes Gesicht, dass Ordulf lachen musste.

Er spritzte ihr eine Handvoll Wasser ins Gesicht. »Ungeschicktes Piktenweib«, rief er und lachte.

Sie schrie erschrocken auf, als das kalte Wasser sie traf. »Barbar, Mädchenräuber«, rief sie und sprang nun ebenfalls in den Fluss, um zurückzuspritzen.

Ordulf machte einen Schritt von ihr weg, trat auf einen glitschigen Kiesel und verlor den Halt. Mit lautem Platschen landete er auf seinem Hintern im Bach. Darüber musste Álainn so lachen, dass ihr die Beine versagten und sie sich neben ihn fallen ließ. Am Ende saßen sie beide völlig durchnässt und prustend vor Lachen im kühlen Nass. Die Sonne schien warm auf sie herab und Ordulf erinnerte sich nicht, wann er zuletzt so sorglos glücklich gewesen war. Da erschien seltsamerweise die arme Gutha vor seinem geistigen Auge und eine Wolke schob sich vor die Sonne. Die ungetrübte Stimmung war zerbrochen. Er schüttelte den Kopf.

»Wir werden schon noch ein paar Forellen finden«, behauptete er und stieg aus dem Wasser.

Am Ende erlegten sie über den Tag verteilt vier Stück und so wurde der Ruhetag nicht nur für die Pferde eine dringend benötigte Erholung.

Leider verging auch dieser Tag und die ungezwungene Freude, mit der sie die erste Forelle gejagt hatten, stellte sich nicht wieder ein.

Am Abend des nächsten Tages wartete Ordulf mit dem Aufbruch bis lange nach Sonnenuntergang, sodass die Pferde, die trotz des Ruhetages noch in ihrem seltsamen Rhythmus gefangen waren, bereits ungeduldig mit ihren abgewetzten Hufen scharrten. Endlich verloschen im Tal die letzten Lichter.

»Hoffentlich schlafen die Pikten nun tief und fest«, bemerkte Ordulf. »Lass uns unser Glück wagen.«

Sie führten ihre Pferde vorsichtig am kurzen Zügel in das Tal hinab. Ordulf hatte eine Stelle weit flussaufwärts von der Siedlung für ihren Übergang ausgewählt. Der Earn schien hier nicht besonders breit. Unmittelbar am dicht mit Buschwerk bestandenen Ufer saßen sie auf und Ordulf lenkte seinen kleinen Hengst direkt ins kalte Wasser. Der Fluss reichte dem Pferd bis zum Bauch und die Strömung zog das kleine Tier flussabwärts. Doch es richtete die Brust gegen den Strom und schritt sicher auf das gegenüberliegende Ufer zu. Ordulf zog seine Füße an, wie er es sich im dichten Gebüsch der Hochmoore angewöhnt hatte, und nach wenigen Augenblicken erreichte er trockenen Fußes das gegenüberliegende Ufer. Álainn ging das Wasser bis ans Knie, aber ansonsten erreichte auch sie sicher das Land im Süden.

Kaum hatten sie den Fluss verlassen, hob Ordulfs Hengst witternd den Kopf. Ordulf riss ihn sofort mit den Zügeln wieder herab, doch Álainn reagierte nicht so schnell. Das laute Wiehern ihres Pferdes zerschnitt die Stille der Nacht. Andere Pferde mussten sich in der Nähe aufhalten und offensichtlich sehnte sich die kleine Stute nach Gesellschaft. Tatsächlich antworteten andere Ponys enthusiastisch aus der Dunkelheit.

»Verdammt«, fluchte Ordulf. »Nichts wie weg hier!«

Er drückte seinem Grauen die Fersen in die Flanken und preschte los. Álainns Pony folgte mehr aus Angst, alleine zurückzubleiben, als durch die sanften Hilfen der Reiterin getrieben. Hinter ihnen mischten sich das Bellen von Hunden und menschliche Stimmen zum Lärm der Pferde.

Äste peitschten Ordulf ins Gesicht. Er kniff die Lider aus Angst um sein Augenlicht zusammen, trieb aber AppulgrÐ weiter. Es war ein Glück, dass sie am Vortag eine Rast eingelegt hatten, sonst wären ihre Ponys kaum dazu in der Lage gewesen, diesen wilden Galopp mehr als ein paar Sprünge durchzuhalten. Das Bewusstsein der Gefahr ließ ihm die Nackenhaare prickelnd zu Berge stehen, aber irgendwie genoss er diesen wildromantischen Galopp in vollen Zügen. Endlich, für einen kurzen Augenblick, konnten sie das vorsichtige Schleichen aufgeben und frei über die Landschaft jagen.

Zwei Tage später kamen sie an den Resten eines alten Walles vorbei. Der Spitzgraben im Norden des Walles war inzwischen fast gänzlich verschüttet und stellenweise nur an dem saftigeren Grün des Grases zu erkennen. Auch sonst erinnerten nur noch spärliche Reste an die Palisade, die ihn einst krönte. Doch das erstaunliche war, dass der Wall nicht ein ehemaliges Gehöft oder eine Stadt umschloss. Er zog sich schnurgerade von Osten nach Westen quer über das Land.

»Was war denn das?«, wunderte sich Ordulf.

Auch Álainn schaute rätselnd auf die Ruinen. »Das kann doch nicht der hohe Wall sein, so gänzlich zerstört?«, fragte sie beklommen.

»Du meinst den sagenhaften Wall, der Britannien von den Pikten scheidet?«, fragte er zurück. »Im letzten Jahr, als wir vor Eboracum gegen die Pikten kämpften, hat Ceretic mir davon erzählt.« Versonnen betrachtete er die verfallenen Reste. Dann schüttelte er energisch den Kopf. »Nein, Ceretic hat ausdrücklich von einem hohen Steinwall gesprochen. Der hier war aus Holz, so wie wir oder die Pikten unsere Dörfer einfrieden. Ich habe inzwischen genug steinerne Römerwälle zu Gesicht bekommen. Die sehen ganz anders aus.« Damit drückte er seinem Pferd wieder die Schenkel in die abgemagerten Flanken.

XIX. Heimkehr

Piktenland, August 442
Ordulf

Noch bevor sie den wahren Steinwall erreichten, entdeckte Álainn am südöstlichen Horizont ein rotes Glühen.

»Sieh nur dort. Was ist das?«, fragte sie Ordulf. Er blickte in die angegebene Richtung und starrte die Erscheinung eine Weile an.

»Feuer«, behauptete er dann. »Dort brennt ein Hof oder sogar ein ganzes Dorf.«

»Wie schrecklich«, flüsterte Álainn. Das Bild ihres brennenden Heimatdorfes, das sich ihr von Bord einer piktischen Curach aus geboten hatte, erschien vor ihrem geistigen Auge.

Ordulf war weniger beeindruckt. »Wenn wir Glück haben, ist Hengists Heer dort unten.«

Tatsächlich entdeckten sie am frühen Morgen, nicht weit von den verkohlten Überresten des Dorfes entfernt, die Wachfeuer einer kleinen Kriegerschar.

»Sachsen oder Pikten?«, fragte Ordulf mehr sich selbst als Álainn. »Ich muss näher heran«, entschied er dann. »Sorge du dafür, dass die Pferde stillhalten.«

Er sprang von AppulgrÐs Rücken und drückte Álainn die Schnur, die ihm als Zügel diente, in die Hand. Dann lief er gebückt in Richtung der Feuer. Die fremden Krieger waren unvorsichtig. Dichtes Gebüsch reichte bis fast an ihr Lager heran. Leise schlich er auf Händen und Knien näher. Die Enttäuschung traf ihn wie ein Stich in die Brust. Die Pferde, die Ordulf sah, waren klein und struppig. Piktische Ponys. Er wollte gerade umkehren, da fiel ihm ein, dass hier in Britannien auch die Sachsen auf die einheimischen Ponys angewiesen waren. Vielleicht hatten sie doch Glück. Mit neuer Hoffnung schlich er weiter. Waren das nicht sächsische Rundschilde, die dort um das Feuer standen? Er beugte sich vor, um noch besser sehen zu können. Wenn er bloß schärfere Augen hätte.

Ein Knacken. In der Stille der Nacht klang das Brechen des kleinen Zweiges, auf den er getreten war, unnatürlich laut. Fast im gleichen Moment erscholl eine barsche Stimme.

»Wer ist da?«

Das war Sächsisch! Unendlich erleichtert richtete sich Ordulf auf.

»Hier, Hengist!«, rief er.

»Du hast eine piktische Sklavin erbeutet?«, fragte ihn ein großer Sachse, als Ordulf Álainn bald darauf in das kleine Lager des Vorpostens geholt hatte. Seine Augen leuchteten lüstern. »Wir haben hier keine einzige Frau gefangen. Du wirst sie doch mit uns teilen?«

Ordulf erwiderte den Blick finster. »Diese Frau hat mir geholfen im Piktenland unentdeckt zu bleiben und zu euch zu gelangen. Sie steht unter meinem persönlichen Schutz.«

Der Kerl starrte Ordulf zornig in die Augen. »Du kommst hierher wie ein abgerissener Bettler und stellst uns Bedingungen?«, fragte er drohend.

Ordulf war nicht in der Stimmung zum Streiten. »Ich sage nur, dass dieses Mädchen unter meinem Schutz steht. Ich bin Ordulf Swænsunu und kein abgerissener Bettler. Du hast sicherlich schon von mir gehört«, erklärte er ruhig.

»Und ich bin Riklef aus dem Geschlechte der Rodbellinger. Und alle hier können dir erzählen, wie ich mit diesem Arm ganz alleine einen piktischen Spähtrupp erschlagen habe«, antwortete der große Sachse hitzig.

Ordulf ging nicht auf ihn ein, viel zu sehr freute er sich, wieder Stammesgenossen um sich zu haben. Wie sich herausstellte, handelte es sich bei dem Trupp, den sie getroffen hatten, nur um eine kleine Abteilung des sächsischen Heeres, die zum Plündern weiter ins Landesinnere eingedrungen war.

Schon am nächsten Morgen kehrten sie zur Hauptmacht zurück.

»Was hast du mit meiner Heldir angestellt?«, fragte Hengist erschrocken, sobald er Ordulf erkannte.

Der grinste säuerlich. »Ich bin das letzte Stück zu Fuß gegangen und habe die Heldir vorgeschickt. Sie ist vermutlich schon sicher in Ypwinesfleet angekommen.«

In groben Zügen berichtete er von ihren Abenteuern im Norden und vergaß auch nicht zu erwähnen, dass die Heldir nur durch sein selbstloses Opfer aus der Falle in der Felsenbucht entkommen konnte.

»Das wirst du uns später in aller Ausführlichkeit schildern«, lachte Hengist. Die Versicherung, dass seinem Schiff nichts zugestoßen war, hatte seine Laune deutlich gehoben. »Allerdings kommst du zu spät, um hier Ruhm zu gewinnen. Du hast sogar großes Glück uns noch im Piktenland anzutreffen. Es wird Herbst und wir müssen den Feldzug beenden und nach Ypwinesfleet zurück. Schließlich wartet Vortigern voller Ungeduld darauf, dass ich ihm meine Tochter zuführe.«

Damit war Ordulf entlassen. Doch wenige Schritte weiter griff jemand nach seiner Schulter. Ordulf fuhr herum. Es war Horsa.

»Du bekommst jetzt erst einmal wieder sächsische Kleidung und Waffen und ein neues Pferd. Siehst ja aus wie ein Pikte und der arme Gaul ist völlig abgemagert«, entschied er. Grinsend fügte er hinzu: »Du hast immerhin zwei Pferde und eine Frau erbeutet. Das ist mehr als die meisten von uns aufweisen können. Die Pikten sind uns von Anfang an ausgewichen und in ihre unzugänglichen Wälder und Sümpfe geflohen. Wir hatten Mühe, genügend Nahrung für das Heer aufzutreiben. Überall fanden wir nur leere, teils sogar abgebrannte Gehöfte. Keine Tiere, keine Menschenseele.«

Plötzlich erklang ein Schrei. Ordulf fuhr zusammen. Das war der Schrei einer Frau gewesen und davon gab es in diesem Lager nur sehr wenige.

Álainn!, schoss es ihm durch den Kopf.

Ohne sich zu besinnen rannte er los. Der Schrei war aus Richtung eines Gebüsches jenseits des Lagers gekommen. Er brach mit voller Wucht durch die dichten Zweige und richtig, es war genau wie er befürchtet hatte. Der große Rodbellinger hielt Álainn in den Armen. Die strampelte heftig, hatte aber keine Chance ihm zu entkommen.

»Wenn er dich nicht haben will, dann kann er wohl kaum verbieten, dass sich jemand anderes um dich kümmert.«

Álainn versuchte verzweifelt, sich aus dem Griff des Mannes zu winden, doch der lachte nur und drückte ihr einen feuchten Kuss auf die Lippen.

»Du lässt sie sofort los«, rief Ordulf mit schneidender Stimme.

»Ordulf!«, heulte Álainn.

Der Rodbellinger ließ sie tatsächlich aus seiner Umarmung frei und wandte sich dem Rivalen zu. »Hat da ein Schwein gequikt?«, fragte er. Den alten Zwist zwischen Swænen und den Geschlechtern der Rodbellinger und Ebbingemannen hatte Riklef offenbar noch nicht vergessen.

»Du fasst sie noch einmal an und das war das letzte Mal, dass deine dreckige Hand irgendetwas angefasst hat«, fauchte Ordulf.

»Ach ja? Und wer sagt das? Du Swænsches Großmaul vielleicht?«

»Ich habe alles gesagt, was du wissen musst«, antwortete Ordulf mit gefährlich vibrierender Stimme.

Der Rodbellinger entknotete mit provozierender Gelassenheit die Friedensbänder, die ledernen Schnüre, mit denen man den Schwertgriff gegen ein Herausfallen oder ein voreiliges Ziehen im Zorn sicherte. »Wenn du wirklich etwas zu sagen hast, dann solltest du das Eisen für dich sprechen lassen. Das verstehe ich besser als dein Quieken.«

Das Eisen sang leise, als der Rodbellinger langsam seine Waffe zog. Das war zu viel für Ordulf. Noch bevor der Rodbellinger das Schwert ganz aus der Scheide hatte, stürzte er sich mit einem Wutschrei auf ihn. Im Sprung riss er die kurze Waffe des piktischen Schäfers heraus und rammte sie dem Gegner so heftig in den Brustkorb, dass die blutige Spitze im Rücken wieder zum Vorschein kam. Álainn schrie auf, als ihr Blut ins Gesicht spritzte und der Hüne mit einem erstaunten Gesichtsausdruck zusammenbrach.

»Verdammt, was tust du da?«, schrie eine Stimme hinter Ordulf. Es war Horsa. Ordulf hatte in der Aufregung gar nicht bemerkt, dass er ihm gefolgt war. »Mit dir hat man nichts als Ärger«, wütete der sonst so sanftmütige Sachsenfürst.

»Aber er hat doch …«, stammelte Ordulf.

»Ich habe auch gesehen, was er hat«, bestätigte Horsa. »Aber jedes Mal, wenn irgendein Holzkopf deinen Namen falsch betont, verlieren wir mindestens einen Mann.« Ein röchelndes Husten unterbrach den Zornesausbruch. »Los, helft ihm«, befahl Horsa den Umstehenden, inzwischen hatte sich eine Menschentraube um sie gebildet.

Blutiger Schaum stand dem Rodbellinger vor dem Mund, als ihn einige seiner Kameraden vorsichtig aufhoben und zum Lager trugen. Gerade in diesem Moment kam Hengist herzugeeilt. Sein düsterer Blick verriet, dass er alles andere als begeistert war.

»Riklef war ein tapferer Mann. Er hat mit eigener Hand sechs Pikten erschlagen«, grollte er Ordulf an.

Aber da sein eigener Bruder bezeugen konnte, dass der Rodbellinger als erster zum Schwert gegriffen hatte, musste auch Hengist Ordulf von Schuld freisprechen. So kam unter den Sachsen das Wort auf, es sei gefährlicher, sich dem Piktenmädchen auf weniger als drei Schritte zu nähern, als einen bis an die Zähne bewaffneten piktischen Stoßtrupp anzugreifen.

Am folgenden Abend nahm Horsa Ordulf zur Seite. Sein anfänglicher Ärger war Sorgen gewichen.

»Noch lebt Riklef, aber niemand vermag zu sagen, wie lange noch. Er hat mehrere Blutsverwandte unter den Männern hier. Du magst zwar im Recht sein, aber sie werden nichtsdestotrotz auf Rache sinnen. Hier inmitten des gesamten Heeres bist du zwar sicher, aber ich glaube, in Ypwinesfleet könnte dir nur zu rasch ein Unglück zustoßen. Und da es ständig Ärger mit dir gibt …« Er hob abwehrend die Hände, als Ordulf ansetze, um ihn zu unterbrechen. »Lass mich ausreden. Trotz allem halte ich dich für einen guten Mann und ich weiß, wie viel wir dir verdanken. Daher will ich, dass du lebst.«

»Du hast doch gesehen, dass ich auf mich aufpassen kann«, antwortete Ordulf trotzig, doch Horsa schüttelte den Kopf.

»Damit noch mehr Männer sterben? Ich will nicht, dass sich die Sachsen hier in Britannien untereinander in blutige Fehden verstricken. Wir können hier Größeres schaffen. Verstehst du?« Seine Augen suchten in Ordulfs finsterer Miene nach einem Zeichen der Einsicht.

Schließlich schluckte Ordulf seinen Stolz hinunter und nickte kaum merklich.

»Ich habe gehofft, dass du das verstehen würdest«, sagte Horsa aufatmend. »Mir ist ein guter Weg eingefallen, wie du weiterem Ärger so lange aus dem Weg gehen kannst, bis sich die Gemüter beruhigt haben. Du wirst meine Nichte Rowena an Vortigerns Hof begleiten.«

Ordulf war überrascht. Aber als er in den folgenden Tagen auf dem Marsch nach Süden über Horsas Vorschlag nachsann, erschien ihm die Idee doch sehr naheliegend. Rowena würde sich in der Fremde nach sächsischer Gesellschaft sehnen und Hengist wollte sie sicher nicht ohne Schutz zurücklassen. Außerdem sprach sie kein Britannisch und das zumindest hatte er den anderen Sachsen voraus. Vielleicht kämen sie auch nach Londinium? Dort könnte er dann Dìorhail wiedersehen. Doch bei diesem Gedanken erschienen ihm die Bilder der armen Gutha und seltsamerweise auch Álainns, und er verspürte plötzlich keinerlei Verlangen nach einem Wiedersehen mit der Londinierin.

Nach zwei Tagen Marsch erreichten sie wieder einen Wall, der sich quer über das Land zog.

»Sieh mal, diesmal muss es der wahre hohe Steinwall sein«, machte er Álainn darauf aufmerksam.

Selbst jetzt noch, wo die Zinnen an vielen Stellen herabgefallen, der Graben teils verschüttet und überall wild überwuchert war, blieb es ein höchst beeindruckendes Bauwerk. Einmal mehr wurde Ordulf von tiefer Ehrfurcht für die Leistungen dieser geheimnisvollen Römer ergriffen. Wie konnte es nur geschehen, dass ein so mächtiges Volk einfach vom Erdboden verschwand? Doch wen bezwang nicht Wurd der Starke?

Beim Durchzug durch ein Tor im Wall wurde das sächsische Heer von den Bewohnern eines kleinen Wehrdorfes, das im Schatten des Steinwalls lag, mit verhaltenem Enthusiasmus begrüßt. Nach dem Abzug der Sachsen würden diese Menschen die Rache der Pikten als Erste zu spüren bekommen.

Einige Wochen später erreichten sie endlich den Wantsum und schon bald darauf konnte sich Hengist selbst davon überzeugen, dass sein Schiff unversehrt war. Wie erhofft lag die Heldir winterfest am Ufer des Fleets. Arfst und Halvor hatten sie sicher in die neue Heimat gebracht. Als sie Ordulf bei dem Heer entdeckten, stürmten sie ihm entgegen. Der Friese fiel seinem Steuermann sogar um den Hals.

»Ich dachte, die Pikten hätten dich erschlagen oder schlimmer noch, zu ihrem Sklaven gemacht«, jauchzte er und Ordulf bemerkte gerührt, dass ihm die Tränen an den Wangen herabliefen.

»Das wäre auch fast so passiert, wenn nicht unsere kleine Piktin Erbarmen mit mir gehabt hätte«, bestätigte der lachend und zeigte auf die errötende Álainn.

Einige Tage später erschienen Abgesandte Vortigerns in Ypwinesfleet. Auch Tallanus war unter ihnen. Ordulf und Halvor begrüßten ihren alten Freund herzlich.

»Wie schön dich wiederzusehen. Dein Britannisch hat mir auch bei den Pikten sehr geholfen«, berichtete ihm Ordulf.

»Bist du mit Hengist im Norden gewesen?«, fragte der Diakon zurück.

»Ja … auch«, antwortete Ordulf und Halvor kicherte still in sich hinein. Auf Tallanus fragenden Gesichtsausdruck hin erklärte er noch weiter. »Eigentlich sind wir übers Meer bis in den äußersten Norden des Piktenlandes vorgestoßen.«

Stolz erzählte Ordulf von ihren Abenteuern am Ende der Welt. Zu seiner Freude zeigte sich Tallanus gehörig beeindruckt.

»Die Inseln, die ihr erreicht habt, müssen die Orcades gewesen sein«, rief er erstaunt. »Einer der römischen Statthalter hat diese Eilande vor vielen Jahrhunderten besucht«, teilte er sein Wissen, doch dann besann er sich auf sein eigentliches Anliegen und setzte eine ernste Miene auf. »Bischof Albanus macht sich Sorgen wegen der geplanten Hochzeit«, erklärte er. »Ich soll Hengists Tochter beibringen, wie man sich in einer Kirche verhält und was sonst noch für ihre neue Stellung von Bedeutung ist. Ich wage nicht zu hoffen, dass sie schon ein wenig Britannisch spricht?« Dabei blickte er Halvor und Ordulf hoffnungsvoll an.

»Nein, leider nicht. Wir waren bis vor wenigen Wochen auf See, da blieb keine Zeit, Rowena zu unterrichten«, erwiderte Halvor.

»Und Ceretic? Ist er mit euch gegen die Pikten gezogen?«, erkundigte sich Tallanus. »Ich habe ihn schon lange nicht mehr gesehen. Selbst Vortigern weiß offenbar nicht, wo er sich aufhält, denn er hat mir aufgetragen nach ihm zu fragen.«

»Oh, du hast auch nichts von ihm gehört?« Ordulf war betroffen.

Tallanus wirkte alarmiert. »Nein, ist er denn nicht bei euch?«

»In der Nacht von Hengists großem Gelage verschwand er. Oder eigentlich am Morgen danach. Ich dachte, er wäre bei dir oder in Londinium.«

»Nicht, dass ich wüsste.« Tallanus schüttelte den Kopf. »Das sieht Ceretic überhaupt nicht ähnlich.«

Ordulf zuckte die Schultern »Der kann schon auf sich selbst aufpassen. Lasst uns jetzt Rowena suchen. Ich werde euch übrigens nach Durovernum begleiten.«

Tallanus horchte auf. »Das ist ja wunderbar. Ich habe mir schon Sorgen gemacht, ob sie mich überhaupt versteht!«

»Ich hoffe, ich habe in Londinium nicht zu viel Verwirrung angerichtet?«, fragte Ordulf mit einem schiefen Grinsen.

Tallanus lachte. »In Londinium vielleicht, aber nicht in Durovernum. Vortigern hält sich selten in Londinium auf. Die Bürgerschaft ist ihm zu selbstbewusst.«

Halvor dagegen wirkte enttäuscht. »Ich hätte mir sehr gewünscht, in Londinium Dagomar und seine Jünger besuchen zu dürfen.«

Ordulf fuhr erstaunt herum und auch Tallanus zog überrascht die Brauen hoch. »Lieber als an den königlichen Hof?«, fragte Ordulf verwundert.

»Lieber als an den Hof irgendeines irdischen Königs«, bestätigte Halvor ernst.

Tallanus blickte zu Ordulf. »Ich denke, in Durovernum würden wir zwei auch allein zurechtkommen, oder?«

Ordulf nickte. »Davon, dass Halvor Rowena begleiten soll, war ohnehin nie die Rede.«

»Und du, Ordulf, hast ja auch bereits einige Erfahrung darin für Frauen zu übersetzen, nicht wahr?«

Nun musste auch Halvor lachen. Ordulf verzog den Mund und rollte mit den Augen. Plötzlich erstarrten Tallanus' Züge. Ordulf folgte seinem Blick und sah, wie Álainn gerade hinter einem der Nebengebäude verschwand.

»Nur eine junge Piktin«, winke er ab. Das Wort Sklavin vermied er unbewusst, es passte nicht für Álainn. Sie hatte sich nie wie eine verhalten und mehr als einmal die Gelegenheit gehabt zu entfliehen. Er seufzte in Gedanken. Ein Glück, dass sie es nicht getan hatte. Doch warum eigentlich? Er hatte keine Ahnung was er nun mit »seiner« Piktin anfangen sollte.

»Das Mädchen hat mich einen Augenblick an jemanden erinnert, aber das kann nicht sein«, murmelte Tallanus mehr zu sich selbst.

Ypwinesfleet, Oktober 442
Álainn

Álainn kehrte schlendernd von ihrem neuen Lieblingsplatz am Fleet zurück. Manchmal suchte sie die Einsamkeit, um mit sich und ihrem neuen Leben ins Reine zu kommen. Zu viel war passiert und zu viel hatte sie passieren lassen. Manchmal unterbrach Ordulf ihre Gedanken, wenn er zufällig vorbeigeschlendert kam und eine Unterhaltung mit ihr anfing. Doch diesmal hatte sie niemand gestört. Ein wenig enttäuscht kehrte sie zu ihrer Unterkunft zurück. Gleichzeitig ärgerte sie sich über ihre Gefühle für Ordulf. War es nicht albern noch immer die gefangene Piktin zu mimen? Sie wusste selbst nicht recht, was sie wollte.

Da tauchte plötzlich der gesuchte und doch nicht gesuchte Sachse in Begleitung eines anderen Mannes aus dem Schatten von Hengists großer Halle auf.

»Tallanus!«, schrie sie überrascht und rannte mit ausgestreckten Armen auf den jungen Diakon zu.

»Álainn!«, antwortete der, als sie ihm um den Hals fiel. Nach einer ganzen Weile schob er sie auf Armlänge von sich und betrachtete die wiedergefundene Freundin von Kopf bis Fuß. »Also habe ich mich vorhin doch nicht geirrt. Du bist es!« Freudestrahlend schloss er sie noch einmal in die Arme. »Du bist noch heil und gesund. Du siehst sogar ausgesprochen gut aus. Wie bist du denn den Pikten entkommen und wo hast du so lange gesteckt? Ich dachte, die Barbaren hätten dich in die Sklaverei verschleppt und ich würde dich nie wiedersehen«, sprudelte es aus ihm heraus.

»Haben sie auch«, bestätigte Álainn. »Doch dieser sächsische Held hier«, dabei sah sie Ordulf schnippisch an, der mit offenem Mund dabeistand, »hat mich gerettet und in die Heimat zurückgebracht.«

In Ordulfs Kopf begann es zu arbeiten. »Dann bist du gar keine Piktin?«, fragte er schließlich.

»Sehe ich etwa so aus wie eine Barbarin?« Lachend hielt sie sich eine Haarlocke unter die Nase um einen Schnurrbart zu mimen.

»Du hast mich die ganze Zeit über zum Narren gehalten!«, schimpfte Ordulf, jedoch ohne rechten Nachdruck, dafür saß seine Verwunderung offenbar noch zu tief. »Als Britannierin und noch dazu Freundin meines Freundes Tallanus bist du natürlich frei! Warum hast du niemals verraten, wer du in Wirklich bist?«

»Du hast nie danach gefragt, auch nicht, ob ich überhaupt mit auf dein Schiff kommen will. Und da habe ich dich eben, wie du gerade so treffend bemerktest, zur Strafe an der Nase herumgeführt.«

Das war natürlich gelogen, tatsächlich war sie nur nie dazu gekommen es ihm zu erzählen. Und nach ihrem verunglückten Gespräch, als sie so furchtbar enttäuscht war, dass Ordulf nicht ihren gerade neu gefestigten Glauben an den einen Gott teilte, hatte sie es stets vermieden über die Vergangenheit zu sprechen. Da bemerkte sie Tallanus' Blick auf sich ruhen. Der junge

Diakon stand mit gerunzelter Stirn dabei und schaute sie nachdenklich an.

»Ich glaube, ich bringe dich erst einmal nach Regulbium zurück. Die Leute im Dorf werden sich freuen, dich wiederzusehen.«

Ordulf nickte geistesabwesend. Álainn vermutete belustigt, dass er noch immer dabei war, die neuen Erkenntnisse zu verdauen.

»Eine gute Idee, Tallanus, danke.«

»Dann rudere ich euch über den Sund«, erbot sich Ordulf und schien endlich seine Verwirrung abzuschütteln.

Ypwinesfleet, Oktober 442
Ordulf

Eine gute Woche nachdem Ordulf seine hübsche Gefangene über den Wantsum in die Freiheit gerudert hatte, verließ Rowena Ypwinesfleet. Neben ihrem Vater und einer Handvoll erlesener Krieger folgten ihr Ordulf, Tallanus und auch Halvor, um sie in ihr neues Heim zu geleiten. Halvor ließ sich kurz vor Durovernum wie verabredet zurückfallen, um heimlich und allein seinen Weg nach Londinium fortzusetzen. Tallanus und Ordulf tauschten einen Blick, doch sonst bemerkte niemand das Verschwinden des schweigsamen Sachsen.

Bald darauf erreichten sie Durovernum. Die Tore standen weit offen und von der Stadtmauer wehten die bunten Standarten. Der Hochkönig hatte Befehl gegeben, seine Braut mit Jubel zu empfangen. Doch als sie durch das Tor ritten, wirkte die versammelte Menge eher bedrohlich als heiter. Nur der König selbst strahlte übers ganze Gesicht, als er seiner Braut die Stufen der Präfektur herab auf das Forum entgegeneilte. Seine Leidenschaft für die schöne Sächsin schien seit dem denkwürdigen Gelage in Ypwinesfleet ungebrochen. Ordulf hoffte, dass die Gefühle des Hochkönigs auch über die Hochzeit hinweg anhielten. Nicht nur, dass er die Tochter seines Herren gut leiden mochte und ihr von Herzen Glück wünschte. Nein, diese Verbindung würde die Stellung der Sachsen insgesamt von einfachen Söldnern zu Verwandten des Königshauses aufwerten. Was in Rowena selbst vorging, vermochte er dagegen nicht zu erraten. Ihr ernstes Gesicht wollte jedenfalls nicht so recht zu dem fröhlichen Anlass passen.

»Freust du dich denn auf das Fest? Und darauf, dass du bald Königin von Britannien wirst?«, fragte er sie verstohlen, während sie nebeneinander durch die Gassen von Durovernum schritten.

Sie schenkte ihm ein kurzes Lächeln. »Es ist eine große Ehre und mein Vater wird sehr stolz sein«, sagte sie und fast hätte Ordulf ihr geglaubt, aber ihre klaren blauen Augen lächelten nicht.

Ordulf lief ein Schauder über den Rücken. Vielleicht hatte es auch seine Vorteile, nur der Drittgeborene eines unbedeutenden Geschlechts zu sein.

Schließlich wurden sie alle in den Gasthof geleitet, den Ordulf noch von seinem ersten Besuch in Durovernum kannte. Rowena würde bis zu ihrer Hochzeit bei ihrem Vater bleiben.

Zwei Tage später, gleich zu Beginn der feierlichen Hochzeitszeremonie, die Bischof Albanus im Licht unzähliger Kerzen in der alten römischen Basilika feierte, gab es für Gwyrangon von Cantium ein böses Erwachen. Der treue Vasall Vortigerns fand seinen Sitz in der Kirche um mehrere Plätze nach hinten verrückt. Und wenn der alte König in der Basilika noch hoffte, es handle sich um ein Missverständnis, so wurden ihm und all seinen Untertanen spätestens im Thronsaal die neuen Machtverhältnisse unmissverständlich vor Augen geführt: Gwyrangons Hochsitz war für Rowena geschmückt, während er selbst zusammen mit den übrigen Würdenträgern in den Raum zu Füßen der Throne gedrängt wurde.

Hengist trat vor und kniete vor dem Hochkönig nieder.

»Sei mir willkommen, mein treuer Feldherr und lieber Brautvater. Von nun an bist du der neue Herr über Cantium«, verkündigte Vortigern den staunenden Zuhörern.

Huldvoll half er dem Sachsenherzog auf die Beine und geleitete ihn zu dem kleineren Stuhl, der zu seiner Linken aufgestellt worden war. Einen Augenblick herrschte erschrockenes Schweigen im Saal, dann redeten alle durcheinander.

»Ruhe!«, forderte Vortigern und als es im Saal nur noch wüster zuging, nahm er sein purpurfarbenes Halstuch ab und winkte damit. Sofort erschienen in allen Eingängen des Saales catuvellaunische Krieger, gerüstet wie zur Schlacht. »Ergreift diejenigen, die die Ohren meiner Frau mit ihrem Geschrei stören!«, rief Vortigern über den Tumult hinweg.

Als die Catuvellaunen die ersten Störenfriede packten und unsanft aus dem Saal zerrten, kehrte schlagartig Ruhe ein.

»Schon besser«, bemerkte Vortigern mit einem kalten Lächeln. »Ich bin hier der Hochkönig. Wenn jemand meine Verbindung mit meiner Frau«, hierbei betonte er jedes Wort, »oder sonst irgendwelche meiner Entscheidungen nicht gutheißt, dann möge er jetzt sprechen oder für immer schweigen.« Er funkelte seine Untertanen herausfordernd an, doch niemand wagte es, Einspruch zu erheben. Für einen Augenblick kniff er die Augen finster zusammen und legte seine Hand scheinbar zufällig auf den Schwertgriff. Dann setzte er wieder ein strahlendes Lächeln auf und griff nach Rowenas Hand. Die schien von der unerwarteten Berührung überrascht und zuckte kurz zusammen. Dann reichte sie ihrem Gemahl beide Hände und lächelte ihm zu. »Da alle Gäste mit mir übereinstimmen, tragt nun das Hochzeitsmahl herein«, rief Vortigern und klatschte in die Hände.

Während Speisen und Getränke in endlosen Reihen aufeinander folgten, nutzte Ordulf die Gelegenheit, Rowena das kleine Bronzekreuz zu überreichen, wie er es Ceretic versprochen hatte.

»Danke, wo hast du das her?«, fragte sie überrascht.

»Ich habe versprochen, es dir zu geben«, wich er der Frage aus.

Rowena drehte das kleine Geschenk in ihren Händen. Kurz blickte sie zu Ordulf hinüber. Der erschrak, als er die tiefe Traurigkeit in ihrem Blick sah. »Ist etwas nicht in Ordnung? Soll ich es wieder an mich nehmen?«, fragte er bestürzt.

»Nein, das werde ich behalten, als Erinnerung an ein Leben, welches mir Wurd neidete«, antwortete sie und steckte das kleine Amulett ein.

Ordulf schluckte. Er hatte inzwischen einen Verdacht, was es mit dem Kreuz und Ceretics Verschwinden auf sich hatte. Aber nun war Rowena Vortigerns Frau. Offenbar fügte sie sich ihrem Wurd, ganz wie ihr Vater es wünschte und wie es einer Tochter aus so edlem Hause anstand. Das Mahl über bemerkte Ordulf jedenfalls nichts mehr von Rowenas Trauer und er fragte sich, ob er sich vielleicht geirrt hatte.

Nach dem Mahl erhob sich Vortigern und reichte Rowena die Hand. »Ihr Treuen, feiert noch weiter und trinkt auf unser Glück. Ich habe jetzt etwas Besseres zu tun«, wandte er sich an die Versammelten.

Unter lautem Gelächter der Gäste verließen die frisch vermählten Eheleute den Saal.

Diesmal aber war sich Ordulf sicher: Einen Augenblick stand reine Panik in Rowenas Augen. Fürchtete sie nur die neue Erfahrung oder etwa noch etwas anderes? Mit einem drückenden Gefühl im Magen wandte er sich wieder seinem Bier zu.

Zu Ordulfs großer Erleichterung ergab sich nachts kein Skandal im Brautgemach und als er am folgenden Morgen, noch leicht benommen vom Gelage des Vortags, in der Halle erschien, winkte Hengist ihn zu begleiten. Als sie schließlich den König fanden, ging es zu Ordulfs neuerlicher Überraschung aber gar nicht mehr um Rowena.

Mit ernster Miene erteilte Hengist Vortigern einen Rat: »Ich bin nun dein Vater und will dein Ratgeber werden. Schlage meinen Rat nicht in den Wind und du wirst niemals wieder den Angriff eines Mannes oder eines Volkes fürchten müssen, denn mein Volk ist stark. Ich werde meinen Sohn und seinen Cousin einladen, gegen die Iren zu kämpfen, denn sie sind inzwischen tapfere Krieger. Gib ihnen dafür das Land im Norden direkt am Hadrianswall, welches Guaul genannt wird.«

»Ja, ja. Ein hervorragender Einfall«, stimmte Vortigern zu.

Aber Ordulf hatte den Eindruck, er sei nicht bei der Sache, denn sein Blick wanderte immer wieder zu seinem jungen Weib. Als Rowena sich in ihre Richtung wandte, überzog ein strahlendes Lächeln das Antlitz des Königs. Wenigstens der ist ehrlich verliebt, dachte Ordulf, doch ganz vermochte es seine Sorgen nicht zu zerstreuen.

Hengist kehrte bereits drei Tage später nach Ypwinesfleet zurück. Er fühlte sich in Durovernum nicht wohl. Ordulf vermutete, dass ihm, neben der sprachlichen Barriere, die Tatsache aufstieß, dass er sich dem Willen des Königs unterordnen musste. In Ypwinesfleet war er der unumstrittene Herr über Sachsen, Friesen und Britannier.

Schon bald bemerkte auch Ordulf Schatten in dem prächtigen Palast. Als er eines Morgens schlaftrunken vom Austritt wiederkam, überhörte er in der Küche das Gespräch zweier Mägde.

»... und ich sage dir, es ist so. Schamlos ist sie, diese Barbarin. Führt sich auf, als habe sie hier zu gebieten, und der Heide von einem Vater hat in Regulbium mehrere freie Männer schlagen lassen. Wegen irgendeines nichtigen Vergehens. Das hätte der alte Gwyrangon niemals zugelassen.«

»Du sagst es, schamlos«, antwortete die andere Magd, die Ordulf noch nicht sehen konnte. »Und weißt du schon das Neueste? Muirgheal hat mir erzählt, eine Freundin ihres Sohnes kennt die Wäscherin, die nach der Hochzeitsnacht Vortigerns Laken gewaschen hat. Und was meinst du?«

»Na, was denn, nun spann mich nicht so auf die Folter.«

»Kein Blut«, behauptete die Magd.

Da entdeckte sie Ordulf. Ihre Haltung versteifte sich und sie warf der zweiten Person einen warnenden Blick zu. Doch Ordulf stellte die beiden Schwätzerinnen nicht zur Rede. Mit neu genährten Sorgen im Herzen zog er seiner Wege.

Zwar tat Vortigern alles, um das Leben seiner Ehefrau so angenehm wie möglich zu gestalten, doch schienen seine Berater und der Hofstaat Rowena gegenüber ganz andere Gefühle zu hegen. Wenn sie irgendwo eintrat, verstummten alle Gespräche und die Augen der Anwesenden richteten sich voller Kälte auf sie. Ordulf, der inzwischen fließend Britannisch sprach, schnappte manche Bemerkung auf, die er Rowena lieber nicht übersetzte. »Barbarin« und »Heidin« waren noch die freundlichsten Ausdrücke.

Rowena selbst tat, als bemerke sie von all dem nichts. Vortigern liebte sie dafür umso mehr. Sie verbrachten viel Zeit mit Tallanus, der ein besserer Gesellschafter war, als die meisten britannischen Höflinge. Unter Ordulfs Anleitung machte er nun ebenfalls rasch Fortschritte beim Erlernen der sächsischen Sprache.

So vertrieb sich Ordulf die Zeit. Doch die einzige wirkliche Ablenkung brachte das Fest zur Geburt des Gottessohnes, welches die Britannier anstelle der Uuodenstage zur Wintersonnenwende feierten. Auch wenn keine Sonnenräder zu Tal rollten, konnte es das Fest – zumindest was Essen und Trinken betraf – mit sächsischen Feiern aufnehmen. Und der feierliche Gottesdienst mit den hellen Gesängen der britannischen Priester in der römischen Basilika wurde auch für Ordulf zu einem höchst beeindruckenden Erlebnis. Er verstand zwar weder den Gesang noch das Gesagte, aber als Tallanus ihm erklärte, die

Männer nutzten die Sprache der sagenumwogenen Römer, erschauerte er vor Ehrfurcht.

Zu Mitternacht wurden dann überall in dem düsteren Gewölbe feine Wachskerzen entzündet, die gen Himmel strebenden Steinbögen der Basilika erleuchteten. Im Hintergrund erstrahlte ein güldenes Kreuz, ganz wie er es um den Hals getragen hatte, nur viel größer. Er wollte nach dem Amulett greifen, doch dann fiel ihm ein, dass er das kleine Bronzekreuz inzwischen an Rowena weitergegeben hatte. Er schielte zu ihr hinüber, doch das Kreuz konnte er nirgends entdecken. Wenn sie es um den Hals trug, dann so, dass ihre züchtig geschlossene Kleidung es verdeckte.

Abgesehen von dem Fest der Geburt des britannischen Gottes – oder seines Sohnes, Ordulf war sich da nicht ganz sicher – blieb der Winter in Durovernum abgrundtief langweilig. Das feuchte Wetter passte zu der trüben Stimmung. Kein weißer Schnee hellte Blick und Gemüt auf. Nebel und Regen wechselten sich ab und in den mit schweren Vorhängen verschlossenen Räumen biss der Rauch der Kohlenbecken in den Augen. Ordulf überlegte, ob er nicht doch einmal nach Londinium reisen sollte, um Dìorhail zu sehen, doch seltsamerweise erschien jedes Mal, wenn er versuchte, sie sich ins Gedächtnis zu rufen, Álainns Bild vor seinem geistigen Auge. Und so freute er sich zu hören, als Tallanus berichtete, er habe sie auf einer kurzen Reise nach Regulbium getroffen.

»Álainn hat sich nach dir erkundigt. Also eigentlich hat sie mich nach dem ‚sächsischen Mädchenräuber' gefragt, aber ich nehme an, dass sie dich damit meinte.«

Trotz dieser wenig schmeichelhaften Bezeichnung hätte Ordulf sie gern wiedergesehen, doch gab es für ihn keine Gelegenheit nach Regulbium zu reiten.

Wie hat sich Halvor nur für ein Leben in dieser Langeweile entscheiden können?, fragte er sich ein ums andere Mal.

Er selbst jedenfalls fieberte dem Frühjahr entgegen, wenn die Zeit für mutige Fahrten und Feldzüge anbrach. Er vermutete, dass dann auch Halvor wieder nach Ypwinesfleet käme, doch der schien ganz andere Pläne zu haben.

Eines Morgens überraschte ein strahlender Tallanus Ordulf.

»Halvor hat sich taufen lassen!«, rief er freudig.

Ordulf wusste, dass die Taufe eine Art Aufnahmeritual in die christliche Gemeinschaft darstellte und dass man dafür in einen Fluss geworfen wurde.

»Ist das nicht scheußlich kalt um diese Jahreszeit?«, fragte er ehrlich erstaunt.

Tallanus seufzte. »Das ist doch absolut unwichtig. Halvor hat die Wahrheit erkannt und sich entschieden, unserem Herrn Jesus Christus zu dienen.«

Doch Ordulf konnte seine Begeisterung nicht verstehen. Dass man den Göttern Gehorsam schuldete und ihnen Opfer brachte war selbstverständlich. Nur ein Narr würde ihren Zorn durch Nachlässigkeit herausfordern. Auch dass man sich, je nachdem von wem man am meisten Hilfe oder Schutz erwartete, einem Gott – sei es nun Uuoden, Thunær, Saxnot oder auch dieser Jesus, von dem Tallanus so viel hielt – besonders zuwandte, verstand er. Er selbst fühlte sich, seitdem ihm der verrostete Dolch im Schlamm des Beufleets das Leben gerettet hatte, Thunær in besonderem Maße verpflichtet. Aber Begeisterung für einen Gott? Sich an ihm freuen? Das konnte er beim besten Willen nicht verstehen.

Langsam wurden die Tage wieder länger und die Sonne verbrachte mehr Zeit über dem Horizont als in der Unterwelt. Ordulf war insgeheim erleichtert, dass das neue Jahr dem üblichen Rhythmus folgte, obwohl sie im Winter kein Sonnenrad den Hang hatten herabrollen lassen. Die ganze Welt erwärmte sich. Blüten brachen auf, Vögel sangen und bald würde man wieder zur See fahren.

So nahm Ordulf einige Tage später von Vortigern Abschied.

»Ich will zu Hengist nach Ypwinesfleet reiten und sehen, wohin er mich diesen Sommer sendet«, erklärte er.

Vortigern schien nicht sehr zufrieden mit Ordulfs Entscheidung. »Ich hoffe, Rowena fühlt sich ohne dich nicht zu alleine?«

»Tallanus, der secretarius des Bischofs, spricht inzwischen ausreichend Sächsisch«, beschwichtigte ihn Ordulf. »Und außerdem ist Rowena von klein auf daran gewöhnt, dass die Sachsen im Frühjahr auf Beutefahrt gehen.«

Rowena, die zu ihnen getreten war, nickte seufzend. Sie wusste bereits, was Ordulf von Vortigern wollte. Der sah seine Frau kurz voll Zweifel an. »Nun, sie hat ja mich.«

Der Schmerz, den sein Blick für einen Augenblick verriet, versetzte Ordulf in Erstaunen. Sollte sogar der selbstsichere, wenn nicht sogar arrogante Vortigern zuweilen von Zweifeln geplagt werden? Die Angst, seiner jungen, schönen Frau nicht gerecht zu werden, schien Ordulf so gar nicht zu dem selbstherrlichen Hochkönig zu passen. Doch er verwarf den Gedanken rasch. Was ging es ihn an? Er wollte wieder auf See und zu neuen Abenteuern.

Schon blickte Vortigern wieder überlegen auf ihn herab. »Erinnere Hengist daran, sich um die irischen Piraten zu kümmern!«, befahl er. Damit war Ordulf entlassen.

Er ritt am nächsten Morgen in aller Frühe, denn er wollte in Regulbium seine ehemalige Gefangene besuchen. Je dichter er an den kleinen Ort kam, desto mehr trieb er sein Pferd, doch bald bemerkte er erstaunt, dass auch der schnellste Trab seines Rosses nicht den Takt seines eigenen Herzens einholte. Verärgert über sich selbst zügelte er AppulgrÐ, den er immer noch sein Eigen nannte, und zwang sich, in gemächlichem Schritt in den Ort zu reiten. Was würde man von ihm halten? Und wie würde Álainn ihn empfangen?

Einige Britannier grüßten ihn am Eingang des Ortes scheu. Offenbar zeigte der Herrschaftswechsel über das Land Cantium, oder Cantuguoralen, wie es die Sachsen nannten, bereits Folgen. Er trieb sein Pony zwischen die ärmlichen Behausungen und fragte einen Jungen, der auf der Straße spielte, nach Álainns Hütte. Der schaute ihn nur mit offenem Mund an.

Ob mein Britannisch eingerostet ist, überlegte Ordulf? Doch dann schüttelte er verärgert den Kopf. Noch am Vortag in Durovernum hatte man ihn problemlos verstanden. In der Annahme, der Knirps habe etwas an den Ohren, wiederholte er seine Frage lauter, woraufhin der Junge weinend Reißaus nahm.

Unwirsch wandte Ordulf sein Pferd mit einem Schenkeldruck wieder der Straße zu. Wenn der Junge taub war, musste er eben jemand anders finden.

»Ordulf Swænsunu! Was verschafft uns armen Bauern die unerwartete Ehre? Ich hoffe, du willst nicht wieder unschuldige Mädchen rauben?«, hörte er da eine bekannte Stimme.

»Álainn!«, rief er und fuhr freudig herum. Er sprang vom Pferd und wollte sie umarmen, doch Álainn sprang einen Schritt zurück und wehrte ihn mit den Händen ab. Sein Ungestüm erheiterte sie.

»Ihr vergesst euch, großer Held«, wehrte sie ab.

Ordulf ließ sich seine gute Laune nicht verderben. »Wie geht es dir? Wie habt ihr hier den Winter überstanden? Ich dachte, ich sähe dich einmal in Durovernum …«

»In Durovernum, am besten noch am Hof des Hochkönigs? Wo denkst du hin? Ich bin ein armes Mädchen. Zum Glück haben mir die Nachbarn geholfen, die alte Kate meiner Mutter wieder in Stand zu setzen, aber unser weniges Vieh haben die Pikten geraubt. Ich habe großes Glück, dass mich Caellach seinen Mägden helfen lässt. Zeit oder Muße nach Durovernum zu reisen habe ich da nicht.«

»Du leidest Mangel? Ich kann dir etwas Silber geben …« Doch noch bevor er den Satz beendete, merkte Ordulf, dass er etwas Falsches gesagt hatte. Ihr eben noch fröhliches Gesicht verfinsterte sich.

»Glaubst du, ich bin käuflich wie die losen Mädchen bei euch im Lager auf Ruohim? Das hältst du von mir?« Zornig wandte sie sich ab und rannte davon.

Ordulf blieb wie vom Donner gerührt stehen. So hatte er sich sein Wiedersehen mit der »Piktin« nicht vorgestellt. Langsam folgte er ihr. Eine weitere Erkundigung bei einem diesmal etwas sprachgewandteren Jungen brachte ihn vor ihre Hütte. Eher ein trauriger Holzverschlag als eine echte Hütte. Deutlich sah man die Brandspuren an den Balken, andere Bretter leuchteten hell, wie frisch geschlagenes Holz, die waren sicher bei den Reparaturen im letzten Herbst angebracht worden. Von Álainn fand er keine Spur.

Was für ein stolzes Mädchen, dachte Ordulf, und auf einmal sehnte er sich danach, sie in die Arme zu schließen. Eine Weile stand er unschlüssig vor der Hütte, doch Álainn blieb verschwunden. Schließlich bestieg er sein AppulgrÐ und ritt langsam zum Meer hinab, um einen Fischer zu finden, der ihn nach Thanet übersetzen könnte.

»Wie geht es meiner lieben kleinen Rowena?«, empfing ihn Hengist bald darauf in der Halle von Ypwinesfleet. Das war für den Helden derart ungewöhnlich, dass selbst sein Bruder Horsa hinter ihm das Gesicht zu einem Grinsen verzog.

»Vortigern liebt sie sehr und bemüht sich nach Kräften, ihr Leben so angenehm wie möglich zu machen«, antwortete Ordulf wahrheitsgemäß.

»Vortigern. So, so.« Hengists Miene verschloss sich wieder. »Hat er dir für mich etwas mitgegeben oder aufgetragen?«

»Er erwähnte, dass du dich mit den irischen Piraten beschäftigen sollst.«

»Daran habe ich auch schon gedacht. Aber zuvor will ich noch mehr Männer nach Britannien holen, ganz wie mir der Hochkönig bei Rowenas Hochzeit aufgetragen hat. Du, Ordulf, wirst auch in diesem Jahr mit der Heldir nach Haduloha segeln. Aber diesmal keine Abenteuer mit den übrigen dithmarscher Dickköpfen, verstanden? Du wirst meinen Sohn Octha und meinen Neffen Ebissa nach Ypwinesfleet bringen. Beide zählen nun fünfzehn Winter und es wird Zeit, dass sie sich im Kampf bewähren. Ein Ausflug zu den Iren ist da genau das Richtige.«

Er schaute mit einem schiefen Grinsen kurz zu Horsa hinüber, der zustimmend nickte. »Die Jungen sind nun zu Männern herangereift. Und wir haben ja schon letztes Jahr gehört, wie gut sie sich bei der Verteidigung von Beufleet geschlagen haben.« In seiner Stimme schwang mehr als eine Portion Vaterstolz mit. »Und auch meine gute Erkenhilde sehnt sich nach ihrem Sohn.«

Nicht nur Erkenhilde, wie mir scheint, dachte Ordulf und musste schmunzeln.

Noch am selben Tag ließ Ordulf die Heldir überholen und seeklar machen. Arfst Olufsen und jene Friesen, die nicht im Herbst zusammen mit Eppo auf dem wurmstichigen Schiff der Ebbingemannen in die Heimat gerudert waren, hatten ihn überschwänglich begrüßt. Offenbar waren auch sie des winterlichen Nichtstuns überdrüssig.

Schon nach fünf Tagen trieb die Heldir mit geschwelltem Segel aus dem Hafen von Ypwinesfleet. Da Halvor entgegen Ordulfs Erwartung nicht aus Londinium zurückgekehrt war, hatte Ordulf den Friesen Arfst zu seinem zweiten Steuermann ernannt.

Nach einer ereignislosen Überfahrt erreichten sie am vierten Tage Beufleet. Ordulf staunte, wie sehr die beiden Jungen Octha und Ebissa im letzten Jahr gewachsen waren. Der erste flaumige Bart zeigte sich auf ihren Oberlippen, als sie ihnen zur Begrüßung weit ins Wasser der Ælf entgegeneilten.

»Ich bringe euch gute Nachrichten. Eure Väter wollen euch nach Britannien holen«, lachte er. »Ein Stamm, der sich Iren nennt, gebärdet sich zu frech. Und ihr sollt dabei helfen, ihnen Manieren beizubringen.«

Die Augen der Jungen leuchteten vor Glück und auch der alte Witiko freute sich sichtlich, Ordulf wiederzusehen.

»Es war ein besonders harter Winter. Die See hat uns eine gute Weide weggerissen. Eigentlich lag sie so hoch, dass sie in den letzten Jahren nur ein einziges Mal überflutet wurde.« Er schüttelte den Kopf. »Es wird immer schwieriger hier in den Marschen. Wenn du erlaubst, würde ich mich euch gerne anschließen und auch noch einmal dieses wunderbare Britannien mit meinen eigenen alten Augen sehen.«

Ordulf lachte, doch später am Abend kamen ihm Sorgen. Wie war es wohl in Dithmarschen gewesen diesen Winter? Seine heimatliche Wurt war nicht so hoch und fest wie Beufleet. Er nahm sich vor, in diesem Jahr selbst nach Dithmarschen zu reiten.

Schon am nächsten Morgen bestimmte er, wer von seinen Männer als Boten wohin gehen sollte. Er hatte keine Zweifel, dass sich auch aus Angeln und Jütland etliche Steuerleute mit ihren Schiffen anschließen würden. Von ihren Siegen in Britannien und Vortigerns unerschöpflichem Silberhort träumte inzwischen jeder junge Mann zwischen Friesland und Kap Skagen. Er würde Octha und Ebissa nicht ohne eine stattliche Flotte zu Hengist geleiten.

»Ihr Friesen geht am besten zu eurem eigenen Stamm. Berichtet, wie euch Hengist für unsere Fahrt nach Piktenland entlohnt hat und bringt so viele Krieger mit, wie ihr finden könnt!«, forderte er Arfst und seine Landsleute auf. Dann umarmte er seinen zweiten Steuermann zum Abschied. Ob der Friese wohl zurückkäme? Ordulf hatte ihn inzwischen in sein Herz geschlossen.

Wehmütig wandte er sich ab und bestieg sein wartendes Pferd. Er ritt die Ælf hinauf nach Osten. Zuerst führte ihn sein Weg nach Stood, wo er den alten Bodoberta aufsuchte. Der Schiffsbaumeister hatte Wort gehalten. Am Ufer vor der Werft lag ein nagelneues Schiff. Es war bereits für die bevorstehende

Jungfernfahrt mit Birkenpech abgedichtet und Bodoberta zeigte stolz die Ausrüstung.

»Zwölf Riemen für jede Seite. Der Mast aus einem einzigen Stamm gehauen, das Segel aus feinster Wolle.«

Ordulf betrachtete das Schiff mit zusammengekniffenen Augen. Schlank war sie und sicherlich schnell. Verliebt strich er mit der Hand über die glatten Planken. Genau wie er sie sich erträumt hatte. Umständlich kramte er seine Geldkatze hervor und zählte Bodoberta die fehlenden fünfundzwanzig Silberlinge auf die Hand.

»Ich werde sie Meriswæn nennen«, bemerke er. »Das passt irgendwie zu meiner Familie.«

Bodoberta lachte. »Ein trefflicher Name. Du bleibst doch noch bis morgen? Wir sollten die Jungfernfahrt deines neuen Schiffes ordentlich begießen und außerdem musst du uns von deinen neuesten Abenteuern in Britannien berichten. Wir haben hier auch einige junge Männer, die gerne mit dir ziehen würden.«

Am nächsten Morgen ritt Ordulf zur Ælffähre. Bald erreichte er das Keydinger Ufer gegenüber Weulesfleet. Diesmal warteten keine Häscher auf die »Swænschen Räuber und Landesverräter« und ein ihm unbekannter Fährmann ruderte ihn rasch nach Dithmarschen hinüber. Jetzt, wo sich seine Heimat direkt vor seinen Füßen befand, packte Ordulf eine ungeheure Sehnsucht und auch eine unbestimmte Furcht, was er finden würde.

Kaum an Land, sprang er in den Sattel und trieb sein Ross in einen raschen Trab. Doch die Landschaft, die sich seinen Augen darbot, war nicht dazu angetan, seine Sorgen zu zerstreuen. Überall sah er weggerissene und verwüstete Flecken. Die Winterfluten mussten selbst hier an der Ælf ganz ungewöhnlich gewütet haben. Ordulf trieb sein Pferd in den Galopp. Die Hufe schlugen in den weichen Marschboden und warfen den Dreck im hohen Bogen hinter sich.

Die Sonne stand inzwischen hoch am Himmel und brannte erbarmungslos auf die schattenlose Marsch. Mensch und Tier brachen in Schweiß aus. Bald musste Ordulf einsehen, dass er so nur das Tier zu Schaden reiten würde. Er hielt an und ließ es an einem Graben saufen. Anschließend setze Ordulf seinen Weg im Schritt fort. Er würde an den Ereignissen des Winters ohnehin nichts ändern können. Am Nachmittag erreichte er schließlich das Land seiner Familie. Die Wurt von Fahrstedt ragte im Süden wie eh und je hoch über die Marsch, doch wo war die väterliche Wurt?

Vor ihm lag nur ein flacher Hügel, kaum vom Umland zu unterscheiden. Er konnte sich doch nicht so irren, die Swænsche Wurt musste von hier aus doch zu sehen sein.

Auch die Wege waren kaum zu erkennen. Verschlammt und von dichtem Unkraut überwuchert. Wieder trieb Ordulf sein Pferd in scharfem Trab vorwärts. Doch der Stätte seiner Kindheit kam er nicht näher. Schließlich kehrte er zu dem flachen Hügel zurück. Dort musste ihre Wurt gestanden haben. Aber konnte das sein? Kein Balken, kein Vieh und vor allem keine Menschenseele. Ordulf suchte die Umgebung ab, bis schließlich die Dunkelheit hereinbrach. Erschöpft und der Verzweiflung nahe entschloss er sich, die Wolderichmannen in Fahrstedt um Unterkunft für die Nacht zu bitten. Sie mussten auch wissen, wo sich seine Eltern und sein Bruder Swæn inzwischen befanden. Wer weiß, vielleicht sind sie ja auch selbst auf die höhere Wurt nach Fahrstedt gezogen?

Mit solchen Gedanken beruhigte sich Ordulf, während sein erschöpftes Pferd im Dunkeln über die Marschwiesen stolperte. Er kniff die Augen zusammen und musste sich anstrengen, um die Silhouette der Wurt noch vor dem rasch dunkler werdenden Himmel zu erkennen. In der Dämmerung machten ihm seine stumpfen Augen besonders zu schaffen. Sein Pferd musste die Artgenossen gewitterte haben, denn bald bemerkte Ordulf, dass es von ganz allein auf die Wurt zustrebte. Endlich erreichte er die Heimstatt der Woldericbsmannen.

»Ist jemand zu Hause? Ich komme in friedlicher Absicht!«, rief er laut, als er auf Pfeilschussweite herangekommen war. Er wollte nicht riskieren, im Dunkeln für einen Dieb gehalten zu werden.

»Wer ist da?«, antwortete ihm prompt eine Stimme im Tonfall seiner Heimat.

Ordulf musste trotz seiner Sorge um die Familie lächeln. Offenbar hatte der alte Wolderich noch immer die Angewohnheit auch mitten im tiefsten Frieden eine Wache aufzustellen. »Ordulf Swænsunu, Thane von Hengist Witgissunu«, antwortete er.

»Komm rauf, damit ich dich sehen kann«, befahl die Stimme wieder.

Ordulf kam näher. Vor sich hörte er nun aufgeregte Stimmen, offenbar waren noch weitere Männer herausgetreten, um ihn in Empfang zu nehmen. Das Tor in der schwachen Palisade, die den Hof der Wolderichmannen umgab, war weit geöffnet. Als Ordulf langsam auf den Hof ritt, erkannte er im fahlen Licht des inzwischen aufgegangenen Mondes den alten Wolderich selbst.

»Ordulf Swænsunu«, stellte der fest. »Das letzte Mal habe ich dich gesehen, als Hengist auf unserem Hof zu seiner Britannienfahrt aufrief. Aber seitdem hab ich viel von dir gehört. Sei mir willkommen.«

»Danke, Nachbar«, erwiderte Ordulf. »Hast du von meiner Familie gehört? Haben sie die Wurt aufgegeben?«

»Du weißt es also noch gar nicht«, stellte Wolderich fest und sein Tonfall ließ Ordulfs Herz einen Augenblick aussetzen. Irgendetwas stimmte nicht, ganz und gar nicht. Er wollte nachfragen, doch seine Kehle war auf einmal so trocken, dass er nur ein unverständliches Krächzen herausbekam.

»Der Winter war schlimm. Sehr schlimm. Auch uns hat es einiges gutes Weideland weggerissen.« Er machte eine Pause und sah Ordulf ernst an. Dieser war inzwischen abgestiegen, hielt sich aber nun am Hals seines Pferdes fest. Ihm war, als würde der Boden wanken. »Eure Wurt war zu niedrig. Kurz bevor die Sonne wieder zu steigen begann, wurde sie weggerissen. Am Abend war das Land bereits überflutet, doch eure Wurt ragte wie schon oft aus den Wogen, aber am nächsten Morgen war sie verschwunden. Niemand hat überlebt. Das Meer hat sie alle begraben«, fügte er mit trauriger Stimme hinzu.

Ordulf verstand die Worte, die Wolderich sagte, aber gleichzeitig hatte er das Gefühl, dass das alte Sippenoberhaupt und all die anderen Dinge, sein Pferd und auch sein eigener Körper, weit, weit weg wären. Dieser Zustand hielt nur einen Augenblick an, mit einem schmerzhaften Ruck kehrte er in die Gegenwart zurück. Seine Familie. Mutter, Vater, Bruder Swæn, all die Knechte, Mägde und die ganzen Tiere. Alle tot. Ordulf fühlte, wie ihm Wolderich mitfühlend die Hand auf die Schulter legte.

»Eigentlich sind nicht alle tot.«

Ordulf blickte auf. Gab es Hoffnung? Doch Wolderich verbesserte sich rasch.

»Also deine Familie, die sind leider alle verloren. Nur ein Pferd hat überlebt. Ein zweijähriger Hengst kam am Morgen nach der Katastrophe völlig erschöpft vom Schwimmen an unserer Wurt an. Ein unglaublich zähes Tier und ich glaube, er stammt aus eurer Zucht. Wir haben ihn Northræniwind genannt, weil der Nordwind ihn in der Nacht an unsere Wurt getrieben hat. Wenn du magst, führe ich dich zu ihm. Wedigo, kümmere dich um Ordulfs Pferd.«

Schweigend folgte Ordulf dem alten Wolderich in den hinteren Teil des Haupthauses, in dem sich die Pferdeboxen befanden. Zielstrebig führte ihn der alte Mann zu einer der Abteilungen. Ordulf sah herein und ein kräftiger dunkelbrauner Hengst blickte ihnen mit gespannt geblähten Nüstern entgegen.

»Du hast also alles mitbekommen?«, fragte ihn Ordulf und drängte sich gleich in die Box.

»Vorsicht, der hat Temperament«, bemerkte Wolderich.

Doch Ordulf winkte müde ab. »Schon gut, wir kommen miteinander zurecht.«

Schweigend wandte sich Wolderich um.

Ordulf stellte sich vor den jungen Hengst und begann ihm die Ohren zu kraulen. Zutraulich legte das Pferd den Kopf an Ordulfs Schulter. »Du bist einer von Hildas Füllen, stimmt's?«, fragte Ordulf. Die Erinnerung überkam ihn und er drückte seinen Kopf weinend gegen das glatte Fell des Pferdes. Der Hengst schien ihn zu verstehen, stumm verharrte er und rieb seinen Kopf an Ordulfs Schulter.

Die Nacht verbrachte Ordulf allein mit dem letzten Überlebenden seiner Familie im Pferdestall.

»Ich will ihn dir abkaufen, den Hengst«, begrüßte er Wolderich am nächsten Morgen.

»Das kommt nicht in Frage«, antwortete Wolderich ernst.

»Ich habe einiges Silber in Britannien erworben«, entgegnete Ordulf mit finster zusammengezogenen Brauen.

»Du verstehst mich falsch«, antwortete Wolderich beschwichtigend. »Ich kann ihn nicht verkaufen, weil er mir nicht gehört. Er gehörte deiner Familie und da du hier der einzige überlebende Swæn bist, gehört er nun also dir. Und sei dir versichert, dass ich dich auch sonst mit aller Kraft unterstützen werde, wenn du euren Hof wieder aufbauen willst. Du kannst auch gerne erst einmal bei uns in Fahrstedt bleiben, wenn du das vorziehst.«

»Ich danke dir, Wolderich. Für Northræniwind und für dein Angebot. Vielleicht werde ich einmal darauf zurückkommen, doch jetzt ist es noch nicht so weit. Ich habe von Hengist den Auftrag erhalten, Männer zu werben und nach Britannien zu führen und das will ich auch tun.«

»Um Männer zu werben musst du nicht weit reisen. Wir haben hier allein in Fahrstedt drei junge Kerle, die darauf brennen mit dir zu ziehen. Und ich kann sie dir nur wärmstens empfehlen!«

XX. WIEDERSEHEN

Ypwinesfleet, Juli 443
Ordulf

Ordulf brachte insgesamt vierzig Schiffe nach Ypwinesfleet. Die meisten der Krieger waren neu geworbene Sachsen, aber auch einige der Männer, die in den vorhergehenden Jahren den Sommer schon in Britannien verbracht hatten, schlossen sich ihm wieder an. Dazu kamen einige Schiffe der Jüten, Friesen und Angeln. Doch diesmal waren nicht nur Krieger auf den Schiffen. Viele der Männer hatten ihre Familien, Vieh und Habseligkeiten dabei. In Angeln, so hieß es, waren ganze Ortschaften entvölkert.

Der Hafenfleet von Ypwinesfleet barst fast vor Schiffen. Hengist war sehr zufrieden.

»Ich bin der Herr von Cantuguoralen und der Schwiegervater des Hochkönigs von ganz Britannien. Ich werde euch gutes Land geben, wenn ihr mir nur treu dient«, versprach er den Neuankömmlingen. »Hier in Cantuguoralen und oben unter dem hohen Wall an der Grenze zu den Pikten.«

»Land, das so hoch liegt, dass ihr keine Flut zu fürchten braucht«, ergänzte Horsa und Ordulf zuckte bei der Erinnerung an das grausame Wurd seiner Familie zusammen.

»Aber zuerst gibt es Arbeit für eure Schwerter. Mein Sohn Octha wird euch gegen die irischen Piraten führen«, verkündete Hengist seine Pläne.

Später am Abend nahm er Ordulf zur Seite. »Ich bin sehr zufrieden mit dir und es soll dir weder an Silber noch an gutem Land mangeln. Aber nun musst du erst nach Durovernum reisen und sehen, wie es meiner kleinen Rowena geht.«

Ordulf zog die Stirn in Falten. Er wurde als Wachhund für Hengists Tochter abgestellt, während Octha mit den von ihm geworbenen Kriegern einen Raubzug unternahm. Doch er hätte sich ja denken können, dass Hengist früher oder später seinem eigenen Sohn den Vorzug geben würde.

Missmutig verließ er die große Halle von Ypwinesfleet, um seine Sachen zu ordnen. Arfst trug er auf, sich während seiner Abwesenheit um die Meriswæn, die ohne ihn nicht mit nach Irland rudern würde, und seinen übrigen Besitz zu kümmern.

Am nächsten Morgen brachte er lediglich den jungen Northræniwind in die Obhut seines Bruders, wo er übers Jahr bleiben sollte. Erst im nächsten Jahr würde Ordulf den Hengst zureiten. Der Weg zu Agill wurde ihm kein leichter Gang. Zum einen hatte er das Tier als eine Art Familienersatz in sein Herz geschlossen, zum anderen musste er Agill vom Schicksal ihrer Lieben in der Heimat berichten.

An diesem Tage besoffen sich die Brüder bis zur Besinnungslosigkeit.

Schon am nächsten Morgen ruderten Arfst und jene Friesen, die mit ihm zu den Orcaden gesegelt waren, Ordulf ans Festland. Bald trieb er sein Pferd, eine sächsische Stute, die er aus Beufleet mitgebracht hatte, im gemächlichen Schritt von der Anlegestelle nach Regulbium hinauf. AppulgrÐ blieb diesen Winter mit Brðnaz bei Arfst. An der Hand führte er einen jungen grauen Hengst aus Horsas Zucht, den er ebenfalls mitgebracht hatte. Horsa wollte ihn seiner jungen Nichte schenken.

Es war ein schöner frischer Morgen und sein Ross tänzelte vor überschüssiger Energie, doch Ordulf achtete nicht darauf. Obwohl er es sich nicht eingestand, fürchtete er sich vor der Begegnung mit Álainn. Nach dem Verlust seiner Familie war er sich nicht sicher, ob er eine weitere Zurückweisung wegstecken könnte. Doch er wollte auch nicht ohne Gruß an Regulbium vorbeireiten. Diesmal stieg er bereits am Ortseingang ab und führte seine beiden nervösen Pferde am kurzen Zügel. Ein Glück, dass es nicht zwei Hengste sind, dachte er bei sich. Sonst wären sie vermutlich gar nicht zu bändigen.

Zu seinem Bedauern war das Dorf so klein, dass er trotz aller Mühen bald mit den Pferden vor Álainns angesengter Kate stand. Er nahm seinen Mut zusammen, räusperte sich einige Male. Dann rief er mit lauter Stimme ihren Namen. Keine Antwort.

»Álainn!«, versuchte er es erneut.

Statt der Erwarteten steckte ein altes Männchen aus der Nachbarhütte den Kopf heraus. Als er den hochgewachsenen Sachsen erkannte, zuckte er zusammen.

»Weißt du, wo Álainn ist? Das Mädchen, das hier wohnt«, ergänzte er auf Britannisch, falls der Alte ihn nicht verstand.

»Oh ja, die Álainn. Aber die ist nicht so eine …«

»Ich weiß, was sie für eine ist. Du sollst mir sagen, wo sie sich aufhält«, antwortete Ordulf unwirsch. Es war ihm irgendwie peinlich nach dem Mädchen zu fragen und der Alte ging ihm auf die Nerven.

Doch der nickte hastig. »Sie wird auf den Feldern sein, Herr. Dort drüben, bei den anderen Mägden Caellachs.«

»Ich danke Euch«, antwortete Ordulf sarkastisch und saß wieder auf.

Was hatte er diesen Britanniern nur getan? Sie vor den wilden Pikten beschützt! Und aus Dankbarkeit behandelten sie ihn nun wie etwas Schmutziges, was man am besten nur mit den Fingerspitzen berührte.

Ein Feldweg führte in der angegebenen Richtung einen Hügel hinab und Ordulf trieb sein Pferd in den Trab, sodass sein Ross und das Handpferd in der warmen Sommersonne bald zu schwitzen begannen. Rasch erreichten sie die Hügelkuppe und Ordulf erkannte auf der anderen Seite Gestalten, die auf den kleinen Feldern des Dorfes die Gerste schnitten und zu Garben bündelten. Er hielt direkt auf die vorderste der Gestalten zu.

»Weißt du, wo ich Álainn finde?«, fragte er freundlich.

»Die Wilde, die mit den Pikten gelebt hat?«, fragte der Bauer verärgert.

Ordulf war erstaunt. Nachdem Álainn ihm im Frühjahr berichtet hatte, dass die Dorfgemeinschaft ihre Hütte hergerichtet habe, war er von einem freundschaftlichen Verhältnis ausgegangen.

»Noch ein Maul mehr zu stopfen«, schimpfte der Britannier. »Weiß Gott, wie sie sich von den Pikten ihre Freiheit erkauft hat. Ich kann mir jedenfalls vorstellen, was sie getan hat.« Hier unterbrach er sich mit einem hässlichen Lachen. »Die soll froh sein, dass ich sie nicht zurück zu den Wilden gejagt habe.«

Während des Vortrags hatte sich der Mann derart in Rage geredet, dass er die immer tiefer werdende Falte auf Ordulfs Stirn nicht rechtzeitig bemerkte.

»Und ab heute kannst du sehr, wirklich sehr froh sein, dass du es nicht getan hast.«

Der Mann schaute beim Klang von Ordulfs Stimme auf. Mit schreckgeweiteten Pupillen entdeckte er den blanken Sax, der plötzlich auf seinen Hals zielte

»Jetzt kannst du meine Pferde halten«, befahl Ordulf, steckte sein kurzes Schwert in die Scheide und sprang aus dem Sattel. Er drückte dem eingeschüchterten Bauern die Zügel in die Hand. »Ich glaube, ich habe sie schon entdeckt.« Rasch schritt er auf die Gestalt am hinteren Ende des Feldes zu, die hinter einigen Schnittern die Nachlese hielt.

»Álainn!«, rief er. »Ich hoffe, du bist mir nicht mehr böse, ich habe so viel an dich gedacht.«

Sie schaute überrascht auf und bei seinem Anblick war ihm, als leuchteten ihre Augen kurz auf.

»He, lass sie in Ruhe ihre Arbeit tun!«, rief einer der Schnitter über die Schulter. Ordulf beachtete ihn nicht und lief die letzten Schritte zu dem Mädchen.

»Ordulf. Du bist aber hartnäckig. Doch ich freue mich tatsächlich, dich wiederzusehen«, gestand sie lächelnd. »Vielleicht war ich etwas zu empfindlich. Aber ich muss arbeiten, denn es könnte heute noch regnen und wir müssen so viel Getreide wie möglich vorher in Sicherheit bringen. Weißt du, es ist sehr nett, dass Caellach mich auf seinem Feld arbeiten lässt.«

»Ich habe mit Caellach bereits gesprochen. Er ist so nett, meine beiden Pferde zu halten.« Er wies mit dem Kinn zu dem Bauern hinüber, der sich vergeblich bemühte, die beiden Pferde von den fertigen Garben fernzuhalten. »Er hat nichts dagegen, dass wir uns nach so langer Zeit begrüßen. Und du auch nicht.« Die letzten Worte rief Ordulf zu dem Schnitter herüber, der sie böse anstarrte, sich nun aber rasch wieder seiner Arbeit zuwandte. »Wenn sie dich kränken oder dir gar ein Haar krümmen, lass es mich wissen. Ich schwöre bei Thunær …«

»Du bist immer noch der zornige, stolze Sachse. Siehst du denn nicht, wie anders mein Los ist? Ich bin eine einfache britannische Magd. Und Caellach ist eigentlich kein schlechter Mann, aber nun ist er in Bedrängnis. Dein Herr Hengist hat von Vortigern Gwyrangons Reich erhalten. Nun fordert er Abgaben, auch von Caellach. Also lass mich mit meinem Volk für die Abgaben arbeiten, sonst wird uns dein Herr Hengist bestrafen.«

Wieder drehte sie sich um und ließ Ordulf stehen. Empfand sie wirklich nichts für ihn? Wenn er nicht zu Beginn das kurze Leuchten in ihren Augen gesehen hätte, könnte er es glauben, aber so weigerte sich sein Verstand die Absage zu akzeptieren.

»Wann bist du denn fertig? Ich kann auf dich warten«, schlug er vor.

Sie wandte sich noch einmal um und sah ihm gerade in die Augen. »Sieh es doch endlich ein. Es hat keinen Zweck.«

»Ich werde warten«, entgegnete Ordulf trotzig, aber sie drehte sich nicht mehr zu ihm um.

Ordulf schritt langsam mit gesenktem Haupt zu Caellach zurück, der immer noch mit den hungrigen Pferden rang.

»Komm schon, alte Vielfräßin.« Ordulf nahm dem Bauern die Zügel der Stute aus der Hand und zog das widerstrebende Ross von der Gerste weg. Dann schwang er sich in den Sattel, nahm dem Bauern auch die Leine des Handpferdes ab und trabte den Hügel hinauf.

Angestrengt überlegte er, was zu tun sei. Sollte er einfach weiter nach Durovernum reiten? Oder tatsächlich auf Álainn warten? Aber die Dorfbewohner, allen voran dieser Caellach, hielten sie ohnehin schon für eine, die im Bunde mit den »Wilden« stand. Ob es ihr da helfen würde, wenn er sich noch einmal bei ihr zeigte, war mehr als fraglich. Unentschlossen kaute Ordulf auf seiner Unterlippe herum. Wenn nur Ceretic oder Tallanus da wären. Sie könnten die Kluft zwischen Sachsen und Britanniern überbrücken. Aber sprach er nicht selbst ausreichend Britannisch? Und bei Thunær, war er nicht Mannes genug sich selbst um dieses Mädchen zu kümmern? Ordulf lenkte sein Ross vom Weg ab in Richtung Westen. Doch schon bald hielt er und band die beiden Pferde an einen Haselstrauch am Waldesrand. Unschlüssig setzte er sich auf einen gestürzten Baumstamm und schaute hinab auf Regulbium. Von dort würde man ihn nicht sehen. Er zupfte einen Grashalm aus und biss hinein. Er schmeckte sauer. Nein, er würde noch einmal versuchen Álainn zu treffen, er musste einfach Gewissheit haben, woran er mit ihr war.

Nachdem er diesen Entschluss gefasst hatte, hob sich seine Laune. Er band die immer noch hungrige Stute und den jungen Hengst los und ritt einem kleinen Waldweg folgend ins nächste Dorf jenseits des Hügels. Dort übergab er die Tiere zusammen mit einer Kupfermünze und der Anweisung, sich um sie zu kümmern, einem Bauern. Für sich selbst erstand er einen Krug sauren Apfelcider, etwas harten Käse und Brot.

»Ich werde heute Nacht spät zurückkehren und mich einfach zu den Pferden in den Stall legen«, erklärte er dem Bauern. Der zuckte nur die Schultern, während eine zweite Münze rasch in seinem Kittel verschwand.

Am späten Nachmittag wanderte Ordulf zu seinem Beobachtungsposten oberhalb von Regulbium zurück. Obwohl er zu Fuß war, musste er, am Waldrand angekommen, noch über eine Stunde warten, bis Álainn zusammen mit den übrigen Arbeitern müde heimwärts trottete. Ihre Ernte hatten sie auf einem Wagen verstaut, den ein kleines britannisches Pony zog. Ordulf verharrte im Schatten und beobachtete, wie sich die Menschen im Dorf auf die einzelnen Häuser und Katen verteilten. Die Schatten der Bäume wuchsen zu unnatürlichen Zerrbildern, bis sie schließlich im Grau des Abends aufgingen. Der östliche Himmel über Regulbium und Thanet verfärbte sich erst violett, dann tiefblau. Ordulf wartete bis er die ersten Sterne erkennen konnte. Jemand mit weniger stumpfen Augen würde sicherlich bedeutend mehr Sterne sehen als er, aber er hoffte, dass das Licht reichen würde, um Álainns Hütte zu finden. Hoffentlich schlägt sie keinen Lärm, wenn sie mich bemerkt, dachte er bei sich. Doch eigentlich war es auch egal. Dann wüsste er zumindest, woran er war. Die Bauern würden ohnehin nicht wagen, sich an ihm zu vergreifen.

Mit diesen tröstlichen Gedanken verließ Ordulf seinen Platz am Waldrand und schlich in Richtung der ersten Hütten von Regulbium, die sich schwach von dem dunklen Hintergrund des Hügels mit den steinernen Überresten des Römerforts abhoben. Noch bevor er die erste Kate erreichte, schlug am anderen Ende des Dorfes ein Hund an. Ordulf fluchte und warf sich flach auf den Boden.

Ziemlich albern, was du hier tust. Der Thane des Herrn von Cantuguoralen liegt im Dunkeln im Gras und versteckt sich vor einigen Bauern, schoss es ihm durch den Kopf.

Glücklicherweise verstummte der verdammte Köter nach einigen Augenblicken. Vorsichtig kroch er zu einem Busch hinter der gesuchten Hütte. Inzwischen war der Mond aufgegangen und er erkannte das Muster der verbrannten Balken. Seine Finger suchten am Boden nach kleinen Steinchen. Dieser war gut, das nur ein Klumpen Erde, das … Beinahe hätte er aufgeschrien, als er in eine Distel griff. Ordulf leckte sich den Finger. Dann nahm er eines der Steinchen und warf es in Richtung der Hütte. Der Stein war zu leicht und fiel weit vor dem Ziel ins Gras. Rasch suchte er nach größeren Steinen und fand schließlich das richtige Kaliber. Erneut warf er. Klack. Diesmal hatte er die Rückwand der Hütte getroffen. Und noch einmal Klack. Würde sie begreifen, wer da etwas von ihr wollte? Und noch viel wichtiger, wie würde sie auf den unerwarteten Besuch reagieren?

Tatsächlich öffnete sich die Tür einen Spaltbreit. Ordulf riskierte es, aufzustehen und zu winken. Eine leichte Gestalt löste sich von der Tür und huschte auf ihn zu. Und schon war sie da. Er konnte im Dunkeln nur ihre Gestalt erahnen, doch es war eindeutig Álainn. Er atmete ihren Duft und spürte die Wärme ihres Körpers.

»Álainn«, murmelte er. Instinktiv streckte er die Arme aus und zog sie an sich. Er war sich nicht sicher, ob sie oder er die Lippen des anderen fand, aber sie trafen sich zu einem langen Kuss. Ordulf verlor sich darin, doch sie löste sich abrupt.

»Wie kannst du meine Gefühle nur so ausnutzen?«, schimpfte sie, jedoch ohne Zorn in der Stimme.

»Meinst du, ich fühle etwas anderes?«, fragte er zurück.

Sie machte noch einen halbherzigen Versuch, sich aus seiner Umarmung zu befreien. »Aber das hat doch gar keinen Zweck. Wir dürfen gar nicht damit anfangen, wir gehören einfach nicht zusammen«, klagte sie.

»Aber nun haben wir doch angefangen«, gab er zu bedenken.

Seufzend gab sie den Widerstand auf und fiel ihm in die Arme.

Da schlug der Hund wieder an.

»Scht, Caellach darf nichts merken und mein alter Nachbar hat noch ziemlich scharfe Ohren. Lass uns etwas vom Dorf weggehen, damit uns niemand hört.« Bestimmt zog sie Ordulf an der Hand in Richtung des Waldrandes hinauf. Sein Herz raste vor Freude.

Regulbium, Juli 443
Álainn

Álainn war wütend auf sich selbst. Wie hatte sie nur den Sachsen küssen können? Einen Angehörigen dieses herrischen und barbarischen Volkes. Ein muskelbepackter wilder Eber, der sie ohne mit der Wimper zu zucken entführt hatte. Hieß sein sächsischer Name nicht sogar so etwas wie Schwein? Zumindest hatte Tallanus darüber gescherzt. Na gut, um die Sache mit der Entführung hatte sie ihren Gott gebeten, sodass der Sachse wohl einfach tun musste, was der Herr befahl, ohne es ihm bewusst zu machen, aber dennoch, das entschuldigte den Heiden für gar nichts. Tief atmete sie die kühle Nachtluft ein. Ihr Blick wurde auf dem Weg zum Waldrand immer klarer. Nein, wenn es so weiter ging, würden sich die Sachsen früher oder später mit Vortigern überwerfen. Dann wäre sie unter den Sachsen wieder eine fremde Sklavin, ganz wie im Piktenland. Sie setzte sich am Waldrand hin und wies entschlossen vor sich auf den Boden.

»Setz dich«, befahl sie. »Was willst du eigentlich mit mir? Ich bin eine arme Magd und du ein umherziehender Krieger. Hengist schickt dich heute zu den Pikten, morgen zu den Sachsen und dann nach Durovernum. Und was soll aus mir werden? Glaub ja nicht, ich falle auf dich herein.«

»Hengist hat mir Land versprochen. Ich werde einen Hof bauen und du wirst meine Frau werden. Was soll daran schwierig sein?«

Das überraschte Álainn wirklich. Seine Frau werden? Ordulf stand noch immer vor ihr und sie sah ihn schräg von unten an. Er schien es ernst zu meinen, aber für wie lange? »Du willst mich zur Frau nehmen? Du als Sachse und Heide? Mir wird es unter euch Sachsen gehen wie bei den Pikten. Ich bin nur die fremde Magd und wenn du meiner überdrüssig bist …«

»Álainn!« Ordulf klang ehrlich verärgert. »Du bist nicht meine Magd. Seitdem Tallanus deine Herkunft offenbart hat, bist du eine freie Frau. Und ich bin ein freier Mann und ich liebe dich.«

»Aber ihr Sachsen seid die Herrn von Cantium und wir Britannier sind Knechte im eigenen Land. Merkst du gar nicht, wie du heute Morgen mit Caellach und Kilian umgesprungen bist? Nicht wie ein freier Mann mit seinesgleichen. Und woher will Hengist Land nehmen, um es dir zu geben? Wird er es kaufen? Zwischen euch Sachsen und uns Britanniern besteht eine tiefe Kluft. Außerdem hast du noch gar kein eigenes Land, oder? Sondern du bist auf dem Weg nach Durovernum oder sonst wohin. Ganz wie Hengist es dir befohlen hat, ist es nicht so?«

»Doch, ich muss tatsächlich noch an Vortigerns Hof, um nach Hengists Tochter zu sehen. Aber bald wird sie ebenso gut Britannisch sprechen wie ich und dann bin ich frei.« Er sah sie erwartungsvoll an.

Álainn presste ihre Lippen eisern aufeinander. Nun bloß nicht schwach werden, sagte sie sich.

»Wenn du mir nicht traust, dann will ich dir etwas schwören.« Er hob dramatisch die Schwurfinger. »Ich, Ordulf, Swæns Sohn, Thane Hengists, schwöre bei Thunærs Böcken, sobald meine Aufgabe in Durovernum vollendet ist, will ich zu Hengist gehen und Land von ihm fordern. Dann hole ich dich hier ab.« Er senkte seine Hand und sah ihr triumphierend in die Augen. »Und du, Álainn, schwöre mir jetzt, dass du auf mich wartest und mit mir ziehst, wenn ich komme.«

Álainn klappte den Mund auf. Wie kam er denn darauf? Hörte er ihr überhaupt nicht zu? Empört begehrte sie auf: »Ich hab doch gar nicht gesagt, dass …«

Doch er unterbrach sie einfach mit einer schneidenden Handbewegung. »Schwöre es«, forderte er mit finsterem Blick.

Zu ihrem eigenen Entsetzen hob sie die Hand. »Ich schwöre es dir«, hörte sie ihre Stimme sagen. Fest und deutlich und doch so, als ob eine andere für sie spräche.

Ordulf grinste breit. »Dann ist ja alles klar und ich will dich nicht weiter bedrängen. Eine schöne Nacht wünsche ich dir. Ich komme spätestens im nächsten Frühjahr.« Er zog sie an sich und küsste sie auf den Mund. Sein Ungestüm presste ihr die Luft aus den Lungen und sie spürte eine unbändige Hitze von ihrem Unterleib aufsteigen. Das Verlangen nach ihm schlug wie eine Flutwelle über ihr zusammen. Doch bevor sie irgendwie reagieren konnte, hatte er sich abrupt umgedreht und war im Wald verschwunden. Álainn wurde schwindlig. Sie wusste nicht, ob sie lachen oder weinen sollte.

Kernow, Juli 443
Ceretic

Ein Jahr war vergangen seit jenem denkwürdigen Gelage, an dem sein Herr und König um Rowenas Hand angehalten hatte. Der Treuekonflikt hatte Ceretic fast zerrissen und er war vor den Konsequenzen geflohen. Denn das war es gewesen, wie er sich inzwischen eingestand. Er hatte seine Heimat, sein Volk, seinen König, sein Amt und seine große Liebe verraten. Doch beruhigt hatten sich seine Gefühle in dem vergangenen Jahr nicht.

Ceretic blickte bekümmert auf die See, die ihn umgab. Hier arbeitete er nun wieder, wie in seiner Kindheit, als einfacher Fischer. Allerdings gehörten die Felsen hinter ihm nicht zur Küste des heimatlichen Ruohim. Er war ein Fremdling im fremden Land, tief im Gebiet von Kernow, welches, wenn überhaupt,

Ambrosius, dem Prinzen der Dumnonier und Vortigerns größten Rivalen, Gefolgschaft leistete. Hier, so hatte Ceretic gehofft, könnte er Ruhe finden.

Sein Pony war verkauft und sein kostbares römisches Schwert hatte er bei einer alten Ulme vor dem Dorf vergraben. Die Dorfbewohner kannten ihn unter dem Namen Drystanus. Sie hielten ihn vermutlich für einen Geächteten, der aus seiner Heimat geflüchtet war. Zuerst wurde er zurückhaltend aufgenommen, doch nach und nach legte sich das Misstrauen der Dorfbewohner. Er erwies sich als geschickter Seemann und fleißiger Arbeiter. Auch seine traurigen Lieder hatten sie zu schätzen gelernt, doch Ceretic sang nur noch selten. Ohne jede Hoffnung, seiner großen Liebe noch einmal zu begegnen, kamen ihm die meisten Liedtexte hohl, die Melodien unerträglich fröhlich vor. Dennoch, oder gerade deswegen, war ihm das Dorf am Ende der Welt mit seinen einfachen Menschen, die, wie ihre Vorfahren lange vor Ankunft der Römer, in runden Steinhütten am Ufer des Meeres lebten und sich von Fisch, Muscheln und Krebsen ernährten, als idealer Rückzugsort erschienen. Folgerichtig hatte sich Ceretic von Anfang an auf geradezu jede Arbeit gestürzt.

Nun trieb er mit einer kleinen Curach etwa eine halbe Meile vor den beeindruckenden Küstenfelsen seiner neuen Heimat in der rollenden See. Weitere Fischerboote befanden sich in Rufweite. Sie versuchten, die Fische mit einem großen Netz in Richtung Küste zu treiben. Plötzlich schrie einer der Männer auf und zeigte nach Osten. Ceretic blickte auf. Das war Boyd gewesen. Der Mann, den er von allen Kernowern am ehesten als seinen Freund bezeichnen würde. Der einzige jedenfalls, der sich für die Welt jenseits des kleinen Dorfes mit den zwei sandigen Buchten interessierte. Er folgte mit seinen Augen dem ausgestreckten Arm des alten Fischers. Erstaunt schrie auch er auf.

Ein Schiff war zwischen dem nächsten Kap und der kleinen vorgelagerten Insel, auf der angeblich der verschrobene Druide wohnte, aufgetaucht. Angeblich, denn Ceretic hatte ihn noch nie gesehen. Aber das Schiff sah er wohl. Keine Curach, nein, ein großes hölzernes Schiff, so wie es die Sachsen und andere Piraten jenseits des Germanischen Ozeans benutzten. Ceretic starrte das Schiff mit großen Augen an. Hinter dem ersten erschien ein nächstes und so ging es weiter. Ceretic staunte mit offenem Mund, als er schließlich elf Schiffe zählte, die langsam gegen die Tide auf sie zuruderten. Wer mochte das sein? Sachsen? Doch woher sollte Hengist auf einmal so viele Schiffe haben? Und was machten sie hier vor der Küste Kernows? Pikten gab es hier nicht.

Laute Rufe unterbrachen seine Gedanken.

»Nichts wie weg!«

»Das sind Piraten!«

»Rette sich wer kann!«

»Der Herr schütze uns!«

Ceretic sah sich um. Die eben noch einträchtig in den Wellen dümpelnden Fischerboote stoben wie ein Heringsschwarm beim Angriff einer Möwe wild auseinander und ruderten so schnell sie konnten auf die Küste zu.

»Drystanus, komm, rette dich«, drang Boyds Stimme an sein Ohr. »Das sind Piraten! Die murksen dich ab wie einen Fisch.«

Wirklich ein guter Kerl der Boyd, überlegte Ceretic, denkt sogar in solch einer Situation noch an einen Fremdling. Er selbst schwankte noch zwischen Neugier und Sorge. Wenn es Sachsen waren, musste er sich einfach nur zu erkennen geben. Sein Ruf konnte unmöglich in dem einen Jahr verblasst sein. Nein, das Fischerdasein hatte ihm ohnehin nicht den ersehnten Frieden gebracht und nun könnte er seinen neuen Freunden den notwendigen Vorsprung verschaffen.

»Ich werde mit ihnen sprechen und sie vom Dorf fernhalten«, rief er Boyd hinterher. »Seht ihr zu, dass die Frauen und Kinder ins Moor fliehen!«

»Das ist doch Selbstmord, Drystanus. Wie lange, glaubst du, hören die dir zu? Sie werden dich gar nicht verstehen«, drängte Boyd, jedoch ohne seine Schlagzahl zu verringern. Er war nun schon mehrere Steinwürfe weit entfernt.

»Du wirst sehen, wozu ich in der Lage bin«, rief Ceretic ihm großspurig nach. Doch sein Herz schlug bis in den Hals hinauf und er merkte, dass er eher seine eigene als Boyds Angst übertönen wollte. Worauf ließ er sich da ein? Die Haut in seinem Nacken prickelte.

Die fremden Schiffe kamen zügig näher. Ungeachtet der hereinkommenden Flut trieben ihre Riemen die schlanken Rümpfe rasch in seine Richtung. Da bemerkte er am Steven des zweiten Schiffs einen Drachenkopf. Das musste die Heldir sein. Also waren es Sachsen! Vielleicht stand sogar sein Freund Ordulf an der Pinne.

Mit neuem Mut ruderte er den hohen Steven entgegen. Ein Blick über die Schulter zeigte ihm, wie sich die Krieger der Freiwache im Bug drängten und ihn neugierig beobachteten. Die tiefstehende Sonne blitzte auf Helmen, Waffen und den nassen Ruderblättern, die sich in raschem Takt aus der See hoben.

»Hengist!«, brüllte Ceretic mit der ganzen Kraft seiner Lungen.

Einen Augenblick blieb alles still, dann antwortete ihm ein lautes »Hengist!«. Der Schlachtruf der britannischen Sachsen, er war in Sicherheit.

»Ruder halt!«, hörte er vom vordersten Schiff das Kommando des Steuermanns.

Das Schiff glitt mit dem letzten Schwung an ihn heran. Wasser tropfte von den Riemen. Der Freibord war so hoch, dass Ceretic sich nur hätte bücken müssen, um unter den erhobenen Riemen hindurch zu treiben, doch da flog ihm eine Leine zu und er ergriff sie und befestigte sie an dem kleinen Boot. Starke Hände reckten sich ihm entgegen und zogen ihn aus seiner Curach.

»Ceretic!«, ertönte ein erstaunter Ruf.

Ceretic schaute sich suchend um. Zwischen den bärtigen Gesichtern fremder Männer entdeckte er ein paar Wangen, die nur von einem zarten Flaum bedeckt waren.

»Octha«, antwortete er erfreut und erstaunt zugleich.

Der junge Mann umarmte Ceretic stürmisch. »Herr Ceretic. Welch eine Freude dich zu sehen. Wir hatten eigentlich gehofft, dich in Ypwinesfleet zu treffen, doch dass du hier, am äußersten Ende Britanniens, in so einer Nussschale herumschipperst?!«

Ceretic antwortete nicht gleich. »Wie geht es Hengist und deiner Schwester?«, fragte er stattdessen. »Und hat der heißblütige Ordulf es inzwischen geschafft, sich umbringen zu lassen?«

Octha lachte laut auf. »Meinem Vater geht es bestens, Ordulf ist wohlauf und Rowena dürfte es auch gut gehen. Ordulf kümmert sich den Winter über um sie.« Er zog eine Grimasse. »Die Aufgabe schien ihm nicht besonders zu gefallen. Doch nun zu dir. Was machst du hier in diesem Fischerkahn? Und wer sind die Kerle, die dort Reißaus nehmen?« Dabei nickte er zu den Dorfbewohnern herüber.

»Freunde von mir«, sagte Ceretic rasch.

»Keine Sorge, wir wollen ihnen nichts tun«, beschwichtigte ihn Octha lachend. Die Sorge war nur zu deutlich in Ceretics Worten mitgeschwungen. »Hengist hat uns gegen die Scoten in Irland gesandt. Nachdem er selbst den Pikten das Fürchten gelehrt hat, sind sie die Einzigen, die es noch wagen Britannien zu überfallen. Heh, Ebissa, du errätst niemals, wen wir hier getroffen haben!«, schrie er dann zur alten Heldir hinüber, die gerade längsseits kam.

XXI. Gefährlicher Zeitvertreib

Durovernum, Juli 443
Ordulf

Am nächsten Vormittag erreichte Ordulf Durovernum. Die Wachen am Stadttor interessierten sich kaum für ihn. Man hatte sich inzwischen an das Kommen und Gehen sächsischer Boten gewöhnt. Ordulf steuerte direkt auf den alten Palast zu. Tallanus und vor allem Rowena begrüßten ihn begeistert und er musste in aller Ausführlichkeit von den Geschehnissen des Sommers berichten. Auch Vortigern hörte gespannt zu, als Ordulf von der erfolgreichen Anwerbung der Sachsen, Angeln, Jüten und Friesen erzählte.

»Von allen Inseln der Heiden kommen sie an meinen Hof, um mir zu dienen«, rief er begeistert. »Aber es ist gut, dass du wieder hier bist, Ordulf. Meine Frau hat deine Dienste vermisst, auch wenn Tallanus hier sich redlich Mühe gegeben hat. Ich glaube, die Gesellschaft von Albanus' secretarius ist ihr doch ein wenig langweilig.« Dabei zwinkerte er seiner Frau liebevoll zu, auch wenn sie ihn allem Anschein nach nicht verstand.

Am nächsten Morgen kam Vortigern mit einer neuen Idee zu Ordulf. »Weil du meiner Rowena so ein besonderes Pferd gebracht hast, habe ich mir auch etwas Besonderes für sie ausgedacht«, verkündete er.

Ordulf schaute den Britannier erwartungsvoll an.

»Ich habe wohl bemerkt, dass Rowena nicht allein in den häuslichen Pflichten aufgeht und dass sie sich, als Tochter eines so berühmten Kriegers wie Hengist, nach handfesterer

Unterhaltung sehnt. Daher habe ich mir überlegt, dass wir nächste Woche eine große Jagd abhalten. Hier in den dichten Wäldern von Cantium.«

Und tatsächlich klatschte Rowena vor Freude in die Hände, als Ordulf ihr die Neuigkeit übersetzte.

»Eine Gelegenheit, aus dem langweiligen Hofleben auszubrechen«, bemerkte sie zu Ordulf mit einem schiefen Grinsen. »Aber das brauchst du nicht zu übersetzen«, fügte sie rasch hinzu.

Auch Ordulf und sogar der zurückhaltende und fromme Tallanus freuten sich auf die Gelegenheit.

Und tatsächlich ließ sich die Jagd an, wie man es sich besser nicht wünschen konnte. Das Wetter zeigte sich von seiner besten Seite. Ein strahlend blauer Himmel wölbte sich über dem farbenprächtigen Blätterdach, das der beginnende Herbst in bunte Farben getaucht hatte.

Am ersten Tag schlugen sie tief in den dichten Wäldern Cantiums ein Zeltlager auf. Nun, am zweiten Tage, sollte es endlich losgehen.

Der Tag begann warm, auch wenn der Himmel etwas diesig war. Ordulfs Stute witterte prüfend in die Luft, dann schritt sie flott hinter Rowenas Hengst einher. Ordulf schaute abschätzend auf das Pferd seiner Herrin. Der Hengst war jung und nervös. Ein feuriges Tier, gewiss, doch Rowena konnte von klein auf reiten. Vortigern selbst saß auf seinem bewährten grauen Britannier-Pony. Wie alle britannischen Pferde war es zäh und ausdauernd, aber mit den kurzen Beinen und dem gedrungenen Körper keine Konkurrenz für die sächsischen Rösser, was die Schnelligkeit anging.

Endlich erklang ein langgezogenes Hornsignal. Die Wildhüter bei den Reitern ließen die Hunde los und die Jagdgesellschaft trieb ihre Pferde voran. Ordulf drückte seiner Stute die Hacken in die Flanken, doch sie hätte dieser Aufmunterung nicht bedurft. Sie folgte instinktiv dem Hengst der Königin. Die gesamte Cavalcade preschte in Richtung der wartenden Wildhüter, als vor ihnen, von Rufen, Hörnerklang und Hundegebell erschreckt, ein prächtiger Hirsch auftauchte. Er wendete sich kurz den Jägern zu und sprang dann gleich in schnellen Sprüngen das Tal hinab. Die ganze Jagd folgte johlend und kläffend. Sie durchquerten das Tal in gestrecktem Galopp, ein bewaldeter Hügel wurde knapp umgangen. Eine weitere Senke tauchte auf und blieb hinter der wilden Jagd zurück. Schließlich verschwand der Hirsch in einem dichten Gebüsch und die bereits deutlich auseinandergezogene Gesellschaft aus Hunden und Reitern brach mit wildem Geschrei krachend hinter ihm ins Gehölz.

Die leichte Rowena auf ihrem flinken Ross war der Beute dicht auf den Fersen, doch Ordulfs Stute hielt mit ihr mit. Die übrigen Reiter mit ihren Britannier-Ponys waren inzwischen weit abgeschlagen. Schritt für Schritt lichtete sich das Dickicht und die beiden Sachsen erreichten schließlich eine Lichtung. Doch der Hirsch verließ die Lichtung und sprang einen Abhang herab, um hinter einer Reihe mächtiger Eichen zu verschwinden. Die Hunde waren ihm so dicht auf den Fersen, dass sie mit ihren Fängen schon nach den Fesseln des flüchtigen Tieres schnappten.

Ordulf sah sich kurz um, doch er konnte keine weiteren Jäger hinter sich und Rowena entdecken. Plötzlich wendete der Hirsch und empfing den vordersten der Hunde auf den Spitzen seines Geweihs und warf ihn im hohen Bogen zurück. Der Hund blieb winselnd, zu Tode getroffen liegen. Doch seine Verteidigung hätte dem galanten Hirsch nichts genützt, wenn nicht Rowenas Hengst mit den Vorderhufen steil in die Höhe gegangen wäre, erschreckt vom aufspritzenden Blut. Ordulf sah sie aus dem Sattel stürzen und parierte sein eigenes scheuendes Ross. Der Hirsch nutzte die Verwirrung und nahm seine Flucht wieder auf. Er rannte zurück auf die Lichtung, die Hunde hinterher.

Ordulf glitt vom Pferd und eilte zur gestürzten Rowena. Sie lag am Fuße einer mächtigen Eiche und regte sich nicht. Er rief ihren Namen, bekam aber keine Antwort. Er griff nach ihrer Hand und hob ihren Kopf vorsichtig an. Ihre Hand war noch warm und mit einem Seufzer holte sie tief Luft.

Thunær sei Dank, sie lebt, dachte Ordulf und hob ihren Oberkörper vorsichtig an.

Ihr hochgeschlossenes Jagdkleid schien sie am Hals einzuengen, sodass er es eine Handbreit aufriss. Dort lag Ceretics Kreuz, nahe ihrem Herzen.

Ordulf hörte hinter sich die Jagdgesellschaft über die Lichtung brausen, dem fliehenden Hirsch nach. Offenbar hatte niemand Rowenas Sturz beobachtet oder auch nur bemerkt, dass sie vom geraden Weg abgezweigt waren. Kein Wunder, dachte Ordulf bei sich. Sie sind einfach dem Lärm der Hunde gefolgt und die britannischen Pferde sind nicht so schnell wie unsere sächsischen.

Endlich schlug Rowena die Augen auf. »Was ist geschehen?«, fragte sie, noch ganz benommen von dem Sturz.

»Der Hirsch stellte sich den Hunden und dein Pferd hat gescheut. Du bist aus dem Sattel gestürzt«, berichtete ihr Ordulf. »Ich bringe dich am besten zurück zum Lager. Wo sind nur unsere Pferde?« Suchend sah er sich um. Die beiden Tiere grasten friedlich in einiger Entfernung den Waldboden ab.

»Lass uns noch ein wenig abwarten«, bat Rowena da. »Ich glaube, ich habe mir den Knöchel verstaucht und mir ist auch noch ziemlich schwindlig.«

Er sah Rowena prüfend an. Nein, so könnte sie weder reiten noch bis zum Lager laufen. Außerdem sah der Himmel inzwischen so aus, als könnte es jeden Moment anfangen zu regnen.

»Sicherlich kommen gleich Vortigerns Gefolgsleute, sie müssen ja bemerkt haben, dass wir nicht mehr hinter dem Hirsch her sind«, bemerkte er, um Rowena aufzumuntern. »Vielleicht sollten wir uns hier am Stamm der Eiche unterstellen und noch etwas abwarten.«

Vorsichtig half er ihr auf die Beine und sie humpelte an seinem Arm zu einem der Bäume am Rand der Lichtung. Da donnerte es zum ersten Mal und unvermittelt prasselte starker Regen herab.

»Ein Gewitter. Und das zu dieser Jahreszeit«, schimpfte Ordulf. Ängstliches Wiehern und wildes Hufgetrappel ließen ihn herumfahren. »Und jetzt sind uns auch noch die Pferde durchgegangen. Meine Stute ist sonst absolut furchtlos. Dein Hengst muss ihr völlig den Kopf verdreht haben.«

Darüber musste Rowena lachen und sie lehnte sich an den knorrigen Stamm der Eiche. »Es gibt Schlimmeres, als ein bisschen in der Freiheit auszuharren, oder?«, bemerkte sie.

Ordulf schaute sie aufmerksam von der Seite an, konnte in ihrem Gesicht aber nichts lesen. So lehnte auch er sich zurück und horchte auf das Prasseln des Regens auf dem Blätterdach. Er nahm den Geruch staubiger Erde, die plötzlich nass wird, wahr und auch der Duft von Rowenas nassem Haar stieg ihm in die Nase.

Cantium, Juli 443
Tallanus

Das Gewitter hatte die Jagdgesellschaft mitten in der Hetzjagd überrascht. Einige, und Tallanus gehörte zu ihnen, waren daraufhin ins Lager zurückgekehrt. Der Regen hörte ebenso plötzlich auf, wie er begonnen hatte, und bald kehrte der Rest der Gesellschaft zurück. Vortigern hatte den Hirsch selbst zur Strecke gebracht. Sicherlich hatten ihm seine Wildhüter den Vortritt gelassen. Es war wirklich ein prächtiges Tier.

Da hörte Tallanus vom Rande des Lagers aufgeregtes Rufen.

»Was gibt es dort?«, fragte Vortigern und richtete sich zu seiner vollen stattlichen Größe auf. Man brachte zwei Pferde vor ihn.

»Die sind gerade allein zurückgekehrt!«

Mit Schrecken erkannte Tallanus, dass es sich um Rowenas grauen Hengst und Ordulfs Stute handelte. Auch Vortigern hatte sie sofort erkannt.

»Wo habt ihr die gefunden?«, fragte er aufgeregt.

»Sie kamen mit hängenden Zügeln ins Lager gelaufen. Das Gewitter scheint sie erschreckt zu haben.«

»Und die Königin?«, forschte Vortigern besorgt.

»Keine Spur.«

Und tatsächlich konnte sich niemand erinnern, Ordulf oder Rowena in den letzten Stunden gesehen zu haben.

»Sie waren ganz vorn, dicht hinter dem Hirsch, als ich sie zuletzt sah«, erinnerte sich einer der Jäger.

»Los, auf die Pferde, wir müssen sie suchen!«, befahl Vortigern voll Sorge.

Auch Tallanus sattelte sein Reittier und machte sich mit den übrigen Jägern auf die Suche nach den verschollenen Sachsen.

Tallanus folgte der Spur ihrer Jagd. Er hatte sie zuletzt auf der großen Lichtung gesehen, ziemlich am Anfang der Strecke. Während die übrigen der breiten Spur der weidmännischen Cavalcade folgten, parierte Tallanus sein Pferd. War der Hirsch nicht zuerst nach Süden den Abhang hinab geflohen, nur um kurz danach wieder weiter vorn auf der Lichtung aufzutauchen? Er suchte den Grund ab, aber es hatte keinen Zweck. Im Spurenlesen war er einfach nicht geübt. Daher wandte er sein Pferd auf gut Glück nach Süden und tatsächlich: Als er den Abhang erreichte und darüber schaute, entdeckte er die Gesuchten. Sie saßen dicht an dicht an den Stamm einer mächtigen Eiche gelehnt und Rowena hatte offenbar Ordulfs Mantel übergezogen. Kein Wunder, denn seit Einsetzen des Regens war die Temperatur deutlich gefallen.

»Da seid ihr beiden ja. Vortigern und der gesamte Hofstaat sind in größter Sorge. Was ist geschehen?«, begrüßte er die Verunglückten laut.

Ordulf sprang auf und lief Tallanus entgegen. »Rowenas Pferd hat gescheut, als der Hirsch sich umwandte und sich zum Kampf stellte«, erklärte er ihm.

»Seid ihr verletzt? Eine vom Hirschhorn geschlagene Wunde heilt niemals zu«, äußerte Tallanus besorgt.

Doch Ordulf schüttelte den Kopf. »Nichts ernstes, Rowena hat sich den Knöchel verstaucht, aber es geht schon besser.«

»Du bist ganz sicher, dass dir sonst nichts passiert ist?«, fragte Tallanus dann an Rowena gewandt.

Sie schüttelte abwehrend den Kopf. »Mir geht es wieder gut«, lächelte sie.

Gemeinsam halfen Tallanus und Ordulf Rowena auf das kleine Pony des Diakons zu steigen und geleiteten sie zu Fuß zurück zum Zeltlager. Nach und nach kehrten auch die übrigen Sucher unverrichteter Dinge zurück. Vortigern selbst kam erst, als ihm Boten von der glücklichen Wiederkehr seiner Frau berichtet hatten. Blass und mit losem Haar stürzte er ins Zelt.

»Rowena, meine Liebste«, rief er, sobald er seine Frau auf einer Liege sitzen sah. »Was ist dir zugestoßen?« Er stürzte auf sie zu, hielt dann aber direkt vor ihrem Lager, als sei er unsicher, wie er sich ihr nähern sollte. »Meine Liebste«, wiederholte er stattdessen. »Ich habe mir solche Sorgen gemacht.«

Zu seinem Erstaunen sah Tallanus eine Träne im Augenwinkel des Königs blitzen. Aber das konnte auch nur Einbildung sein.

Rowena jedenfalls schien es nicht zu bemerken. Sie rückte ein Stück von ihm ab und antwortete rasch: »Es geht schon wieder, ich glaube, ich habe mir nur den Fuß verstaucht.«

Doch wenn Tallanus dachte, die kleine Episode sei damit vorüber, irrte er sich sehr.

Keltische See, Juli 443
Ceretic

Ceretic stand im Bug der Heritog. Vor zwei Tagen hatten sie die Klippen am äußersten Ende Kernows hinter sich gelassen und waren zwischen den felsigen Eilanden, die wie die glatten Köpfe von Seeungeheuern in der See lagen und auf unachtsame Schiffe lauerten, auf das weite Meer hinausgerudert. Sie folgten den Weisungen von Sonne und Nordstern in Richtung Nordwest, genau wie ihnen die Fischer an der äußersten Landspitze empfohlen hatten.

Vor wenigen Stunden war endlich am nördlichen Horizont aus der smaragdgrünen See ein ebenso grünes Ufer aufgetaucht. Das musste das gesuchte Irland sein. Das Land der Scoten. Neugierig spähte Ceretic hinüber und versuchte Einzelheiten zu erkennen. Nach zwei Tagen auf See war er ebenso froh wie die Sachsen, unter Land zu kommen.

Die Scoten an der Küste würden sich allerdings weniger über ihre Ankunft freuen. Vermutlich hatten sie inzwischen Gerüchte über die furchterregenden Riesen gehört, die den Britanniern von jenseits des Germanischen Ozeans in ihrer Not beigesprungen waren. Er blickte sich um. Kleine Wellen kräuselten sich um den Bug der Heldir, dahinter folgten weitere zehn Schiffe, allesamt größer als die größte Currach, die ihnen die Scoten entgegenstellen konnten. Über fünfhundert Mann zogen mit Octha und Ebissa.

Kurz vor Sonnenuntergang erreichten sie die Küste. Tiefer Wald breitete sich hinter dem steinigen Strand aus und bedeckte ferne Hügel.

»Heute Nacht lagern wir wieder an Land«, freute sich Octha, der neben Ceretic in den Bug der Heritog getreten war. »Thunær sei Dank. Wir werden ihm unsere erste Beute als Opfer bringen.«

Ceretic runzelte die Stirn, sagte aber nichts. Es hatte keinen Zweck mit diesen Heiden zu rechten. Das sollten besser Männer wie sein Freund Tallanus übernehmen.

Die Nacht verlief ungestört, allerdings auch ohne dass sie einen Scoten zu Gesicht bekommen hätten. Am nächsten Morgen entschied sich Octha nach kurzer Beratung mit Ebissa, dem alten Gerolf, den Hengist ihm als Berater mitgegeben hatte, und einigen jüngeren Schiffsführern, der Küste nach Südwesten zu folgen.

»Wenn wir auf einen großen Fluss treffen, können wir den hinauf ins Landesinnere rudern«, hatte der erfahrene Gerolf geraten.

Zunächst trafen sie nur auf ärmliche Fischerdörfer an kleinen Buchten. Die Dörfer wurden allesamt geplündert und die Hütten verbrannt, doch da die große Flotte nie lange genug verborgen blieb, waren die Scoten meist mit ihrer Habe geflohen, noch ehe die Sachsen ihre Schiffe vor den Dörfern auf den Sand setzten und mit wildem Geheul über die armseligen Hütten herfielen. Lediglich ein paar Schafe und Schweine, die man nicht rechtzeitig zusammengetrieben hatte, bildeten die Beute der Sachsen.

Am späten Nachmittag bog die Küste nach Norden, während sich weiter im Westen ein neues, fernes Ufer im Gegenlicht der tief stehenden Sonne schwarz von den blitzenden Wogen der See abhob. Es handelte sich also um eine breite Förde oder die Mündung eines großen Flusses.

»Sollen wir dort hinein? Wir haben nur noch wenige Stunden Tageslicht«, bemerkte Octha am Ruder der Heritog und schielte fragend zu Gerolf hinüber.

»Ein besserer Hafen als hier draußen ist es allemal«, antwortete der alte Kämpfer, nachdem er die Küste einen Augenblick lang prüfend gemustert hatte. »Ich glaube, wir können es wagen. Bisher haben wir noch kaum einen Feind zu Gesicht bekommen.«

Und gehorsam lenkte Octha das Schiff in den breiten Strom. Kaum hatten sie die Mündung passiert, öffnete sich vor ihnen eine größere, von mehreren Inseln unterbrochene Wasserfläche. Vom Nordufer des riesigen Naturhafens stiegen mehrere Rauchfahnen auf. Dort musste eine Siedlung liegen.

»Seht nur, die Scoten dort drüben sind noch nicht geflohen. Dort können wir endlich richtige Beute machen!«, rief Octha aufgeregt.

»Immer mit der Ruhe«, beschwichtigte ihn Gerolf. »Die dort vorn wissen bestimmt schon von unserer Ankunft. Wenn sie nicht geflohen sind, kann das nur bedeuten, dass sie sich ziemlich sicher fühlen. Heute Abend und auf die Schnelle sollten wir sie auf gar keinen Fall angreifen, sondern unsere Schiffe auf eine unbewohnte Insel laufen lassen und ausreichend Wachen aufstellen, um in der Nacht gegen jede Überraschung gewappnet zu sein. Diese Scoten sind, soviel man hört, ziemlich harte Burschen.«

Ceretic war erstaunt über die lange Ansprache des sonst so wortkargen Kriegers. Aber der alte Kämpfer hatte nur zu recht. Die Scoten waren ein Gegner, den man nicht unterschätzen durfte.

Octha sah den Ratgeber seines Vaters finster an, wandte dann aber als Erster den Blick ab und nickte verstimmt. »Wenn du meinst, werden wir eben lagern und bis morgen früh warten. Aber ich wette, die Scoten sind dann mit all ihrer Habe ausgerissen.«

Seine Stimme verriet deutlich seinen Missmut, aber Hengist hatte ihm offenbar strenge Instruktionen gegeben, auf den erfahrenen Sachsen zu hören. Und so zogen sie die Schiffe an den Strand einer der kleineren Inseln. Eine rasche Suche bestätigte, dass die Sachsen hier allein waren. Immer noch missgelaunt befahl Octha Wachen aufzustellen. Dann rief er Gerolf, Ebissa, Ceretic und die übrigen Schiffsführer zusammen.

»Ich wollte eigentlich die Gelegenheit nutzen und dort, wo wir im Norden Rauchfahnen gesichtet haben, heute Nacht die erste Beute machen.« Er warf Gerolf einen finsteren Blick zu.

»Aber unser verehrter Veteran hier hat mir geraten, das Morgenlicht abzuwarten.«

»Aber dann gehen wir doch wieder leer aus«, begehrte einer der jungen Schiffsführer auf.

»Das befürchte ich auch, Olfert«, stimmte Octha zu. »Aber mein Vater wünscht nicht, dass wir eines unserer Schiffe riskieren und er hat mir ausdrücklich geraten, Gerolfs Rat zu beherzigen.«

So kam es, dass sich die Schiffe erst am frühen Morgen des folgenden Tages vom Strand lösten und durch das Gewirr der Inseln zur Nordseite des riesigen Naturhafens steuerten. Das gesamte Ausmaß der Wasserfläche wurde erst heute sichtbar. Ceretic drängte sich mit den Sachsen der Freiwache im Bug der Heritog. Bald schon erkannte er hinter einer flachen kleinen Insel am Nordufer die Palisaden eines ansehnlichen Dorfes. Die Rauchfahnen, die ihnen bereits am Vortag aufgefallen waren, gehörten zweifellos zu den Häusern dieser Siedlung. Doch zu Fuße der Palisade erstreckte sich eine dunkle Masse. Gelegentlich blitzte blankes Metall in der Morgensonne. Ceretic beschattete die Augen mit der Hand, um besser zu sehen. Was war da los? Dann erkannte er mit einem Male, was sich dort abspielte. Vor dem Dorf hatte sich ein Heer versammelt.

»Octha, Gerolf«, rief er aufgeregt nach achtern. »Die Scoten haben ein Heer herangezogen, um uns zu begrüßen.«

Die beiden Gerufenen kamen in den Bug geeilt, während zwischen den dicht gedrängten Männern der Freiwache und den Ruderern aufgeregte Worte hin- und herflogen. Octha und der alte Ratgeber drängten sich zu Ceretic durch, während die Menschenmasse an Land immer klarer zu erkennen war.

»Sie wollen uns zur Schlacht einladen«, stellte Gerolf nüchtern fest.

»Das ist aber dumm von ihnen«, meinte Octha.

Gerolf krauste die ohnehin faltige Stirn. »Unterschätze deine Gegner nicht.«

Schließlich trennte sie nur noch die lange, flache Sandbank, die dem Ufer vorgelagert war und durch einen schmalen Meeresarm davon getrennt wurde, von ihren Feinden.

»Merkwürdig, sie tragen ja alle schwarze Schilde«, bemerkte einer der Sachsen im Bug.

Tatsächlich, nun fiel auch Ceretic auf, wieso das Heer so dunkel wirkte. Ausschließlich schwarze Schilde.

»Wenn wir hier anlegen und uns auf eine Schlacht einlassen, verlieren wir die Beweglichkeit, die uns die Schiffe geben. Außerdem haben wir keinen Ort, um uns zurückzuziehen«, warnte Gerolf. Die Schildfarbe seiner Gegner schien ihn eher wenig zu beeindrucken.

»Langsam habe ich deine Schwarzseherei satt«, lachte Octha.

Einige der Männer verstanden den Scherz und lachten nervös.

Eigentlich müsste auch Octha klar sein, dass sie gestern in der Dämmerung nur zu leicht diesem Heer in die Falle gegangen wären, überlegte Ceretic. Er war noch reichlich jung für seine Verantwortung.

»Langsamer rudern«, befahl da der Hengistsunu mit lauter Stimme. »Wir legen an der Sandbank an.«

Gerolf rollte mit den Augen, als sich der Bug der Heritog schmatzend in den Schlick grub, doch Ceretic verlor ihn aus den Augen, als er zusammen mit den Sachsen ins niedrige Wasser sprang und auf die flache Sandbank stürmte. Nun standen sie den Iren gegenüber, kaum fünfzig Schritte brackigen Wassers trennten die feindlichen Heere.

»Das sind mindestens tausend«, behauptete einer der Sachsen neben Ceretic staunend.

»Höchstens die Hälfte davon«, meinte ein anderer.

Ceretic drehte sich um. Hinter ihnen glitten immer mehr der Schiffe auf das sandige Ufer und immer mehr Sachsen schlossen zu ihnen auf.

»Wie ist der Plan?«, hörte er Ebissa von hinten rufen. Also war auch die Heldir angekommen.

»Angreifen, was sonst?«, antwortete der aggressive junge Schiffsführer, den Ceretic bereits am Vortag als Olfert kennengelernt hatte.

»Du hältst den Rand. Die Befehle kommen von Octha«, wies ihn die dröhnende Stimme Gerolfs sofort zurecht.

Da löste sich eine kleinere Gruppe Krieger aus dem schwarzen Schildwall der Iren und trat bis dicht ans Ufer heran.

»Wer ist euer Anführer?«, schrie einer von ihnen im breiten Gälisch der westlichen Völker herüber.

Ceretic konnte ihn nur mit Mühe verstehen und übertrug die Worte so gut er konnte ins Sächsische.

Gerolf nickte. »Sag ihm, dass wir Sühne für die Überfälle auf Vortigerns Untertanen einfordern.«

»Ihr Scoten seid im vergangen Jahr mehrfach an der britannischen Küste aufgetaucht und habt Dörfer und Gehöfte überfallen. Wir sind gekommen, um dem ein Ende zu bereiten und Sühne zu fordern«, antwortete er dem fremden Anführer auf Britannisch.

»Wir sind keine verdammten Scoten, wir sind die Uí Liatháin, Britannier«, antwortete der ältere Mann voller Stolz. »Wenn ihr kämpfen wollt, dann nehmt euch in Acht, denn niemand kann die Uí Liatháin im Kampf bezwingen.«

Zustimmend schlugen die Iren ihre Speerschäfte an die schwarzen Schilde. Als der Lärm verebbte, hub der Mann wieder zu sprechen an: »Ich habe einen Vorschlag für euch Fremde. Wir haben einen Vorkämpfer unter uns. Wenn ihn jemand von euch im ehrlichen Zweikampf besiegt, dann geben wir uns geschlagen und ihr könnt euch von unserem Besitz nehmen, was euch beliebt. Wenn er aber euren Mann erschlägt, dann verschwindet ihr mit euren Schiffen von unserem Strand. Doch nehmt euch in Acht, er ist der Enkel eines Drachen!«

Wieder verhinderte der Lärm der Iren für etliche Augenblicke jedes Gespräch.

Schließlich übersetzte Ceretic den Sachsen den Vorschlag des Häuptlings der Uí Liatháin. Diesmal antworteten die Sachsen mit Lanzen und Schildern.

Über den Lärm rief der alte Ire: »Druluc, zeig dich.«

Und die Menge der Uí Liatháin teilte sich, sodass eine lange Gasse entstand. Der Schlachtenlärm der Sachsen verstummte augenblicklich. Voll Neugier spähte Ceretic über die Schultern der Männer vor ihm in die Lücke, doch die Mühe hätte er sich sparen können. Ein Riese erhob sich. Erheben war der richtige Ausdruck, denn er musste zuvor gekauert haben. Ceretic sah voll Entsetzen, dass die Köpfe der Iren dem Riesen gerade einmal bis unter den Brustkorb reichten. Mühelos schob sich der Koloss durch die Reihen der Uí Liatháin. Ein Helm aus Bronzeschuppen, der wie ein Schlangenkopf geformt war, bedeckte seinen Schädel. In Gold gefasste, rot funkelnde Steine blitzten wie feurige Augen in der Sonne. Auch den Körper des Riesen schützte ein Schuppenpanzer. Vor sich trug er einen ovalen, mannshohen Schild. Selbstverständlich tiefschwarz bemalt. Der Schaft seiner Lanze war dicker als ein Riemen der Heritog. Sie schloss in einem langen gewellten Blatt, dass in der Sonne glitzerte wie die Schuppen einer sich ringelnden Schlange.

»Drulucs Großmutter wurde von einem Drachen geschwängert«, behauptete der Anführer der Iren nochmal.

Bei diesen Worten musste Ceretic nun doch schmunzeln. Tatsächlich ein Riese, aber ein Schuppenpanzer macht noch keinen Drachen, dachte er sich.

»Der Mann dort drüben will von einem Drachen abstammen und fordert uns zum Zweikampf auf«, übersetzte er seinen Kampfesgefährten.

Die Sachsen begannen aufgeregt durcheinander zu rufen, um auszumachen, wer den fremden Riesen erschlagen sollte.

Noch trennte das Wasser die beiden Heere und so beschränkten sich Iren und Sachsen darauf, sich in der jeweiligen Muttersprache wüste Beschimpfungen zuzurufen. Einige der Iren drehten sich sogar um und zeigten den Sachsen ihr entblößtes Gesäß, woraufhin die Sachsen mit pfeifenden Wurfspießen antworteten, die aufgrund der Entfernung aber keinen Schaden anrichteten. Das sorgte auf Seiten der Iren für höhnisches Gelächter.

Doch Spanne für Spanne sank das Wasser und der Meeresarm zwischen Sachsen und Iren begann zu schrumpfen. Nach einer scheinbaren Ewigkeit zeigte sich in der Mitte, dicht unter der Oberfläche, ein brauner Streifen, der schließlich ganz durch das Wasser brach.

»Los Männer, das ist unsere Brücke zu Beute, Ruhm und Reichtum«, feuerte Octha seine Männer an.

Und gleich ergriffen die ersten drei Sachsen Schilde und Lanzen und begannen, über den schmalen Steg auf die Iren zuzuwaten. Noch war der Schlick feucht und Ceretic beobachtete, wie sie bei jedem Schritt bis an die Waden einsanken. Doch sie näherten sich hinter hochgehaltenen Schilden dem Feind.

Der Drachenmann trat ihnen entgegen und fünf weitere Iren folgten hinter ihren schwarzen Schilden. Noch bevor die ersten Sachsen ihren Gegner erreichten, schleuderte der Drachenkrieger seine Lanze mit solcher Gewalt, dass er den Schild des ersten Sachsen durchschlug. Ein Schmerzensschrei zeigte, dass er nicht nur Holz getroffen hatte, und der erste Krieger sank in den Schlick der schmalen Landbrücke. Seine beiden Kameraden setzten den Angriff unbeirrt fort. Ceretic beobachtete mit angehaltenem Atem, wie sie den Hünen erreichten. Ein kurzes Getümmel, dann spritzte eine Fontäne hellroten Blutes hoch und der nächste Sachse fiel neben sein abgetrenntes Haupt. Der letzte Mann wehrte sich verzweifelt, doch schon zerhieb ihm der Riese den Schild und durchbohrte mit seinem Schwert den Ungeschützten. Octha sah sich um.

»Könnt ihr das auch besser?«, rief er laut. »Wer den Drachenkrieger fällt, bekommt diesen Goldring!« Während die Iren auf der Gegenseite dem Sieger zujubelten, streifte Octha sich einen breiten Reifen vom Arm und hielt ihn hoch über seinen Kopf.

Wieder fanden sich mutige Sachsen. Diesmal gingen fünf Männer voran. Am schmalsten Teil der Landbrücke bildeten sie Zweierreihen, doch direkt dahinter formten sie einen Schildwall. Dicht überlappten die runden Schilde und wie ein Mann näherten sich die fünf Krieger dem Feind. Auf der Seite der Iren schlossen die fünf Streiter, die den Drachenkrieger begleitet hatten, zu ihm auf. Schon krachten die Schilde der Gegner aneinander. Doch das Ringen war kurz. Seine überlegene Größe nutzend hieb der Hüne über den Schildrand des vor ihm stehenden Mannes und zerschmetterte seine Schulter. Schreiend fiel der in den blutig zertretenen Schlick. Sobald der Schildwall gebrochen war, schwang der Riese sein Schwert nach rechts und links und traf die nächsten Gegner an Lende und Schwertarm. Der eine fiel sofort, der andere drehte um und suchte sein Heil in der Flucht. Der Sachse ganz rechts landete noch einen Treffer am Helm seines Gegners, bevor er von der Übermacht überwältigt ins Meer gedrängt wurde. Der letzte Angreifer schließlich warf Schwert und Schild davon und lief auf der Landbrücke zurück. Noch bevor er seinen am Schwertarm verwundeten Kameraden erreichte, blitzte in seiner Brust Metall auf: Ein Wurfspieß hatte ihn von hinten durchbohrt. Die Sachsen erfüllte das rasche Ende ihrer Kameraden mit Wut und Entsetzen. Es gab keinen Weg an dem grimmigen Brückenwärter vorbei. Endlich erreichte der letzte noch lebende Angreifer seine Kameraden.

»Es ist wahr!«, rief er erschüttert. Ceretic drängte sich durch die dichte Masse an Sachsen, die ihn mit einem Mal umringten. »Es ist wahr«, wiederholte der Verwundete matt. »Der Riese stammt von einem Drachen ab. Ich habe seine Zunge gesehen. Sie ist gespalten.«

Ceretic überlief ein kalter Schauder. War dieser Krieger tatsächlich ein Ungeheuer, entstanden aus der Paarung von Drachen und Mensch? Doch dann schüttelte er den Kopf. So etwas gab es nicht, auch nicht hier bei den wilden Iren. Der Mann hatte sich absichtlich die Spitze der Zunge durchtrennt oder es handelte sich um eine angeborene Verkrüppelung. Doch als er sich umsah, bemerkte er, dass die abergläubischen Sachsen entsetzt über den Meeresarm starrten.

»Drachen sind doch unverwundbar«, flüsterte einer. »Eine Schlangenzunge«, ein anderer.

»Sag diesen Hunden, sie sollen uns auf ihrer Seite der Landbrücke Platz machen, damit wir herüberkommen können, um gegen sie zu kämpfen«, forderte Octha Ceretic mit bebender Stimme auf.

Ceretic war sich nicht sicher, ob sich dahinter Zorn oder ein mühsam zurückgehaltenes Schluchzen verbarg. Schließlich drohte seine erste Schlacht sich in ein Desaster zu verwandeln.

»Oder, wenn sie wollen, machen wir Platz und sie kommen zu uns herüber«, ergänzte Ebissa verbissen.

Ceretic trat ans Ufer und rief die Forderungen hinüber.

Von der Seite der Iren antwortete nur höhnisches Lachen.

»Ist euch die Lust vergangen, es mit Druluc aufzunehmen? Das geht nicht nur euch so, viele Mädchen fürchten sich vor ihm. Wobei, irische Mädchen eigentlich nur im Dunkeln.«

Die Worte ihres Anführers quittierten die Uí Liatháin mit brüllendem Gelächter.

Noch zweimal wagten sich sächsische Krieger auf den bitteren Weg, doch nur wenige überlebten und keiner passierte die Landbrücke.

»Das hat keinen Zweck hier«, murmelte Ebissa schließlich. Er wandte sich seinem Cousin zu. »Lass uns zusehen, dass wir wieder zurück in den Schutz der Insel kommen. Heute gibt es für uns nichts mehr zu gewinnen und das Wasser steigt schon wieder.«

Als Ceretic sah, was für einen fast verzweifelten Blick Octha zu seinen Feinden hinüberwarf, bedauerte er ihn fast ebenso, wie die armen Krieger, die von dem Riesen in den Schlick gestreckt worden waren.

»Für heute ist genug Blut geflossen. Lasst uns unsere Toten holen, wir ziehen ab«, rief er dem irischen Häuptling hinüber.

»Kommt doch und holt sie euch. Wir haben euch nicht eingeladen zu uns übers Meer zu kommen«, kam prompt die Antwort.

Octha zuckte nur mit den Schultern, als Ceretic ihm das Gesagte übersetzte. Sein erster Angriff war kläglich gescheitert und er wusste nicht ein noch aus. »Zurück zu den Schiffen«, befahl er.

»Nein!«, widersprach im Gerolf energisch. »Lasst uns warten, bis das Wasser uns von den Iren trennt.«

Doch die entmutigten Sachsen wandten sich bereits den Schiffen zu.

»Beeilt euch, damit die Hunde nicht auf die Idee kommen uns nachzulaufen«, schrie Octha über den Tumult.

Doch es hätte dieser Aufforderung nicht bedurft. Der Rückzug der Sachsen verlief ungeordnet, ja sogar chaotisch. Ceretic sprang mit einem großen Satz auf die Heritog. Gerade als sich das Schiff aus dem Schlick gelöst hatte und unter den Ruderschlägen langsam wendete, brach am Ufer vollends Panik aus.

»Die Iren kommen!«

»Der Drache!«

Die meisten Männer und sieben Schiffe hatten bereits abgelegt und offenbar war niemandem danach zu Mute, wieder umzukehren. In wildem Getümmel lösten sich noch drei weitere Schiffe vom Strand, doch aus dem letzten schossen plötzlich Flammen in die Höhe. Die Iren waren nahe genug herangekommen, um Fackeln zu werfen. Beklommen stand Ceretic im Heck bei Octha und Gerolf.

»Sie saß zu hoch auf dem Schlick, die Trottel haben nicht mit der einsetzenden Ebbe gerechnet«, kommentierte Gerolf leise, als die letzen Sachsen in Todesangst zu ihren Kameraden auf dem Wasser hinüberschrien. Einer nach dem anderen verstummte, während die Flammen um das stolze Langschiff tobten.

»Was glotzt ihr so? Das geht auch euch so, wenn ihr nicht anständig kämpft«, brüllte Gerolf über das Siegesgeheul der Iren hinweg.

Durovernum, August 443
Tallanus

Noch einige Wochen nach dem überstandenen Jagdabenteuer erinnerte sich Tallanus gern daran zurück. Mit Ausnahme der kurzen Episode um Rowenas Unfall war es doch eine sehr schöne und abwechslungsreiche Zeit gewesen. Die Sonne, das gute Wetter und die frische Luft waren eine willkommene Abwechslung. Inzwischen prasselte der Regen gegen die Vorhänge und Verschläge des Palastes und es tropfte unablässig von irgendwelchen undichten Stellen des Daches herab. Der alte römische Bau bedurfte dringend einer Renovierung, doch es gab niemanden mehr in Durovernum, der sich auf die alte Kunst des Steinebehauens verstand.

Tallanus wischte diese trüben Gedanken zur Seite und eilte weiter durch die klammen Gänge. Bischof Albanus hatte ihn in seine Privatgemächer bestellt. Das war noch nie vorgekommen und Tallanus hatte keine Ahnung, was der Grund dafür sein mochte. Vielleicht waren ihm endlich seine Erfolge bei der Missionierung der Sachsen aufgefallen? Vielleicht würde er ihn nun zum echten Priester weihen? Doch es war nur ein leises Aufwallen seines alten Ehrgeizes, ohne jede Bitterkeit. Erstaunt hielt er im Laufen inne. Ja, seit er seine Aufgabe unter den Sachsen gefunden hatte und sich Halvor schließlich als Erster seines Volkes taufen ließ, hatte ihn seine alte Sünde kaum noch geplagt. Mit einer seltsamen Wärme im Herzen ging er weiter und erreichte schließlich die Kammer des Bischofs. Ein junger Mann, vielleicht sechzehn oder siebzehn Jahre alt, hielt ihm den schweren Vorhang auf.

Das erste, was Tallanus bemerkte, waren die angenehme Wärme, die ihm entgegen schlug, und der Rauch, der in seinen Augen brannte. Beides ging von einem glühenden Kohlebecken im hinteren Teil des Raums aus. Alle Fenster waren mit dicken Vorhängen verschlossen und neben dem Kohlebecken erhellten lediglich drei Kerzen, die flackernd in kleinen Wandnischen brannten, den Raum. Die Stimmung schien ähnlich düster wie die Umgebung. In der Mitte des Raumes saßen Albanus, Vortimer, sein jüngerer Bruder Cateyrn und auch der alte Barnwr Muirdoch war anwesend. Es wirkte wie ein Tribunal. Erschrocken starrte Tallanus in die ernsten Gesichter. Hatte er sich etwas zuschulden kommen lassen?

»Hast du dein Schreibzeug dabei?«, blaffte Albanus ihn an.

Tallanus zog diensteifrig das Wachstäfelchen und den Stylus aus der Tasche. Innerlich atmete er auf. Dann hatte man ihn also nicht als Schuldigen gerufen.

»Gut. Doch das wirst du nicht sofort brauchen. Erst einmal erzähle, was du auf der Jagd erlebt hast.«

»Auf der Jagd?«, fragte Tallanus verständnislos.

»Ja, als du diesen Übersetzter mit der Heidin erwischtest«, half ihm Vortimer auf die Sprünge.

Tallanus schaute noch immer verständnislos und konnte sich nicht entscheiden, ob er den Stylus wieder in die Tasche stecken oder in der Hand behalten sollte. »Eine Heidin erwischen?«, fragte er lahm.

»Vortimer meint, du sollst noch einmal in aller Ausführlichkeit berichten, wie du diesen Sachsen und unsere Königin«, dabei blickte er kurz missbilligend in Richtung Vortimers, der aber nur trotzig zurückstarrte, »also wie du die beiden nach Rowenas angeblichem Unfall im Wald getroffen hast«, stellte Albanus klar.

Tallanus schluckte. Er begann zu ahnen, welchem Zweck diese nächtliche Zusammenkunft diente. Die Männer bereiteten eine Verschwörung gegen die Königin vor. Aber was sollte er tun? Er schickte ein kurzes Stoßgebet zum Himmel.

Nur die Wahrheit sagen, sagte er sich dann. Es war niemals Unrecht, die Wahrheit zu sagen.

In knappen Worten berichtete er, was er gesehen hatte.

»Und hast du eine Wunde bei ihr entdeckt?«, wollte Muirdoch wissen.

»Natürlich nicht, denn sie war ja gar nicht gestürzt. Nur ihr Kleid war aufgerissen«, unterbrach ihn Vortimer.

»Eine Wunde nicht, aber sie wirkte benommen und die Pferde der beiden waren verschwunden. Für eine geplante Pause hätten sie diese wohl angebunden«, gab Tallanus verärgert zu bedenken. Nur die Wahrheit. Er würde mit seinem Zeugnis keine Vorwände für Vortimers Beschuldigungen liefern.

»Mag sein«, kommentierte der Barnwr. Dann gab er Tallanus einen kleinen Gegenstand. »Erkennst du das?«, wollte er wissen.

»Das ist Ordulfs Kreuz!«, rief Tallanus prompt. »Ihr habt es doch selbst gesehen, als ich euch bewies, dass er schon einiges von der christlichen Lehre verstanden hat. Damals in Londinium, erinnert ihr euch nicht?«

»Doch, ich erinnere mich sehr wohl, auch wenn Vortimer meiner Erinnerung erst auf die Sprünge helfen musste. Du erkennst es also auch?«

»Aber sicher«, nickte Tallanus eifrig.

»Dann erkläre mir doch bitte, wieso Rowena es nach dem vermeintlichen Unfall um ihr hübsches Barbarenhälschen geschlungen hatte, direkt über ihrem Herzen. Und warum sie so verzweifelt danach suchte, als ich einen ihrer Diener bestach, es mir zu bringen«, grinste Vortimer höhnisch. »Du siehst, das ist der Beweis. Sie hintergeht unseren Hochkönig, meinen Vater, mit diesem Wilden, der ihr auf Schritt und Tritt folgt.«

Nun war die Anschuldigung heraus. Tallanus erbleichte über die Unverschämtheit, mit der Vortimer die Fakten so verdrehte, wie sie ihm gerade passten. Und er selbst hatte ihm auch noch in die Hände gespielt.

Schon am nächsten Tag kam der Fall vor Vortigern.

»Ich will so etwas nicht hören«, empörte der sich zunächst, doch als auch Muirdoch und Albanus rieten, er solle seinen Sohn zumindest anhören, ließ er es geschehen und lauschte mit versteinerter Miene.

Vortimer redete sich in Rage, doch Tallanus erschien die ganze Geschichte ziemlich haltlos. Das kleine Bronzekreuz war der einzige Beweis, doch dazu war ihm noch etwas eingefallen. Als Vortimer schließlich geendet hatte, erbat der Geistliche daher das Wort.

»Edler Hochkönig, ich weiß, dass ich als schlichter secretarius in deiner Gegenwart schweigen sollte. Doch war ich es, der Ordulf und Rowena im Wald traf und nichts Verdächtiges dabei fand und ich bin es auch, der die Geschichte dieses Kreuzes kennt. Denn es stimmt zwar, dass Ordulf es eine Zeitlang trug, zur Erinnerung an jemanden, der für ihn sein Leben eingesetzt hat, doch gehörte das Kreuz ursprünglich Ceretic und nicht ihm. Es wäre ein seltsamer Liebesbeweis, das Zeichen eines Freundes weiterzugeben.«

Es herrschte kurz Schweigen und alle sahen Tallanus erstaunt an.

»Wieso hast du mir das gestern nicht gesagt?«, begehrte Albanus auf, doch Vortimer platzte der Kragen.

»Diese Sächsin hat dir die Sinne mit einem heidnischen Zauber verdreht!«, schimpfte er auf seinen Vater ein.

Damit war er zu weit gegangen. Vortigern schlug mit der Faust auf den Tisch.

»Ich verbiete dir, so von meiner Frau zu sprechen. Überhaupt ist alles, was du bisher vorgebracht hast, haltloses Geschwätz und es scheint mir eher deiner Eifersucht zu entspringen. Geh mir aus den Augen, bis ich dich wieder vor mich rufe.«

Die Blicke von Vater und Sohn bohrten sich ineinander. Dann plötzlich drehte sich Vortimer um und verließ abrupt den Thronsaal.

»Ceretic.« Vortigern sagte den Namen wie zu sich selbst. »Es wird Zeit, dass Ceretic wieder auftaucht. Wo treibt sich der faule Hund nur herum? Ich habe ihn zwar angeschrien, aber ihm nicht erlaubt, sich zu entfernen. Du, secretarius, hast doch gerade gesagt, dass du ihn schon lange kennst?«

Tallanus nickte. »Ja, Herr, aber ich weiß nicht …«

»Ich will aber, dass du es weißt«, donnerte Vortigern. »Schaffe ihn mir her und zwar schnell. Sonst werdet ihr es beide bereuen. Ich brauche einen Übersetzer und diesen Sachsen will ich nicht mehr in der Nähe von Rowena dulden. Auch wenn ich nicht glaube, dass mein Täubchen fähig wäre mich zu betrügen, er ist es bestimmt.«

So wurde Ordulf in aller Stille entlassen. Der König wünschte kein weiteres Aufsehen. Der junge Sachse nahm es gefasst. Beinahe schien es Tallanus, als freue sich Ordulf, dem Hof den Rücken zu kehren.

»Achte gut auf Rowena«, forderte er Tallanus auf, als der ihm die Nachricht überbrachte. »Hengist wird es nicht mögen, sie ganz ohne Schutz zu wissen, und sie spricht noch kaum Britannisch.«

»Ich kann der Aufforderung nicht gleich nachkommen, aber ich werde dafür sorgen, dass sie allen Schutz bekommt, den sie braucht. Vortigern will, dass Ceretic deine Stellung einnimmt. Ich soll ihn suchen.«

»Ceretic«, rief Ordulf überrascht. »Na, der wird sich freuen.«

Tallanus wusste sein Lächeln nicht zu deuten. »Ich werde mit dir reiten und mich unter seinen Freunden auf Ruohim umhören, ob jemand von ihm eine Nachricht erhalten hat.«

»Dann lass uns doch in deiner Heimat Regulbium mit den Nachforschungen beginnen. Das liegt ja auf dem Wege.«

Tallanus war, als überzöge bei diesem Vorschlag eine feine Röte Ordulfs Gesicht.

XXII. Einen kühlen Kopf bewahren reicht nicht

Bucht von Corcaigh, Südirland, August 443
Ceretic

Geschlagen waren sie auf die kleine Insel im Mündungsdelta des großen Stromes zurückgekehrt, die ihnen auch in der vorhergehenden Nacht Schutz gewährt hatte.

»Wie ein Hund mit eingezogenem Schwanz sind wir geflohen«, bemerkte Gerolf wenig gefühlvoll. Octha, dem die Bemerkung vor allem galt, sah nicht so aus, als bedürfte er weiterer Schelte, doch der alte Krieger fuhr direkt fort. »Uns bleiben zwei Möglichkeiten. Erstens: Wir besteigen unsere Schiffe und segeln zurück übers Meer nach Britannien.« Hier hielt er inne, um seine Worte wirken zu lassen. »Oder wir zahlen den verdammten Iren heute Nacht heim, was sie uns am Tage angetan haben.«

»Aber wie sollen wir das anstellen? Sie haben den Riesen und …«, warf Ebissa ein, doch Gerolf ließ ihn gar nicht erst ausreden.

»Noch sind sie von ihrem leichten Sieg berauscht und rechnen nicht damit, dass wir uns so rasch erholen.«

»Ja, wir sollten ihnen keine Zeit geben. Sie sollen sich auf den heutigen Tag bloß nichts einbilden«, begehrte auch der junge Olfert auf, dessen draufgängerische Haltung Ceretic schon mehrfach aufgefallen war. Octha warf dem jungen Schiffsführer einen dankbaren Blick zu. Anscheinend keimte neue Hoffnung in ihm.

»Doch wie sollen wir an sie herankommen?«, fragte Ebissa vorsichtig zurück. »Sicherlich beobachten sie die Bucht und wenn sich unsere Schiffe dem Land nähern, bleibt den Iren ausreichend Zeit, sich für den Kampf zu rüsten.«

»Und diese verdammte Sandbank verhindert, dass wir direkt vor ihnen anlanden können«, gab Ceretic zu bedenken.

Gerolf rollte die Augen. »Wir fassen sie von mehren Seiten. Wir laufen noch vor der Dämmerung aus, gerade so, als wollten wir fliehen. Dann setzen wir einen Teil der Krieger auf jeder Seite der Bucht an Land. Die Männer hier rechts marschieren im Schutze der Dunkelheit bis hinter das feindliche Lager, die Männer auf der linken Seite durchschwimmen den Fluss und greifen von ihrer Seite an. Und der letzte Teil schließlich bleibt auf den Schiffen. Wir kehren in die Bucht zurück und verstecken uns hinter den Inseln. Sobald wir den Lärm des Angriffs vernehmen, rudern die Schiffe an beiden Seiten der Sandbank vorbei und treiben die Iren direkt unseren Männern an Land in die Arme.«

Ceretic hatte sich der Gruppe angeschlossen, die den Fluss durchschwimmen sollte. Von Octha hatte er sich einen Schild und eines der kurzen einschneidigen Schwerter erbeten. Ein Dolch im Gürtel und ein Topf voll Schweinefett vervollständigte seine Ausrüstung. Das Fett hatten sie von den am Nachmittag in aller Eile geschlachteten Beutetieren gewonnen. Es sollte ihn und die übrigen Männer bei der Flussdurchquerung wärmen. Ceretic vermisste sein gutes römisches Schwert, das immer noch in Kernow unter der riesigen Ulme vergraben lag.

Mühsam arbeiteten sie sich durch das Unterholz am Ufer der Bucht. Am breiten Strand würden sie rascher vorankommen, doch die Gefahr, von den Iren entdeckt zu werden, war einfach zu groß. Gerade war die Sonne im Westen versunken und Ceretic schätzte, dass sie die Hälfte der Strecke bis zur Einmündung des Flusses in den großen Naturhafen bereits hinter sich gebracht hatten. Bis zum Aufgang des Mondes, das war ihr verabredetes Angriffssignal, würde es noch gute zwei Stunden dauern. Doch bereits lange davor erreichten sie den schnell strömenden Fluss. Auf ein Zeichen ihres Anführers, ein junger Keydinger Schiffsführer, hielten die Männer im Schutze des dichten Unterholzes.

Vor ihnen, gerade auf der anderen Seite des breiten Stroms, ragten die Palisaden des irischen Dorfes in den dunkelblauen Nachthimmel. Dahinter glommen bereits die Kochfeuer des feindlichen Heerlagers.

»Lasst uns noch ein Stück flussaufwärts schleichen, bevor wir rüberschwimmen«, flüsterte ihr Anführer heiser.

Zu ihrer Gruppe gehörten die besten Schwimmer des gesamten Sachsenheeres. Allesamt nur leicht bewaffnet mit Schild und Schwert oder Sax. Die Überraschung würde ihre beste Waffe und ihr bester Schutz sein. Vorsichtig zogen sie sich wieder vom Ufer zurück und schlichen flussaufwärts.

Endlich – die Dunkelheit hatte nun voll eingesetzt und lediglich einige wenige Sterne beschienen ihre schweigsame Schar – gab der Anführer ein Zeichen.

»Legt die Kleider ab und schmiert euch mit dem Fett ein. Ich will nicht, dass ihr drüben steif gefroren und ausgekühlt ankommt«, zischte er seinen Männern zu.

Widerwillig langten die Krieger in die Fettnäpfe und verteilten die klebrige, teils noch blutige Masse auf ihren nackten Körpern. Das wilde Aussehen führte zu einiger Heiterkeit und ohne ein scharfes »Ruhe« seitens des Anführers wären einige Sachsen sogar in lautes Lachen ausgebrochen. Auch Ceretic rieb sich dick mit dem Fett ein. Es war ein widerlich klebriges Gefühl, aber sobald er den ersten Schritt in den dunklen Fluss machte, bereute er bereits, die schützende Masse nicht noch dicker aufgetragen zu haben.

»Zusammenbleiben«, zischte der Keydinger. »Wir halten auf den Busch dort vorn zu.« Er zeigte auf einen einsamen Baum, der sich am gegenüberliegenden Ufer von dem dunklen Nachthimmel abhob.

Ceretic glitt vollständig ins Wasser, doch trotz des sommerlichen Wetters am Tage, blieb ihm vor Kälte fast der Atem weg. Rasch tat er einige kräftige Züge und erst als sich seine Muskeln unter der Anstrengung erwärmten, wich langsam das lähmende Gefühl der Kälte. Den Schild hatte er sich auf den Rücken gebunden und Sax und Dolch im Gürtel verstaut. Ansonsten war er, abgesehen von der Fettschicht, nackt. So könnte man sie fast mit den wilden Pikten verwechseln. Ceretic hoffte inständig, dass die übrigen Sachsen sie dennoch an ihren bunt bemalten, runden Schilden erkennen würden.

Plötzlich merkte er, dass ihr Zielpunkt am gegenüberliegenden Ufer nicht mehr klar zu erkennen war. Besorgt sah er sich um, doch er entdeckte keinen seiner sächsischen Kameraden. Kurz überlegte er, ob er rufen sollte, doch dann verwarf er diesen Gedanken verärgert. Die Wachtposten der Iren könnten ihn ebenso gut hören wie seine Kameraden.

Während er noch nachdachte, wie er die Sachsen wiederfinden könnte, sah er das Ufer vor sich mit erstaunlicher Geschwindigkeit vorbeitreiben. Die Strömung, fiel ihm ein. Die Ebbe musste wieder eingesetzt haben und sog nun das Wasser aus dem Fluss. Er war von seinem Ziel und seinen Gefährten abgetrieben, wie ein Hund der kaum schwimmen konnte. Ausgerechnet ihm als erfahrenem Fischer war so eine Dummheit unterlaufen. Sollte er umkehren? Doch würde man ihn dann nicht für einen verdammten Feigling halten? Entschlossen setzte er sich wieder in Bewegung und teilte mit den Armen die Wellen. Bald schon näherte er sich dem gegenüberliegenden Ufer. Nicht die Stelle, die sie verabredet hatten, sondern ein ganzes Stück stromab. Hinter dem hohen Ufer konnte er in einiger Entfernung die Palisaden des Dorfes erkennen. Er würde eben am Ufer wieder nach Norden zu seinen Kameraden laufen müssen.

Endlich berührten seine Füße weichen Schlick. Ceretic krallte sich mit den Zehen darin fest und atmete tief durch. Vor ihm wuchsen Schilf und Rohr so dicht, dass er nicht erkennen konnte, was dahinter lag. Langsam schob er sich, nur den Kopf über Wasser, bis dicht ans Schilf heran. Dann wagte er es, sich zu erheben. Leise nahm er den Schild vom Rücken und griff mit der Rechten den Sax. Dann drang er mit größter Vorsicht in das Schilf ein. Ihm erschien das Rascheln und Knacken der Halme unnatürlich laut, doch er hoffte, dass das nur ein Produkt seiner überreizten Fantasie war.

Er erreichte das Ende des Schilfgürtels. Vor ihm machte das Ufer einen kleinen Absatz und dahinter erstreckte sich das Weideland des Dorfes. Da sah er aus dem Augenwinkel rechts vor sich eine Bewegung.

»Wer da?«, rief eine tiefe Stimme im dicken Dialekt der Iren.

»Was hast du denn?«, fiel eine weibliche Stimme ein.

»Da war etwas«, grollte wieder die tiefe Stimme.

Ceretic fuhr herum und fast wäre ihm das Blut in den Adern gefroren. Vielleicht zwanzig Schritte rechts von ihm erhoben sich zwei Gestalten. Das allein wäre bereits schlimm genug gewesen, wenn nicht die eine der Gestalten die andere um mindestens drei Haupteslängen überragt hätte. Druluc der Drachenkrieger! Blankes Entsetzten durchzuckte Ceretic wie ein Blitz.

Herr im Himmel, wieso von allen Iren ausgerechnet der?, fragte er sich. Er musste handeln und zwar schnell. Wenn ich eine Chance habe, dann die Überraschung, dachte er sich. Trotz der Angst, die ihm die Kehle zuschnürte, sprang Ceretic mit rasendem Herzen vor.

»Dich habe ich überall gesucht. Willst du immer noch deinen Zweikampf? Dann komm her«, presste er heraus und rannte mit zum Stoß erhobenen Sax auf den Riesen zu.

Der war tatsächlich so überrascht, dass er vergaß, Alarm zu geben. Doch noch bevor Ceretic ihn erreichte, fasste er sich. Er knickte in der Hüfte ein und hob die Arme. Ceretic wollte ihm die Arme mit dem vorgestreckten Schild wegschlagen und dem Drachenkrieger den Sax in die ungeschützte Seite rammen, doch als er sich mit der gesamten Wucht seines Angriffs gegen den Riesen warf, krachte er selbst nur gegen die Innenseite seines

Schildes. Der Hüne hatte seinen Ansturm mit den ausgestreckten Armen abgefangen und war selbst keine Handbreit gewichen.

Benommen rappelte sich Ceretic wieder auf, da schloss sich bereits eine Pranke des Drachenkriegers um sein rechtes Handgelenk und riss ihn herum, wie eine Spindel beim Flachsspinnen. Der zweite Arm des Riesen legte sich um ihn und umfasste seinen Brustkorb. Schild und Sax lagen am Boden, doch es sah so aus, als würde Ceretic nun noch weit Wichtigeres verlieren. Der Druck war ungeheuerlich, der Riese wollte ihn offensichtlich mit der bloßen Kraft seiner Arme zerquetschen. Die Luft entwich aus Ceretics Lungen, als sei sein Körper ein weicher Hornschwamm, wie ihn die Flut oft an die Küste warf.

Der Drache mochte ein noch so geübter Kämpfer und Ringer sein, doch mit einem hatte er nicht gerechnet: Das Schweinefett auf Ceretics Körper ließ seinen Griff abrutschen und Ceretic bekam einen Augenblick seine linke Hand frei. Er suchte und fand den Dolch am Gürtel. Mit aller Kraft stieß er das kalte Eisen hinter sich, dahin, wo er den Bauch seines Gegners vermutete. Ein qualvoller Schrei verriet ihm, dass er getroffen hatte, aber der Druck auf seinen Brustkorb nahm noch zu. Ceretic pfiff es in den Ohren und die Welt vor ihm begann zu verschwimmen. Als er gerade meinte, das Bewusstsein zu verlieren, verschwand der Druck unvermittelt und Ceretic stürzte mit seinem Gegner zu Boden. Es dauerte eine Weile, bis er wieder so weit bei sich war, dass er den riesigen, aber schlaffen Arm von sich schieben und sich schwer atmend auf die Seite rollen konnte. Einen Augenblick später setzte die Erinnerung ein und Ceretic richtete sich abrupt auf.

Vor ihm lag der Drachenkrieger auf der Erde. Tot. Einige Schritte weiter stand eine junge Frau und starrte ihn mit offenem Mund an. Dann löste sie sich aus ihrem Schrecken und lief schreiend davon. Ceretic hörte, wie sich ihre Schritte rasch in Richtung des Dorfes entfernten. Er war nicht in der Lage, ihr nachzulaufen.

Keuchend rang er nach Luft, während das Geschrei der Frau sicherlich auch den letzten Iren weckte.

»Er hat Druluc getötet«, hörte er sie jammern. Die Überraschung war hin.

Ceretic beugte sich zu dem toten Gegner hinunter. Er sollte seinen Kopf mitnehmen, als Beweis dafür, dass er, Ceretic ap Ruohim, den Drachenkrieger gefällt hatte. Doch was sollte er mit dem Kopf in der kommenden Schlacht? Er konnte den riesigen Schädel unmöglich tragen und gleichzeitig kämpfen. Langsam sammelte er seine Waffen ein und kniete sich neben die Leiche seines Gegners. Aus dem Mund ragte tatsächlich eine gespaltene Zunge, nun seltsam bleich und trocken.

Da ertönte etwas nördlich von ihm wildes Geheul und auch von jenseits des Lagers antwortete lautes Kriegsgeschrei. Als Ceretic aufsah, erkannte er am Himmel die schmale Sichel des silbernen Mondes. Der Angriff der Sachsen hatte begonnen. Rasch richtete er sich auf, packte fest Schild und Sax und folgte dem Geheul seiner Kameraden.

Entgegen Ceretics Befürchtungen war der Überraschungsangriff ein voller Erfolg. Bald bildete er sich ein, dass die Nachricht vom Tode des Drachenkriegers die Iren zusätzlich demoralisiert hatte. Doch wie auch immer es zugegangen war, der Sieg gehörte den Sachsen. Das Lager der Feinde und das nahe Dorf wurden von ihrem Angriff überrannt. Wer von den Iren, egal ob Krieger, Dorfbewohner oder Greis, nicht rechtzeitig das Weite suchte, wurde von den erbitterten Sachsen erschlagen. Einzig die Frauen und Kinder trieben die unerbittlichen Piraten in den Ruinen des ehemaligen Lagers zusammen, um sie in die Sklaverei zu schleppen.

Die Sonne war gerade über den östlichen Horizont gestiegen und erhellte die grausige Walstatt, als Ceretic im Zentrum des geplünderten Dorfes auf Octha, Gerolf und etliche weitere Anführer traf. Stolz drängte er sich zu ihnen durch.

»Ceretic«, empfing ihn Octha freundlich. Die Verzweiflung vom Vortag war verschwunden und der junge Mann stand hoch aufgerichtet und blickte stolz wie sein Vater. »Ich habe bereits vernommen, dass du im Fluss verloren gingst, aber dann bist du doch noch rechtzeitig aufgetaucht um uns zu helfen, die Feinde zu erschlagen. Meine Anerkennung und mein Dank dafür.«

»Ich bin zwar im Fluss verschwunden, aber nur, um noch etwas zu erledigen. Wenn du am Ufer des Flusses, ein wenig weiter nördlich als das Dorf hier, nachschauen lässt, wirst du etwas Erstaunliches finden«, grinste Ceretic selbstzufrieden. So konnte er auch gleich seine Unachtsamkeit beim Durchschwimmen des Stromes erklären.

Octha sah ihn verwundert an. »Was denn? Was gibt es dort?«, wollte er wissen.

»Dort liegt die Leiche des Drachenkriegers Druluc!«, triumphierte Ceretic.

Octha zog die Stirn kraus. »Ja, gut, dass du ihn gefunden hast. Irgendwo muss er ja liegen. Auch wenn uns das Olfert sicherlich hätte sagen können.«

»Wieso denn Olfert?«, fragte Ceretic erstaunt.

»Na, weil er ihn erschlagen hat«, erklärte Octha.

Ceretic war zunächst zu erstaunt, um etwas zu antworten. »Olfert soll den Riesen erschlagen haben?«, fragte er schließlich ungläubig.

»Ja, im Kampf Mann gegen Mann«, antwortete Octha.

Ceretic lief rot an. »Das ist nicht wahr, ich selbst habe ihn gefällt. Und als ich von ihm ging, war kein Leben mehr in ihm«, behauptete er.

Die Falten auf Octhas Stirn vertieften sich. Auf einmal war es um die beiden herum mucksmäuschenstill geworden. »Wir alle schätzen dich als Ratgeber und großen Krieger, Ceretic«, mischte sich nun Gerolf ein. »Aber du musst jemand anderen für den Riesen gehalten haben. Im Dunkeln und in der Aufregung der Schlacht kann das mal passieren …«

»Ich weiß sehr wohl, was ich getan habe«, fuhr ihn Ceretic erbost an. »Und ich kann einen Riesen von einem gewöhnlichen Iren unterscheiden.«

»Aber Olfert hat ihn erschlagen. Er hat mir seinen Kopf gebracht«, beharrte Octha irritiert.

»Na, dann lasst ihn mal sehen, den Kopf des Riesen«, forderte Ceretic wütend.

»Olfert!«, rief Octha laut. »Ihr da, bringt Olfert her, am besten mit seiner Trophäe«, wies er zwei Krieger an, die dabeistanden und das Schauspiel interessiert verfolgten.

Ceretic, Octha und die übrigen Sachsen verharrten in eisigem Schweigen, bis der Gesuchte erschien. Es war Ceretic, als werfe er ihm einen spöttischen Blick zu, doch bevor er etwas sagen konnte, wandte sich Olfert an Octha. »Du hast mich rufen lassen, Herr?« Vor sich trug er ein Tuch mit einem großen runden Gegenstand darin. Es fiel Ceretic nicht schwer zu erraten, worum es sich handelte.

Octha nickte. »Danke, dass du gleich erschienen bist. Du und deine Männer habt euch sehr tapfer geschlagen.«

Ceretic wusste, dass Olferts Schiff die Sandbank in der Nacht auf der Seite umrundet hatte, die der Flussmündung zugewandt war. Vermutlich war er dann an Land auf die Leiche des Riesen gestoßen.

»Leider gibt es hier einige Verwirrung, denn unser britannischer Freund glaubt, den Drachenmann selbst erschlagen zu haben. Ich bitte dich, nimm es ihm nicht übel, er hat heute Nacht tapfer gestritten.«

Das überhebliche Grinsen, mit dem Olfert ihn ansah, war fast zu viel für Ceretic. Mühsam beherrschte er sich und holte tief Luft.

»Zeig dem Britannier den Kopf, damit er sieht, dass er sich geirrt hat.«

Mit einer großspurigen Geste schlug Olfert nun das Tuch zurück und Ceretic starrte in die gebrochenen Augen des Drachenkriegers. Keine Frage, es handelte sich um Druluc. Einen Augenblick schwiegen alle betroffen.

Dann wandte sich Octha begütigend an Ceretic. »Siehst du nun selbst? Du musst dich geirrt haben.«

In Ceretic war die heiße Wut inzwischen einem weißen Glühen gewichen. Er lächelte kalt. »Tatsächlich, das ist er. Der Drachenmann Druluc.« Zufrieden nickte ihm Olfert zu. »Aber ich habe gehört, er habe eine gespaltene Zunge. Darf ich die wohl mal sehen?«

Olfert seufzte. Dann reichte er Octha das Tuch mit dem Kopf. »Wenn du ihn kurz halten würdest?« Er versuchte den Kiefer zu öffnen, doch die Totenstarre hielt diesen inzwischen fest im Griff.

»Nimm meinen Dolch, damit du den Kiefer aufhebeln kannst«, schlug Ceretic freundlich vor.

Olfert grunzte. »Muss das sein?«

Die Sachsen drängten sich inzwischen neugierig um sie.

»Ja, lass uns die Drachenzunge sehen«, forderte Gerolf.

Olfert zuckte die Achseln, nahm das dargebotene Messer und schob es zwischen die Zähne des Toten. Als sich der Mund schließlich öffnete, sah er erstaunt auf den Stumpf der Zunge. »Er muss sich im Todeskampf die Zunge abgebissen haben!«, stotterte er verwirrt. Als er aufsah, wich jede Farbe aus seinem Gesicht.

Zwischen Daumen und Zeigefinger hielt ihm Ceretic die abgeschnittene Spitze der Zunge entgegen. »Nachdem ich ihn erschlagen hatte, habe ich ihm das hier abgenommen, weil ich mit dem Kopf unterm Arm wohl kaum in die Schlacht ziehen konnte. Aber dann muss der Riese wohl wiederauferstanden sein, damit du ihn noch einmal erschlagen konntest.«

Einen Augenblick herrschte Schweigen, dann brachen die versammelten Sachsen in schallendes Gelächter aus. Lediglich Octha blickte den immer noch bleichen Olfert finster an.

»Ich glaube, du solltest dich bei Ceretic entschuldigen.« Dann wandte er sich an die inzwischen zahlreichen Gaffer. »Dieser zugegebenermaßen ziemlich schlechte Scherz sollte uns nicht den Sieg vermiesen. Du, Olfert, gibst ihm den Goldring und dann wird gefeiert!«

XXIII. Zu guter Letzt

Durovernum, September 443
Ordulf

Schon am Tage nach Ordulfs Entlassung ritt er neben Tallanus auf der alten Römerstraße aus dem Stadttor von Durovernum in Richtung Regulbium. Ordulf hatte keine Möglichkeit bekommen, sich von Rowena zu verabschieden, doch insgeheim war er froh, endlich wieder seine eigenen Wege gehen zu können. Er rang mit sich, ob er Álainn besuchen sollte oder nicht. Doch schließlich entschied er sich dagegen. Das gäbe ihr nur eine Gelegenheit, ihr Versprechen zurückzunehmen, bevor er endlich mit eigenem Land aufwarten konnte.

»Lass uns doch lieber gleich nach Ypwinesfleet übersetzen. Hengist soll nicht durch Gerüchte hören, was seiner Tochter geschehen ist«, rief er Tallanus zu, als die verwitterten Mauern des Forts von Regulbium vor ihnen auftauchten.

Tallanus nickte. »Ich wüsste ohnehin nicht, wen ich in Regulbium nach Ceretic befragen könnte. Er stammt aus Ruohim, nicht von dieser Seite des Wantsum.«

Sie trieben ihre Pferde zur Anlegestelle der Fähre hinunter. Hengist hatte inzwischen dafür gesorgt, dass man zu jeder Zeit über den Sund nach Thanet gelangen konnte.

Eine gute Stunde später hielten ihre Pferde vor Hengists großer Halle in Ypwinesfleet. Hilfreiche Hände griffen nach den Zügeln und Ordulf betrat zusammen mit Tallanus den dunklen Raum. Eine Anzahl von Kriegern saß bei Trunk und Spiel an den Bänken.

Zu viele Krieger für eine einzige Halle, dachte Ordulf. Zuviel Müßiggang. Da entdeckte er Hengist selbst.

»Wieso bist du schon wieder hier?«, rief der erstaunt, als er seinen Thanen erkannte. »Ich hoffe, meine Tochter hat dich nicht fortgejagt?«

Ordulf hörte die Sorge hinter spöttischen Worten. Er atmete tief durch. Bei all den Gedanken an Álainn hatte er vergessen, sich die richtigen Worte zurechtzulegen. Wie sollte er Hengist die schlechten Nachrichten beibringen? Er schluckte und nahm all seinen Mut zusammen. Es würde nicht leichter werden, wenn er länger wartete.

»Rowena geht es gut, aber ich bin bei Vortigern in Ungnade gefallen, oder vielmehr bei seinem Sohn.«

Auf Hengists Stirn zeigte sich eine erste Falte. »Was ist geschehen?«, fragte er barsch.

»Vortimer, der uns Sachsen nie wohlgesonnen war, behauptete, ich hätte deiner Tochter nachgestellt.« Ordulf sah die Wut in Hengist aufsteigen und hob beschwichtigend die Hände. »Das ist natürlich völliger Unsinn. Tallanus hier kann das bestätigen.« Er sah den jungen Diakon hilfesuchend an.

»Ordulf hat recht«, bestätigte der rasch. »Vortimer stichelt stets gegen dich, da er deinen Kriegsruhm neidet.« Ordulf erkannte bewundernd, wie geschickt Tallanus es verstand, Hengist bei seinem Stolz zu packen. »Auch König Vortigern glaubt nicht an die Vorwürfe, sonst hätte Ordulf nicht überlebt. Aber er will weiteren Gerüchten vorbeugen. Es ist leider so, dass bei Hofe nicht alle mit eurer Ernennung zum Herren von Cantium einverstanden waren …«

»Und was hat das mit meiner Tochter zu tun?«, donnerte Hengist. »Wenn ihr wegen deiner Dummheit auch nur ein Haar gekrümmt wird, Ordulf, dann reiß ich dir den Kopf ab! Verschwinde aus meinen Augen!«

Ordulf erbleichte, er hatte doch gar nichts Unrechtes getan. Und was war mit seinem Land?

Hengists Miene verriet mehr als seine Worte. Der Lärm der spielenden Krieger war verstummt und Ordulf rauschte das Blut in den Ohren, während die Adern an Hengists Hals fingerdick hervortraten. Ordulf verbeugte sich knapp, machte kehrt und lief hinaus. Die Augenpaare mehrerer Dutzend Krieger folgten ihm.

Wie ein Hund werde ich vor die Tür gejagt, dachte er wütend. Hengist hat mich in aller Öffentlichkeit gedemütigt. Alles nur, weil ich mich um seine Tochter gekümmert habe, anstatt nach Irland zu fahren.

Während Ordulf sich auf die Suche nach der eigenen Mannschaft machte, steigerte sich seine Wut noch weiter. Schließlich fand er Arfst, den treuen Steuermann.

»Herr Ordulf! Wie kommst du denn hierher? Wir haben erst im Frühjahr mit dir gerechnet«, rief er erstaunt und erfreut zugleich.

»Thunær soll mich strafen, wenn ich noch bis zum Frühjahr bei diesem ungerechten, kleinlichen Herrn in diesem dreckigen, engen Kaff bleibe«, schimpfte Ordulf.

»Was ist denn geschehen? Setz dich erst einmal. Redbad, hol unserem Skipper einen Becher Bier. Er kann es gebrauchen.« Widerwillig ließ sich Ordulf von Arfst auf die Bank drücken. »Jetzt kühl dir erst einmal den Kopf mit einem Schluck. Sonst bereust du später, was du gesagt hast.«

Das kühle Bier hatte tatsächlich einen beruhigenden Einfluss auf Ordulfs Gemüt. »Ich bin am Hofe Vortigerns einer Intrige gegen Rowena zum Opfer gefallen.«

»Aber du bist noch heil in einem Stück und die Tochter von Herrn Hengist hoffentlich auch?« Arfst sah ihn zweifelnd von der Seite an und Ordulf musste schmunzeln. Er hatte bereits mitbekommen, dass Arfst sich sehr zum anderen Geschlecht hingezogen fühlte und hier in Ypwinesfleet wohl nicht gerade wie einer der Einsiedler lebte.

»Ja, die auch. Und nein, es war wirklich ausschließlich eine Intrige. Mich verbindet mit Rowena nicht mehr, als schicklich ist. Der Diakon Tallanus hat am Ende alles zum Guten gewendet. Wo ist er eigentlich?« Ordulf sah sich suchend um. Seitdem er wutentbrannt aus Hengists Halle gestürmt war, hatte er ihn nicht mehr gesehen. Er schüttelte müde den Kopf. »Nur dass Hengist mir die Schuld an dem ganzen Ärger gibt. Er hat mich vor den Augen aller Männer aus seiner Halle geworfen.«

Arfst wiegte bedenklich sein Haupt. »Der macht sich natürlich Sorgen um seine Tochter oder mehr noch um seine Stellung beim Hochkönig.«

»Um seine Tochter. Es gibt wenige Menschen, die mein Bruder wirklich liebt«, erklang da hinter ihnen eine neue Stimme.

Ordulf und Arfst fuhren herum. Horsa stand in der Tür. Während sich Ordulf erhob, schossen ihm eine ganze Reihe von Gedanken durch den Kopf: Was hatte das zu bedeuten? Noch mehr schlechte Nachrichten oder ließ Hengist ihn vielleicht zurückrufen? Und was bei Thunær hatte er gerade gesagt? Irgendetwas, woran Horsa Anstoß nehmen würde?

»Setzt euch.« Horsa winkte müde. »Und bringt mir auch so einen Krug.« Dabei nickte er in Richtung des Bierhumpens vor Ordulf.

Hinter ihm drängten sich Tallanus und Horsas Sohn Ebissa durch die Tür. Ordulf fühlte eine warme Zuneigung zu dem kleinen Britannier. Er war es also, der Horsa über die Ereignisse informiert hatte.

»Hengist liebt seine Kinder«, bekräftigte Horsa nochmals. »Und welcher vernünftige Mann tut das nicht?« Er legte seinem herzugetretenen Sohn die Hand auf die Schulter. Dem war es offenbar peinlich, denn er errötete über das ganze Gesicht, hielt aber still. »Daher bitte ich dich, Ordulf, meinem Bruder die harschen Worte nicht übel zu nehmen.«

Ordulf hielt die Luft an. Horsa hatte »bitte« gesagt und sein Blick verriet, dass er seine Worte ganz bewusst wählte. Er atmete tief durch.

»Du hast das gleiche Temperament und auch ähnliche Begabungen wie Hengist«, fuhr Horsa fort. »Ihr seid aus einem Holz geschnitzt. Groß, stark, stolz und schnell im Handeln. Damit kann man ein Königreich gewinnen. Aber manchmal braucht es auch Männer wie den weisen Tallanus hier oder vielleicht mich selbst«, dabei schmunzelte er selbstironisch, »die dafür Sorge tragen, dass sich die Eroberer nicht gegenseitig an die Gurgel gehen und die Reiche auch Bestand haben.«

Endlich kam Redbad mit mehr Bier zurück und Horsa griff mit einem dankbaren Nicken zu.

»Ich glaube, es wäre das Beste, wenn du anfängst dein eigenes Land zu bestellen und …« Beschwichtigend hob er die Hand, als er sah, wie Ordulf zu einer Erwiderung ansetzte. »Ich weiß, dass euer Land in Dithmarschen untergegangen ist und es tut mir sehr leid. Aber ich meine auch nicht das Land in der alten Heimat.« Ordulf sah in überrascht an, während Horsa einen weiteren tiefen Zug Bier nahm. »Ich meine, du solltest hier in Cantium einen eigenen Hof aufbauen und eine Familie gründen. Dann lernst du Hengist verstehen und verschwindest nebenbei eine Weile aus seinen Augen und den Augen Riklefs und seiner Blutsverwandten. Denn obwohl er erstaunlicherweise überlebt hat, nehmen sie dir die Geschichte noch mächtig übel. Wir Sachsen können ohnehin nicht für alle Zeiten in Ypwinesfleet aufeinander hocken. Ich möchte dir also vorschlagen, dass du einen Hof im Süden von Cantuguoralen, nahe bei Portus Dubrae, übernimmst. Ein Mann hat sich wegen Erbstreitigkeiten mit seinem älteren Bruder an Hengist gewandt. Er ist im Unrecht, denn sein Bruder ist und bleibt der Ältere. Aber der hat sich an den alten Gwyrangon gewandt und deshalb soll er auch mit ihm verschwinden. Du sollst den Grund und Boden, das Vieh und auch die Herrschaft über das nahegelegene Dorf übernehmen. Mir ist berichtet worden, dass es gutes, fruchtbares Weideland ist. Hoch über See und sicher vor jeder Sturmflut. Wenn du dort mit Northræniwind Pferde züchtest, wie es deine Familie in Dithmarschen seit eh und je getan hat, dann wird sich Hengist dir bald wieder dankbar zuwenden. Wir Sachsen brauchen schließlich unsere eigenen Pferde.«

Ordulf war erstaunt. So erfüllte sich sein sehnlichster Wunsch noch bevor er ihn geäußert hatte. »Ich will tun, was du gesagt hast. Danke, dass du zu mir gekommen bist. Du bist ein weiser Häuptling«, stammelte er.

Horsa grinste breit. »Dann wäre das ja geklärt. Und nun erzähl mir noch einmal der Reihe nach, was sich in Durovernum eigentlich zugetragen hat.«

Ordulf erzählte von seiner Rückkehr nach Durovernum, von der Jagd und von seiner Entlassung. Tallanus fügte seinerseits hinzu, was ihm hilfreich erschien.

»Und so bin ich nun ausgeschickt, unseren vermissten Ceretic zu suchen«, schloss er seinen Bericht.

Da lachte Ebissa plötzlich schallend und auch Horsa schmunzelte wieder.

»Was ist los? Was soll denn daran so komisch sein?«, fragte Tallanus verwundert.

»Nichts, nichts«, beschwichtigte ihn Ebissa. »Es ist nur, dass Ceretic vor einer Woche zusammen mit uns aus Irland heimgekehrt ist.«

Ende

Historische Anmerkungen

Historische Quellen über das 5. Jahrhundert sind spärlich. In dieser Zeit gab es in Sachsen keine Geschichtsschreiber beziehungsweise praktisch überhaupt keinen Schriftkundigen. In Britannien hingegen verdunkelte das heraufziehende Mittelalter, insbesondere die in diesem Roman beschriebene Ankunft der Sachsen und die Raubzüge der Pikten, Iren und Scoten, die schriftstellerische Tradition der römischen Spätantike. Es ist davon auszugehen, dass viele Texte zudem in den folgenden Jahrhunderten verloren gingen oder vernichtet wurden. Die am nächsten am Geschehen liegende Quelle ist das Werk »De Excidio Britonum« (Der Untergang Britanniens) des Mönches Gildas – auch Gildas der Weise genannt – welches in die Mitte des 6. Jahrhundert datiert wird. Darin beschreibt der Autor die vermutlich um das Jahr 450 herum zu datierende Ankunft der ersten drei sächsischen Schiffe.

Nennius wird in seiner »Historia Brittonum« aus dem 8. Jahrhundert expliziter und überliefert erstmals die Namen der sächsischen Anführer: Hengist und Horsa. Selbstverständlich besteht unter Historikern keine Einigkeit, ob diese Helden wirklich existiert haben. Weiterhin ist die genaue Herkunft der ersten germanischen Einwanderer in England nicht sicher geklärt. Die gesamte Nordseeküste, von der Spitze Jütlands bis weit nach Friesland hinein, wird als möglicher Ursprungsort diskutiert. Da in den Quellen allerdings meist von »saxones«, also Sachsen, die Rede ist, habe ich deren Stammgebiet im heutigen Dithmarschen und im Elbe-Weser-Dreieck als wahrscheinlichen Ursprungsort angenommen.

Doch zurück zu Nennius. Neben den Namen der Heerführer liefert er noch eine Fülle an weiteren Details, wie den Namen des

Königs, der die Sachsen zu Hilfe rief: Vortigern. Oder den Ort der ersten sächsischen Siedlung auf britannischem Boden. Auch die Episode um Hengists Tochter Rowena wird von Nennius detailliert beschrieben. Gemäß Nennius lässt der, anlässlich eines von Hengist ausgerichteten Gelages, betrunkene König seinen Übersetzer Ceretic um die Hand Rowenas anhalten. Der Brautpreis ist das Land Kent, welches ohne Wissen des eigentlichen Königs (Gwyrangon) dem Sachsen versprochen wird. Hengist holt im Folgenden seinen Sohn und Neffen mit weiteren Kriegern ins Land.

Weitere Anmerkungen kommen von Beda Venerabilis, einem gelehrten Abt, der im späten 7. und Anfang des 8. Jahrhunderts wirkte und schrieb.

Auf sächsischer Seite beschreibt die Angelsächsische Chronik, die auf den Beginn des 9. Jahrhunderts datiert wird, ebenfalls die Ankunft Hengists und seiner Männer in dem dort »Ypwinesfleot« genannten Ort an der britannischen Küste. Vortigern lässt seine Verbündeten zuerst gegen die Pikten kämpfen, wo sie »den Sieg errangen, wohin sie sich auch wandten«.

Im altsächsischen Stammgebiet, dem heutigen Norddeutschland, ist Adam von Bremen einer der ersten Autoren (Hamburgische Kirchengeschichte, datiert von 1076), der die Geschehnisse indirekt erwähnt. Zu seiner Zeit erklärte man sich die Anwesenheit von Sachsen beiderseits der Nordsee jedoch bereits verkehrt herum: Adam berichtet, die Sachsen hätten, getrieben von Not und auf der Suche nach neuen Siedlungsplätzen, das Land der Angeln (England) verlassen und eine neue Heimat im heutigen Norddeutschland gefunden.

Neben diesen mehr oder weniger historischen Werken fanden keltische und germanische Sagen und Lieder, deren Ursprünge in jener Vorzeit liegen mögen, Eingang in den Roman, und gaben den oft grauen Quellen Leben und Farbe. Dem geneigten Leser werden Parallelen zum Stoff von »Sigrun und Helgi« und insbesondere »Tristan und Isolde« aufgefallen sein, der sich im Mittelalter unter sächsischen Adligen außerordentlicher Beliebtheit erfreute. Ein etwa 1500 Jahre alter Stein mit der Inschrift »Drystanus hic iacet« (Drystanus liegt hier) aus dem heutigen Cornwall wird von vielen Gelehrten mit der Legende in Verbindung gebracht. Weiterhin liefert die frühe angelsächsische Dichtung einige Beiträge. Das sogenannte »Finnsburgh Fragment« beschreibt eine Episode, in der ein Hengist genannter Unterführer seinen Herrn, den Dänenkönigs Hnæf, an einem Friesenhäuptling namens Finn rächt. Das Gedicht in diesem Roman ist eine freie Nachdichtung des Stoffes, welche sich an der Form altsächsischer Heldengedichte anlehnt. Ob der Hengist des Finnsburgh Fragmentes mit dem Hengist bei Nennius und Beda identisch ist, wie es unter anderem J.R.R. Tolkien postulierte, darüber besteht unter Gelehrten ebenfalls keine Einigkeit. Weitere Gedichte und Rätsel-Reime in dem Roman lehnen sich an Werke aus dem sogenannten Exeter-Buch, einer Sammlung von angelsächsischen Texten aus dem 8. Jahrhundert, an.

Schließlich lieferte die unermüdliche Arbeit der Archäologen viele weitere Hinweise: Eine sächsische Marschensiedlung wurde im Landkreis Cuxhaven ausgegraben (Feddersen-Wierde). Die Bewohner verschwanden im 5. Jahrhundert, vermutlich wegen eines leichten Anstieges des Meeresspiegels. Es ist sehr wahrscheinlich, dass sie nach England auswanderten.

Die Schiffe und Waffen der damaligen Zeit kennen wir aus Funden wie denen im Nydam-Moor oder in Sutton Hoo. Wobei ich anmerken muss, dass sich bisher kein archäologischer Beweis fand, dass die Sachsen damals bereits Segel nutzten. Der flache Kiel ihrer Boote erschwerte sicherlich zumindest ein kreuzen am Wind – allerdings erwähnt Gildas im Zusammenhang mit der Ankunft der Sachsen in Britannien ausdrücklich günstige Winde und in altsächsischen Quellen steht Keel, Kiol oder Kiula als

Synonym für ein Schiff, was auf eine gewisse Bedeutung dieses vor allem beim Segeln wichtigen Konstruktionsmerkmals hinweisen könnte. Zudem wäre es den alten Sachsen ein leichtes gewesen, die Segel, wie bereits zuvor die Ruder (anstelle von Paddeln), römischer Schiffe der classis britannica oder der Rheinflotte zu imitieren.

Während die Britannier in einer römischen Provinz römische Bootsbautraditionen übernahmen, nutzen die keltischen Völker (vor allem im heutigen Schottland und Irland) die beschriebenen Currachs teils noch bis in die Neuzeit hinein.

Auch an Land bleiben einige Fragen offen: Es ist keineswegs sicher, ob die nordischen Völker im 5. Jahrhundert bereits Steigschlaufen (ein antiker Vorläufer der Steigbügel) und Hufsandalen nutzten. Dass bei den Sachsen die Pferde eine große Bedeutung besaßen, belegen allerdings nicht nur die Namen der Geschwister Hengist und Horsa, sondern auch einer der wichtigsten altsächsischen Textzeugen: der sogenannte Heliand, eine Evangelienharmonie, die vermutlich in der ersten Hälfte des 9. Jahrhunderts von britannischen Sachsenmönchen zur Bekehrung ihrer Brüder auf dem Festland in stabreimenden Langzeilen verfasst wurde. Dort hüten die Hirten, denen Jesu Geburt verkündet wird, nicht etwa Schafe, sondern Pferde! Und nicht zuletzt helfen wieder archäologische Funde wie die Pferdegräber bei Rullstorf.

Die genaue Gesellschaftsordnung im Sachsen des 5. Jahrhundert ist ebenfalls nicht bekannt. Beda Venerabilis ist der einzige, der überhaupt über die sächsische Gesellschaftsordnung vor Karl dem Großen schreibt. Laut ihm wurde das Volk von mehreren mehr oder weniger gleichgestellten »Satrapen« (ein Lehnwort aus dem Perserreich, also sicher kein sächsischer Begriff) beherrscht, die im Kriegsfall einen der ihren zum Heerführer ernannten. Die in diesem Roman dargestellte Ordnung lehnt an das in Dithmarschen bis ins 16. Jahrhundert erhaltene

Geschlechterwesen an. Die Swænen des Romans könnten also die Vorfahren des bedeutenden dithmarscher Swynen-Geschlechts sein, die sich noch in historischer Zeit über die Ähnlichkeit ihres Geschlechternamens mit dem niederdeutschen Wort »Swien« für »Schwein« herumärgern mussten. Der Ausspruch »Das kann kein Schwein lesen« bezieht sich angeblich auf einen Amtmann, dessen »Sauklaue« noch nicht einmal ein Swyn – also sein eigener Geschlechtsgenosse – lesen konnte. Auch wenn sich das dithmarscher Geschlechterwesen in seiner historischen Form erst später voll herausbildete, erscheint mir die im Roman dargestellte Gesellschaftsform (mit teils verwandtschaftlichen und teils gefolgschaftlichen Bindungen und regelmäßigen Thing-Versammlungen der einzelnen Gaue (Dithmarschen, Stormarn, Bardengau etc.) aber plausibel. Das im Mittelalter verbreitete Feudalsystem mit Gaugrafen et cetera. geht jedenfalls auf die Zeit der fränkischen Eroberungen zurück und entspricht nicht der ursprünglichen sächsischen Gesellschaftsordnung.

Über die Zustände im subromanischen Britannien ist leider nicht viel mehr bekannt. Wir kennen die Namen einiger Königreiche, wie Elmet zum Beispiel, aber über die politischen und gesellschaftlichen Zustände dort wissen wir fast nichts. Die Tatsache, dass die Britannier (deren Nachfahren die heutigen Waliser sind) im Gegensatz zu den keltischen Völkern Galliens keine romanische Sprache übernahmen, lässt darauf schließen, dass neben den römischen, auch noch ältere britannisch-keltische Einflüsse überlebt haben dürften.

Etwas verwirrend mag die teilweise Überschneidung der Namen der ebenfalls keltischen Völker der Iren, Scoten und Pikten erscheinen. Das liegt daran, dass die ursprüngliche Bevölkerung des heutigen Schottlands, die Pikten, im Jahre 843 von dem scotischen König Mac Alpin unterworfen und assimiliert wurden. Die Scoten waren der erste (und einzige) irische Stamm, der in Britannien Fuß fasste. Und zwar in Dál Riada in der heutigen Grafschaft Argyll. Daher bezeichneten viele Britannier, und in diesem Buch auch die Sachsen, alle Iren gelegentlich irrtümlich als Scoten. Etwa wie die Franzosen noch heute alle Deutschen als »Allemannen« (frz. allemand) bezeichnen, obwohl dies streng genommen nur auf den Stamm in ihrer unmittelbaren Nachbarschaft zutraf.

In diesem Zusammenhang möchte ich noch einige bewusst eingebaute Fehler bzw. Ungenauigkeiten gestehen: Die zeitliche Abfolge der Ereignisse ist gegenüber den historischen Autoren (Bede, Nennius etc.) verkürzt, um eine flüssigere Handlung zu erreichen.

Die Behauptung, die Sachsen hätten im Gegensatz zu den Friesen Seehundfleisch verschmäht, ist eine freie Erfindung.

Die Pferde, welche die alten Sachsen im oben erwähnten Rulstorf bestatteten, hatten ein Stockmaß von etwa 1,32-1,48 m und würden damit heute als Ponys durchgehen (bis 1,48 m Stockmaß).

Und obwohl insbesondere die Landbevölkerung im subromanischen Britannien ihre keltische Sprache bewahrte – anstatt wie etwa die Bewohner Galliens eine Form des Lateins zu übernehmen –, gab es doch erhebliche Unterschiede zwischen dem in Irland und dem von den Scoten von Dál Riata gesprochenem Gälisch, sowie dem Britannischen und vermutlich auch dem Piktischen. Es ist überliefert, dass der gälisch sprechende Heilige Columban im 7. Jahrhundert einen Dolmetscher benötigte, um mit einem vermutlich piktisch sprechenden Mann auf Skye zu kommunizieren. Es ist also sehr fraglich, ob Ceretic die Uí Liatháin in Südirland ohne weiteres hätte verstehen können.

Nach all den Zweifeln und Unsicherheiten möchte ich zum Schluss aber noch einen positiven Befund erwähnen. Ein besonders eindrücklicher Beweis für die engen Beziehungen der Sachsen im

Elbe-Weser-Dreieck mit den frühen germanischen Siedlern in Britannien findet sich im Schwedenspeicher-Museum in Stade: Eine sächsische Gewandspange (Fibel), die aus derselben Gussform stammt wie ein in Britannien gefundenes Stück.

Personenverzeichnis

Sachsen

Haduloher/Hengistmannen

Hengist	**Witgis'** Sohn
Horsa	sein jüngerer Bruder
Octha (genannt Oisc)	Sohn Hengists
Ebissa	Sohn Horsas
Erkenhilde	Horsas Frau
Rowena	Tochter Hengists
Gutha	ihre Magd
Odilgard, Wedigo, Witiko, Ypwine, Thiadmar und Gerolf	Krieger aus dem Gefolge Hengists

Dithmarschen (nach Geschlechtern geordnet)

Swænen

Swæn	Ordulfs Großvater
Swæn	Orfulds Vater
Swæn und Agill	Ordulfs ältere Brüder
Ordulf	junger Krieger
Wiebke	Ordulfs Mutter

Wolderichsmannen

Wolderich	Oberhaupt der Wolderichsmannen aus Fahrstedt (Nachbarn der Swænen)

Ebbingemannen

Hoger	Anführer des Geschlechts
Rodewin, Halvor und Kjeld	junge Krieger aus dem Geschlecht der Ebbingemannen

Rodbellinger

Olfert	Krieger aus Octhas Gefolge
Riklef	etter Olferts, ebenfalls einer von Octhas Gefolgsleuten

Keydinger

Willerich	Steuermann eines der drei Schiffe, mit denen Hengist nach Britannien aufbricht
Bodoberta	Sippenältester in Stood

Weitere Sachsen

Wago	Sippenältester der Wurtsiedlung Feddersen an der Wirrahamüdung
Eppo	sein Sohn

Friesen

Finn Folcwalding	Friesenhäuptling zu Hengists Jugendzeit
Eadgils	Friesenhäuptling
Irk, Arfst, Kobers, Fulck, Redbad und Poppa	friesische Krieger

Britannier

Ceretic ap Ruohim	Dolmetscher und Gesandter des Hochkönigs
Vortigern	Häuptling der Catuvellaunen und Hochkönig von Britannien
Vortimer	ältester Sohn Vortigerns
Cateyrn	zweiter Sohn Vortigerns
Muirdoch	Barnwr (Rechtsgelehrter) und Mitglied von Vortigerns Rat
Albanus	Bischof und Mitglied von Vortigerns Rat
Tallanus	Priester und Secretarius von Bischof Albanus
Dagomar	Einsiedler in Londinum
Malo und Tavish	Gefährten Ceretics
Caellach	comarchus (Bürgermeister) von Regulbium
Álainn	junge Britannierin aus Regulbium
Dìorhail	Patriziertochter aus Londinium

Kermit	Sohn des comarchus von Londinium
Ambrosius	Vortigerns Konkurrent in Bezug auf den Titel des Hochkönigs
Agricola	Häretiker, der die Kirche Britanniens spaltete
Tasciovanus	Vasallenkönig von Lindum
Ahearn	König von Elmet
Gwyrangon	(Vasallen-)König von Cantium/Canturguoralen (Kent)
Boyd	Fischer aus Kernow (Cornwall)

Pikten

Koloman	Prinz von Uerturio
Eòghann	piktischer Bauer, Fischer und Krieger aus Pert Acaiseid auf den Orcaden
Nara	seine Schwiegermutter
Kilian	ihr Sohn
Gwen	Eòghanns Frau, Naras Tochter und Kilians Schwester
Talorc	Krieger aus einer Siedlung an der Ostküste des heutigen Schottlands

Die **fettgedruckten** Namen werden in den historischen Quellen erwähnt.

Wörterbuch

Einige der sächsischen, keltischen und lateinischen Begriffe und Sprichworte, die im Roman verwendet werden, in alphabetischer Reihenfolge:

AppulgrÐ	sächsisch für »apfelgrau«
Audiatur et altera pars	lateinisch, »Es möge auch die andere Seite gehört werden«
Auxiliares	lateinisch für »Hilfstruppen«, welche die Römer aus verbündeten oder unterworfenen Stämmen rekrutierten
Barnwr	britannischer Richter oder Gesetzesgelehrter, vergleichbar mit dem Brehon in Irland
Brðnaz	ächsisch für »braun«
Comarchus	lateinisch für »Bürgermeister« oder »Gemeindevorsteher«
Comhairle	britannisch für »Rat«, hier im weiteren Sinne Beraterrunde oder Tafelrunde
Cucullis non facit monachum	lateinisch, »Die Kutte macht nicht den Mönch«
Drômskêtho	sächsisch für »Traumscheider«, also Traumdeuter

Folcwaldingsbanir	sächsisch für »Töter des Folcwalding« (des Friesenkönigs – siehe Personenverzeichnis, in diesem Fall ist also Hengist gemeint)
Gladius hispanicus	lateinisch für »spanisches Schwert«, meint das kurze Legionärsschwert
Gruagach	piktische Gottheit, auch als »der Langhaarige« bezeichnet, dessen langes Haar die Sonnenstrahlen symbolisiert. Vermutlich Kriegsgott, Beschützer des Viehs und Sonnengott
Heldir	sächsisch für »Held«
Heritog	sächsisch für »Herzog« oder »Heerführer«
Holcas	flachgebauter, friesischer Schiffstyp (aus dem Mittelalter als Hulk oder Holk bekannt), für die Zeit des Romans sind entsprechende Vorläufertypen allerdings nicht sicher nachgewiesen
Inguz	riesischer Gott, entspricht vermutlich dem Frey der nordischen Mythologie
Liburnc	Kriegsschiff der römischen Flotte mit zwei Ruderreihen

Litus saxoncium	lateinisch für »Sachsenküste«, die den Sachsen zugewandte Küste Britanniens, welche schon in römischer Zeit mit einer Reihe von Kastellen (wie Regulbium) gegen sächsische Piraten geschützt werden musste
Lupus pilum mutat non mentem	lateinisch, »Der Wolf ändert das Haar, nicht den Sinn«
Meriswæn	sächsisch für »Meerschwein«, meint einen Delphin oder einen Schweinswal
Navis lusoria/Lusorie	lateinisch, »spielerisches Schiff«, kleines wendiges Kriegsschiff, für den Einsatz auf großen Flüssen wie dem Rhein oder der Themse
Nõdra	sächsisch für »Natter« oder »Schlange«
Swæn	sächsisch für »Schwein«, im Roman aber auch ein Geschlechtername – vergl. historische Anmerkungen
Sax	einschneidiges Hiebschwert
Saxnot	sächsische Gottheit, entspricht vermutlich dem Kriegsgott Ziu oder Tyr in der nordischen Mythologie
Scop	sächsischer Barde oder Sänger
Selah	sächsisch für »Seehund«

Silent leges inter arma	lateinisch, »Wenn die Waffen sprechen, schweigen die Gesetze.«
Sunu	sächsisch für »Sohn«, auch als Nachsilbe im patronymischen Nachnamen wiesen im Friesischen oder -son im nordischen gebraucht
Thane	Unterführer
Thing	Volks- und Gerichtsversammlungen
Thunær	ächsische Gottheit, Donnergott, entspricht Donar oder Thor in der nordischen Mythologie
To jodute	niederdeutsche Form des »Zeter und Mordio«. Der Rufer verpflichtet seine Mitbürger zur Hilfeleistung bei der Abwehr eines Gewaltverbrechens
Uuoden	oberster der sächsischen Götter, entspricht Wotan oder Odin in der nordischen Mythologie
Wurd	sächsisch für »Schicksal«, gelegentlich auch in personalisierter Form gebraucht

Ortsverzeichnis

Im Roman werden, so bekannt, oft die alten Ortsbezeichnungen verwendet, die sich teils erheblich von den heute geläufigen Namen unterscheiden.

Während die Namen im ehemals römischen Reich oft lateinischen Ursprungs und schon früh gesichert sind, gibt es aus dem heutigen Norddeutschland keine Quellen aus dem 5. Jahrhundert. Die Namensgebung fußt daher auf späteren Quellen (wie Adam von Bremen, der 1076 seine Hamburgische Kirchengeschichte verfasste). Erschwerend kommt hinzu, dass, wie auch heute noch, unterschiedliche Völker für ein und denselben Ort teils unterschiedliche Namen verwenden. So wird z.B. Kent lateinisch/britannisch Cantium, von den Sachsen aber Canturguoralen genannt.

Zu guter Letzt war den mittelalterlichen Schreibern das Prinzip einer einheitlichen Rechtschreibung unbekannt. Ortsnamen werden teils sogar innerhalb eines Buches unterschiedlich geschrieben.

Zum Überblick folgt hier eine Liste mit einigen der im Buch verwendeten geographischen Bezeichnungen und ihrer modernen Entsprechung:

Abus fluvius	Humber
Ælf	Elbe
Autessiodurum	Auxerre in Burgund/ Frankreich
Beufleet	Beufleth, eine Marschsiedlung im Land Hadeln, die zur Zeit des Romans nicht gesichert ist

Cair Ebrauc	britannisch für York
Cantium	lateinisch für das heutige Kent
Cantuguoralen	sächsisch für das heutige Kent
Corcaigh	Cork an der Südküste Irlands (erstmals schriftlich erwähnt im 7. Jahrhundert als Klostergründung)
Dál Riata	das Zentrum des Königreiches der Skoten an der Westküste des heutigen Schottlands. Die ersten Skoten waren kurz zuvor aus Irland eingewandert
Durovernum cantiacorum	Canterbury
Eboracum	lateinischer Name für York
Egdora	Eider
Elmet	keltisches, postromanisches Königreich im heutigen Yorkshire
Farnstedt	Diekhusen-Fahrstedt (möglicherweise die älteste Siedlung der dithmarscher Südermarsch, nach Ansicht einiger Fachleute auf das 1. Jahrhundert zurückreichend)
Feddersen	Feddersen Wierde (ehem. Marschsiedlung im Landkreis Cuxhaven. Vom 1. Jahrhundert bis zum 5. Jahrhundert von Sachsen bewohnt)
Fretum Gallicum	Straße von Dover

Germania inferior	römische Provinz Niedergermanien, die Teile der heutigen Niederlande, Belgiens und Deutschlands umfasste
Haduloha	Land Hadeln
Hibernia	Irland
Isca Dumnoniorum	Exeter
Kernow	Cornwall
Keydingen	Land Kehdingen
Krudt Sandt	ie heutige Elbinsel Krautsand, im 16. Jahrhundert nur einer der Sande bzw. eine der Sandbänke in der Elbe
Lindum	Lincoln
Londinum	London
Oceanus Britannicus	Ärmelkanal
Oceanus Germanicus	Nordsee
Orcades/Sturminseln	Orkneys
Pert Acaiseid	fiktiver piktischer Ort auf den Orkneys
Pert Acaiseid	fiktiver piktischer Ort auf den Orkneys
Piktenland	das heutige östliche Schottland
Portus Dubrae	Dover
Portus Itius	Boulognesurmer (möglicherweise auch Wissant)
Regulbium	Reculver
Ruohim	britannisch für eine Insel an der Ostspitze Kents, vergl. Thanet und Ypwinesfleet
Rutupiae	Richborough

Schwinge	Flusszulauf der Elbe bei Stade
Tamesa	Themse
Thanet	sächsisch für eine Insel an der Ostspitze Kents, vergl. Ruohim und Ypwinesfleet
Uerturio	rekonstruierte piktische Form von Fortriu, einem Königsort der Pikten, nach neueren Forschungsergebnissen vermutlich in Moray im Nordosten Schottlands
Wirraha	Weser
Wantsum	Wantsum, Fluss bzw. Sund, bezeichnet den heute verlandeten Sund, der die Insel Thanet vom Festland trennte
Ypwinesfleet	erste Siedlung der Sachsen in Britannien, an der Ostspitze Kents, auf der damaligen Insel Thanet gelegen

Der Autor

Sven R. Kantelhardt (*1976 in Giessen) studierte Medizin und Ökotrophologie u.a. in Cádiz und Louisville und arbeitet in Mainz als Neurochirurg. Sein großes Interesse an Geschichte und fremden Kulturen führte ihn in mindestens 50 Länder. Im Jahr 2011 erschien sein erster historischer Roman »Die Chronik des Mönchs« im acabus Verlag. Seitdem hat er vier weitere Romane veröffentlicht, zuletzt erschien im Frühjahr 2022 »Das Spital zu Jerusalem«.

JETZT AUCH ENTDECKEN:

Sven R. Kantelhardt
DER HERR DER FLAMMEN
Britannien-Saga II

Paperback
480 Seiten
Preis 18,00 EUR [D]
ISBN 978-3-86282-839-5
Erscheint im Januar 2023

Ebook epub
ISBN 978-3-86282-841-8
Ebook PDF
ISBN 978-3-86282-840-1

Britannien, 5. Jahrhundert n. Chr.: Der berühmte sächsische Heerführer Hengist soll das Reich des Hochkönigs Vortigern verteidigen. Er bekommt immer mehr Unterstützung, etliche Sachsen und Friesen strömen in das Lager. Doch List und Intrigen treiben einen Keil zwischen die Britannier und ihre Söldner; die Germanen erheben sich gegen ihre Herren. Es beginnt der brutale und vernichtende Kampf um die Herrschaft von Britannien.

Sven R. Kantelhardt

DER SCHMIED DER FRANKEN

Ulfberhts Reise

Paperback
504 Seiten
Preis 18,00 EUR [D]
ISBN 978-3-86282-803-6
lieferbar

Ebook epub
ISBN 978-3-86282-805-0
Ebook PDF
ISBN 978-3-86282-804-3

8. Jahrhundert im Frankenreich: Der junge Schmiedegesell Ulfberht flieht aus dem Kloster, und der Grafensohn Landfried bewährt sich im Kampf gegen die Awaren. Karl der Große sucht nach Verbündeten, und die mächtige Hofkapelle will das Geheimnis eines Dolches lüften, der härter ist als alles Eisen im Frankenreich.

Zu diesem Zweck verlässt 797 eine Gesandtschaft die Kaiserpfalz. Unverhofft werden Landfried und Ulfberht Teil der Mission. Ihr Weg führt sie von Jerusalem, durch Bagdad nach Indien. Mit einem Elefanten und einem Schlüssel kehrt Ulfberht schließlich zurück – um sich einem alten Feind und seiner Meisterprüfung zu stellen.